普通高等教育规划教材

QICHE YUNYONG GONGCHENG
汽车运用工程

（第二版）

陈焕江　主　编

人民交通出版社股份有限公司
China Communications Press Co.,Ltd.

内 容 提 要

本书系统阐述汽车运用工程学科的基本概念、基本规律和基本方法。内容包括：汽车运用条件、汽车的动力性、汽车的燃油经济性、汽车的行驶安全性、汽车的通过性和行驶平顺性、汽车运输组织概论、道路交通事故和汽车公害的防治、汽车的运行材料及合理使用、汽车在特殊条件下的合理使用、汽车技术状况的变化及更新等。

本书可用作高等院校交通运输（汽车运用工程）、汽车服务工程和其他相关专业本科生"汽车运用工程"课程的教材或教学参考书，亦可供从事汽车技术使用、汽车运输、汽车技术管理和维修的技术人员参考。

图书在版编目（CIP）数据

汽车运用工程／陈焕江主编. —2 版. —北京：
人民交通出版社股份有限公司，2016.10
普通高等教育规划教材
ISBN 978-7-114-13271-1

Ⅰ.①汽… Ⅱ.①陈 Ⅲ.①汽车工程—高等学校—教材 Ⅳ.①U46

中国版本图书馆 CIP 数据核字（2016）第 188562 号

书　　　名：	汽车运用工程（第二版）
著　作　者：	陈焕江
责任编辑：	夏　犇
出版发行：	人民交通出版社股份有限公司
地　　　址：	（100011）北京市朝阳区安定门外外馆斜街 3 号
网　　　址：	http://www.ccpress.com.cn
销售电话：	(010)59757973
总　经　销：	人民交通出版社股份有限公司发行部
经　　　销：	各地新华书店
印　　　刷：	北京市密东印刷有限公司
开　　　本：	787×1092　1/16
印　　　张：	16.5
字　　　数：	388 千
版　　　次：	2011 年 3 月　第 1 版 2016 年 10 月　第 2 版
印　　　次：	2022 年 1 月　第 3 次印刷　总第 6 次印刷
书　　　号：	ISBN 978-7-114-13271-1
定　　　价：	39.00 元

（有印刷、装订质量问题的图书由本公司负责调换）

PREFACE 前　　言

《汽车运用工程》是由人民交通出版社汽车中心组织并支持出版的精品教材系列建设项目，自2011年3月出版以来，数次重印，在全国许多高等院校的交通运输(汽车运用工程)专业、汽车服务工程专业和其他相关专业的教学中得到了广泛应用。《汽车运用工程》(第二版)是人民交通出版社和长安大学"精品教材建设与专著出版"基金管理委员会审核遴选资助项目。

《汽车运用工程》教材以提高汽车运用效果为主线，系统介绍影响汽车运用效果的各种条件，研究汽车的使用性能及其影响因素，深入分析汽车技术状况的变化，探讨提高汽车运用的经济效益和社会效益的组织措施、技术措施和管理措施。本次修订过程在总结并坚持《汽车运用工程》(第一版)优点的基础上，根据汽车运用工程领域的发展和技术进步，结合我们在实际教学中的学术积累和教学经验积累，《汽车运用工程》(第二版)在以下方面进行了更新：

1. 根据汽车运用和汽车技术管理领域最新颁布的标准法规，力求反映汽车行业的新技术、新成果、新趋势，对全书内容及文字进行了较大幅度更新。

2. 在保持《汽车运用工程》(第一版)基本内容框架的基础上，从更好地与其他相关课程授课内容相衔接的角度出发，增添了一些内容，同时删减了一些内容。

3. 根据所介绍内容之间的逻辑关系对相关内容进行了调整，使其逻辑性和系统性更好。

4. 增加了各章复习题以供读者参考选做。

5. 修改了《汽车运用工程》(第一版)遗留的文字、图表、公式中的谬误之处。

《汽车运用工程》(第二版)由长安大学陈焕江教授主编。其中：第一章至第五章由陈焕江教授编写；第六章由王来军教授编写；第七章和第九章由邱兆文副教授编写；第八章由董元虎教授编写；第十章由肖梅教授编写；参加编写的还有任军、陈昊、朱彤、赵伟、徐婷、马壮林、彭朝林、何天仓等。在编写过程中，编者参考了很多文献资料,在此对其作者深表谢意。

  限于编者的水平,教材中难免还有疏漏和不妥之处,恳请读者提出宝贵意见,并对书中存在的错误及不当之处提出批评和修改建议,以便本书再版修订时参考。

编者
2016 年 5 月

CONTENTS 目 录

第一章　汽车运用条件 ·· 1
　第一节　汽车运用外界条件 ·· 1
　第二节　汽车运用技术条件 ·· 7
　第三节　汽车的使用性能指标 ·· 9
　第四节　汽车运行工况分析 ·· 14
　复习题 ·· 17

第二章　汽车的动力性 ·· 18
　第一节　汽车动力性的评价指标 ·· 18
　第二节　汽车行驶时的纵向外力和汽车行驶方程式 ···································· 18
　第三节　汽车行驶的条件 ·· 30
　第四节　汽车动力性分析 ·· 32
　第五节　影响汽车动力性的驱动系统参数 ·· 38
　第六节　汽车动力性试验 ·· 41
　复习题 ·· 45

第三章　汽车的燃油经济性 ·· 47
　第一节　汽车燃油经济性的评价指标 ·· 47
　第二节　汽车燃油经济性的计算 ·· 51
　第三节　影响汽车燃油经济性的结构因素 ·· 55
　第四节　汽车燃油经济性试验 ·· 58
　复习题 ·· 60

第四章　汽车的行驶安全性 ·· 62
　第一节　汽车的制动性 ·· 62
　第二节　汽车的操纵稳定性 ·· 82
　第三节　汽车的被动安全性 ·· 102
　复习题 ·· 110

第五章　汽车的通过性和行驶平顺性 ·· 113
　第一节　汽车的通过性 ·· 113

  第二节 汽车的行驶平顺性 ……………………………………………………… 122
  复习题 …………………………………………………………………………………… 130

第六章 汽车运输组织概论 …………………………………………………………… 132
  第一节 汽车运输过程 …………………………………………………………… 132
  第二节 汽车货物运输组织 ……………………………………………………… 133
  第三节 公路旅客运输组织 ……………………………………………………… 137
  第四节 城市公共汽车客运组织 ………………………………………………… 142
  第五节 汽车运输效果评价指标 ………………………………………………… 145
  复习题 …………………………………………………………………………………… 154

第七章 道路交通事故和汽车公害的防治 ……………………………………………… 156
  第一节 道路交通事故及其防治 ………………………………………………… 156
  第二节 汽车公害及其防治 ……………………………………………………… 164
  复习题 …………………………………………………………………………………… 178

第八章 汽车的运行材料及合理使用 …………………………………………………… 180
  第一节 汽车燃料及合理使用 …………………………………………………… 180
  第二节 汽车润滑材料及合理使用 …………………………………………… 189
  第三节 汽车工作液及合理使用 …………………………………………………… 200
  第四节 汽车轮胎及合理使用 …………………………………………………… 205
  复习题 …………………………………………………………………………………… 213

第九章 汽车在特殊条件下的合理使用 ………………………………………………… 214
  第一节 汽车的走合期及其合理使用 ……………………………………………… 214
  第二节 汽车在低温条件下的合理使用 …………………………………………… 217
  第三节 汽车在高温条件下的合理使用 …………………………………………… 223
  第四节 汽车在高原和山区条件下的使用 ………………………………………… 228
  第五节 汽车在拖挂运输条件下的合理使用 ……………………………………… 233
  复习题 …………………………………………………………………………………… 235

第十章 汽车技术状况的变化及其更新 ………………………………………………… 237
  第一节 汽车的技术状况及变化 …………………………………………………… 237
  第二节 道路运输车辆的技术管理 ………………………………………………… 245
  第三节 汽车更新理论 ……………………………………………………………… 251
  复习题 …………………………………………………………………………………… 256

参考文献 …………………………………………………………………………………………… 258

第一章　汽车运用条件

汽车运用过程和运用效果受到多种条件和因素的影响和制约。汽车运用外界条件(气候条件、道路条件、运输站场条件、运输条件等)、汽车运用技术条件(运输组织管理技术、汽车运行安全技术、特种货物运输技术等)、汽车使用性能(动力性、燃油经济性、行驶安全性、使用方便性等)及其与运用条件的适应性等,都直接或间接作用于汽车或汽车运用过程,影响着汽车的运用效果。影响和制约汽车运用过程和运用效果的这些条件和因素统称为汽车的运用条件。

汽车的运用效果指汽车完成运输工作所带来的经济效益和社会效益,也指由于汽车出行的便捷和迅速给人们所带来的满足程度。合理运用汽车的最终目的是保持汽车良好的技术状况,高效率、低成本的完成运输工作,服务于社会生产和人民生活,最大限度地满足人们的出行需要。

为实现汽车运用的最佳效果,就必须科学、合理地运用车辆。然而,影响汽车运用过程和运用效果的因素众多而且复杂。在分析汽车运用工程问题时,应全面考虑这些影响因素,将其置于所处各种因素和运用条件之中,才能得到符合客观实际的分析结果。

第一节　汽车运用外界条件

汽车运用外界条件指影响汽车运用过程和运用效果的自然、经济、社会等各类外界因素,主要包括气候条件、道路条件、运输条件、社会经济条件、运输场站和枢纽条件等。汽车的运用过程受到这些条件的影响和制约且必须与这些条件相适应。

一、气候条件

汽车运用的气候条件非常复杂,其环境温度、湿度、大气压力、风速和太阳辐射热等气候要素对汽车运用过程产生直接影响。

环境温度对汽车,特别对发动机的热工况影响很大。汽车各总成在最佳热工况下工作时,其工作效率最佳。如发动机最佳热工况区的冷却液温度为 $80 \sim 90℃$,发动机在这一热工况区运行时热效率最高、燃油经济性最好、零件磨损最小。

在高温条件下,冷却系统的散热温差小,发动机易过热。由此导致充气能力下降、燃烧不正常、润滑性能变差、供油系统气阻等现象,使发动机的动力性、经济性和可靠性变坏;同时,汽车行驶过程中,驱动桥齿轮油、轮毂轴承、轮胎胎面温度和制动液工作温度高,底盘有关总成特别是行驶系统磨损加剧、工作可靠性下降;另外,高温还影响驾驶员的工作条件,影响行车安全。

而气温过低时,车辆各总成和机件的工作状况明显变差,技术性能下降。低温条件下,混合气形成困难,起动阻力大,蓄电池工作能力降低,导致发动机难以起动;由于暖车时间长,燃烧不完全,行驶阻力大,导致燃油消耗增多;同时,低温时润滑油黏度增大,各总成润滑条件变差,磨损加剧。另外,低温易使散热器、缸体冻裂,金属、塑料、橡胶等制品变脆,以致失效。严寒时,由于路面结冰和积雪,车轮易侧滑,制动距离增长,因此汽车操作困难并易于发生交通事故。

在干燥、风沙大的地区,有关总成的配合副因发生磨料磨损使零件磨损剧烈。而在潮湿地区,相关零件易锈蚀,并易于因漏电而使电气系统工作不可靠。湿度过高,还会降低发动机的充气效率,其动力性和燃油经济性降低。

在高海拔地区,空气稀薄,大气压力低,水的沸点下降,昼夜温差大,从而使发动机的混合气过浓,真空点火提前调节器失效,冷却液易沸腾,气压制动系统的气压不足。

另外,气候因素中的风、降水(雨和雪等)、雾等会对车辆运行、道路条件和交通环境直接产生不良影响,见表1-1。

风、降水、雾等气象因素对车辆运行和交通环境的影响　　　　表1-1

气象因素	对车辆运行的影响	对道路条件的影响	对交通环境的影响
风	增加车辆侧向受力	吹落物成为路面障碍	通行能力降低
降水	制动距离增加 车辆甩尾增加	路面摩擦力下降 覆盖道路标线	速度差异性增加 车速降低 增加延迟
能见度	制动距离不足 车速控制困难 增加超车危险	影响标志标线认读 影响线形、出入口辨别	交通堵塞

二、道路条件

道路条件指由道路状况所决定的对汽车运用效果和交通安全产生影响的因素。汽车运输对道路条件的基本要求如下:

① 充分发挥汽车的速度性能。
② 保证车辆的安全行驶。
③ 满足最大通行能力要求。
④ 车辆通过方便,乘客有舒适感。
⑤ 车辆运行材料消耗最低,零件的损坏最小。

车辆运行速度和道路通行能力是确定公路等级、车道宽度、车道数、路面强度以及道路技术特征的依据,是道路条件的主要特征指标。

公路等级是影响汽车运用效果的一切道路因素的基础,是起决定性作用的道路条件,汽车的使用效果在很大程度上取决于公路的等级。根据JTG B01—2014《公路工程技术标准》,依据公路交通量及其公路交通所承担的任务和性质,公路分为五个等级:高速公路、一级公路、二级公路、三级公路和四级公路,同时规定了各级公路的主要技术指标如车道宽度、车道数、最小停车视距、纵坡、平曲线半径等所应满足的技术标准。

汽车在弯道上行驶时,受离心力作用可能会引起侧滑,汽车的操纵性恶化,乘员的舒适性降低,严重时可能翻车。平曲线半径过小时,汽车轮胎在行驶中侧向变形增大,磨损加剧,车轮滚动阻力增大,油耗增加;曲线路段还影响驾驶员的视线,曲线路段夜间行车时的光照距离也比直线段短,不利于行车安全。

公路纵坡使汽车运行中受到坡度阻力的影响,因此汽车动力消耗增大,后备功率降低,燃油消耗增加。纵坡对交通安全的影响主要表现在:坡度比较大时,车辆行驶中速度差异大,还往往造成汽车上坡熄火;下坡路段,由于受重力影响,易造成车辆加速行驶;坡度过大,也增加了驾驶员的操作难度,一旦遇到突发情况就可能酿成事故,或下坡制动失灵,进而诱发事故;另外,竖曲线半径过小,公路的凸形变更剧烈,也影响驾驶员的视距。

在平、竖曲线上超车时发生的道路交通事故常常与视距不足有关,视距不良的路段往往是事故多发路段。道路事故率与行车视距的关系如图1-1所示。

公路横断面内的车道宽度、车道数和路肩宽度等技术特征,对于公路的通过能力、汽车运行的平均技术速度、汽车行驶安全性和舒适性有很大影响。

汽车运用效果和运行安全还与路面质量有关。路面应具有足够的强度及稳定性、良好的平整度以及适当的粗糙度,以保证汽车的附着条件和较小的运行阻力。

路面状况直接影响汽车使用性能的发挥,影响汽车的运行速度、动载荷、轮胎磨损、货物完好性及乘员舒适性,从而影响汽车运用指标和使用寿命。若路面良好,汽车行驶阻力小,承受的冲击和动载荷小,可以用较高车速稳定行驶,燃油消耗降低,零件的磨损强度也小。而当路面崎岖不平时,汽车行驶过程中受到的冲击载荷增大,换挡和制动频繁,平均技术速度降低,传动系零部件和行驶系轮胎磨损加剧,燃油消耗增多,车辆难以操纵而容易引发交通事故,汽车的使用可靠性和使用寿命降低。另外,路面光滑即附着系数过低时,制动距离增长且易于侧向滑移,因而影响汽车的行驶安全。

道路条件对于汽车行驶速度的影响如图1-2所示。

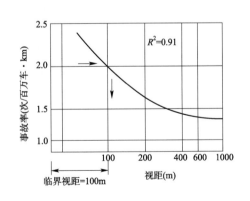

图1-1 事故率与行车视距的关系

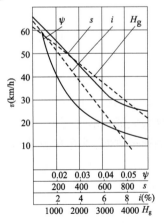

图1-2 道路条件对于汽车行驶速度的影响
ψ-滚动阻力系数;s-道路不平度(cm/km);
i-道路纵坡(%);H_g-海拔(m)

三、交通状况

交通状况对汽车的运用过程和运用效果有很大影响。路面和交通状况良好时,汽车能够经常采用高挡在经济工况下运行,操纵次数减少,所承受的冲击载荷大大减轻,因而运行平稳,平均技术速度和运输效率高,燃油消耗少。反之,交通状况不良会影响汽车速度性能的发挥,且运行燃油消耗增多。

交通流密度是常用车速的分布范围和均值的重要影响因素。在市区复杂运行条件下,车速均值约为 20~30km/h;而公路运行条件下,高速运行工况可达到 50% 以上。按时间统计,公路行驶车辆的高挡利用率可达 92%~96%,低挡利用率只占 1%~2%;而公共汽车在市区运行时,最高挡利用率明显低于公路行驶,空挡的利用时间接近 30%,低挡利用时间有所增加。

四、运输条件

运输条件指由运输对象的特点和要求所决定的影响车辆运用效果的各种因素。汽车运输可分为货运与客运两大类,各有其不同的运输条件。

1. 货物运输条件

影响货物运输效率和成本的货物运输条件包括货物类别、货物运输量、货物运输距离、货物装卸条件等。

通常根据汽车运输过程中的货物装卸方法、运输和保管条件以及运输批量对货物进行分类。

按装卸方法可把货物分为堆积、计件和罐装货物三类。对没有包装的,可以散装、散堆的货物(如煤炭、砂、土、碎石等),按体积或质量计量的货物宜采用自卸汽车运输;对可计件、有包装,并按质量计量装运的货物,如桶装、箱装、袋装的包装货物及无包装货物,可采用普通栏板式货车、厢式货车及保温厢式货车运输;对于无包装的液体货物,通常采用自卸罐车运输。

按运输和保管条件可把货物分为普通货物和特种货物。前者指在运输过程中无特殊要求,可用普通车厢和集装箱运输的货物;后者指在运输过程中,必须采取特别措施,才能完好无损完成运输的货物。特种货物包括长大、笨重、危险和易腐的货物。长大、笨重货物指单件长度在 6m 及其以上的货物,或高度超过 2.7m 的货物,或宽度超过 2.5m 的货物,或质量超过 4t 的货物;危险货物指在运输和保管过程中,可能使人致残,或破坏车辆、建筑物和道路的货物;易腐货物指在运输和保管过程中需维持一定温度的货物。运输特殊货物,需要选用大型或专用汽车。

按托运批量,货物运输可分为零担货物运输和整车货物运输两类。凡是一次托运货物 3t 以上的大批货物为整车货物,不足 3t 的小批货物为零担货物。需要较长时间和较多车辆,才能运完的货物为大宗货物,而短时间内或少数车辆即能全部运完的货物为小宗货物。

货物运输量对运输效率和成本有很大影响。在相同条件下,大批量货物运输的运输效率高、运输成本低;而小批零担货物运输的运输效率较低、运输成本较高。同时,一般大批量货物和小批量货物的时效性不同,对货运速度和质量的要求也不同。显然,小批量货物适宜使用轻型汽车运输,而大宗货物采用大型车辆运输时技术经济效益高。

货物运距是重要的运输条件,对车辆运用效率有很大影响,并对车辆结构和性能有不同要求。运距较短时,要求车辆结构能很好地适应货物装卸的要求,以缩短车辆的货物装卸作业时间,提高车辆运输生产率。短距离货物运输使汽车经常处于起步、加速、减速、停车的非稳定工况,恶化了汽车的运行工况,使燃油消耗增多,排放增加,磨损加剧,且增加了驾驶员的工作强度。长途运输时,车辆的运输生产率随着速度性能提高和载质量增大而显著增大,如图 1-3 和图 1-4 所示。

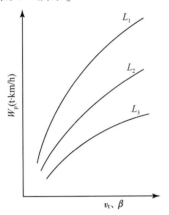
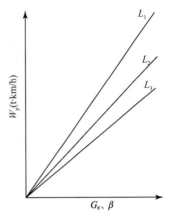

图 1-3　汽车运输生产率 W_p 与汽车技术速度 v_t 和行程利用率 β 的关系
（L 为货物运距,且 $L_1 > L_2 > L_3$）

图 1-4　汽车运输生产率 W_p 与汽车载质量 G_e 和行程利用率 β 的关系
（L 为货物运距,且 $L_1 > L_2 > L_3$）

货物装卸条件决定了装卸作业的停歇时间、装卸货物的劳动量和费用,从而影响汽车的运输生产率及运输成本。运距越短,装卸条件对运输效率的影响越明显,如图 1-5 所示。装卸条件受货物类别、运输量、装卸点的稳定性、机械化程度以及装卸机械的类型等诸多因素的影响。

不同类别和运输量的货物要求相应的装卸机械,也决定了运输车辆的结构特点。如运输土、砂石、煤炭等堆积货物时,要考虑货物从铲斗卸入车厢时对汽车系统及机构的冲击载荷,并使汽车的装载质量和车厢容积与铲斗容积成适当比例(通常为 4 或 5),才能获得最高的装卸效率。自卸汽车可缩短汽车装卸作业时间,但载质量比相同吨位的汽车小,因此只有在短距离运输时,才能发挥其优越性,如图 1-6 所示。

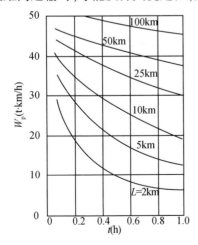
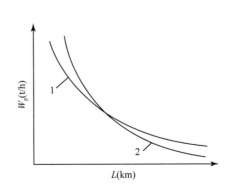

图 1-5　载质量 4t 货车运输生产率 W_p 与每次装卸货物停歇时间 t 的关系(L 为运距)

图 1-6　不同车辆的运输生产率 W_p 与运距 L 的关系
1-普通汽车;2-自卸汽车

2. 旅客运输条件

旅客运输分为市内客运和公路客运,客运形式不同时应配备不同结构的客运车辆。

市区公共汽车通常采用车厢式多站位车身。为方便乘客上下车,公共汽车通道较宽,车门数目多,车厢地板较低。有的客车为方便残疾人轮椅上下车,车门踏板采用可自动升降结构。为了适应乘客高峰满载的需要,市区公共汽车要求有较高的动力性;同时,为适应城市道路交通复杂的特点,还要求汽车操纵方便。

城间客车要求有较高的行驶速度和乘坐舒适性。客车座位通常宽大舒适,且椅背倾斜角度可调,车门数少,辅助设施较齐全。为了适应旅游的需要,高级旅游客车还配备卫生间、微型酒吧,并在汽车两侧下部设有较大空间的行李舱。目前,越来越舒适和环保的高档客车投入到城间客运,改变了多年来公路客运客车档次低、运行效率普遍较差的状况。

五、汽车运行材料供给条件

汽车运行材料(如燃油、润滑油、工作液、轮胎等)影响汽车的动力性、经济性、制动性、操作稳定性、舒适性、通过性、环保性等。运行材料供给水平对汽车运用效果影响较大。若运行材料质量差或使用不当,汽车会出现早期损坏,并且会造成资源浪费和环境污染。汽车运行材料的供给水平和合理使用是汽车技术管理的重要内容,对于汽车的使用可靠性、运用效率和成本有重要影响。

六、运输枢纽和运输场站条件

运输枢纽和运输场站布局的合理性和运输场站设施、设备的完善程度,对于提高汽车运输的组织化规模,进而提高运输效益和服务质量有重要影响。

运输枢纽指在两条或两条以上运输线路的交汇、衔接处(点)形成的,具有运输组织、中转服务、装卸、仓储及其他辅助服务功能的运输设施综合体。运输场站是从事客货集散、转运及过境的单体场所,如货运站、客运站等。

公路运输枢纽一般由客运场站系统、货运场站系统、通信信息服务系统等组成,是综合运输枢纽的重要组成部分。

客运场站系统是组织旅客周转运输的机构,其主要任务是接纳旅客进入客运站购票、候车、上车及安全到达疏散。

货运场站系统是组织货物周转运输的机构,其主要任务是接纳货物进入运输站储存、分拣装车及安全、及时地送达目的地。

通讯信息服务系统对公路运输营运中发生的各类运输信息进行传输、处理与发布使用。公路运输枢纽系统和运输场站系统是否完善,决定着汽车的运用效果,影响着汽车运输服务水平的提高,也制约着汽车运用和运输服务的空间范围。

七、社会经济条件

社会经济条件指国家的经济、社会发展水平及经济管理手段和方式等因素的总和。

汽车运输业是国家整个运输系统的组成部分,是国民经济的一部门。因此汽车运输业具有国家社会经济制度的特征,服从于经济制度发展的基本规律。

不同社会经济条件对运输生产经营活动的方式和效果有着重要影响。例如：计划经济时期，企业的运输生产经营活动依"计划"进行，企业缺乏竞争和活力；在市场经济体制下，企业成为市场主体，并在国家政策的宏观调控下，在一个公平竞争的宏观环境中，独立地依法从事各项经营活动。经济体制的改革给汽车运输企业的生存和发展带来了机遇，同时也带来了挑战。

第二节　汽车运用技术条件

汽车运用技术指在一定的外界条件下高效率运用汽车取得最佳运用效果的方法、技能和手段的总和，主要包括驾驶操作技术、汽车维修技术、汽车运输组织管理技术、汽车运行安全技术、危险及特种货物运输技术等。

一、驾驶操作技术

驾驶操作技术不仅影响汽车的运输效率，还影响汽车零件磨损、燃油经济性和污染物排放等。在相同道路和交通条件下，熟练驾驶员不仅能保证汽车安全运行，而且能使汽车的平均技术速度提高15%～20%，大修里程延长40%～50%，节约燃油20%～30%。

驾驶操作技术是由操作技能和支持基础所构成。操作技能是指汽车驾驶技能、情况观察技能、情况判断技能和要素综合技能等；支持基础包括汽车行驶理论基础、汽车维护知识基础、交通法规知识基础、运输业务知识基础和交通安全知识基础等。

二、汽车运输组织管理技术

运输组织管理水平越高，载质（客）量利用系数和里程利用率就越高，因而汽车运输效率越高，运输成本越低。

汽车运输组织管理技术是关于运输资源合理配置和利用的技术。主要包括运输市场调查、旅客流和货物流的组织，各种运输方式的布局和运输协作配合，运输产品的设计、运输设备综合利用，运输能力、运输线路、运输作业站台、仓库货位、装卸机械配备等运输资源的协调，运输作业流程的组织管理和优化组织，货物合理配载、特殊货物运输条件的确定和安全运输，汽车运输过程的动态监控。提高汽车运输组织管理技术、合理利用汽车运输资源，是提高汽车运输生产率、降低运输成本、提高汽车运用效果的关键。

货物运输效率与货运类型和组织特点有关。货物运输包括短途货运和长途货运、城市货运和城间货运、营运货运和自用货运、分散货运和集中货运等多种类型。

自用货运指利用本单位拥有的车辆完成本单位的货运任务。

分散货运指在同一汽车运输服务区内的若干货运企业或有车单位各自独立地调度车辆，分散地从事货运工作。显然，以这种方式组织货物运输，车辆的利用率低，载质量利用系数和里程利用率低，从而降低了汽车运输生产率，提高了运输成本。

集中货运指汽车运输服务区内的车辆或完成某项货运任务的有关企业或单位的车辆，集中由一个机构统一调度来组织货运工作。集中货运可以提高车辆的载质量利用系数和时间利用率，从而提高了运输生产率，降低了运输成本。

货运组织特点主要取决于所选用的货物运输路线。由于货运任务的性质和特点不同，道路条件不同，以及所用车辆类型不同，即使完成同样的货运任务，也可以采用多种不同的运行路线方案而产生不同的运输效益。

常用运输路线可分为：往复式、环形式和汇集式。往复式运行路线指货运车辆多次重复行驶于两个货运点间的路线；环形式运行路线指将几个货运方向的运行路线依次连接所构成的封闭运输路线。车辆沿环形路线运行时，每个运次运输同一起讫点的货物；汇集式运行路线是环形式运行路线的发展，车辆由起点发车，在货运任务规定的各货运点依次进行装(卸)货。

三、汽车维修技术

汽车维修是提高和保持汽车技术状况的重要手段。高水平汽车维修的标志是：汽车完好率达90%~93%，总成大修间隔里程较定额高20%~25%，配件消耗减少15%~20%，燃油、润滑材料的消耗减少20%~30%。另一方面，汽车维修的直接费用占汽车运输成本的15%~20%。因而，提高汽车维修质量可以提高汽车的技术状况，保证汽车安全、高效运行，减小故障率，降低汽车运输成本。

四、汽车运行安全技术

为保证汽车运用过程中的安全性和可靠性，汽车的技术状况必须符合GB 7258—2012《机动车运行安全技术条件》的要求。该标准规定了机动车整车及主要总成、安全防护装置等有关汽车运行安全的基本技术要求，以及消防车、救护车、工程救险车和警车及残疾人专用汽车的附加要求。汽车的轮廓尺寸、轴荷和质量参数、核载及乘员数、稳定角、外观、行驶轨迹等整车参数和汽车发动机、转向系、制动系、照明、信号装置和其他电气设备、行驶系、传动系等总成的技术状况必须满足规定。

五、汽车在特殊条件下的运用技术

1. 危险货物运输条件下的运用技术

汽车运载易爆、易燃、有毒、放射性等危险货物时，必须遵循JT 617—2004《汽车危险货物运输规则》的规定。

2. 拖挂运输条件下的运用技术

拖挂运输是提高汽车运输生产率，降低运输成本的有效措施。但是，不合理的拖挂运输，会对汽车列车的使用性能和寿命产生不利影响。

汽车列车的最大总质量应合理确定，使汽车列车具有足够的动力性，以满足其起步、加速、上坡的要求，保证汽车列车能经常以直接挡行驶且具有足够高的平均技术速度。同时，汽车列车的燃油经济性应满足相应要求。在运输过程中，要根据汽车拖挂运输的运行特点，采取相应技术措施。

3. 特殊使用条件下的运用技术

汽车在走合阶段，在低温、高温气候条件下，在高原、山区等特殊条件下使用时，汽车的动力性、经济性、可靠性、行驶安全性、通过性等技术性能将发生很大变化，应采取相应措施改善汽车技术状况，保障汽车安全、高效运行，提高运输生产率并降低运输成本。

第三节　汽车的使用性能指标

汽车使用性能指在一定使用条件下汽车以最高效率工作的能力,是决定汽车运用效率和方便性的结构特性的表征。

汽车运用条件复杂,运输任务繁杂,所选用车型和性能应适应运用条件,满足使用要求,以获得最佳工作效率。掌握汽车使用性能是汽车合理使用、提高汽车运用效果的关键。

评价汽车工作效率的指标是汽车的运输生产率和成本,基于运输生产率、成本与汽车结构之间的内在联系的研究,可以确定用于评价汽车使用性能的指标。目前,我国采用的汽车使用性能指标主要包括动力性、燃油经济性、制动性、操纵稳定性、通过性、平顺性、使用方便性等,见表1-2。

汽车使用性能的主要指标　　　　　　　　　　　　　　　表1-2

使用性能		指标和评价参数	使用性能		指标和评价参数
容量		额定载质量(t) 单位载质量(t/m³) 货厢单位有效容积(m³/t) 货厢单位面积(m²/t) 座位数和可站立人数	速度性能		动力性 平均技术速度(km/h)
使用方便性	操作方便性	每百千米平均操纵作业次数操作力(N) 驾驶员座椅可调程度 照明、灯光、视野、信号完好	通过性、机动性		汽车最低离地间隙 接近角 离去角 纵向通过性 前后轴荷分配 轮胎花纹及尺寸 轮胎对地面单位压力 前后轮辙重合度 低速挡的动力性 驱动轴数 最小转弯半径
	出车迅速性	汽车起动暖车时间			
	乘客上下车和货物装卸方便性	车门和踏板尺寸及位置 货厢地板高度 货厢栏板可倾翻数 有无随车装卸机具			
	可靠性和耐久性	大修间隔里程(km) 主要总成的更换里程(km) 可靠性、故障率(1/1000km) 故障停车时间(h)	安全性	稳定性	纵向倾翻条件 横向倾翻条件 稳态转向特性
	维修性	维护和修理工时 每千千米维修费用 对维修设备的要求		制动性	制动效能 制动效能恒定性 制动时方向稳定性
	环保性	噪声级 CO、HC、NO$_x$ 排放量 电波干扰	乘坐舒适性	平顺性	振动频率 振动加速度及变化率 振幅
燃油经济性		最低燃油消耗量[L/(100t·km)] 平均最低燃油消耗量(L/100km)		设备完备	车身类型 空气调节指标 车内噪声指标(dB) 座椅结构

一、汽车容载量利用指标

汽车容载量指汽车能够装载货物的数量或乘坐旅客的人数。

载货汽车的实际容载量与额定载质量、车厢尺寸、货物密度有关。其额定容载量利用程度用载质量利用系数 q_z 评价。

$$q_z = \frac{m_V \cdot V_m}{q_0}$$

式中：q_0——汽车额定载质量，t；

V_m——汽车车厢容积，m^3；

m_V——货物容积质量，t/m^3。

容积质量 m_V 指在自然堆积状态下，单位容积货物的质量。

载质量利用系数 q_z 反映了某类货物（m_V 不同）装满某型汽车车厢时，其额定载质量的利用程度，决定该车装载何种货物时能够充分利用汽车的装载能力。

比装载质量 γ_z(t/m^3) 说明某车型装载何种货物（m_V 不同）能够装满车厢，且能使额定载质量得到充分利用。

$$\gamma_z = \frac{q_0}{V_m}$$

比装载质量、载质量利用系数表征了汽车货厢容积对各种货物的适应能力。常见散货的容积质量见表1-3；某些载货汽车的比装载质量见表1-4。

常见散货容积质量（单位：t/m^3） 表1-3

货物种类	白菜	马铃薯	小麦	无烟煤	干土	砖	建筑用石	砂	铁条
容积质量	0.35	0.68	0.73	0.80	1.2	1.5	1.5	1.6	2.10

常见汽车比装载质量 表1-4

车型	额定载质量(kg)	比装载质量(t/m^3)
EQ3092F19D	5000	1.035
EQ3121FT4	9900	0.795
HFC1048	1920	0.593
CA1225P1K2L9T1	13980	0.885
CQ3263T8F19G324	14000	1.000

二、汽车质量利用指标

通常用质量利用系数 γ_m 或整备质量利用系数 γ_b 来评价汽车质量利用的优劣。

$$\gamma_m = \frac{M_0}{M}$$

$$\gamma_b = \frac{M_0}{M_b}$$

式中：M——汽车总质量，kg；

M_0——汽车额定装载质量，kg；

M_b——汽车整备质量,kg。

汽车整备质量指汽车完全装备好的质量(kg)。除装备有发动机、底盘、车身、电气设备和辅助设备的完整车辆的质量,及加足润滑油、燃油、冷却液的质量外,还包括随车工具、备用车轮及其他备品的质量。

整备质量利用系数与汽车的部件、总成、结构的完善程度以及轻型材料的使用率有关。表明汽车主要材料的使用水平,反映了该车型的设计、制造水平,直接影响汽车的使用经济性。汽车整备质量利用系数随载质量的增加而提高,轻型货车约1.1,中型货车约1.35,重型货车为1.3~1.7。平头汽车的整备质量利用系数一般比长头汽车高。由货车变形的自卸汽车,因改装后整备质量的增大,其整备质量利用系数比基本型汽车低。几种国产汽车的整备质量利用系数见表1-5。

几种国产汽车的整备质量利用系数　　　　　　表1-5

车型	额定载质量(kg)	整备质量(kg)	整备质量利用系数
EQ3092F19D	5000	4930	1.01
EQ5202CCQ	9900	10110	0.98
DFL3251A1	15600	9200	1.70
DFL1250A	14210	10690	1.33
CQ3193T8F3G381	9305	9695	0.96
CQ3263T8F19G324	14000	12000	1.17
CA1225P1K2L9T1	13980	8510	1.64
CA1310P4K2L11T4A	19200	11790	1.63

运输过程中,汽车整备质量将引起非生产性燃油消耗,加速轮胎磨损,增大发动机功率损耗。在载质量和使用寿命相同条件下,汽车整备质量利用系数越高,其结构和制造水平就越高,使用经济性越好。

三、汽车尺寸参数利用指标

为了使汽车的外廓尺寸适合于公路、桥梁、涵洞和公路运输的标准及保证行驶安全性,公路运输车辆的外廓尺寸必须满足有关法规限制。

根据 GB 1589—2004《道路车辆外廓尺寸、轴荷及质量限值》,汽车的外廓尺寸应满足:

①车辆高≤4m;

②车辆宽≤2.5m;

③车辆长:二轴货车及半挂牵引车≤12m;三轴货车及半挂牵引车≤20m;乘用车及二轴客车≤12m,三轴客车13.7m,单铰接客车≤18m;铰接列车≤16.5m,货车列车≤20m。

GB 7258—2012《机动车运行安全技术条件》规定:客车及封闭式车厢的机动车,其后悬不得超过轴距的65%。其他车辆的后悬不得超过轴距的55%。机动车的后悬均不应大于3.5m。

汽车尺寸的利用情况可以用紧凑性作为指标来评价。汽车的操纵轻便性、机动性、通过性以及停车面积等均与紧凑性有密切关系。重型载货汽车、大型客车较其他车辆要求有较好的紧凑性。

汽车的紧凑性主要用长度利用系数 λ_1、外形面积利用系数 λ_a、比容载量面积 A_q（货车：m^2/t）和 A'_q（客车：$m^2/$座位）、比容载量体积 V_q（货车：m^3/t）和 V'_q（客车：$m^3/$座位）来评价。计算公式为：

$$\lambda_1 = \frac{L_k}{L_a}$$

$$\lambda_a = \frac{ab}{AB}$$

$$A_q = \frac{AB}{q_0}$$

$$A'_q = \frac{AB}{q_p}$$

$$V_q = \frac{ABH}{q_0}$$

$$V'_p = \frac{ABH}{q_p}$$

式中：L_k——车厢(身)的有效容积内长，m；

L_a——汽车外形长度，m；

ab——车厢(身)面积，m^2；

AB——汽车轮廓占地面积，m^2；

q_0——车辆额定载质量，t；

q_p——车辆额定载客量，人；

H——车辆外形高度，m。

四、汽车使用方便性指标

使用方便性是汽车的综合使用性能，用于表征汽车运行过程中驾驶员和乘员的舒适性和疲劳程度，以及对保证运行货物完好无损和装卸货物的适用性。其主要评价指标包括操纵轻便性、出车迅速性、乘客上下车方便性、装卸货物方便性、最大续驶里程等。

1. 操纵轻便性

操纵轻便性决定驾驶员工作条件，对减轻疲劳、保证行车安全具有重要作用。其主要评价量标为操纵力、操作次数、座位与调整参数及视野参数。

操纵力为控制操纵机构的力，用测力计测定。为降低驾驶员操纵力，常在转向系或制动系中设置助力器等助力装置。

操作次数通常用换挡、踏离合器和制动器踏板的次数表征。通常在常用路况下、在典型道路上通过运行试验确定，并将试验路段上的各类操作次数换算为100km行程的操作次数。

座椅构造和操纵杆件配置是否舒适、方便，对使用方便性影响很大。适当增加座椅高度，减小坐垫与靠背间的倾角，可改善驾驶员工作条件。为了适应不同驾驶员的驾驶操作，座椅设计成可沿水平和垂直方向调节，且靠背倾角也可调节的形式。同时，转向盘位置也应能按驾驶员需要调节。

为提高操纵轻便性，汽车操纵机构应有良好的接近性，应设置速度、机油压力、润滑油和冷却液温度、燃油消耗量以及充、放电参数等显示仪表。当控制参数进入临界值时,发出声、光信号,以便驾驶员及时掌握车辆状况。控制显示仪表应具有必要的显示精度和在暗环境下的亮度,以利于观察。

为了改善工作环境,提高工作效率,驾驶室内应设空调及采暖通风装置。视野主要取决于座椅布置、高度、坐垫和靠背的倾角,以及车窗尺寸、形状、布置和支柱的结构等。

2. 出车迅速性

出车迅速性指汽车开动前所需准备时间的长短,主要取决于发动机的起动性。我国有关标准规定,不采用特殊的低温起动措施时,汽油机在 -10℃、柴油机在 -5℃以下的气温条件下,起动时间应不大于15s。

在低温条件下使用时,发动机起动困难。尤其是柴油机,由于起动阻力大、起动转速高等原因,使低温起动性能更差。如果露天停放,除在使用采取必要的预热措施外,选购汽车时应考虑柴油机是否有起动辅助装置,例如独立预热装置、起动液喷射器、电热塞及进气管火焰加热器等。

3. 乘客上下车方便性

乘客上下车方便性影响城市公共汽车站点的停车时间,从而影响汽车的线路运行时间。

乘客上下车的方便性,主要取决于车门的布置(轿车)和踏板的结构参数。

对于轿车,车门支柱的布置对出入方便的影响尤其明显。车门支柱倾斜适当,可改善乘客出入的方便性。

对于客车,踏板高度、深度、级数、能见度及车门的宽度影响出入方便性。踏板高度和深度应与日常生活中所习惯的楼梯台阶相同。

4. 装卸货物方便性

装卸货物方便性指车辆对装卸货的适应性,用车辆装卸所耗费的时间和劳动力评价。

影响装卸方便性的汽车结构因素有:货厢和车身地板的装卸高度;从一面、两面、三面或上面装卸货物的可能性;厢式车车门的构造、布置和尺寸;有无随车装卸装置及其效率。

在人工装卸或货物批量小的场合,货厢地板的高度越高,装货时间和劳动力消耗就越大。但在机械化装卸的场合,货厢地板高度对装卸效率无明显影响。

通用栏板汽车可从三面装货,较单门厢式汽车,栏板货厢易于适应装卸货点的需要,可节省汽车掉头时间。

5. 最大续驶里程

汽车的最大续驶里程 L_T (km)指油箱加满后所能连续行驶的最大里程,即:

$$L_T = \frac{100 \cdot V_c}{Q}$$

式中:V_c——油箱容积,L;

Q——汽车百公里燃油消耗量,L/100km。

除汽车技术水平外,汽车百公里燃油消耗量与实载率、道路条件、运行速度等使用因素有关,因此 L_T 随使用条件变化。合理确定 L_T 的值可减少中途停车,提高汽车运输效率。汽车的最大续驶里程应保证汽车昼夜或班次行程内,不需中途停车加油。

五、汽车的其他使用性能指标

影响汽车运用效果的使用性能指标还包括动力性、燃油经济性、环保性、行驶安全性、平顺性、通过性等,本书后续各章将对汽车的这些重要使用性能进行详细介绍,在此仅给出其基本含义。

1. 汽车的动力性

汽车的动力性指汽车在良好路面上直线行驶时由所受纵向外力决定的平均行驶速度,是汽车各种使用性能中最重要、最基本的性能。

汽车动力性评价指标主要有最高车速、加速能力、最大爬坡度、平均技术速度、比功率等。

2. 汽车的燃油经济性

在一定的使用条件下,汽车以最少的燃油消耗完成单位运输工作的能力,称之为汽车的燃油经济性。燃油费用一般占汽车运输成本的20%~30%,所以提高汽车的燃油经济性,降低汽车的燃油消耗是降低汽车运输成本的主要途径之一。

3. 汽车的环保性

汽车的环保性(清洁性)指汽车在使用过程中,对环境危害最小的能力。汽车对环境的危害主要源于汽车排放污染物、汽车噪声和电磁干扰。

4. 汽车的行驶安全性

汽车的行驶安全性指汽车以最小的交通事故概率适应使用条件、完成运输任务或出行的能力。行驶安全性直接关系到人们的生命和健康以及汽车和运输货物的完好,是汽车的重要使用性能之一。

5. 汽车的行驶平顺性

汽车的行驶平顺性指汽车在一般行驶速度范围内行驶时,能保证乘员不会因车身振动而引起不舒服和疲劳的感觉,以及保持所运货物完整无损的性能。由于行驶平顺性主要是根据乘员的舒适程度来评价,又称为乘坐舒适性。常用汽车车身振动固有频率和振动加速度评价汽车的行驶平顺性。

6. 汽车的通过性

汽车的通过性指在一定载质量下,不用其他辅助措施,能以足够高的平均车速通过各种坏路及无路(松软的土壤、沙漠、雪地、沼泽)地带和克服各种障碍物(陡坡、侧坡、台阶、壕沟等)的能力。

汽车的通过性主要与汽车的几何通过性、牵引支承通过性和机动性有关,还与汽车的动力性、平顺性、稳定性等有关。

第四节 汽车运行工况分析

汽车是在一定道路、交通、气候等外界条件下完成运输任务的。为提高运输生产率,降低运输成本,汽车性能应与运用条件相适应,二者相适应的程度是评价汽车选用是否合理的依据之一。

为了研究汽车与运行条件的适应性,必须研究汽车在道路、交通、气候等外界条件下的运行状况,即必须对汽车的运行工况进行分析。

一、汽车运行工况

汽车运行状况通常采用多参数描述,称之为汽车运行工况。即在使用条件下,驾驶员以自己的经验、技艺操纵车辆完成一定运输任务时,汽车及其各零部件、总成的各种参数变化及技术状态。汽车运行工况参数包括汽车速度、变速器挡位、发动机转速、节气门开度、制动频度、加速度等。汽车运行工况的变化受到许多因素的影响,如道路状况、交通流量、气候条件以及汽车自身技术性能的变化等。

汽车运行工况研究包括汽车运行工况调查和汽车运行工况分析两个方面。汽车运行工况研究常采用工况测试、统计方法和计算机数字仿真方法。

二、汽车运行工况调查

在特定使用条件下,通过运行工况调查可以掌握汽车运行状况各参数的变化范围和变化规律,为评价车辆的合理运用以及车辆性能、结构能否满足使用要求提供基础资料。

汽车运行工况调查的内容和参数,可根据研究任务的需要而增减。通过对汽车性能参数测试数据的统计分析,可以得出运行工况参数样本的分布规律及其数学特征,进而在无偏性、一致性和有效性的原则下,推断出参数的总体分布和数学特征。

汽车运行工况测试是汽车运行工况调查的重要步骤。通过汽车运行试验及数据处理、统计分析完成运行工况调查。

汽车运行工况调查的主要内容有:选择反映汽车运行状况,具有代表性的路线,并取得道路资料和交通状况的调查数据;同步测取在汽车行驶过程中的车速、发动机转速、油耗、节气门开度及挡位使用情况,以及在调查路线内的累积停车和制动次数等。必要时还要记录交通流情况,如交通构成及其交通量等。

在运行试验中,主要使用非电量的电测法,即在测量部位安装将非电量状态参数转换为电信号的传感器,将电信号直接或经放大后输送至测量仪器和记录仪器,供统计分析使用。所选的运行工况参数不同时,所需仪器设备也不同。若以车速、油耗量、加减速度为参数时,则需要安装五轮仪或非接触式速度测试仪、油耗计、加速度计等。

在测试汽车运行工况时,风速、气温、海拔等试验条件应符合有关规定,或对测试结果进行修正。汽车运行试验所用车辆必须符合国家有关标准规定。

运行试验中所做的记录称为汽车运行记录。某载货汽车在某市区行驶时的运行记录如图1-7所示;城市公共汽车典型运行工况分布如图1-8所示。

采用计算机模拟方法也可以对汽车的运行工况进行研究。其思路是:建立汽车动力传动系模型、道路模型、驾驶员模型及交通流干扰模型组成的系统模型;输入有关道路数据和汽车发动机、传动系、轮胎数据以及自由行驶—跟驰行驶—超车行驶的概率、换挡过程时间分布、气温、风速等;在计算机上模拟汽车的运行,并统计出反映汽车运行状态的各个参数,研究汽车在特定条件下的运行工况。

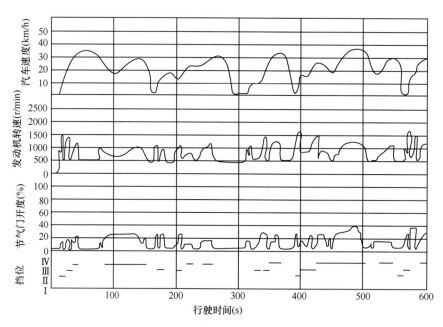

图 1-7 载货汽车市区行驶运行记录

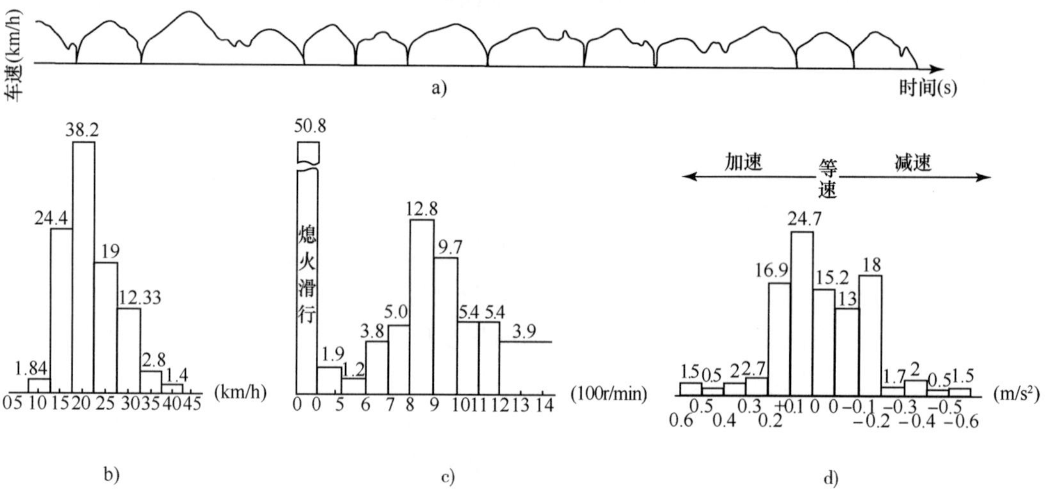

图 1-8 城市公共汽车典型运行工况分布

a) 公共汽车市区行驶运行速度分布；b) 速度(km/h)分布(%)柱方图；c) 发动机转速(r/min)分布(%)柱方图；d) 加减速度(m/s²)分布(%)柱方图

三、运行工况调查数据处理

汽车运行试验中得到的数据经处理后，才能得到汽车运行工况的统计特征和分布。对于离散量，可以直接根据试验数据统计得到该离散量的分布情况和特征值。例如，可以根据试验数据直接统计得到各个挡位使用的百分比和分布情况。而在汽车运行记录中的汽车速度、发动机曲轴转速、节气门开度、曲轴转矩等模拟量曲线需要进行数字化处理，然后才能进行分布及统计特征分析。

汽车运行工况测试参数样本中的模拟量处理的基本前提是将模拟量曲线离散化。模拟量处理的步骤为：确定采样间隔 $\Delta t(s)$；判别并剔除异常数据；求均值；求频率分布并绘制频率分布图。

通过频率分布图可了解汽车运行工况测试样本的分布特征。例如，数据的密集位置、离散程度以及分布等。这样，就可对汽车运行工况记录中的挡位使用情况、发动机转速变化情况及节气门开度变化情况等进行数据处理。根据需要，还可进行数字特征计算、区间估计和分布检验，以便对运行工况进行定量分析。

四、汽车运行工况分析

汽车运行中经常出现的工况称为常用工况。影响汽车运行状况的因素很多，如车辆性能、载质量、道路状况、交通状况、气候条件和驾驶员技术水平等。因此，汽车常用工况也随时间和行车路线的变化而变化。

运行工况数据和统计分析结果主要用于确定汽车的常用工况及其特征，并结合汽车的结构性能，评价汽车常用工况的合理性及其影响因素。

复 习 题

一、问答题

1. 汽车运用的外界条件有哪些？
2. 汽车的运输条件有哪些？
3. 汽车运用技术条件包括哪些方面？
4. 汽车使用性能指标主要有哪些？
5. 什么是载质量利用系数和比装载质量？
6. 什么是整备质量利用系数？
7. 汽车使用方便性评价指标有哪些？
8. 汽车运行工况分析的目的是什么？
9. 什么是汽车的运行工况？
10. 什么是汽车的常用工况？

二、综述（分析）题

1. 气候条件对汽车运用效果的影响如何？
2. 道路条件和交通状况如何影响汽车的运用效果？
3. 货物运输距离如何影响汽车的运用效果？
4. 货运类型不同如何影响汽车的运用效果？
5. 怎样进行汽车运行工况调查和分析？

第二章　汽车的动力性

汽车的动力性指汽车在良好路面上直线行驶时由受到的纵向外力决定的所能达到的平均行驶速度,表示汽车以最大可能平均行驶速度运送货物或乘客的能力。在汽车各种使用性能中,动力性是最重要、最基本的性能。

第一节　汽车动力性的评价指标

若使汽车具有尽可能高的平均行驶速度,就必须提高汽车的最高车速、加速能力和爬坡能力。因此,汽车的动力性可以由以下指标评价。

① 汽车的最高车速 v_{amax},km/h;
② 汽车的加速时间 t_j,s;
③ 汽车的最大爬坡度 i_{max},%。

汽车的最高车速 v_{amax}:指汽车在水平良好的路面(混凝土或沥青路)上所能达到的最高行驶速度。道路和载荷情况对汽车的最高车速有重要影响。其道路条件应为干燥、清洁、平直的水泥或沥青路面;而各国对载荷条件的规定不同,我国规定为满载,并要求装载均匀。

汽车的加速时间 t_j 包括原地起步加速时间 t_{jq} 和超车加速时间 t_{jc},可以反映汽车的加速能力。

原地起步加速时间 t_{jq}:指汽车由第Ⅰ挡或第Ⅱ挡起步,并以最大的加速强度(包括选择恰当的换挡时机)逐步换至最高挡后,行驶到某一预定距离(通常为 400m 或 0.25mile)或达到某一车速(通常为 100km/h 或 60mile/h)所需要的时间。若起步加速能力强,则汽车起步快,所用时间短。

超车加速时间 t_{jc}:指用最高挡或次高挡由某一较低车速全力加速至某一高速所需的时间。一般低速取 30km/h 或 40km/h,而高速为 80% v_{amax} 或某一高速。超车加速能力的强弱决定了汽车超车过程中的并行行程,对超车安全有重要影响。

汽车的最大爬坡度 i_{max}:指满载时汽车以Ⅰ挡在良好路面上所能通过的最大坡度。轿车最高车速大,加速时间短,且通常在城市道路及较好公路条件下行驶,一般不强调爬坡能力;货车运行的道路环境较复杂,具有足够的爬坡能力非常必要,一般 i_{max} 在 30% 左右,即坡度角 α 为 16.7°左右;而越野汽车要在坏路或无路条件下行驶,因而爬坡能力至关重要,其最大爬坡度可达 60% 左右,即坡度角 31°左右。

第二节　汽车行驶时的纵向外力和汽车行驶方程式

汽车的动力性取决于汽车行驶时所受到的各种纵向外力。因此,以下从分析汽车行驶时所受到的纵向外力(地面驱动力、行驶阻力)出发,建立汽车的行驶方程式,以作为分析汽车的动力性的基础。

一、汽车的驱动力

1. 汽车驱动力的计算

从产生过程和来源出发,汽车驱动力的定义如下:汽车发动机产生的有效转矩 T_e,经传动系传到驱动轮上;此时,作用于驱动轮上的转矩 T_t 产生一个对地面的圆周力 F_0;地面对驱动轮的反作用力 F_t(方向与 F_0 相反)即是驱动汽车行驶的外力,称为汽车的驱动力,见图2-1。其数值为:

$$F_t = \frac{T_t}{r}$$

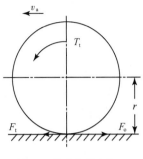

图2-1 汽车的驱动力

式中:F_t——汽车的驱动力,N;
T_t——驱动轮的转矩,N·m;
r——车轮半径,m。

T_t 由 T_e 经传动系传至驱动轮而产生,若变速器、主减速器的传动比为 i_g、i_0,传动系的机械效率为 η_t,则 T_t 的值为:

$$T_t = T_e \cdot i_g \cdot i_0 \cdot \eta_t$$

对于装有分动器、轮边减速器、液力传动等装置的汽车,计算 T_t 时应计入相应的传动比和机械效率。

因此,汽车的驱动力 F_t 可用下式计算:

$$F_t = \frac{T_e \cdot i_g \cdot i_0 \cdot \eta_t}{r} \tag{2-1}$$

2. 影响汽车驱动力的主要因素

影响汽车驱动力的主要因素包括:发动机有效转矩 T_e、变速器速比 i_g、主传动速比 i_0、机械效率 η_t、车轮半径 r。

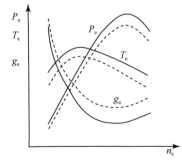

——外特性 -----使用外特性
图2-2 发动机特性曲线

1) 发动机有效转矩 T_e 和有效功率 P_e

发动机输出的有效功率 P_e(kW)、有效转矩 T_e(N·m)和燃油消耗率 g_e(g/kW·h)随曲轴转速 n_e(r/min)的变化关系曲线,称之为发动机的速度特性曲线。节气门全开(或高压油泵在最大供油位置)时的速度特性曲线称为发动机的外特性曲线,如图2-2所示;而节气门部分开启(或部分供油量位置)时的速度特性曲线称为发动机部分负荷特性曲线。P_e 和 T_e 之间有如下关系:

$$P_e = \frac{T_e \cdot n_e}{9550} \tag{2-2}$$

发动机在带有空气滤清器、水泵、风扇、消声器、发电机等全部附件时测得的发动机特性曲线称为发动机的使用外特性曲线。使用外特性曲线的功率和转矩均小于外特性曲线的功率和转矩。

分析汽车驱动力时应采用发动机的使用外特性,据此可以确定转矩 T_e 和功率 P_e 在转速 n_e 的整个变化范围内的数值,并可进一步求出汽车在各挡位、不同车速下的驱动力和功率,建立汽车的驱动力图和输出功率图。

发动机外特性是通过稳定工况下的台架试验得到的。汽车实际运行时,发动机工况常是不稳定的。其负荷、转速、热状况和可燃混合气的浓度与稳定工况有显著差异。但一般进行汽车动力性估算时常忽略二者的差别,仍使用稳定工况时所测得的使用外特性中的功率和转矩曲线。

2) 传动系的机械效率 η_t

发动机有效功率 P_e (kW),经传动系传至驱动轮的过程中,产生了功率损失 P_s (kW)。驱动轮功率 P_t (kW) 和传动系的机械效率 η_t 为:

$$P_t = \eta_t \cdot P_e$$

$$\eta_t = \frac{P_e - P_s}{P_e} = 1 - \frac{P_s}{P_e} \tag{2-3}$$

传动系的功率损失由传动系中的变速器、传动轴、万向节、主减速器等处功率损失所组成。其中,变速器和主减速器的功率损失所占比重最大。传动系各总成的传动效率见表2-1。

传动系各总成的传动效率　　　　表2-1

总 成 名 称	传动效率(%)	总 成 名 称	传动效率(%)
4~6挡变速器	95	单级减速主减速器	96
副变速器或分动器	95	双级减速主减速器	92
8挡以上变速器	90	万向节	98

从功率损失产生机理分析,传动系功率损失可分为机械损失和液力损失两大类。机械损失是指齿轮传动副、轴承、油封等处的摩擦损失,其大小与参与啮合齿轮的对数、传递的转矩大小等因素有关。液力损失是指消耗于旋转零件搅动润滑油、零件表面与润滑油之间的表面摩擦等的功率损失。其大小与润滑油的品种、温度、油面高度以及齿轮等旋转零件的转速有关。

汽车以直接挡行驶时,所啮合的齿轮不传递转矩,因此比用其他挡位工作时的效率要高;而且对变速器的所有挡位而言,挡位越高,机械效率也越高。使用同一挡位时,若负荷增加,所传递的转矩增大时,液力损失所占比例减少,机械效率较高,而转速低时搅油损失小,比转速高时机械效率要高,如图2-3所示。

传动系的机械效率受多个因素影响,其实际数值在一定范围内变化。但在进行汽车动力性分析时,为简单起见,可将机械效率视为常数,把传动系各总成的机械效率值相乘进行估算。

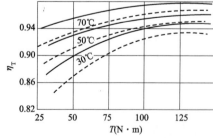

图2-3　变速器传动效率与传递转矩、润滑油温度的关系

(实线: $n = 1500$ r/min,虚线: $n = 2500$ r/min)

3) 车轮半径 r

弹性轮胎在受力和运动过程中会因变形而使半径尺寸发生变化。车轮处于无载荷作用时的半径称为自由半径 r_0(m);汽车静止时,在汽车重力作用下车轮中心到轮胎与道路接触面间的距离称为静力半径 r_s(m);车轮承受垂直载荷和转矩时的半径称为动态半径 r_d(m)。显然,$r_0 > r_s > r_d$。

滚动半径 r_r(m)是以车轮转动圈数与实际滚动距离之间的关系换算得出的车轮半径,即:

$$r_r = \frac{S}{2 \cdot \pi \cdot n_r}$$

式中:n_r——车轮滚动的圈数;
S——滚动 n_r 圈时车轮前进的距离,m。

作动力学分析时,应该用动态半径或静力半径;而作运动学分析时,应该用滚动半径。但对汽车的动力性作粗略计算时,通常不计其间的差别,统称为车轮半径 r,即认为:

$$r \approx r_0 \approx r_s \approx r_d$$

变速器速比 i_g、主传动速比 i_0 对汽车的驱动力和动力性有重要影响,其详细分析见本章第五节。

3. 汽车的驱动力图

汽车的驱动力与车速之间的函数关系曲线称为汽车的驱动力图,可全面表示汽车驱动力的大小及其变化。

显然,发动机转速 n_e(r/min)与汽车行驶速度 v_a(km/h)之间的关系为:

$$v_a = 0.377 \frac{r \cdot n_e}{i_g \cdot i_0} \tag{2-4}$$

对于装用机械传动系统的汽车,若已知不同挡位时传动系的传动比 $i_g \cdot i_0$、传动效率 η_t、车轮半径 r 等参数,利用发动机使用外特性曲线中的转矩曲线,根据输出转矩 T_e 与汽车驱动力 F_t 的关系式(式2-1)和发动机转速 n_e 与汽车行驶速度 v_a 的关系式(式2-4),可作出各个挡位 i_g 下汽车的驱动力 F_t 与车速 v_a 间的关系曲线即驱动力图,如图2-4所示。

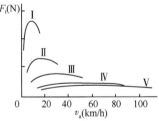

图2-4 装有五挡变速器的某型汽车的驱动力图

驱动力图根据外特性曲线求得,因此表明的是使用各挡位时汽车在各车速下所能产生的驱动力最大值。实际行驶中,由于发动机是在不稳定状态下工作,且常使用部分负荷,相应的驱动力较其最大值小得多。

二、汽车的行驶阻力

汽车行驶需要的能量取决于所受到的行驶阻力,其动力性高低决定于汽车的驱动力和行驶阻力的相互作用。

汽车在水平道路上等速直线稳定行驶时,必须克服轮胎与地面相互作用而产生的滚动阻力和车身与空气相互作用而产生的空气阻力;当汽车在坡道上稳定行驶时,还必须克服重力沿坡道的分力,即:坡度阻力。汽车加速行驶时需要克服与加速度方向相反的动态行驶阻力——惯性力,即:加速阻力。

1. 滚动阻力

滚动阻力产生的原因可以从弹性轮胎受力变形的角度分析。车轮滚动时,轮胎与路面的接触区域产生法向、切向的相互作用力以及二者的相应变形。其相对刚度决定了轮胎和支承面变形的特点和相对大小。当弹性轮胎在硬路面(混凝土路、沥青路)上滚动时(动力性分析时的道路条件),轮胎的变形是主要的;而当弹性轮胎在软路面(土路、砂路)上滚动时(通过性分析时的道路条件),支撑路面的沉陷变形是主要的。这些变形都将伴随着能量损失,是滚动阻力产生的根本原因。

从弹性轮胎受力变形的角度分析,可知这种能量消耗是滚动阻力产生的原因。图 2-5 为某轮胎在硬支承路面上受径向载荷时的变形曲线。图中:C 为加载变形过程曲线,D 为卸载变形恢复过程曲线。加载变形过程,外力对弹性轮胎做功,使其变形,C 曲线下面积 $OCABO$ 为该过程中对轮胎做的功;在卸载变形恢复过程中,弹性轮胎变形而具有的弹性势能向外释放做功,使变形恢复,D 曲线下面积 $ADEBA$ 为轮胎恢复变形时放出的功。由图可知,C、D 曲线并不重合,两曲线所包围的面积为加载与卸载过程中的能量损失。此能量系消耗在轮胎各组成部分相互间的摩擦以及橡胶、帘线等物质的分子间的摩擦,最后转化为热能而消失在大气中,这种损失称为弹性轮胎的迟滞损失。

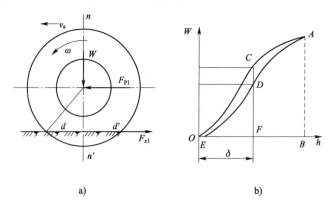

图 2-5 弹性轮胎在硬路面上滚动时的径向变形曲线
a)受力;b)径向变形曲线

加载变形过程曲线与卸载变形恢复过程曲线的差异,导致了轮胎接地面上压力分布的变化,进而导致阻碍车轮滚动的阻力偶和阻力的产生。当车轮不滚动时,地面对车轮的法向反作用力的分布是前后对称的,在法线 nn' 两侧,同样的变形对应有相同的法向应力。但当车轮滚动时,法线 nn' 前后两侧相对应点 d 和 d' 处于压缩变形和恢复变形的不同过程中,相同的变形 δ 所对应的法向应力却不同。由于弹性迟滞现象,处于压缩过程的前部 d 点的地面法向反作用力 CF 就会大于处于恢复过程的后部 d' 点的地面法向反作用力 DF。这样,轮胎前后地面法向反作用力的分布并不对称,处于压缩过程的车轮前部的法向反作用力的分布大于处于恢复过程的后部,从而使法向反作用力的合力 F_z 相对于法线 nn' 向前移动了距离 a,若把合力 F_z 平移至法线 nn',则需添加一个阻力偶 $T_f = F_z \cdot a$,如图 2-6 所示。

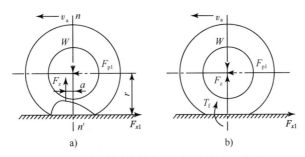

图 2-6 弹性轮胎在硬路面上滚动时的受力情况
a) F_z 前移；b) 产生滚动阻力偶

由于弹性车轮滚动时产生了阻力偶，因此若使从动车轮在硬路面上等速滚动，必须相应在车轮中心施加推力 F_{p1}，使之与相应的地面切向反作用力 F_{x1} 构成力偶矩克服 T_f。即：

$$F_{p1} \cdot r = T_f$$

因此：

$$F_{p1} = \frac{T_f}{r} = \frac{F_z \cdot a}{r} = F_z \cdot f$$

地面切向反作用力 F_{x1} 表现为阻碍车轮滚动的滚动阻力 F_f。即：

$$F_f = F_{x1} = F_{p1} = F_z \cdot f \tag{2-5}$$

f 称为滚动阻力系数。显然：$f = \frac{a}{r} = \frac{F_{p1}}{F_z}$。这样，在分析汽车行驶时的滚动阻力时，不必具体考虑车轮滚动时所受到的滚动阻力偶矩，而只要知道滚动阻力系数即可求出滚动阻力。

驱动轮在硬路面等速滚动时的受力情况如图 2-7 所示。图中：F_{x2} 为驱动力矩 T_t 所引起的道路对车轮的切向反作用力，F_{p2} 为驱动轴作用于车轮的水平力。由于弹性迟滞现象而使驱动轮的法向反作用力的作用点前移了距离 a，在驱动轮上也产生了滚动阻力偶 T_f。由平衡条件得：

$$F_{x2} \cdot r = T_t - T_f$$

$$F_{x2} = \frac{T_t}{r} - \frac{T_f}{r} = F_t - F_f$$

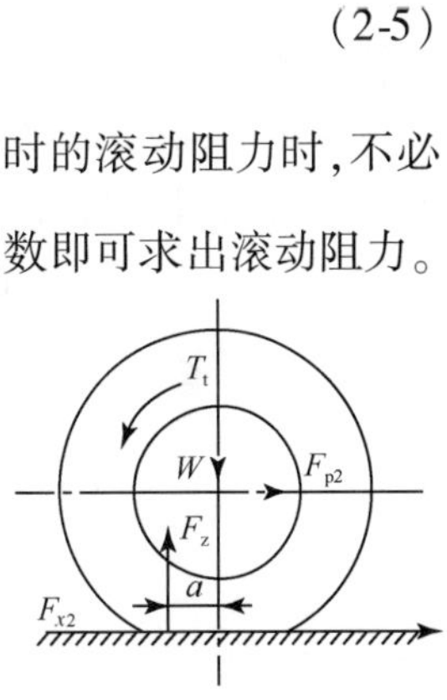

图 2-7 驱动轮在硬路面等速滚动时的受力图

由此可见，由于弹性迟滞现象产生的滚动阻力偶 T_f，也使驱动轮受到滚动阻力 F_f 的作用。因此，由驱动力矩 T_t 产生的驱动力 F_t 在克服了 F_f 后，才能转化为作用在驱动车轮上驱动汽车前进的地面切向反作用力 F_{x2}。

综上可知，弹性轮胎滚动前进时因变形产生的弹性迟滞损失是以车轮滚动阻力偶矩的形式表现为对汽车行驶的一种阻力。

滚动阻力 F_f 的大小取决于滚动阻力系数 f。试验表明，滚动阻力系数的大小与路面的种类、行驶车速以及轮胎的构造、材料、气压等有关。

路面不同，轮胎滚动时的变形量及由此所引起的弹性迟滞损失也不同，因而其滚动阻力系数不同。汽车在不同路面上以中低速行驶时，其滚动阻力系数的数值范围见表 2-2。

滚动阻力系数 f 的数值　　　　　　　　　表2-2

路面类型	滚动阻力系数 f 的值
良好的沥青或混凝土路面	0.010 ~ 0.018
一般沥青或混凝土路面	0.010 ~ 0.018
碎石路面	0.020 ~ 0.025
良好的卵石路面	0.025 ~ 0.030
坑洼的卵石路面	0.030 ~ 0.050
干燥压紧土路	0.025 ~ 0.035
雨后压紧土路	0.050 ~ 0.150
泥泞土路（雨季或解冻期）	0.100 ~ 0.250
干砂	0.100 ~ 0.300
湿砂	0.060 ~ 0.150
结冰路面	0.015 ~ 0.030
压紧的雪道	0.030 ~ 0.050

行驶车速对滚动阻力系数有很大影响，如图2-8所示。货车及轿车轮胎在车速低于100km/h时，滚动阻力系数随车速增加而逐渐增大，但变化不大。轿车轮胎在车速高于140km/h以上时，滚动阻力系数 f 的值增长较快。而当车速达到某一临界车速时，轮胎发生驻波现象，滚动阻力系数迅速增大。

轮胎的结构、帘线和橡胶的品种不同，轮胎承载后滚动变形量也不同，而且变形后胎面、轮胎内部材料之间的摩擦也有很大差异，因此对滚动阻力系数 f 的值都有影响。与普通斜交轮胎相比，子午线轮胎的滚动阻力系数较低。轮胎充气压力对 f 值有很大影响，气压降低时，滚动轮胎变形大使迟滞损失增大，f 值迅速增大，如图2-9所示。

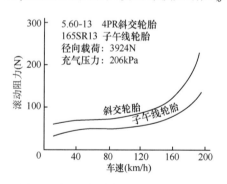

图2-8　车速和轮胎类型对滚动阻力系数的影响

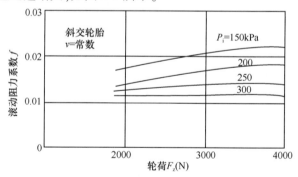

图2-9　气压对滚动阻力系数的影响

驱动状态下的轮胎，作用有驱动力矩，使胎面相对于路面有一定滑动，增大了轮胎滚动时的能量损失，表现为滚动阻力系数增大。

在进行动力性分析时，若无滚动阻力系数的实验数据，可以用以下经验公式进行估算。

轿车轮胎的滚动阻力系数：

$$f = f_0 \left(1 + \frac{v_a^2}{19400}\right)$$

式中:f_0——路面系数;良好沥青或水泥路面,$f_0=0.014$;卵石路面,$f_0=0.025$;砂石路面,$f_0=0.020$。

货车轮胎气压高,推荐用如下计算公式来计算滚动阻力系数:
$$f=0.0076+0.000056 \cdot v_a$$

2. 坡度阻力

上坡行驶时,汽车重力沿坡道的分力称为汽车坡度阻力 F_i(N),如图2-10所示。
$$F_i = G \cdot \sin\alpha$$

式中:G——作用于汽车上的重力,N;
α——坡度角,°。

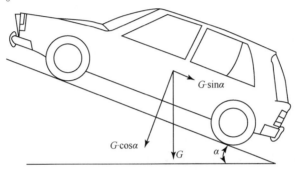

图2-10 汽车的坡度阻力

道路坡度 i 可用坡高与底长之比表示,即 $i=\tan\alpha$。一般道路的坡度较小,$\sin\alpha \approx \tan\alpha$。因而,坡度阻力可以近似用下式计算:
$$F_i = G \cdot \tan\alpha = G \cdot i \tag{2-6}$$

上坡行驶时,汽车重力垂直于坡道的分力为 $G \cdot \cos\alpha$,其滚动阻力可用下式计算:
$$F_f = G \cdot \cos\alpha \cdot f$$

坡度较小时,$\cos\alpha \approx 1$,上式近似为:
$$F_f = G \cdot f$$

由于坡度阻力 F_i 与滚动阻力 F_f 均属于与道路有关的阻力,且均与汽车重力成正比,故二者之和称为道路阻力 F_ψ,即:
$$F_\psi = F_f + F_i = G \cdot (f \cdot \cos\alpha + \sin\alpha) \approx G \cdot (f+i) = G \cdot \psi$$

式中:ψ——道路阻力系数,$\psi = f+i$。

3. 空气阻力

汽车直线行驶时受到的空气作用力在行驶方向上的分力称为空气阻力。

1)空气阻力的形成

空气阻力分为压力阻力与摩擦阻力两部分。

作用在汽车外形表面上的法向压力的合力在行驶方向的分力称为压力阻力,如图2-11所示。压力阻力又分为四部分:形状阻力、诱导阻力、干扰阻力、内循环阻力。形状阻力与车身主体形状有很大关系,约占整个空气阻力的58%。车辆向前运动时,由于其主体形状所限,表面上的涡流分离现象是不可避免的,被车辆分开的空气无法在后部平顺合拢和回复原状,这样在车辆后部形成涡流区,产生负压,从而使运动方向上产生了阻力。涡流分离的范围越大即涡流区域越大，压力阻力也就越大。

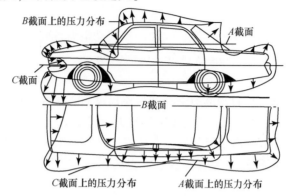

图 2-11 压力阻力的形成

车辆上部与底部的空气压力不同，会引起横向气流以及车辆的升力。横向气流也会在车身表面产生涡流分离现象，造成压差产生所谓诱导阻力。诱导阻力一般占空气阻力的 7%。

干扰阻力是车身表面突起物（如后视镜、门把、引水槽、悬架导向杆、驱动轴等）引起的阻力，一般可占空气阻力的 14%；发动机冷却系、车身通风等所需空气流经车体内部时由于动量损失构成的阻力即为内循环阻力，约占空气阻力的 12%，如图 2-12 所示。

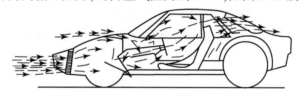

图 2-12 车辆的内部气流

汽车行驶过程中，空气与车身表面由于摩擦产生的切向力的合力在行驶方向的分力称为摩擦阻力或表面阻力。显然，车身较长的车辆（如大客车）或车身表面粗糙的车辆，其表面阻力也较大。

2) 空气阻力的计算

根据流体力学的有关结论，常把汽车空气阻力的总数值总结成与气流相对速度的动压力成正比的计算公式，即：

$$F_w = \frac{\rho}{2} \cdot C_D \cdot A \cdot v_r^2$$

式中：C_D——空气阻力系数；

ρ——空气密度，$N \cdot s^2 / m^4$；

A——迎风面积，m^2；

v_r^2——相对速度，m/s。

空气阻力并不分门别类计算，若取空气密度 $\rho = 1.2258 N \cdot s^2 / m^4$，$v_r^2$ 以 km/h 计，在无风状态下，空气阻力的计算公式为：

$$F_w = \frac{C_D \cdot A \cdot v_a^2}{21.15} \tag{2-7}$$

实际计算时,可近似取:
$$A = B \cdot H$$
式中:B——汽车轮距,m;
  H——汽车高度,m。

由于迎风面积 A 受到乘坐使用空间的限制不易进一步减少,所以降低 C_D 值是降低空气阻力的主要手段。以轿车为例:20 世纪 50～70 年代,C_D 值维持在 0.4～0.6 之间;20 世纪 70 年代能源危机后,为进一步降低油耗,各国都致力于降低 C_D 值,至 20 世纪 90 年代 C_D 值已减小到 0.25～0.40。目前,对于降低货车与半挂车的空气阻力也很重视,不少半挂牵引车驾驶室上已开始装用导流板等装置以减少空气阻力,节约燃油。表 2-3 为汽车空气阻力系数 C_D 和迎风面积 A 的变化范围。

汽车空气阻力系数和迎风面积的变化范围　　表 2-3

车　型	迎风面积 $A(m^2)$	空气阻力系数 C_D
轿车	1.7～2.1	0.28～0.41
载货汽车	3～7	0.6～1.0
大型客车	4～7	0.5～0.8

汽车的 C_D 值实际上随着车身的离地距离、俯仰角以及侧向风的大小而变化。一般应给出额定载荷下无侧向风时的空气阻力系数 C_D 的值。低 C_D 值轿车车身所具有的特点如图 2-13 所示。

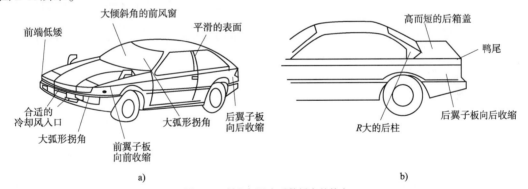

图 2-13　低空气阻力系数轿车的特点

由于汽车的空气阻力与车速的平方成正比,因此随着汽车行驶车速的提高,空气阻力急剧增大。

4. 加速阻力

加速阻力 F_j 指汽车加速行驶时所需克服的因其质量加速运动所产生的惯性力,加速阻力的方向与汽车加速度的方向相反。

汽车加速时,不仅平移的质量产生惯性力,引起了平移质量加速阻力 F_{jt},旋转的质量也要产生惯性力偶矩,产生了旋转质量加速阻力 F_{jr}。二者的大小为:

$$F_{jt} = M \cdot \frac{dv}{dt}$$

$$F_{jr} = \frac{I}{r} \cdot \frac{d\omega}{dt} = \frac{I}{r^2} \cdot \frac{dv}{dt} \tag{2-8}$$

式中：M——汽车总质量，kg；

I——折算到驱动轮上的汽车全部旋转部件的转动惯量和车轮的转动惯量，kg·m²；

$\dfrac{\mathrm{d}\omega}{\mathrm{d}t}$——车轮的角加速度，rad/s²；

$\dfrac{\mathrm{d}v}{\mathrm{d}t}$——汽车的加速度，m/s²；

r——车轮半径，m。

汽车的总加速阻力为：

$$F_j = F_t + F_r = \left(M + \dfrac{I}{r^2}\right) \cdot \dfrac{\mathrm{d}v}{\mathrm{d}t} = \left(1 + \dfrac{I}{M \cdot r^2}\right) \cdot M \cdot \dfrac{\mathrm{d}v}{\mathrm{d}t}$$

令 $\delta = 1 + \dfrac{I}{M \cdot r^2}$，称为汽车旋转质量换算系数，显然 $\delta > 1$。因此：

$$F_j = \delta \cdot M \cdot \dfrac{\mathrm{d}v}{\mathrm{d}t} \tag{2-9}$$

引入旋转质量换算系数 δ 后，旋转质量的加速阻力就转化为平移质量的加速阻力。

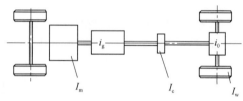

图 2-14 汽车的旋转部件简图

I 的大小与汽车各旋转部件的转动惯量、变速器速比和主传动速比有关。

如图 2-14 所示，汽车加速时，发动机、离合器和变速器旋转部件也加速旋转，设其转动惯量为 $I_m(\mathrm{kg} \cdot \mathrm{m}^2)$，角加速度为 $\dfrac{\mathrm{d}\omega_f}{\mathrm{d}t}(\mathrm{rad}/\mathrm{s}^2)$，且有 $\dfrac{\mathrm{d}\omega_f}{\mathrm{d}t} = i_g \cdot i_0 \cdot \dfrac{1}{r} \cdot \dfrac{\mathrm{d}v}{\mathrm{d}t}$，则产生的惯性力矩 $T_m(\mathrm{N} \cdot \mathrm{m})$ 为：

$$T_m = I_m \cdot \dfrac{\mathrm{d}\omega_f}{\mathrm{d}t} = I_m \cdot i_g \cdot i_0 \cdot \dfrac{1}{r} \cdot \dfrac{\mathrm{d}v}{\mathrm{d}t}$$

T_m 传递到驱动车轮上的力矩 T_{mw} 的大小为：

$$T_{mw} = T_m \cdot i_g \cdot i_0 = I_m \cdot i_g^2 \cdot i_0^2 \cdot \dfrac{1}{r} \cdot \dfrac{\mathrm{d}v}{\mathrm{d}t}$$

同理，若传动轴、差速器的转动惯量为 I_c，角加速度为 $\dfrac{\mathrm{d}\omega_c}{\mathrm{d}t}$，由传动轴、差速器加速旋转产生的惯性力矩 T_c 为：

$$T_c = I_c \cdot \dfrac{\mathrm{d}\omega_c}{\mathrm{d}t} = I_c \cdot i_0 \cdot \dfrac{1}{r} \cdot \dfrac{\mathrm{d}v}{\mathrm{d}t}$$

传递到驱动轮上，T_c 增大 i_0 倍：

$$T_{cw} = I_c \cdot i_0 \cdot \dfrac{\mathrm{d}\omega_c}{\mathrm{d}t} = I_c \cdot i_0^2 \cdot \dfrac{1}{r} \cdot \dfrac{\mathrm{d}v}{\mathrm{d}t}$$

显然，由车轮转动惯量 I_w（全部车轮转动惯量之和）产生的惯性力矩 T_{ww} 为：

$$T_{ww} = I_w \cdot \dfrac{\mathrm{d}\omega_w}{\mathrm{d}t} = I_w \cdot \dfrac{1}{r} \cdot \dfrac{\mathrm{d}v}{\mathrm{d}t}$$

这样,由汽车全部旋转部件产生并传递到车轮的惯性力矩 T_w 为:

$$T_w = T_{mw} + T_{cw} + T_{ww} = (I_w + i_0^2 \cdot I_c + i_g^2 \cdot i_0^2 \cdot I_m) \cdot \frac{1}{r} \cdot \frac{dv}{dt}$$

由惯性力矩 T_w 产生惯性阻力 F_{jr} 为:

$$F_{jr} = \frac{T_w}{r} = (I_w + i_0^2 \cdot I_c + i_g^2 \cdot i_0^2 \cdot I_m) \cdot \frac{1}{r^2} \cdot \frac{dv}{dt}$$

与式2-8比较,I 的值为:

$$I = I_w + i_0^2 \cdot I_c + i_0^2 \cdot i_g^2 \cdot I_m$$

式中:I_m——发动机、离合器和变速器转动惯量,kg·m²;
　　　I_c——传动轴、差速器等转动惯量,kg·m²;
　　　I_w——全部车轮转动惯量,kg·m²;
　　　i_g——变速器速比;
　　　i_0——主传动器速比。

因此,δ 的值为:

$$\delta = 1 + \frac{I}{M \cdot r^2} = 1 + \frac{1}{M} \cdot \frac{I_w}{r^2} + \frac{1}{M} \cdot \frac{i_0^2 \cdot I_c}{r^2} + \frac{1}{M} \cdot \frac{i_0^2 \cdot i_g^2 \cdot I_m}{r^2}$$

在进行汽车动力性初步计算时,也可以根据图2-15所示,根据挡位与总传动比估算 δ 的值。

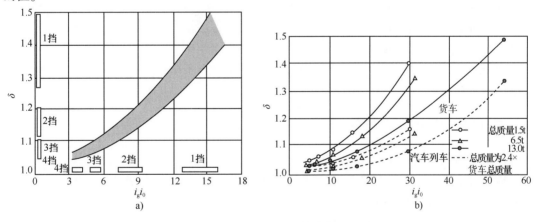

图2-15 汽车旋转质量换算系数
a)轿车旋转质量换算系数与传动系总传动比的关系;b)货车旋转质量换算系数与传动系总传动比的关系

三、汽车行驶方程式

若把汽车速度变化时的惯性力看成与加速度方向相反的外力,则行驶过程中,汽车的驱动力与行驶阻力始终处于平衡状态,描述这种平衡关系的关系式称为汽车行驶方程式。利用以上逐项分析得到的汽车驱动力与各种行驶阻力的关系式,汽车行驶方程式表示为:

$$F_t = F_f + F_i + F_w + F_j$$

$$\frac{T_e \cdot i_g \cdot i_0 \cdot \eta_t}{r} = G \cdot f + G \cdot i + \frac{C_D \cdot A \cdot v_a^2}{21.15} + \delta \cdot M \cdot \frac{dv}{dt} \tag{2-10}$$

汽车行驶方程式表示汽车驱动力与行驶阻力的数量关系,是进行汽车动力性分析的基础,据此可以确定汽车的运动状况。即:当发动机的速度特性、变速器传动比 i_g、主传动比 i_0、传动效率 η_t、车轮半径 r、空气阻力系数 C_D、汽车迎风面积 A、汽车质量 M 等有关参数确定后,可以根据此式分析汽车在附着性能良好的典型路面(混凝土、沥青路面)上行驶时,当节气门全开时可能达到的最高车速、加速能力和爬坡能力。

第三节 汽车行驶的条件

正常行驶过程中,汽车的驱动力与所受到的行驶阻力以及路面附着力之间必须满足一定的关系。

一、汽车行驶的驱动条件

汽车起步行驶的首要条件是必须有加速能力。由汽车行驶方程式得:

要使 $\dfrac{dv}{dt} > 0$,应满足:

$$\delta \cdot m \cdot \frac{dv}{dt} = F_t - (F_f + F_w + F_i)$$

$$F_t > (F_f + F_w + F_i) \tag{2-11}$$

即当驱动力大于滚动阻力、坡度阻力和空气阻力之和后,汽车才能加速行驶。若驱动力小于上述阻力之和,则汽车无法起动,正在行驶的汽车将减速直至停车。该条件是汽车行驶的必要条件,称为汽车的驱动条件。

若汽车在路面状况良好(水泥或混凝土路面)的道路上行驶时,汽车动力性主要受驱动条件的制约。

二、汽车行驶的附着条件

1. 附着力的概念

地面对轮胎的切向反作用力 F_x 的极限值称为附着力 F_φ。在硬路面上,附着力取决于轮胎与地面间的相互嵌合、剪切和摩擦。在数值上,附着力与作用于驱动轮上的法向反作用力 F_z(N)成正比,其正比系数称为附着系数 φ,即:

$$F_\varphi = F_z \cdot \varphi \tag{2-12}$$

对前轴或后轴驱动的汽车而言,其附着力 $F_{\varphi 1}$ 和 $F_{\varphi 2}$ 分别为:

$$F_{\varphi 1} = F_{z1} \cdot \varphi_1$$
$$F_{\varphi 2} = F_{z2} \cdot \varphi_2$$

式中:φ_1、φ_2——前、后车轮的附着系数。

显然,对于全轮驱动汽车而言,若有 $\varphi_1 = \varphi_2 = \varphi$,则其附着力 F_φ 为:

$$F_\varphi = (F_{z1} + F_{z2}) \cdot \varphi$$

2. 附着条件

地面切向作用力 F_x 不能大于附着力 F_φ,否则将发生驱动轮滑转现象。此时,即使驱动

轮的驱动力矩很大,也不能完全转化成地面切向作用力驱动汽车前进。即:

$$F_x = F_t - F_f \leq F_\phi = F_z \cdot \phi \tag{2-13}$$

式2-13即为汽车行驶的第二个条件-附着条件。该式还可写成:

$$\frac{F_x}{F_z} \leq \phi$$

称 $\varphi = \dfrac{F_x}{F_z}$ 为附着率,显然: $\varphi \leq \phi$。

驱动轮的附着率表明汽车在直线行驶状况下驱动轮不滑转时充分发挥驱动力作用所要求的最低路面附着系数,附着系数是附着率的极限值。汽车行驶过程中,若受到附着条件的制约,则作用于汽车驱动轮的驱动力 F_t 克服了滚动阻力 F_f 后,才能转化为路面对驱动车轮的反作用力 F_x。此时, F_x 只能等于附着力 F_ϕ,即:

$$F_x = F_t - F_f = F_\phi = F_z \cdot \phi$$

3. 影响附着力大小的因素

汽车的附着力 F_ϕ 取决于作用于驱动轮上的法向反作用力 F_z 和附着系数 ϕ。

若汽车总重为 $G(N)$,则驱动轮上的地面法向反作用力 $F_z(N)$ 与汽车的总体布置、行驶状况及道路坡度有关。

汽车加速上坡时的受力情况如图2-16所示。若忽略作用于前后车轮上的滚动阻力偶矩 T_{f1}、T_{f2} 和旋转质量惯性阻力偶矩 T_{j1}、T_{j2},将作用于汽车上的其余各力对前后车轮与道路接触面中心取力矩,可得到作用于前后轴的地面法向反作用力 F_{z1} 和 F_{z2} 为:

$$\begin{aligned}F_{z1} &= \frac{L_2}{L} \cdot G \cdot \cos\alpha - \frac{h_g}{L} \cdot G \cdot \sin\alpha - \frac{h_g}{L} \cdot m \cdot \frac{dv}{dt} - \frac{h_w}{L} \cdot F_w \\ F_{z2} &= \frac{L_1}{L} \cdot G \cdot \cos\alpha + \frac{h_g}{L} \cdot G \cdot \sin\alpha + \frac{h_g}{L} \cdot m \cdot \frac{dv}{dt} + \frac{h_w}{L} \cdot F_w\end{aligned} \tag{2-14}$$

式中: G ——汽车重力,N;

　　　α ——道路坡度角,°;

　　　h_g ——汽车质心高度,m;

　　　h_w ——风压中心高,m;

　　F_{z1}、F_{z2} ——作用在前、后车轮上的地面法向反作用力,N;

　　　L ——汽车轴距,m;

　　L_1、L_2 ——汽车质心到前、后轴的距离,m。

式2-14中,第一项是汽车静止时前后轴上的静载荷,第二项是因汽车在坡道上行驶时的坡度阻力对前后轴地面法向反作用力的影响,第三项是汽车的加速阻力对前后轴地面法向反作用力的影响,而第四项是作用在风压中心的空气阻力对前后轴地面法向反作用力的影响。

附着系数 ϕ 主要取决于路面的种类和状况、轮胎规格及胎面花纹,行驶车速和车轮运动状况对其也有影响。在汽车动力性分析中,一般只需取附着系数的平均值。在良好的混凝土或沥青路面上,路面干燥时 ϕ 值为0.7～0.8,而路面潮湿时为0.5～0.6;在干燥的碎石路面上，ϕ 值为 0.6~0.7；在土路上，干燥时为 0.5~0.6，潮湿时为 0.2~0.4。

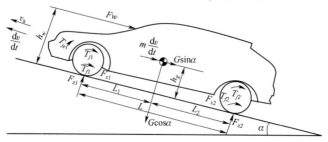

图 2-16 汽车加速上坡时的受力图

G-汽车重力；a-道路坡度角；h_g-汽车质心高度；h_w-风压中心高区；T_{f1}、T_{f2}-作用在前后车轮上的滚动阻力偶矩；T_{j1}、T_{j2}-作用在前后车轮上的惯性阻力偶矩；F_{z1}、F_{z2}-作用在前后车轮上的法向反作用力；F_{x1}、F_{x2}-作用在前后车轮上的地面切向反作用力；L-汽车轴距；L_1、L_2-汽车质心到前后轴的距离

汽车在路面状况良好的水泥或混凝土路面上行驶时，其动力性主要受汽车的驱动条件的制约。采用增大发动机转矩、加大传动比等措施可以增大汽车驱动力，使汽车的驱动条件得以满足。但是这些措施只有在驱动轮与路面不发生滑转现象时才有效。如果驱动轮在路面滑转，则增大驱动力只会使驱动轮加速旋转，地面切向反作用力并不会增大，汽车仍不能行驶。在这种情况下汽车的动力性受汽车附着条件的限制。

第四节 汽车动力性分析

汽车动力性分析指从分析汽车行驶时所受到的纵向外力（地面驱动力、行驶阻力）出发，建立汽车的行驶方程式，并根据汽车行驶过程中的动力平衡和功率平衡，确定汽车的动力性评价指标。

汽车在良好的水泥或混凝土路面上行驶时，其动力性可用驱动力-行驶阻力平衡图、动力特性图和功率平衡图来进行分析。

一、驱动力-行驶阻力平衡图及其应用

为清晰而形象地表明汽车行驶时的受力情况及其平衡关系，可将汽车行驶方程式用图解法进行分析。

汽车在水平路面上匀速行驶时，所受行驶阻力包括：滚动阻力 F_f、空气阻力 F_w，驱动力应与该两阻力之和相等：

$$F_t = F_f + F_w = G \cdot f + \frac{C_D \cdot A \cdot v_a^2}{21.15} \tag{2-15}$$

把 F_f 与 F_w 之和以同样坐标和比例尺画在汽车驱动力图（图 2-4）上，所得曲线图称为汽车驱动力-行驶阻力平衡图，如图 2-17 所示。

汽车的最高车速 $v_{a\max}$（km/h）指汽车在水平良好的路面（混凝土或沥青路）上所能达到的最高行驶速度。

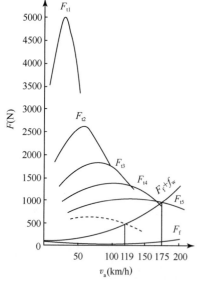

图 2-17 汽车驱动力-行驶阻力平衡图

因此，汽车以最高车速行驶时，坡度阻力和加速阻力均为零，汽车驱动力全用于克服滚动阻力和空气阻力。此时有：$F_t = F_f + F_w$。因此，绘出汽车的驱动力-行驶阻力平衡图，汽车以最高挡行驶时，其驱动力 F_t 曲线与阻力曲线 $F_f + F_w$ 的交点所对应的车速，即为在给定道路阻力条件下汽车的最高车速。

称汽车驱动力与滚动阻力和空气阻力之差 $F_t - (F_f + F_w)$ 为后备驱动力。若将其全部用来加速（即坡度阻力为零），根据汽车行驶方程式，汽车所能达到的加速度 $\dfrac{dv}{dt}$（m/s²）为：

$$\frac{dv}{dt} = \frac{1}{\delta \cdot m} \cdot [F_t - (F_f + F_w)] \tag{2-16}$$

根据汽车的驱动力-行驶阻力平衡图，可得到不同挡位、不同车速时的汽车后备驱动力 $F_t - (F_f + F_w)$ 与车速 v_a 的关系曲线。然后，据式 2-16 得到汽车在节气门全开时各挡的加速度曲线，如图 2-18 所示。

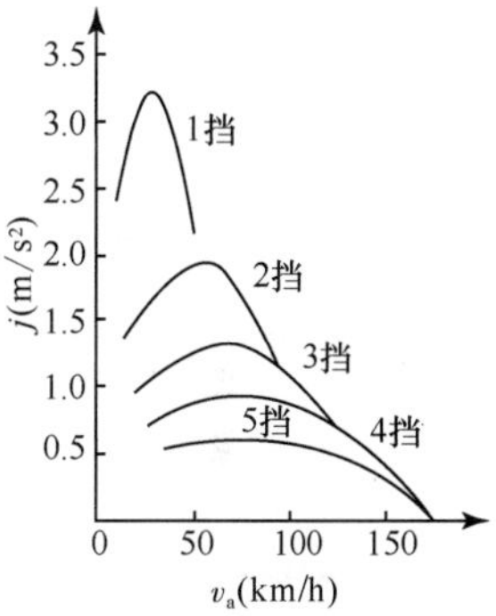

由图可见，一般高挡的加速度小于低挡的加速度，Ⅰ挡的加速度最大；但由于有的越野汽车Ⅰ挡的 δ 值很大，使用 1 挡时，其旋转质量产生的惯性力矩过大，反而使Ⅰ挡的加速度小于Ⅱ挡的加速度。

利用加速时间 t_j(s) 可以更方便、直观地反映汽车加速过程的快慢。

图 2-18 汽车的加速度曲线 $\left(j = \dfrac{dv}{dt}\right)$

显然：

$$dt = \frac{1}{\dfrac{dv}{dt}} \cdot dv = \frac{\delta \cdot m}{[F_t - (F_f + F_w)]} \cdot dv$$

因此：

$$t_j = \int_{v_1}^{v_2} \frac{1}{\dfrac{dv}{dt}} \cdot dv = \int_{v_1}^{v_2} \frac{\delta \cdot m}{[F_t - (F_f + F_w)]} \cdot dv$$

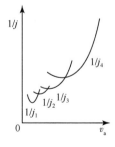

图 2-19 加速度倒数曲线 $\left(j = \dfrac{dv}{dt}\right)$

这样，利用加速度曲线图，可得到加速度倒数 $\dfrac{dt}{dv}$ 随车速 v_a 的变化曲线，如图 2-19 所示。其加速度倒数曲线下自 v_1 到 v_2 的面积，即为汽车在给定道路条件下全力加速时，车速由 v_1 上升到 v_2 所需的加速时间 t_j。

若后备驱动力 $F_t - (F_f + F_w)$ 全部用来爬坡，则 $F_j = 0$，根据行驶方程式得到：

$$F_i = F_t - (F_f + F_w)$$

求汽车以 1 挡（及低挡）的爬坡能力时，由于坡度较大，因此以 $\tan\alpha$ 代替 $\sin\alpha$ 的误差较大，坡度阻力应表示为 $G \cdot \sin\alpha$；相对于坡度阻力，滚动阻力较小，且 $\cos\alpha \approx 1$。因此：

$$F_i = G \cdot \sin\alpha = F_t - (F_f + F_w)$$

$$\alpha = \arcsin\frac{F_t - (F_f + F_w)}{G}$$

因此，根据汽车驱动力-行驶阻力平衡图，可求得汽车以各个挡位行驶时，所通过的坡度角 α 与车速 v_a 的关系曲线。其 α 的最大值 α_{max} 即是汽车可以通过的最大坡度角。

汽车爬坡能力一般用坡度值 $i = \tan\alpha$ 表示，因此由坡度角 α 与车速 v_a 的关系曲线，可得到汽车以各挡位所通过的坡度 i 随车速 v_a 的关系曲线，如图 2-20 所示。

直接挡所能通过的道路坡度较小，因此直接挡最大爬坡度 i_{0max} 可用下式计算：

$$i_{0max} = \frac{F_{t0max} - (F_f + F_w)}{G}$$

式中：F_{t0max}——直接挡最大驱动力，N。

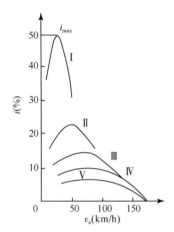

图 2-20　汽车爬坡度图

二、动力特性图及其应用

各类汽车具有不同的总重 G、空气阻力系数 C_D 和迎风面积 A，其行驶时的道路阻力与空气阻力也不同，因此驱动力 F_t 不能直接用于评价汽车的动力性。为此，需要扣除空气阻力 F_w 的影响和汽车总重 G 影响，构造一个以汽车单位总重计量的指标。

称 $D = \dfrac{F_t - F_w}{G}$ 为动力因数，可用于比较不同汽车的动力性。

根据动力因数 D 的定义和汽车行驶方程式，有：

$$D = \frac{F_t - F_w}{G} = f + i + \frac{\delta}{g} \cdot \frac{dv}{dt} \tag{2-17}$$

根据动力因数的定义和汽车的驱动力图，可以得到汽车在各挡下的动力因数 D 与车速 v_a 的关系曲线，称为动力特性图，见图 2-21。

汽车在水平良好的水泥、混凝土路面上稳定行驶时，$D = f$。因此，在动力特性图上绘上滚动阻力 f 的变化曲线，汽车以最高挡行驶时，其动力因数 D 曲线与滚动阻力系数 f 曲线的交点所对应的车速，即为汽车在给定道路阻力条件下的最高车速，如图 2-21 所示。

称动力因数与滚动阻力系数之差 $D - f$ 为后备动力因数。

在平直路面上加速行驶时：

$$F_i = 0，D = f + \frac{\delta}{g} \cdot \frac{dv}{dt}$$

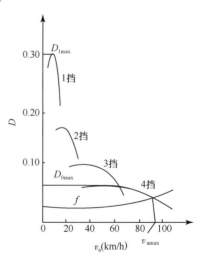

图 2-21　汽车动力特性图及动力性分析

因此：
$$\frac{dv}{dt} = \frac{D-f}{\delta} \cdot g$$

根据汽车的动力特性图,首先得到各挡后备动力因数随车速的变化曲线,然后利用上式即可求得汽车的加速度曲线。

若汽车的后备动力因数 $D-f$ 全部用来爬坡,因 $F_j=0$,则有 $i=D-f$,即:动力特性图上 D 曲线与 f 曲线之间的距离,可以表示汽车的上坡能力。

采用1挡上坡时,由于坡度较大,计算式为:
$$D_{1\max} = f \cdot \cos\alpha_{\max} + \sin\alpha_{\max}$$

整理得:
$$\alpha_{\max} = \arcsin \frac{D_{1\max} - f\sqrt{1 - D_{1\max}^2 + f^2}}{1+f^2}$$

汽车的最大爬坡度,即1挡的最大爬坡度 $i_{\max}$ 为:
$$i_{\max} = \tan\alpha_{\max}$$

三、功率平衡图及其应用

汽车行驶过程中,发动机发出的功率 P_e(kW)始终等于传动系功率损失 P_s 和全部行驶阻力功率之和。汽车克服行驶阻力所消耗的功率有滚动阻力功率 P_f、空气阻力功率 P_w、坡度阻力功率 P_i 及加速阻力功率 P_j。根据汽车行驶方程式和力与功率的关系,把行驶方程式两侧同乘以行驶车速 v_a(km/h),整理得到汽车功率平衡方程式如下:

$$P_e = \frac{P_t}{\eta_t} = \frac{1}{\eta_t} \cdot (P_f + P_i + P_w + P_j)$$
$$= \frac{1}{\eta_t} \cdot \frac{v_a}{3600} \left(G \cdot f + G \cdot i + \frac{C_D \cdot A \cdot v_a^2}{21.15} + \delta \cdot m \cdot \frac{dv}{dt} \right)$$
(2-18)

在平直道路上稳定行驶时,上式为:
$$P_e = \frac{1}{\eta_t}(P_f + P_w) = \frac{1}{\eta_t} \cdot \frac{v_a}{3600} \left(G \cdot f + \frac{C_D \cdot A \cdot v_a^2}{21.15} \right)$$
(2-19)

根据发动机转速 n 与汽车车速 v_a 的关系式(式2-4)和发动机外特性曲线中的功率 P_e 曲线,可以得到发动机功率 P_e 与行驶车速 v_a 的关系曲线(图2-22)。由图可见,在不同挡位时,功率大小基本不变,但各挡功率曲线所对应的车速范围不同。低挡时,不仅车速低而且所占速度变化区域窄;高挡时,不仅车速高而且所占速度变化区域宽。

功率平衡方程式也可用图解法表示。汽车在平直道

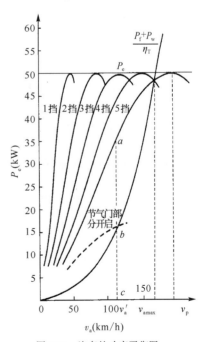

图2-22 汽车的功率平衡图

路上稳定行驶时,发动机需克服的阻力功率为:$\dfrac{P_f + P_w}{\eta_t}$。将其以同样的坐标绘在发动机功率 P_e 与行驶车速 v_a 的关系曲线上,即为汽车功率平衡图,如图 2-22 所示。

功率平衡图从能量守恒的角度研究汽车的动力性,可表明汽车后备功率大小和发动机负荷率的大小。因此,在分析汽车后备功率和与发动机负荷率有关的燃油经济性时较为方便。

如图 2-22 所示,汽车以最高挡在平直道路上稳定行驶时,其发动机功率曲线 P_e 与需要克服的阻力功率曲线 $\dfrac{P_f + P_w}{\eta_t}$ 的交点所对应的车速,即为汽车的最高车速。

称 $P_e - \dfrac{1}{\eta_t} \cdot (P_f + P_w)$ 为汽车的后备功率。

由功率平衡方程式(式 2-18),当汽车在平直路面上加速行驶时,有:

$$P_j = \dfrac{v_a}{3600} \cdot \delta \cdot m \cdot \dfrac{dv}{dt} = \eta_t \left[P_e - \dfrac{1}{\eta_t}(P_f + P_w) \right]$$

整理得:

$$\dfrac{dv}{dt} = \dfrac{3600 \cdot \eta_t}{v_a \cdot \delta \cdot m} \left[P_e - \dfrac{1}{\eta_t}(P_f + P_w) \right]$$

因此,首先根据汽车的功率平衡图(图 2-22)得到汽车各挡的后备功率随行驶车速的关系曲线,如图 2-23 所示,然后根据上式可得汽车的加速度曲线。

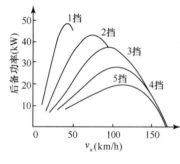

图 2-23 后备功率曲线图

汽车的后备功率 $P_e - \dfrac{1}{\eta_t} \cdot (P_f + P_w)$ 全部用于爬坡时,加速阻力功率 P_j 为零,由汽车功率平衡方程式得:

$$P_i = \dfrac{v_a}{3600} \cdot G \cdot i = \eta_t \left[P_e - \dfrac{1}{\eta_t}(P_f + P_w) \right]$$

因此:

$$i = \dfrac{3600 \cdot \eta_t}{v_a \cdot G} \left[P_e - \dfrac{1}{\eta_t}(P_f + P_w) \right]$$

利用汽车后备功率曲线(图 2-23),据上式即可求得汽车各挡的爬坡度。

四、附着条件限制下的汽车动力性

汽车在良好道路上正常行驶时,在大多数情况下满足附着条件,因而其动力性受驱动条件的制约;但在使用低速挡急加速时,或以低速挡在坡度很大的道路上行驶时,其动力性有可能受到附着条件的制约。而汽车在坏路或无路地带行驶时,因道路附着系数低,附着条件成为影响其通过性的关键因素。以下讨论汽车在良好道路上行驶时由附着条件限制的汽车动力性。

1. 附着条件限制的加速能力

汽车使用低速挡在平直道路上急加速时,坡度阻力为零,由于车速较低,空气阻力忽略不计,但此时车轮受到的地面切向力比较大。

受到附着条件限制时,作用在汽车驱动轮上的地面切向作用力 F_x 即等于驱动轮的附着力 F_ϕ。

对于前轮驱动的汽车,当受到附着条件限制时,其驱动轮与路面间的切向作用力 F_{x1} 为:

$$F_{x1} = F_{\phi 1} = F_{z1} \cdot \phi_1$$

前驱动汽车加速行驶时的受力如图 2-24 所示,切向作用力 F_{x1} 与行驶阻力的平衡关系为:

$$F_{x1} = F_{f2} + M \cdot \frac{\mathrm{d}v}{\mathrm{d}t}$$

作用于前后轴的地面法向作用力 F_{z1}、F_{z2} 分别为:

$$F_{z1} = \frac{L_2}{L} \cdot G - \frac{h_g}{L} \cdot M \cdot \frac{\mathrm{d}v}{\mathrm{d}t}$$

$$F_{z2} = \frac{L_1}{L} \cdot G + \frac{h_g}{L} \cdot M \cdot \frac{\mathrm{d}v}{\mathrm{d}t}$$

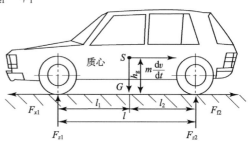

图 2-24　前驱动汽车加速行驶时受力

设前驱动轮的附着系数为 ϕ_1,则作用于前驱动轮的地面切向作用力 F_{x1} 为:

$$F_{x1} = F_{z1} \cdot \phi_1 = \left(\frac{L_2}{L} \cdot G - \frac{h_g}{L} \cdot M \cdot \frac{\mathrm{d}v}{\mathrm{d}t} \right) \cdot \phi_1$$

因此有:

$$\left(\frac{L_2}{L} \cdot G - \frac{h_g}{L} \cdot M \cdot \frac{\mathrm{d}v}{\mathrm{d}t} \right) \cdot \phi_1 = F_{f2} + M \cdot \frac{\mathrm{d}v}{\mathrm{d}t}$$

后轮的滚动阻力 F_{f2} 为作用于后轮的垂直载荷 F_{z2} 与滚动阻力系数 f 之积,因此:

$$F_{f2} = F_{z2} \cdot f = \left(\frac{L_1}{L} \cdot G + \frac{h_g}{L} \cdot M \cdot \frac{\mathrm{d}v}{\mathrm{d}t} \right) \cdot f$$

由此,可解得该车在附着条件限制下的加速度为:

$$\frac{\mathrm{d}v}{\mathrm{d}t} = \frac{-f \cdot L_1 + \phi_1 \cdot L_2}{L + (\phi_1 + f) \cdot h_g} \cdot g$$

同理,对于后轮驱动的汽车,设后驱动轮的附着系数为 ϕ_2,其附着条件限制的加速度为:

$$\frac{\mathrm{d}v}{\mathrm{d}t} = \frac{-f \cdot L_2 + \phi_2 \cdot L_1}{L - (\phi_2 + f) \cdot h_g} \cdot g$$

而对于全轮驱动的汽车,若满足 $\phi_1 = \phi_2 = \phi$,则:

$$\frac{\mathrm{d}v}{\mathrm{d}t} = \phi \cdot g$$

2. 附着条件限制的爬坡能力

汽车使用低速挡全力上坡时,加速阻力为零,由于此时车速较低,空气阻力忽略不计。

图 2-25 为前驱动的汽车上坡时的受力图,受到附着条件限制时,其受力平衡情况为:

$$F_{x1} = F_{f2} + G \cdot \sin\alpha = F_{z2} \cdot f + G \cdot \sin\alpha$$

$$F_{x1} = F_{\phi 1} = F_{z1} \cdot \phi_1$$

作用在前、后车轮上的地面垂直作用力 F_{z1}、F_{z2} 分别为:

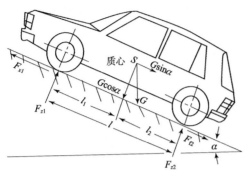

图 2-25 前驱动汽车上坡时受力

$$F_{z1} = \frac{L_2}{L} \cdot G \cdot \cos\alpha - \frac{h_g}{L} \cdot G \cdot \sin\alpha$$

$$F_{z2} = \frac{L_1}{L} \cdot G \cdot \cos\alpha + \frac{h_g}{L} \cdot G \cdot \sin\alpha$$

由以上各式,可求出前驱动汽车受到附着条件限制时的最大爬坡度 i_{max} 为:

$$i_{max} = \tan\alpha = \frac{-f \cdot L_1 + \phi_1 \cdot L_2}{L + (\phi_1 + f) \cdot h_g}$$

同理,可求出后驱动汽车受到附着条件限制时的最大爬坡度 i_{max} 为:

$$i_{max} = \tan\alpha = \frac{-f \cdot L_2 + \phi_1 \cdot L_1}{L - (\phi_2 + f) \cdot h_g}$$

而对于全轮驱动的汽车,若满足 $\phi_1 = \phi_2 = \phi$,则:

$$i_{max} = \tan\alpha = \phi$$

第五节 影响汽车动力性的驱动系统参数

汽车驱动系统的参数包括:发动机功率、传动系统的挡数和传动比、轮胎尺寸与形式等。

一、发动机功率

在附着条件满足时,发动机功率和转矩越大,汽车动力性越好。但功率过大不但使发动机尺寸、质量、制造成本增大,而且汽车运行时发动机负荷率低,燃油经济性显著下降;同时,由于附着条件的限制,发动机功率过大对汽车动力性的提高也无作用。

确定发动机功率时,常先从保证汽车预期最高车速初步选择。即发动机功率 P_e 应等于汽车以最高车速 v_{amax} 行驶时的行驶阻力功率之和。

$$P_e = \frac{1}{\eta_t} \cdot \frac{v_{amax}}{3600}\left(G \cdot f + \frac{C_D \cdot A \cdot v_{amax}^2}{21.15}\right)$$

最高车速虽然仅是动力性中的一个指标,但实质上也反映了汽车的加速能力与爬坡能力。因为最高车速越高,要求的发动机功率越大,汽车后备功率大,加速与爬坡能力必然较好。

发动机最大功率 P_e 与汽车总质量 M 之比称为汽车比功率 b_p (kW/t)。也可以利用现有汽车统计数据初步估计汽车比功率,预定发动机功率。比功率的大小对汽车的动力性和燃油经济性有很大影响,比功率偏高时,动力性提高但燃油经济性降低,反之亦然。

二、传动系最小传动比

当变速器最高挡为直接挡,传动系最小传动比 i_{min} 即为主传动传动比 i_0。汽车大多数时间以最高挡行驶,因此合理确定 i_{min} 非常重要。

传动系最小传动比是由最高车速决定的。此时,功率平衡方程式为 $P_e = \frac{1}{\eta_t}(P_f + P_w)$。

确定汽车传动系最小传动比时,应使其所能达到的最高车速位于发动机的最大功率点所对应的车速附近,如图 2-26 所示。一般有 v_{amax} 设计、高速设计、低速设计三种确定方法:

采用 v_{amax} 设计时,最高车速对应于发动机最大功率点的转速 $n_e(P_{emax})$。其优点是可以利用发动机发出的最大功率,达到理论最高车速。缺点是在接近 v_{amax} 的车速范围内,后备功率较小,加速、上坡和克服逆风的能力不足。

采用高速设计时,最高车速对应的发动机转速高于发动机最大功率点的转速 $n_e(P_{emax})$。其优点是有较大的后备功率,缺点是达不到理论最高车速。而且,当以 v_{amax} 行驶时,发动机转速过高,因而噪声、磨损和油耗都过高。

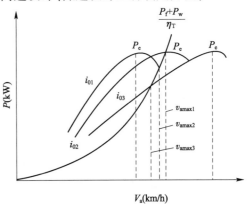

图 2-26 最小传动比的确定方法

采用低速设计时,最高车速对应的发动机转速低于发动机最大功率点的转速 $n_e(P_{emax})$。其优点是汽车以 v_{amax} 行驶时,发动机转速较低;同时,发动机负荷率较高,油耗下降。缺点是达不到理论最高车速,同时后备功率小。

以上方法各有优缺点。为综合其优缺点,可在直接挡之上设置一个传动比 i_c 小于 1 的超速挡。此时,传动系的最小传动比为 $i_0 \cdot i_c$。当变速器采用直接挡时,根据高速设计确定其主传动传动比 i_0,使直接挡具有较大的后备功率;而使用超速挡时,按低速设计确定传动系的最小传动比 $i_0 \cdot i_c$,以提高发动机的负荷率,降低发动机的有效比油耗。

三、传动系最大传动比

传动系最大传动比 i_{tmax} 一般是变速器 I 挡传动比 i_{g1} 与主减速器传动比 i_0 之积。当确定 i_0 后,确定传动系最大传动比也就是确定变速器 I 挡的传动比 i_{g1}。

变速器 1 挡的传动比 i_{g1} 首先要满足汽车最大爬坡度 α_{max} 的要求。汽车全力爬坡时,加速阻力为零;因车速很低,可忽略空气阻力。汽车最大驱动力 F_{tmax} 应为:

$$F_{tmax} = \frac{T_{emax} \cdot i_{g1} \cdot i_0 \cdot \eta_t}{r} = G \cdot f \cdot \cos\alpha + G \cdot \sin\alpha$$

因此,i_{g1} 的值不应小于:

$$i_{g1} = \frac{G \cdot (f \cdot \cos\alpha_{max} + \sin\alpha_{max}) \cdot r}{T_{emax} \cdot i_0 \cdot \eta_t} \tag{2-20}$$

一般货车的最大爬坡度约为 30%,即:

$$\alpha_{max} \approx 16.7°$$

越野汽车经常在松软地面上行驶,为避免土壤受冲击剪切破坏后减小地面附着力,其传动系的最大传动比还应保证汽车能在极低车速下稳定行驶,同时还要满足附着条件的要求。

四、变速器挡位数

变速器的挡位数与汽车的动力性、燃油经济性有密切关系。挡位数多,增加了发动机发挥最大功率附近高功率的机会,提高了汽车的加速与爬坡能力;同时增大了发动机在低燃油消耗率区域工作的可能性,降低了油耗。所以增加挡位数会改善汽车的动力性和燃油经济性。

挡位数还影响相邻两挡之间传动比的比值。比值过大,则换挡困难。比值一般不宜大于 1.7~1.8。因此,最大传动比与最小传动比的比值越大,挡位数也应越多。

五、变速器各挡传动比

变速器各挡传动比的分配应使换挡过程中发动机的工作稳定,并使发动机功率得到充分利用。常用的确定各挡传动比的方法有等比级数分配和渐进式分配两种:

1. 等比级数分配

等比级数分配指汽车传动系各挡的传动比的值近似构成等比级数,其变速器各相邻两挡传动比的比值接近常数。各挡传动比的关系为:

$$i_{g1} = i_{g2} \cdot q = i_{g3} \cdot q^2 = i_{g4} \cdot q^4 \cdots \quad (2\text{-}21)$$

变速器各挡的传动比满足式 2-21 时,换挡过程中发动机的转速变化范围相同,因此发动机工作较稳定。

汽车车速 v_a 与发动机转速 n_e 的关系为:

$$v_a = 0.377 \cdot \frac{n_e \cdot r}{i_g \cdot i_0}$$

在发动机外特性曲线的功率曲线图中,画出每个挡位的车速与发动机转速的关系曲线,得到图 2-27。

驾驶员用 I 挡起步,随着发动机转速的提高,汽车的行驶速度也随之增加。当发动机转速达到 n_2 时,驾驶员开始换挡。假设换挡过程中车速没有降低,则换上 II 挡时,发动机转速应降到 n_1,离合器才能平顺无冲击地接合。n_1 与 n_2 的关系如下:

$$0.377 \cdot \frac{n_2 \cdot r}{i_{g1} \cdot i_0} = 0.377 \cdot \frac{n_1 \cdot r}{i_{g2} \cdot i_0}$$

此时有:

$$\frac{n_2}{n_1} = \frac{i_{g1}}{i_{g2}}$$

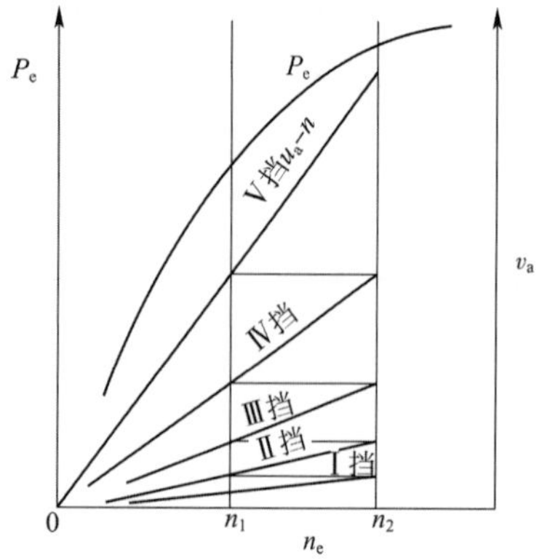

图 2-27 换挡过程中车速与发动机转速的关系

同理,若在 II 挡时,发动机转速升到 n'_2 换 III 挡,则应把发动机转速降到 n'_1 才能无冲击地接合离合器。同理若换挡过程中车速没有降低,则 n'_1 与 n'_2 的关系为:

$$\frac{n'_2}{n'_1} = \frac{i_{g2}}{i_{g3}}$$

若各挡传动比是按等比级数分配,即满足 $\frac{i_{g1}}{i_{g2}} = \frac{i_{g2}}{i_{g3}} = q$ 时,则有:$\frac{n_2}{n_1} = \frac{n'_2}{n'_1}$。这说明如果每次在发动机转速升到 $n'_2 = n_2$ 时换挡,则换挡时的发动机的速度变化范围相等,均为 $n_1 \sim n_2$。

当遇到较大阻力,变速器从高挡降至低挡时,其转速变化范围与升挡过程相同。

按等比级数分配传动比还能充分利用发动机提供的功率,提高汽车的动力性。当汽车需要较大功率(如全力加速或上坡)时,若挡位选择恰当,按等比级数分配传动比的变速器,能使发动机经常在接近外特性最大功率 P_emax 处的较大功率范围内运转,从而增大了汽车的后备功率,提高了汽车的加速或上坡能力。

2. 渐进式分配

现代轿车车速较高,多采用渐进式传动比分配,其各挡(以具有 4 个挡位的变速器为例)传动比关系为:

$$\frac{i_{g3}}{i_{g4}} = q \cdot q_0^0 ; \frac{i_{g2}}{i_{g3}} = q \cdot q_0^1 ; \frac{i_{g1}}{i_{g2}} = q \cdot q_0^2 \tag{2-22}$$

其中: $q_0 = 1.1 \sim 1.2$。

与等比级数分配相比较,采用渐进式传动比分配时较高挡间传动比的比值明显减小。这是因为换挡不可能在瞬间完成,换挡必然带来车速降低,由于空气阻力的影响,高速换挡时车速降低量远大于低速换挡。因此,较高挡间传动比的比值应小于较低挡间传动比的比值,才能使换挡时发动机的转速波动范围不变。此外,汽车主要以较高挡行驶,所以较高挡位相邻两挡传动比的比值应小些,以使换挡方便,并增加发动机在功率较大的范围内工作的可能性,提高汽车的动力性。

六、轮胎尺寸与形式

汽车的驱动力 F_t 与车轮半径 r 成反比,而车速 v_a 与车轮半径 r 成正比。

目前,在良好路面上行驶的汽车,其轮胎半径有减小的趋势。首先,路面较好时,附着系数较大,小直径轮胎尽管接地面积小,也可得到足够的驱动力。而车速的提高可以用减小主减速器传动比来解决。轮胎尺寸和主减速器传动比减小,使汽车质心高度降低,提高了汽车的行驶稳定性,有利于汽车的高速行驶。

轮胎形式、花纹、气压对汽车的动力性也有影响。为提高汽车的动力性,应尽量减小汽车轮胎的滚动阻力,同时增加道路与轮胎间的附着力。根据这一原则,在硬路面上行驶的汽车,装用具有小而浅的花纹的子午线轮胎,并采用较高的轮胎气压,有利于提高汽车的动力性;而在松软路面上行驶的汽车,采用宽而深的轮胎花纹和较低的轮胎气压,对提高汽车动力性和通过性有很大作用。

除以上汽车驱动系统的各个参数外,汽车运行过程中,汽车总重 G 和空气阻力系数 C_D 影响汽车的各种行驶阻力,因而也是汽车动力性的重要影响因素。

第六节 汽车动力性试验

汽车动力性试验的方法包括道路试验和室内台架试验两种。

一、汽车动力性的道路试验

1. 试验条件

道路试验应在混凝土或沥青路面的直线路段上进行。路面要求平整、干燥、清洁,纵向坡度在 0.1% 之内。试验时应是无雨无雾天气,相对湿度小于 95%,气温应在 0~40℃之间,风速不大于3m/s。测试汽车应处于良好的技术状况,且汽车的载荷为满载。轮胎充气压力符合汽车技术条件的规定,误差不超过10kPa。测量仪器精度不低于0.5%。

2. 试验仪器

道路试验通常采用五轮仪或非接触式汽车速度测量仪来进行记录汽车行程、车速、行驶时间。

五轮仪主要由主机、第五轮传感器和脚踏开关等部分组成,如图2-28所示。检测时把第五轮安装在汽车车身上,使其能够在地面上滚动。第五轮支架上,装有一个磁电式速度传感器(或光电式速度传感器),其磁头靠近圆盘矩形齿。第五轮旋转时,磁头与矩形齿之间的间隙周期性变化,使通过传感器线圈的磁通量发生相应变化,主机可据此计算出汽车行驶的距离及行驶速度。

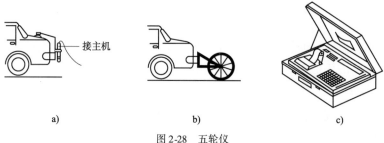

图2-28 五轮仪
a)非接触式;b)接触式;c)主机

非接触式汽车速度测量仪没有滚动的第五轮,检测时把传感元件用吸盘吸附在汽车保险杠(或其他部位)下部,传感元件可以向路面发射脉冲光束,并能接收路面的反射波,根据反射波的变化情况,可测出汽车的行驶速度。

五轮仪主机由单片计算机控制,有传感器信号接口、键盘、显示器、微型打印机等部分构成。第五轮、脚踏开关等传感器产生的电信号输送到主机,经放大、处理、运算后,在显示器上显示出检测过程的数据变化及检测结果,微型打印机可把检测结果及检测过程中汽车行驶速度的变化曲线打印出来,还可以通过键盘输入检测项目及预先设定的初始值等。

3. 试验项目和试验方法

汽车动力性的道路试验项目主要包括:最高车速v_{amax}、加速性能、上坡能力、滚动阻力等。

1)最高车速试验

根据GB/T 12544—2012《汽车最高车速试验方法》,在符合试验条件的道路上,设置200m长的测量路段,并在两端选定充足的加速区间,使汽车在到达测量路段以前,以最高挡达到稳定的最高车速v_{amax},此时节气门全开。测定汽车以最高速度等速行驶通过200m路段所需的时间,换算得出v_{amax}(km/h)的值。测定时间可采用秒表或光电测时仪。试验往返进行,并取平均值作为汽车的最高速度试验结果。

2)加速性能试验

汽车加速性能试验应根据GB/T 12543—2009《汽车加速性能试验方法》进行。

在试验道路上,选取合适长度的路段,作为加速性能试验路段,在两端各放置标杆作为记号。

原地起步加速性能试验：一般轿车为Ⅰ挡，货车为Ⅱ挡。汽车停于试验路段之一端，变速器置入该车的起步挡位，迅速起步并将加速踏板快速踩到底，使汽车尽快加速行驶，当发动机达到最大功率转速时。力求迅速无声地换挡，换挡后立即将节气门全开，直至最高挡最高车速的80%以上，对于轿车应加速到100km/h以上。

最高挡和次高挡超车加速性能试验：汽车在变速器预定挡位，以预定的车速（从稍高于该挡最低稳定车速起，选5的整数倍之速度如30 km/h、35 km/h、40km/h）作等速行驶，用五轮仪监测初速度，当车速稳定后（偏差±1km/h），驶入试验路段，迅速将加速踏板踩到底，使汽车加速行驶至该挡最大车速的80%以上，对于轿车应加速到100km/h以上。

用五轮仪测定汽车加速行驶的全过程，往返各进行一次，往返试验的路段应重合，试验结果取平均值。

加速性能试验测得的数据，经处理后绘出相应的加速曲线，即速度-时间或速度-行程曲线。根据这些曲线可以评定汽车的加速性能。

3）爬坡能力试验

为了测得汽车的爬坡度，应有一系列不同坡度的坡道，其长度应大于汽车长度的2~3倍。试验时，汽车停于坡道前平地上，接合传动系的最低挡，节气门全开进行爬坡，直至试验终了。所能通过的最陡坡道的坡度，便是汽车的最大爬坡度。

若所选坡度不符合被测汽车的最大爬坡度，可用改变载荷或挡位的方法试验，然后折算出汽车的最大爬坡度 i'_{max}。其折算公式为：

$$\sin\alpha'_{max} = \sin\alpha_{max} \cdot \frac{M \cdot i_{g1}}{M_0 \cdot i'_{ka}}$$

$$i_{max} = \tan\alpha'_{max}$$

式中：α'_{max}——折算出的汽车最大坡度角，°；

　　　α_{max}——试验时的实际最大坡度角，°；

　　　M——汽车满载总质量，kg；

　　　M_0——试验时的实际总质量，kg；

　　　i_{g1}——Ⅰ挡速比；

　　　i'_{ka}——试验时实际使用挡位速比。

4）滑行试验

滑行指汽车以某一稳定行驶车速为初速度，脱挡利用其动能继续行驶直至停车的过程。滑行试验中，通常测定汽车的滑行距离与滑行阻力。

滑行试验方法为在长约1000m的试验路段两端立上标杆作为滑行区段，汽车驶入滑行区段前，驾驶员将变速器排挡放入空挡（松开离合器踏板），汽车开始滑行。当汽车的车速为50km/h时（汽车应进入滑行区段），用五轮仪进行记录，直至汽车完全停止为止。滑行过程中驾驶员不得转动转向盘。记录滑行初速度（应为50km/h ±0.3km/h）和滑行距离。试验至少往返各滑行一次，往返试验的路段应重合。显然，滑行时汽车的滚动阻力与空气阻力之和为：

$$F_f + F_w = \delta \cdot M \cdot \frac{dv}{dt} - \frac{T_r}{r}$$

δ 为汽车旋转质量换算系数;而 T_r 为滑行时传动系加于驱动轮的摩擦阻力矩与从动轮的摩擦阻力矩之和,因数值较小一般忽略。

由于滑行时汽车的运动只决定于 $F_f + F_w$ 和汽车的质量参数,因此可以根据滑行中的减速度、滑行时间、滑行距离等求得汽车行驶阻力。

二、汽车动力性室内台架试验

汽车动力性的室内台架试验是在底盘测功机上完成,如图 2-29 所示。在底盘测功机上检测汽车动力性时,驱动车轮放置在滚筒表面驱动滚筒旋转,底盘测功机以滚筒表面模拟路面,加载装置通过给滚筒加载,模拟各种阻力,测量装置可以测出驱动车轮上的驱动力或输出功率。

底盘测功机的转鼓轴端装有液力或电子测功器,用于产生一定阻力矩以调节转鼓的转速,控制汽车驱动轮的转速。

汽车驱动轮作用于转鼓的力矩 M 由测力装置测出。

$$M = F \cdot L$$

式中:L——测力臂长度,m;

F——测力臂上拉力,N。

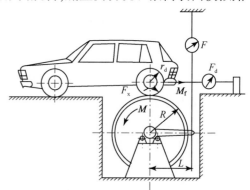

图 2-29 汽车底盘测功机试验原理

此外,由固定汽车的钢丝绳上的拉力表测得挂钩拉力 F_d,显然,$F_d = F_x$。由驱动轮力矩平衡得:

$$M_t = F_x \cdot r_d + M_f$$

由转鼓力矩平衡得:

$$M = F_x \cdot R - M_f$$

由此解出汽车驱动轮的驱动力为:

$$F_t = \frac{M_t}{r_d} = \frac{F_d \cdot (r_d + R) - F \cdot L}{r_d}$$

若测出在各种车速下,节气门全开时的 F_d 和 F 值,即可等到汽车的驱动力-车速关系曲线。

三、汽车动力性有关参数试验

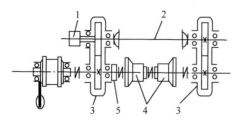

图 2-30 传动系效率试验台
1-液力缸;2-传动轴;3-齿轮箱;4-变速器;5-转矩传感器

1. 传动系传动效率试验

传动效率试验台的原理如图 2-30 所示。两个被试变速器与齿轮箱、传动轴构成封闭驱动系统。由液力缸对系统加载,由转矩传感器测出变速器输入轴转矩 M,由电力测功器驱动封闭系统,提供的转矩为 M_1。作为对比,把变速器拆下,换上一根传动轴,这时电力测功机提供的转矩为 M_2。$M_1 - M_2$ 即为两个变速器克服转动损失所需转矩,由此可求得效率:

$$\eta_t = \sqrt{\frac{M-(M_1-M_2)}{M}}$$

2. 车轮滚动阻力试验

图 2-31 为轮胎试验台的简图。车轮由电力测功器驱动,转矩为 M_1(N·m),转鼓测功器的转矩为 M_d(N·m),滚动阻力 F_f(N)和滚动阻力系数 f 为:

$$F_f = \frac{M_1 \cdot R - M_d \cdot r_d}{W \cdot r_d(R+r_d)}$$

$$f = \frac{F_f}{W}$$

式中:r_d——轮胎动力半径,m;
R——转鼓半径,m;
W——轮胎垂直载荷,N。

3. 空气阻力系数的风洞试验

风洞实验时,使已知速度的空气流迎面吹过置于风洞内的车身,由测力传感器测出汽车在气流方向的受力,即为空气阻力 F_w。由式 $F_w = \frac{C_D \cdot A \cdot v_a^2}{21.15}$ 即可求得空气阻力系数 C_D 的值。图 2-32 为回流式整车风洞的简图。

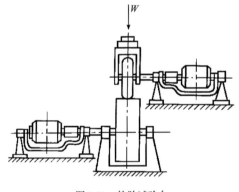

图 2-31 轮胎试验台

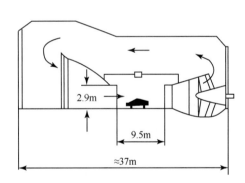

图 2-32 回流式整车风洞(功率:625kW;最大风速:145km/h)

复 习 题

一、问答题

1. 什么是汽车的动力性?其评价指标是什么?
2. 汽车的行驶阻力有哪几种?各在什么情况下存在?
3. 滚动阻力系数与哪些因素有关?
4. 什么是空气阻力?什么是形状阻力、诱导阻力、干扰阻力、内循环阻力和摩擦阻力?
5. 什么是坡度阻力?什么是道路阻力?
6. 什么是加速阻力?
7. 什么是车轮的自由半径、静力半径、动力半径和滚动半径?

8. 什么是附着力？什么是附着系数？
9. 什么是后备驱动力？
10. 什么是汽车的动力因数？
11. 什么是后备功率？

二、综述(分析)题

1. 简述车轮滚动阻力的产生机理。
2. 空气阻力由哪几部分构成？其大小与哪些因素有关？
3. 说明形状阻力形成的原因。
4. 汽车的驱动力是如何产生的？汽车的驱动力如何计算？
5. 汽车传动系功率损失主要产生于哪些部位？有哪两类？每一类功率损失的影响因素主要有哪些？
6. 汽车行驶的驱动与附着条件是什么？
7. 如何绘制汽车的驱动力图？
8. 什么是汽车的驱动力平衡图？
9. 与满载相比，汽车卸载后的动力性有无变化，为什么？
10. 如何利用汽车的驱动力平衡图确定其最高车速、加速能力和爬坡能力？
11. 如何绘制汽车的动力特性图？
12. 如何利用动力特性图确定汽车的最高车速、加速能力和爬坡能力？
13. 如何绘制汽车的功率平衡图？
14. 怎样用汽车的功率平衡图分析其动力性？
15. 汽车以最高车速行驶时，发动机是否也达到最高转速？为什么？
16. 汽车空载和满载时的动力性有无变化？为什么？
17. 汽车外形尺寸和整备质量如何影响汽车的动力性？
18. 说明轮胎对汽车动力性的影响。
19. 变速器各挡速比如何确定？
20. 如何进行汽车最高车速、加速能力、爬坡能力的测试？
21. 汽车的后备驱动力大小怎样影响汽车的动力性和燃油经济性？
22. 分析主传动速比对汽车直接挡动力性和燃油经济性的影响。
23. 分析超速挡对汽车动力性和燃油经济性的影响。

三、计算题

1. 已知车速 $v_a = 30$ km/h，道路坡度 $i = 0.1$，汽车总重 $G_a = 38000$ N，车轮动力半径 $r_d = 0.367$ m，传动效率 $\eta_t = 0.85$，滚动阻力系数 $f = 0.013$，空气阻力系数 $C_D = 0.75$，汽车迎风面积 $A = 3.8$ m^2，传动系传动比 $i_0 i_g = 18$。求发动机的输出转矩 M_e。
2. 已知某汽车总重为 80000N，滚动阻力系数为 0.01，坡度角为 10°，若用 I 挡等速爬坡，问汽车能爬过该坡需要驱动力至少为多少？该车为后轴驱动，作用在后轴的法向反作用力为 60000N，当附着系数为 0.7 时，驱动轮是否发生滑转？
3. 某全轮驱动的汽车在平路上起步时，车轮同时达到峰值附着率 μ_ϕ，分析汽车的起步加速度；该车以低挡通过附着系数为 μ_ϕ 的坡道时，前后车轮同时滑转，分析说明坡度值的大小。

第三章 汽车的燃油经济性

汽车的燃油经济性指汽车以最少的燃油消耗完成单位运输工作量的能力。

提高汽车的燃油经济性,可以节约石油资源,降低运输成本。同时,可以减少发动机有害气体和CO_2的排放量。

第一节 汽车燃油经济性的评价指标

汽车的燃油经济性常用在一定工况下行驶某一单位行程的燃油消耗量,或汽车在一定工况下完成某一单位运输工作量的燃油消耗量评价。评价指标是:百公里燃油消耗量(L/100km)、百吨公里燃油消耗量[L/(100t·km)]或千人公里燃油消耗量[L/(1000p·km)]。其数值越小,汽车的燃油经济性越好。

汽车的燃油经济性也可用消耗某一单位量燃油所能行驶的里程作为评价指标。在美国,汽车燃油经济性评价指标为:MPG 或 mile/usgal,即每加仑燃油所能行驶的英里数。其数值越大,燃油经济性越好。

汽车行驶过程中,载荷和道路条件对燃油消耗量的影响很大。可采用平均燃油运行消耗特性评价汽车在不同道路和载荷条件下运行时的燃油经济性。

一、百公里燃油消耗量

百公里燃油消耗量即行驶 100km 所消耗燃油的升数,可以用下式表示。

$$Q = \frac{100 \cdot q}{s} \tag{3-1}$$

式中:Q——百公里燃油消耗量,L/100km;

q——汽车通过测试路段的燃油消耗量,mL;

s——测量路段长度,m。

1. 等速百公里燃油消耗量

等速百公里燃油消耗量指汽车在一定载荷(我国标准规定轿车为半载,货车为满载)下,以最高挡在水平良好路面上等速行驶 100km 的燃油消耗量。乘用车常用 90km/h 和 120km/h 的等速百公里燃油消耗量(L/100km)来评价其燃油经济性。若测出每隔 10km/h 速度间隔的等速百公里燃油消耗量,据此绘出等速百公里燃油消耗曲线(图3-1),可用于评价汽车的燃油经济性。几种车型汽车以 90km/h 车速行驶时的等速百公里燃油消耗量曲线见表3-1。

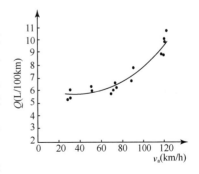

图3-1 等速百公里燃油消耗量曲线

几种车型汽车的 90km/h 等速百公里油耗量　　　　　表 3-1

车型	别克 GL8	神龙富康 988EX	赛欧 SL	夏利 2000	宝来 1.8-MT	波罗 Ali	奥迪 A4-3.0
90km/h 等速百公里油耗(L/100km)	8.6	≤6.5	5.3(手动变速) 5.7(自动变速)	≤5.0	6.4	5.8	9.7

等速百公里燃油消耗量可用于比较评价相同容量汽车的燃油经济性,也可用于分析同一种汽车装用不同部件(如发动机、传动系等)后对燃油经济性的影响。

2. 循环工况百公里燃油消耗量

等速行驶工况没有全面反映汽车的实际运行情况,特别是在市区行驶中频繁出现的加速、减速、怠速、停车等行驶工况。循环行驶工况可以模拟汽车的实际运行状况,若以其百公里燃油消耗量评定相应行驶工况的燃油经济性,称为循环工况百公里燃油消耗量。

我国针对载货汽车、城市公共汽车和乘用车提出了相应的燃油经济性试验规范。

六工况循环模拟干线公路车辆的行驶工况,试验车辆载荷为满载,其整个循环共需 96.2s,累计行程 1350m,如图 3-2 所示。

四工况循环模拟城市公交客车站间的行驶工况,试验车辆载荷为 65% 载质量,其整个循环共需 72.5s(或 75.7s),累计行程 700m,如图 3-3 所示。

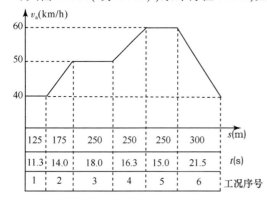

图 3-2　载货汽车六工况试验循环试验规范　　　　图 3-3　城市客车四工况试验循环试验规范

十五工况循环模拟乘用车、轻型汽车在城市道路上的运行工况,试验车辆载荷为车辆基准质量,即:整备质量加 100kg,其整个循环共需 195s,如图 3-4 所示。

十三工况循环用于模拟乘用车和轻型汽车在市郊条件下行驶时的运行工况,如图 3-5 所示。试验车辆载荷为车辆基准质量,即:整备质量加 100kg,其整个循环共需 400s。

乘用车和轻型汽车燃油消耗量限值试验规范由试验 1 部和试验 2 部构成,如图 3-6 所示。试验 1 部包括 4 个市区运转循环;试验 2 部是 1 个市郊运转循环。其中:市区运转循环为十五工况循环,用来模拟市区条件下汽车的行驶工况;市郊运转循环为十三工况循环,用来模拟市郊条件下汽车的行驶工况。

美国机动车工程师协会(SAE)曾推荐了 4 种道路循环,如图 3-7 所示。美国环保局(EPA)CVS-C 行驶循环(UDDS 循环的速度-时间关系曲线如图 3-8 所示,其循环时间为 22.87min,平均车速 31.4km/h,最高车速 90.9km/h,包括一系列不重复的加速、减速、怠速和接近于等速的行驶过程,可用于模拟美国城市市内的汽车行驶工况。

第三章 汽车的燃油经济性

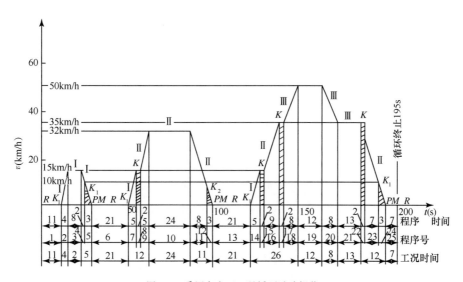

图 3-4 乘用车十五工况循环试验规范

K-离合器分离;K_1、K_2-离合器分离,变速器结合 1 挡或 2 挡;Ⅰ、Ⅱ、Ⅲ-变速器 1 挡、2 挡、3 挡;PM-空挡;R-急速(图中阴影表示换挡)

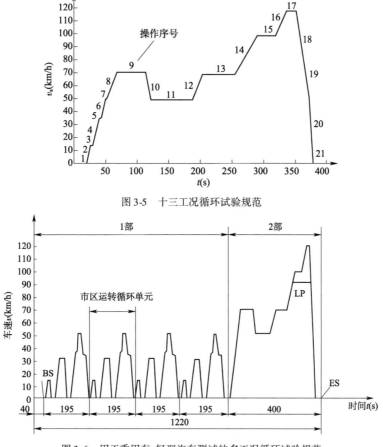

图 3-5 十三工况循环试验规范

图 3-6 用于乘用车、轻型汽车测试的多工况循环试验规范
BS-取样开始;ES-取样结束;LP-低功率车辆

49

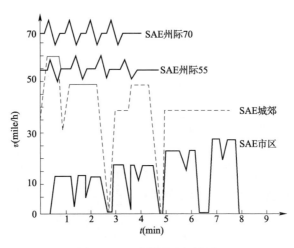

图 3-7 SAE 道路循环试验规范

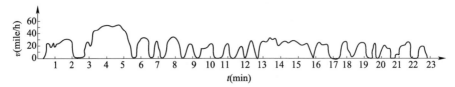

图 3-8 美国城市市内行驶循环的速度-时间曲线

二、百吨公里(千人公里)燃油消耗量

百吨公里燃油消耗量 $Q_w[L/(100t\cdot km)]$ 即完成 100 吨公里货物运输工作量所消耗燃油的升数;千人公里燃油消耗量 $Q_P[L/(1000p\cdot km)]$ 即完成 1000 人公里旅客运输工作量所消耗燃油的升数。可表示为:

$$Q_w = \frac{100 \cdot q}{W \cdot s}$$

$$Q_P = \frac{1000 \cdot q}{N \cdot s} \quad (3\text{-}2)$$

式中:W——汽车载质量,t;
  q——汽车通过测试路段的燃油消耗量,mL;
  s——汽车行驶距离,m;
  N——汽车载客量,p。

百吨公里(千人公里)燃油消耗量常用于比较和评价不同容载量汽车的燃油经济性。

三、汽车平均燃油运行消耗特性

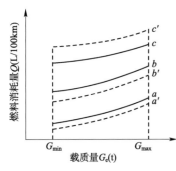

图 3-9 两种汽车的平均燃油运行消耗特性的比较
a、a'-良好道路条件;b、b'-一般道路条件,c、c'-不良道路条件
实线-车型1;虚线-车型2

平均燃油运行消耗特性指在不同的道路条件下燃油消耗量与有效载荷之间的关系,可用于确定道路条件和装载情况对汽车燃油经济性的影响。

平均燃油运行消耗特性常采用道路试验的方法获得。

根据不同车型的平均燃油运行消耗特性,可对其在不同道路和装载情况下的燃油经济性进行比较。如图 3-9 所示,在良好道路条件和一般道路件运行时,车型 2 的平均燃油运行消耗特性优于车型 1;而在不良道路条件下运行时,车型 1 的平均燃油运行消耗特性反而优于车型 2。

第二节 汽车燃油经济性的计算

根据发动机台架试验得到的特性曲线和汽车的功率平衡图,估算汽车的燃油经济性,可以作为汽车结构参数选择的依据。

一、汽车燃油消耗方程式

发动机每小时燃油消耗量 Q_T(kg/h) 等于:

$$Q_T = \frac{P_e \cdot g_e}{1000}$$

式中:P_e——发动机有效功率,kW;
g_e——发动机有效油耗率,g/(kW·h)。

Q_T(kg/h) 与汽车百公里燃油消耗量 Q(L/100km) 的关系为:

$$Q = \frac{100 \cdot Q_T}{\gamma \cdot v_a}$$

式中:γ——燃油密度,汽油:0.71~0.73kg/L、柴油:0.81~0.83kg/L;
v_a——汽车行驶速度,km/h。

根据以上二式得:

$$Q = \frac{P_e \cdot g_e}{10 \cdot \gamma \cdot v_a} \tag{3-3}$$

发动机有效功率 P_e(kW) 可根据汽车功率平衡方程式求出:

$$P_e = \frac{1}{\eta_t} \cdot (P_f + P_i + P_w + P_j)$$

其中

滚动阻力功率:

$$P_f = \frac{F_f \cdot v_a}{3600} = \frac{G \cdot f \cdot v_a}{3600}$$

坡度阻力功率:

$$P_i = \frac{F_i \cdot v_a}{3600} = \frac{G \cdot i \cdot v_a}{3600}$$

令 $\psi = f + i$,称为道路阻力系数。则道路阻力功率为:

$$P_\psi = P_f + P_i = \frac{G \cdot v_a}{3600} \cdot \psi$$

空气阻力功率:

$$P_w = \frac{F_w \cdot v_a}{3600} = \frac{C_D \cdot A \cdot v_a^3}{21.15} \cdot \frac{1}{3600}$$

加速阻力功率：

$$P_j = \frac{F_j \cdot v_a}{3600} = \frac{\delta \cdot G \cdot v_a}{3600 \cdot g} \cdot \frac{dv}{dt}$$

由此得 $P_e(\mathrm{kW})$ 的值为：

$$P_e = \frac{v_a}{3600 \cdot \eta_t} \cdot \left(G \cdot \psi + \frac{C_D \cdot A \cdot v_a^2}{21.15} + \frac{\delta \cdot G}{g} \cdot \frac{dv}{dt} \right)$$

代入式3-3，则：

$$Q = \frac{g_e}{36000 \cdot \eta_t \cdot \gamma} \cdot \left(G \cdot \psi + \frac{C_D \cdot A \cdot v_a^2}{21.15} + \frac{\delta \cdot G}{g} \cdot \frac{dv}{dt} \right) \tag{3-4}$$

式3-4 称为汽车燃油消耗方程式，可以表明汽车的燃油消耗量 $Q(\mathrm{L/100km})$ 与发动机的有效油耗率、汽车结构参数、道路条件、汽车运动状况等影响因素间的关系。

二、汽车燃油经济性的计算方法

1. 等速百公里燃油消耗量的计算方法

发动机负荷特性、功率平衡图和燃油消耗方程式是求解汽车等速百公里燃油消耗量的依据。汽车等速行驶时，加速阻力功率 P_j 为零，汽车燃油消耗量 $Q(\mathrm{L/100km})$ 为：

$$Q = \frac{g_e}{36000 \cdot \eta_t \cdot \gamma} \cdot \left(G \cdot \psi + \frac{C_D \cdot A \cdot v_a^2}{21.15} \right) \tag{3-5}$$

负荷特性曲线给出了在发动机某一转速 n_e 时，不同有效输出功率 P_e 或负荷率 U 下的有效油耗率 g_e，如图3-10 所示。负荷率指在某一相同转速下节气门部分打开时发动机发出的功率与节气门全开时发出的功率之比。

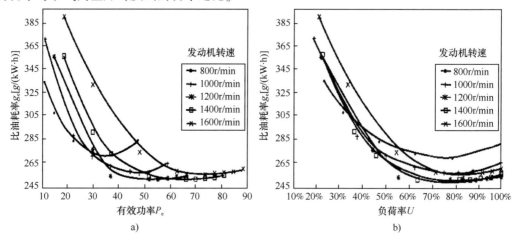

图3-10 发动机负荷特性曲线

在初步确定了汽车结构参数、汽车行驶的道路条件等影响因素后，可绘出汽车的功率平衡图和汽车车速 $v_a(\mathrm{km/h})$ 与发动机转速 $n_e(\mathrm{r/min})$ 的关系图，如图3-11a)所示。据此可得到汽车采用变速器挡位 i 以给定车速行驶时的发动机转速 n_{ei}、输出功率 P_{en} 或负荷率 U

(%)。负荷率 U 为：

$$U = \frac{P_{en}}{P_{un}}$$

式中：P_{en}——某转速 n_e 下节气门部分打开时发动机发出的功率，kW；

P_{un}——某转速 n_e 下节气门全开时发动机发出的功率，kW。

根据发动机转速 n_e、输出功率 P_e（kW）或负荷率 U（%），利用负荷特性图可得有效燃油消耗率 g_e（g/kW·h）的值（图3-11b），而后根据汽车燃油消耗方程式（式3-5）可求出汽车以某一给定车速 v_a 行驶时的等速百公里燃油消耗量 Q（L/100km）。

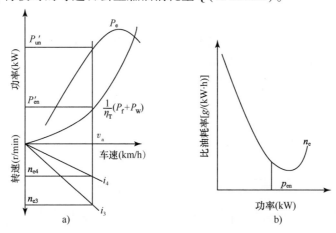

图3-11 用功率平衡和负荷特性计算汽车等速百公里油耗

若用同样方法，依次求出每隔10km/h速度间隔的若干个车速 v_{a1}、v_{a2}…下的等速百公里燃油消耗量 Q_1、Q_2…，从而在 v_a-Q 坐标系中得到若干个点，连接各点即可绘出该车在给定条件下的等速百公里燃油消耗量曲线，如图3-12a）所示。即可用于评价该车在给定条件下的燃油经济性。

求出不同道路阻力系数 ψ_1、ψ_2…或不同挡位 i_1、i_2…下的等速百公里燃油消耗量曲线（图3-12b)），则可评价道路条件变化或汽车某结构参数（如挡位）的变化对汽车燃油经济性的影响。

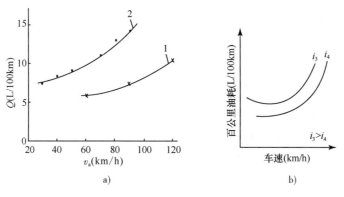

图3-12 不同条件下的等速百公里油耗曲线
a）不同道路；b）不同挡位

2. 循环工况百公里燃油消耗量的计算方法

汽车的循环工况由匀速行驶、加速行驶、减速行驶、停车、怠速等运行状况构成。因此,要计算汽车循环工况百公里燃油消耗量,必须进行匀速、加速、减速以及停车、怠速工况的耗油量计算。

对于循环工况中的各匀速工作阶段,可先求出其等速百公里燃油消耗量 Q_{n1}、$Q_{n2}\cdots$(L/100km),而后根据各个等速阶段的长度 L_{n1}、$L_{n2}\cdots$(100km),求出各个匀速行驶阶段的燃油消耗量 Q_{n1}、$Q_{n2}\cdots$(L)。显然:$Q_{n1} = Q_{n1} \cdot L_{n1}$,$Q_{n2} = Q_2 \cdot L_2\cdots$。循环工况中所有匀速阶段的燃油消耗量之和 Q_n 为:

$$Q_n = \Sigma \Delta Q_{ni}$$

汽车的加速行驶包括等加速行驶和不等加速行驶两种情况。

汽车等加速行驶工况燃油消耗量为:

$$Q = \frac{P_e \cdot g_e}{10 \cdot \gamma \cdot v_a}$$

$$= \frac{g_e}{36000 \cdot \eta_t \cdot \gamma}\left(G \cdot \psi + \frac{C_D \cdot A \cdot v_a^2}{21.15} + \frac{\delta \cdot G}{g} \cdot \frac{dv}{dt}\right)$$

$$= \frac{g_e}{36000 \cdot \eta_t \cdot \gamma} \cdot \left(G \cdot \psi' + \frac{C_D \cdot A \cdot v_a^2}{21.15}\right)$$

$\psi' = \psi + \frac{\delta}{g} \cdot \frac{dv}{dt}$ 称为当量道路阻力系数。这样,汽车以等加速度 $\frac{dv}{dt}$(m/s²)在道路阻力系数 ψ 的道路上行驶时的燃油经济性,可以用汽车在当量道路阻力系数为 ψ' 的道路上稳定行驶时的燃油经济性近似表示。

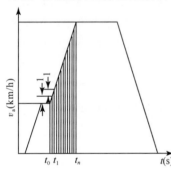

图 3-13 等加速过程的燃油消耗量计算

然而,汽车加速过程中,其行驶速度 v_a 不断变化。因此,如计算汽车以 $\frac{dv}{dt}$ 的等加速度使车速从 v_{a1} 上升到 v_{a2} 的过程中(图 3-13)的燃油消耗量时,可以按车速每增长 Δv_a(km/h),把整个加速过程分为 n 个小区间 Δt_{1-2}、$\Delta t_{2-3}\cdots\Delta t_{n-1-n}$,每个加速区间的持续时间 Δt(s)为:

$$\Delta t = \frac{\Delta v_a}{3.6 \cdot \frac{dv}{dt}}$$

在每个小区间中,汽车行驶速度可以近似用车速的平均值 $\overline{v}_a$(km/h)代表。同时,由等加速度 $\frac{dv}{dt}$ 时的当量道路阻力系数 ψ' 和车速 $\overline{v}_a$,利用功率平衡图和发动机负荷特性可得每一小区间发动机稳定工作时的有效油耗率 $\overline{g}_e$(g/kW·h)。显然,区间划分越细,计算结果的近似程度越好。

这样,车速从 v_{ai} 上升到 v_{aj} 的小区间 Δt_{i-j} 的燃油消耗量 Q_{i-j}(L/100km)和绝对油耗量 ΔQ_{i-j}(L)分别为:

$$Q_{i-j} = \frac{\overline{g}_{ei-j}}{36000 \cdot \eta_t \cdot \gamma} \cdot \left(G \cdot \psi' + \frac{C_D \cdot A \cdot \overline{v}_{ai-j}^2}{21.15}\right)$$

$$\Delta Q_{i-j} = \frac{\overline{g}_{ei-j}}{36000 \cdot \eta_t \cdot \gamma} \cdot \left(G \cdot \psi' + \frac{C_D \cdot A \cdot \overline{v}_{ai-j}^2}{21.15} \right) \cdot \frac{\overline{v}_{ai-j} \cdot \Delta t}{3600 \times 100}$$

整个等加速过程所消耗的燃油量 Q_j(L)为：

$$Q_j = \sum \Delta Q_{i-j}$$

汽车在不等加速行驶工况的燃油消耗量计算方法与等加速时类似。主要区别在于：等加速行驶工况时，各加速小区间的当量道路阻力系数相同，即：$\psi'_1 = \psi'_2 = \cdots$；而在不等加速行驶工况时，则有 $\psi'_1 \neq \psi'_2 \neq \cdots$。

设各加速小区间 Δt_{i-j} 的速度变化为 $v_{ai} \sim v_{aj}$(km/h)，则该小区间的加速度可以用平均加速度 $\dfrac{d\overline{v}_{i-j}}{dt_{i-j}}$(m/s²)表示。即：

$$\frac{d\overline{v}_{i-j}}{dt_{i-j}} = \frac{1}{3.6} \cdot \frac{v_{aj} - v_{ai}}{t_j - t_i}$$

因此，该加速小区间 Δt_{i-j} 的当量道路阻力系数 ψ_{i-j} 为：

$$\psi_{i-j} = \psi + \frac{\delta}{g} \cdot \frac{d\overline{v}_{i-j}}{dt_{i-j}}$$

据此，用同样的方法，可求出车速从 v_{ai} 上升到 v_{aj} 的小区间 Δt_{i-j} 的燃油消耗量 Q_{i-j}(L/100km)和绝对油耗量 ΔQ_{i-j}(L)。各小区间的绝对油耗量相加，可得整个不等加速过程所消耗的燃油量 Q_j(L)。

在汽车运行循环中，若怠速停车的时间为 t_s(h)，则怠速停车时的燃油消耗量 Q_t(L)为：

$$Q_t = Q_i \cdot t_s$$

式中：Q_i——怠速燃油消耗率，L/h。

减速行驶时，节气门松开（关至最小位置），并进行轻微制动，发动机处于强制怠速状态，其油耗量即为正常怠速油耗。所以，减速工况燃油消耗量 Q_d(L)等于减速行驶时间 t_d(h)与怠速燃油消耗率 Q_i 之积。即：

$$Q_d = Q_i \cdot t_d$$

对于由等速、加速、减速、怠速、停车等行驶工况构成的汽车循环工况，其整个循环的平均百公里燃油消耗量 Q_w(L/100km)为：

$$Q_w = \frac{\sum Q}{S} \cdot 100$$

式中：$\sum Q$——所有行驶工况的绝对油耗量，L；
　　　S——整个循环的行驶距离，km。

第三节　影响汽车燃油经济性的结构因素

根据汽车燃油消耗方程式，汽车的百公里燃油消耗量正比于行驶阻力 $\sum F$(N)和发动机的燃油消耗率 g_e(g/kW·h)。

发动机的燃油消耗率 g_e，一方面取决于发动机的种类、设计制造水平和使用燃油的规格；另一方面又与汽车行驶时发动机的负荷率 U(%)有关。从发动机负荷特性图可知，发动机负荷率低时，g_e 值显著增大。

汽车行驶阻力则与汽车底盘结构、车身、和汽车总质量等因素有关。

一、发动机结构因素

凡是对发动机的燃烧过程和热功转换效率有影响的结构因素，都对汽车的燃油经济性有重要影响。主要包括发动机种类、发动机的压缩比、燃烧过程、进排气系统、配气相位、负荷率等。

与汽油机相比，柴油机的热效率高、有效燃油消耗率较低。现代柴油机的燃油消耗率比汽油机低20%~40%，排气污染较汽油机小。

汽油机的热效率 η 与压缩比 ε 的关系为：

$$\eta = 1 - \varepsilon^{1-K}$$

式中：K——绝热指数，$K > 1$。

增大压缩比，热效率提高，发动机燃油消耗率降低。汽油机压缩比提高主要受爆震的限制，同时压缩比提高到一定程度后，不仅对发动机的功率和效率的提高无明显效果，还会增大排气中 NO_x 的浓度。

改进燃烧室和进气系统，提高发动机结构的爆震极限；使用爆震传感器，自动延迟产生爆震时的点火提前角；采用掺水燃烧抗爆技术；开发高辛烷值汽油等都是提高压缩比的措施。

改进燃烧室形状，采用稀薄混合气分层燃烧技术，利用电控燃油喷射系统精确控制供油量等措施，可改善汽油机的燃烧过程，能显著提高燃油经济性，又可降低排放污染。

改善进、排气系统的目的是降低进气阻力和排气干扰，提高充气效率。进气管应有足够流通截面，表面光洁，连接处平整，气流转折少且截面突变小，以减少气流的局部阻力。进气门处局部阻力最大，采用多气门结构，可以增大进气充量。

配气相位是否合理对于充气系数的变化特性、换气损失、燃烧室扫气作用、排气温度以及净化程度有很大影响。

合理的配气相位与发动机常用工作区相关。采用电液控制的可变配气相位控制技术，可使配气相位在各种工况下都处于最佳状态。

汽车在水平良好道路上以正常速度行驶时，一般只用到最大功率的20%左右，大部分时间都在较低负荷率下工作，从而导致其燃油经济性较差。因此，在保证动力性的前提下，不宜装用功率过大的发动机，以提高功率利用率。

提高发动机的负荷率是提高燃油消耗率的关键环节之一。采用闭缸技术可以改变发动机的有效工作排量，从而改变负荷率，其主要方法有变缸法和变行程法两种。变缸法即改变有效汽缸数目的方法。减少工作汽缸数的方法有的堵塞进气道和关闭进、排气门两种方法；变行程法指改变活塞行程的方法。在中小负荷时，缩短活塞行程，使汽缸有效工作排量减小。

二、底盘结构因素

1. 传动系结构因素

汽车传动系的挡位数、传动比、传动效率、发动机与传动装置的匹配情况对燃油经济性有很大影响。

变速器挡位数较多时,可根据行驶阻力的变化选择合适挡位,使发动机处于经济运行工况的机会增多。挡位无限的无级变速器,可以使发动机工作特性与汽车行驶工况达到最佳匹配,在任何情况下都能使发动机工作在最经济工况下。

为改善汽车在水平良好道路上行驶时的燃油经济性,在不改变主减速器传动比的情况下,在变速器中增设传动比小于1的超速挡,则可以提高发动机的负荷率,降低百公里油耗量。

选择较小的主减速器传动比,在相同的车速和道路条件下,可以提高汽车的负荷率,有利于降低燃油消耗。但若主减速器传动比过小,因动力性不足,会导致汽车经常以较低挡行驶,使最小传动比挡位的利用率降低,反而使燃油消耗率增大。

发动机与传动装置的匹配对改善汽车燃油经济性十分重要。为判断传动比与发动机匹配是否合理,可以把发动机的常用工况区与万有特性图画在同一坐标系上,考察常用工况区与最低油耗区接近(重叠)情况,如图3-14所示。经运行工况调查,可知常用的车速和挡位,从中可确定相应的转速范围为 $n_{e1} \sim n_{e2}$,相应的功率范围为 $P_{e1} \sim P_{e2}$,则可在万有特性图上表示出常用工况区 A。若 A 区偏离万有特性最低油耗区,可进行调整,使常用工况位于最佳工况区 B 区或 C 区。

传动系效率越高,则传动过程中的功率损失越小,汽车的燃油经济性越好。因此应保持汽车传动系统的技术状况良好,采用高品质的润滑油(脂)并加注适量。

2. 行驶系结构因素

汽车车轮装用子午线胎,提高轮胎气压是减小滚动阻力的重要途径。

试验表明:滚动阻力每减小10%,油耗可降低2%;大型货车装用子午线轮胎后,滚动阻力可减少15%~30%,节油4%~6%。

提高轮胎气压,可以使轮胎的变形减小,因此滚动阻力降低。但轮胎气压提高后,又带来舒适性降低、悬架动载荷增大等问题。

合理调整行驶系车轮轮毂轴承的松紧度,可以减小行驶阻力,减少燃油消耗。

三、车身结构因素

汽车车身形状和尺寸影响汽车行驶时的空气阻力,优化车身设计,降低空气阻力,可以提高汽车的燃油经济性。

空气阻力的大小取决于汽车迎面面积 A 和空气阻力系数 C_D。迎面面积取决于汽车乘坐或完成运输任务所要求的外形尺寸。因而,减小空气阻力主要应从降低空气阻力系数着手,其主要措施有:

①选择合理的车身外形;
②对所有暴露部分进行空气动力学优选;
③在车身上加装各种导流装置。

四、汽车总质量

汽车行驶时,除空气阻力外,滚动阻力、坡度阻力和加速阻力都与汽车的总质量 M 成正

比。因此,减轻汽车整备质量,是降低油耗的最有效措施之一,其主要方法有:

①优化设计汽车结构,充分利用材料的强度,提高结构刚度。

②采用高强度轻材料,如采用高强度低合金钢、铝合金、镁合金、塑料和各种纤维强化等材料制造汽车零件。

③改进汽车结构,尽量减少零件数量。

④取消某些附加设备及器材等,大量应用质量轻的电子产品。

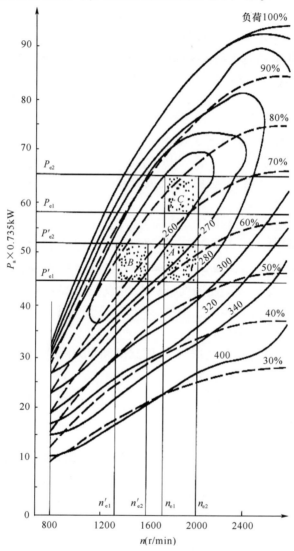

图3-14 发动机的万有特性及最低油耗区

第四节 汽车燃油经济性试验

汽车燃油经济性试验是测试汽车在规定条件下的燃油消耗量,以获取燃油经济性评价指标数据的试验。其试验方法可分为道路试验和台架试验两类。

一、汽车燃油经济性的道路试验

道路试验法是测量汽车在规定行驶工况下的燃油消耗量的常用方法。道路试验法简单、易行,试验时汽车所受阻力与实际行驶阻力一致,油耗测量数据的可靠度好,而且设备费用低。道路试验法的主要不足是:需要符合规定的道路;受气候条件限制;试验结果受道路条件和试验人员的影响,可比性和可重复性较差;难以实现复杂的多工况循环行驶试验。

1. 试验条件

①道路条件:试验道路应为沥青或混凝土铺装的、平坦的直线路,道路长 2~3km,宽不小于 8m,纵向坡度在 0.1% 以内,最大横向路拱高度小于 1.5%。路面应干燥、清洁。

②气候条件:无雨、无雾;相对湿度小于 95%;气温 0~40℃;风速小于 3m/s。试验时的空气密度与基准状态($P = 100\text{kPa}$, $T = 293.2\text{K}$)下的空气密度相差不得超过 ±7.5%,否则需要进行修正。

③试验仪器:油耗仪、五轮仪或非接触式汽车速度测量仪、秒表、风速仪等;示值误差:燃油流量,0.5%;车速:小于 0.1m/s 或 0.5%;时间,小于 0.1s;距离,小于 0.1m 或 0.3%;风速,小于 0.5%。

④试验汽车:试验汽车装备应符合生产厂的出厂规定。轮胎充气压力应符合规定,误差不超过 ±10kPa,并保持各车轮气压一致。试验车辆应运行预热,使之处于正常行驶的温度状况。

⑤试验质量:M_1 类汽车、总质量小于 2t 的 N_1 类汽车的试验质量为整备质量加 180kg,若汽车的 50% 的载质量大于 180kg,则试验质量为整备质量加 50% 的载质量(包括测量人员和仪器的质量);M_2、M_3 类城市客车试验质量为装载质量的 65%;最大总质量大于 2t 的 N 类及其他车辆的试验质量为满载。

2. 稳态工况燃油消耗量试验

汽车以规定测试车速等速通过 500m 长度的测量路段,同一车速往、返各进行两次,测定其燃油消耗量和通过时间。两次试验之间的时间间隔应尽可能缩短,以保持稳定的热状况,往返四次试验结果的燃油消耗量差值不应超过 ±5%,取四次试验结果的算术平均值为等速行驶燃油消耗量试验的测定值。

测得汽车以稳定车速等速行驶通过测量路段 s 的燃油消耗量 q 及所用时间 t 后,可计算得到汽车的实际试验车速 v_a(km/h)和汽车在该车速下的百公里燃油消耗量 Q(L/100km)。

在变速器最高挡的速度范围内,测试车速从 20km/h(最小稳定车速高于 20km/h 时,从 30km/h)开始,以车速 10km/h 的整数倍均匀选取车速,直至最高车速的 90%,至少测定 5 个车速。根据各车速下的百公里燃油消耗量数据,便可以在横坐标为车速、纵坐标为百公里燃油消耗量的坐标系中绘出该车的百公里燃油消耗量曲线图,如图 3-1 所示。

3. 循环工况燃油消耗量试验

道路循环工况燃油消耗量试验只适于较简单的六工况、四工况循环,如图 3-2 和图 3-3 所示。

试验前,根据规定工况的距离在试验路段上安置标杆。试验时,汽车按规定的车速-时间规范(如换挡、怠速、加速、减速、等速、离合器脱开等)和挡位,通过测试路段,用试验仪器记录汽车的行程-车速-时间曲线,记录每一次循环试验的燃油消耗量和行驶时间。

在进行循环工况试验时,汽车终速度的允许偏差为±3km/h,其他各工况的速度偏差为±1.5km/h;在工况改变过程中,允许车速的偏差大于规定值,但在任何条件下超过车速偏差的时间不应大于1s,即时间偏差为±1s。

每辆车的循环工况燃油消耗量试验应往返各进行二次,取四次试验结果的算术平均值为循环工况燃油消耗量试验的测定值,而后根据循环工况的距离折算得到汽车在相应循环工况下的百公里燃油消耗量。

二、汽车燃油经济性的室内台架循环试验

汽车燃油经济性的室内台架循环试验指在实验室内,利用底盘测功机按规定试验循环进行汽车燃油经济性试验。

采用道路试验的方法模拟汽车循环工况较为困难,因此多工况燃油消耗量试验基本上都在室内底盘测功机-转鼓试验台上进行。试验时,汽车固定于转鼓试验台上,从动轮置于固定台面;驱动轮置于转鼓上,驱动转鼓(及与其相连接的旋转质量与电力测功器)旋转,模拟汽车的行驶阻力和各种循环工况,进行燃油经济性试验,如图2-29所示。

图3-15是汽车在底盘测功机-转鼓试验台上进行六工况燃油消耗量试验的测试结果。底盘测功机的控制与指示装置显示屏上标明了六工况"车速-行程"循环过程及公差带和实际试验时的"车速-行程"循环过程(较粗连续曲线),同时显示出折算所得的六工况循环百公里燃油消耗量。

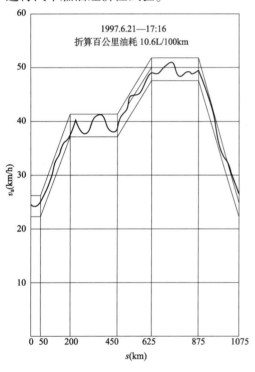

图3-15 六工况燃油消耗量台架测试结果显示

若配备多种汽车油耗测量仪器和汽车排放分析仪器,使用室内台架试验方法可以同时进行燃油经济性与排气污染试验,并能采用多种测量燃油消耗量的方法,如质量法、体积法与碳平衡法等。

复 习 题

一、问答题

1.什么是汽车的燃油经济性?其评价指标和常用单位是什么?

2.什么是等速行驶百公里燃油消耗量?

3.什么是循环工况百公里燃油消耗量?

4. 影响汽车燃油经济性的结构因素有哪些?
5. 汽车燃油经济性的循环试验工况有哪些? 各有什么使用场合?

二、综述(分析)题
1. 说明利用功率平衡图和发动机负荷特性确定汽车百公里燃油消耗量的方法。
2. 分析说明发动机油耗与汽车油耗之间的关系。
3. 用高速挡行驶与采用低速挡行驶相比哪种情况节油? 为什么?
4. 汽车以不同车速行驶时,汽车的燃油消耗量有无变化? 为什么?
5. 如何计算汽车在水平路面或坡道路面上等速行驶的百公里油耗量?
6. 如何对汽车多工况循环行驶的燃油经济性进行计算?
7. 汽车外形和质量对燃油经济性有何影响?
8. 汽车轮胎对燃油经济性有何影响?
9. 变速器挡位和传动比对燃油经济性有何影响?
10. 从结构上提高发动机燃油经济性的主要途径有哪些?
11. 如何从改进汽车底盘设计方面来提高汽车的燃油经济性?

三、计算题

某乘用车总重 $G=10000\text{N}$,汽车滚动阻力系数 $f=0.013$,空气阻力系数 $C_D=0.4$,迎风面积 $A=2\text{m}^2$,车速 $v_a=30\text{km/h}$,传动效率 $\eta_t=0.8$,汽油密度 $\rho=0.714\text{kg/L}$,发动机的比油耗 $g_e=280\text{g/kW}\cdot\text{h}$。求汽车在坡度 $i=0.01$ 的坡道上行驶时的百公里油耗。

第四章 汽车的行驶安全性

汽车的行驶安全性一般分为主动安全性、被动安全性、事故后安全性和生态安全性。

主动安全性指汽车本身防止或减少道路交通事故发生的性能。主要取决于汽车的总体尺寸、制动性、行驶稳定性、操纵性、信息性以及驾驶员工作条件。此外，汽车动力性影响汽车超车时的超车时间和距离，因此对汽车的行驶安全有重要影响。

被动安全性指交通事故发生后汽车本身减轻人员伤害和货物损坏的能力，可分为汽车内部被动安全性（减轻车内乘员受伤和货物受损）以及外部被动安全性（减轻对事故所涉及的其他人员和车辆的损害）两类。

事故后安全性指汽车能减轻事故后果的性能。即能否迅速消除事故后果，并避免新的事故发生的性能。

生态安全性指发动机排气污染、汽车行驶噪声和电磁波对环境的影响。

本章主要介绍对汽车的主动安全性有重要影响的制动性和操纵稳定性，并简要介绍汽车的被动安全性。

第一节 汽车的制动性

汽车制动性指汽车能在行驶时迅速停车且维持方向稳定，并能在下长坡时控制车速及能在一定坡道上驻车的能力。

汽车制动性是安全行驶的保证，同时，在制动性良好、汽车行车安全得以保证的前提下，其动力性才能得到充分发挥，平均技术速度和运输效率才能得到提高。

一、汽车制动性的评价指标

汽车的制动性可以用制动效能、制动效能的恒定性和制动时汽车的方向稳定性三方面的指标评价。

制动效能指汽车迅速减速直至停车的能力，可以用汽车在良好路面上以一定初速度制动到停车的制动距离、制动减速度或地面制动力来表示。制动效能是制动性能最基本的评价指标。

制动效能的恒定性主要指制动器抗热衰退现象和抗水衰退现象的能力，反映汽车在高速下制动或下长坡连续制动时和涉水后制动效能保持的程度。

制动时汽车的方向稳定性即制动时汽车按给定路径行驶的能力。若制动时汽车发生跑偏、侧滑或失去转向能力，汽车将偏离原来的路径。

二、制动时车轮的受力

汽车受到与行驶方向相反的外力作用时，才能降低车速直至停车。汽车制动过程中，空气阻力相对较小,因此该外力只能来自地面,称之为地面制动力。

1. 地面制动力

汽车在良好的硬路面上制动时车轮的受力情况如图4-1所示。制动时,踩下制动踏板,制动蹄摩擦片压在制动鼓或制动盘上,二者相互滑转产生摩擦力矩 $T_\mu(\text{N}\cdot\text{m})$,使车轮转速减慢或停止;然而,由于汽车减速时的惯性力,使车轴受到推动车轮继续前行的力 F,从而在轮胎与路面的接触表面产生摩擦,产生与汽车前进方向相反的地面切向反力,即为阻碍汽车运动直至停车的地面制动力 $F_b(\text{N})$。由于汽车回转质量的惯性力矩 T_j 和车轮的滚动阻力矩 T_f 相对较小,可以忽略。这样,地面制动力 $F_b(\text{N})$ 的值为:

$$F_b = \frac{T_\mu}{r} \quad (4-1)$$

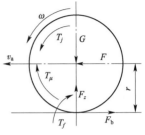

图4-1 制动时车轮受力
T_μ-车轮制动器的摩擦力矩;T_j-汽车回转质量的惯性力矩;T_f-车轮的滚动阻力矩;F-车轴对车轮的推力;G-车轮的垂直载荷;F_Z-地面对车轮的法向反作用力

F_b 的大小与制动蹄摩擦片-制动鼓和轮胎-路面两个摩擦副有关。第一个摩擦副相互作用产生的摩擦力,决定着制动力矩 T_μ 和制动器制动力 F_μ 的大小;第二个摩擦副相互作用产生的与汽车运动方向相反的地面反作用力即为地面制动力,显然轮胎-路面间的附着力 F_φ 是地面制动力的极限值。即:地面制动力 F_b 不仅取决于制动器制动力 F_μ,而且取决于地面附着力 $F_\varphi(\text{N})$。

2. 制动器制动力

在轮胎周缘沿切线方向克服车轮制动器摩擦力矩所需的力称为制动器制动力 $F_\mu(\text{N})$。其值为:

$$F_\mu = \frac{T_\mu}{r}$$

制动器制动力 $F_\mu(\text{N})$ 取决于制动器结构、形式与尺寸大小、制动器摩擦副摩擦系数和车轮半径 $r(\text{m})$。一般情况下,其数值与制动踏板力 $F_p(\text{N})$ 成正比,即与制动系的液压或气压高低呈线性关系。对于结构、尺寸一定的制动器而言,制动器制动力主要取决于制动踏板力与摩擦副的表面状况,如接触面大小、表面有无油污等。

显然,若地面附着力 $F_\varphi(\text{N})$ 足够大,即满足 $F_\varphi > F_\mu$,有:$F_\mu = F_b$,意味着制动器产生的制动器制动力 F_μ 完全转化为地面制动力 F_b。若地面附着状况不良,$F_\varphi < F_\mu$ 时,有 $F_b = F_\varphi < F_\mu$,说明 F_μ 受到 F_φ 的限制而不能完全转化为 F_b。

3. 地面制动力的增长

制动过程中,制动器制动力 F_μ 的大小由制动力矩 T_μ 决定,地面制动力 F_b 和 F_μ 随制动踏板力 F_p 增大的关系如图4-2所示。制动时,车轮有滚动或抱死拖滑两种运动状态。踏板力 F_p 较小时,产生的摩擦力矩 T_μ 不大,地面制动力 F_b 足以克服制动摩擦力矩使车轮滚动。此时,地面制动力 F_b 等于制动器制动力 F_μ,且随踏板力 F_p 的增长成正比增长。但当制动踏板力增大至 $F_p = F'_p$ 时,地面制动力 F_b 增大到

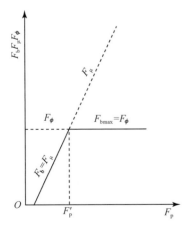

图4-2 制动力、制动器制动力与附着力的关系

等于附着力 F_ϕ，车轮抱死而出现拖滑现象。此时，地面制动力 F_b 受轮胎与路面附着条件的限制，达到其最大值 $F_{bmax} = F_\phi$。此后，随着踏板力 F_p 继续增大（$F_p > F'_p$），摩擦力矩 T_μ 由于摩擦表面间作用力的增大仍可增大，因而制动器制动力 F_μ 随 F_p 继续增大几乎成线性上升，但地面制动力 F_b 达到极限值 F_ϕ 后却保持在该极限值而不再增大。由此可见，要获得足够大的地面制动力，以提高汽车的制动性能，制动器必须具有足够大的制动器制动力矩，同时路面又能提供足够高的附着力。

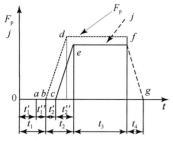

图 4-3　汽车的制动过程

汽车的制动过程如图 4-3 所示。根据紧急制动过程中制动踏板力 F_p、地面制动力 F_b 和制动减速度 $j\left(j = -\dfrac{dv}{dt}\right)$ 随制动时间 t 的增长过程，可以把汽车紧急制动的全过程所持续的时间 t 分为四个阶段：

驾驶员反应时间 t_1：即从驾驶员识别障碍至把踏板力 F_p 施加到制动踏板上所经历的时间。包括：驾驶员发现、识别障碍，并做出紧急制动的决定所经历的时间 t'_1；驾驶员移动右脚，从加速踏板换到制动踏板上所经历的时间 t''_1。驾驶员反应时间 t_1 的长短因人而异，一般为 0.3～1.0s。

制动器起作用时间 t_2：即从制动踏板力 F_p 开始上升至地面制动力 F_b 增长到最大值所需的时间，$t_2 = t'_2 + t''_2$。t'_2 为地面制动力 F_b 滞后于踏板力 F_p 的时间，或消除制动系统各铰链和轴承间的间隙以及制动摩擦片与制动鼓或制动盘间的间隙的时间。t''_2 为地面制动力 F_b 产生至增大到最大值所用的时间。制动器起作用时间 t_2 主要取决于汽车制动系的结构形式，还取决于驾驶员踩踏板的速度。

持续制动时间 t_3：在该时间段内，汽车的制动减速度 j 基本不变，以最大制动强度制动至停车。

制动释放时间 t_4：指驾驶员松开制动踏板至制动力完全消除所需时间。制动释放时间 t_4 一般为 0.2～0.9s，t_4 过长时会影响随后汽车的起步。

4. 附着力与附着系数

制动过程中，地面制动力的最大值 $F_{bmax}(N)$ 等于作用于车轮的地面垂直反力 $F_Z(N)$ 与附着系数 ϕ 的乘积。即：

$$F_{bmax} = F_\phi = F_Z \cdot \phi \tag{4-2}$$

在以上分析过程中，没有考虑附着系数和地面垂直反力的变化，即把附着系数 ϕ 和地面垂直反力 F_Z 看作常数。实际上，汽车制动过程中，在传递地面切向力的过程中，附着系数 ϕ 和地面垂直反力 F_Z 并非常数，因而附着力 F_ϕ 不是常数。

1）垂直反力

若汽车在水平路面上制动，并忽略空气阻力的影响，则制动过程中作用于汽车前、后轴的地面垂直反力 F_{z1}、F_{z2} 的值为：

$$F_{z1} = \dfrac{L_2}{L} \cdot G - \dfrac{h_g}{L} \cdot m \cdot \dfrac{dv}{dt}$$
$$F_{z2} = \dfrac{L_1}{L} \cdot G + \dfrac{h_g}{L} \cdot m \cdot \dfrac{dv}{dt} \tag{4-3}$$

因此,制动过程中,作用于前、后轴上的垂直载荷会发生转移,即:前轴垂直载荷增大,而后轴垂直载荷减小。此轴荷变化将对汽车的制动过程产生重要影响。

2)滑移率与附着系数

制动过程中,随着制动强度增大,车轮的运动从纯滚动转变为纯滑动。滑移率 s 反映了车轮受到地面切向力作用时,车轮在路面上的滑移情况。

制动滑移率 s 为:

$$s = \frac{v - r \cdot \omega}{v} \tag{4-4}$$

若研究车轮受到驱动力时的滑移情况,则驱动滑移率 s 为:

$$s = \frac{r \cdot \omega - v}{r \cdot \omega}$$

在制动开始前,车轮纯滚动时,$s=0$;制动过程中,车轮边滚边滑,$0<s<1$;而制动强度增大到车轮抱死后,车轮纯滑移,$s=1$。

制动过程中,附着率 $\varphi\left(\varphi = \dfrac{F_x}{F_z}\right)$ 表示为滑移率 s 的函数,二者关系如图4-4所示。图中:φ_b 表示纵向附着率,即车轮受到的在车轮平面方向的地面切向反力与垂直反力的比值;φ_l 表示侧向附着率,即车轮受到的垂直于车轮平面的侧向地面反作用力与垂直反力的比值。

由图可见,当 s 达到15%~20%左右时,φ_b 达到峰值附着系数 ϕ_p。而当 $s=100\%$ 时,φ_b 达到滑动附着系数 ϕ_s。通常,$\phi_s<\phi_p$。ϕ_p 和 ϕ_s 的大小,对于汽车的制动过程有重要影响,分别表示装有防抱死制动系统的汽车和装用普通制动系统的汽车,在制动时有可能利用的地面附着能力。

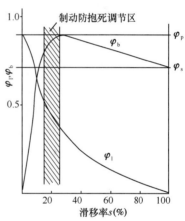

图4-4 附着率与滑移率的关系

滑移率 s 较小时,侧向附着率 φ_l 的值较大,表明汽车可以承受较大的侧向力;而当滑移率 $s=1$ 时,φ_l 的值降至接近于零。这表明:车轮失去承受侧向力的能力。在此情况下,制动过程中若受到侧向力的作用,极易产生侧向滑移。

3)影响附着系数的因素

附着系数的大小主要取决于道路的材料、路面状况、轮胎结构、轮胎气压、胎面花纹、材料以及行驶速度等。

各种不同路面上的附着系数的平均值见表4-1。其他条件不变时,干燥硬路面的附着系数大于潮湿路面的附着系数。这是因为在干燥硬实的混凝土或沥青路面上,轮胎变形相对较大,路面上坚硬而微小凸起物嵌入轮胎接触表面,增大了接触强度;路面潮湿时,轮胎与路面间的水膜起着润滑作用,会使附着系数下降。路面的清洁程度对附着系数也有影响。

汽车在松软路面上行驶时,变形大且抗剪强度较低,附着系数较小。潮湿、泥泞的土路抗剪切强度更低,附着系数有明显的下降。

轮胎与各种路面间的附着系数　　　　　　　　　　　　　　　　　　　　表 4-1

路面类型	路面状况	高压轮胎	普通轮胎	越野轮胎
沥青或水泥路面	干燥	0.50～0.70	0.70～0.80	0.70～0.80
	潮湿	0.35～0.45	0.45～0.55	0.50～0.70
	污染	0.25～0.45	0.25～0.40	0.25～0.45
碎石路面	干燥	0.50～0.60	0.60～0.70	0.60～0.70
	潮湿	0.30～0.40	0.40～0.50	0.60～0.70
	潮湿	0.30～0.40	0.40～0.50	0.50～0.60
土路	干燥	0.40～0.50	0.50～0.60	0.50～0.60
	潮湿	0.20～0.40	0.30～0.40	0.35～0.50
	泥泞	0.15～0.25	0.15～0.25	0.20～0.30
结冰路面	气温在零下状态	0.08～0.15	0.10～0.20	0.05～0.10

不同花纹的轮胎与路面的接触状况不同,因而附着系数也不同。低气压、宽断面和子午线轮胎承受垂直载荷时变形大,轮胎与地面的接触面积大,因而附着系数大。轮胎气压对附着系数影响很大。降低轮胎气压,可使车轮在硬路面上的附着系数略有增加。在松软路面上,降低轮胎气压可增大轮胎与地面接触面积,因而附着系数明显增大。轮胎磨损程度也会影响附着能力。新轮胎的附着系数较高;轮胎磨损后,随着胎面花纹深度减小,其附着系数显著降低。此外,轮胎胎面橡胶的性质也是影响附着性能的重要因素,胎面胶为天然橡胶的轮胎,其附着系数要比一般合成橡胶轮胎高得多。

提高汽车在硬路面上的行驶速度时,不仅峰值附着系数和滑动附着系数的值大大下降,而且两者的差明显增大,如图 4-5 所示。这是由于车速越快胎面越来不及与路面微观凹凸构造很好地嵌合的缘故。在松软路面上,由于高速行驶车轮的动力作用极易破坏土壤结构,土壤不能与胎面花纹很好嵌合,附着系数也会降低。

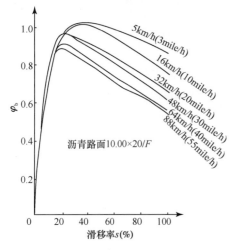

图 4-5　不同滑移率下车速与附着系数的关系

三、汽车的制动效能

评价汽车制动效能的指标是制动减速度、制动距离。

1. 制动减速度

汽车制动过程中,制动减速度 $j\left(j=-\dfrac{\mathrm{d}v}{\mathrm{d}t}\right)$ 的增长变化过程如图 4-3 所示。

制动减速度是制动所产生的地面制动力作用于汽车的直接结果。持续制动期间汽车能达到的最大减速度 $j_{\max}$ 取决于附着力。若制动器技术状况良好,则最大地面制动力受地面附着力限制,$F_\mathrm{b}=F_\varphi$。若汽车总质量为 M,道路附着系数为 φ,在制动过程的持续制动阶段,可能产生的最大地面制动力 F_{bmax} 为：
$$F_{bmax} = M \cdot g \cdot \phi$$
因此，在持续制动阶段，汽车所产生的最大制动减速度为：
$$F_{bmax} = M \cdot g \cdot \phi = M \cdot j_{max}$$
$$j_{max} = \phi \cdot g$$

2. 制动距离

制动距离指汽车以一定初速 v_0(m/s)制动到停车所驶过的距离，其大小等于在整个制动过程的各个阶段汽车所驶过的距离之和。

1）驾驶员反应时间 t_1(s)内汽车驶过的距离 S_1(m)

在驾驶员反应时间 t_1 内，制动踏板力和地面制动力均为零，若忽略空气阻力和滚动阻力的影响，汽车仍然以原有初速 v_0 行驶，所驶过的距离 S_1 为：
$$S_1 = v_0 \cdot t_1$$

2）制动器起作用时间 t_2(s)内汽车驶过的距离 S_2(m)

在制动器起作用时间 t_2 内，在 t'_2 时间段地面制动力为零，汽车继续匀速行驶，所驶过的距离 S'_2 为：
$$S'_2 = v_0 \cdot t'_2$$

在制动力增长所需时间 t''_2 内，制动减速度 j(m/s²)几乎成线性从零增长到最大减速度 j_{max}(m/s²)，在 t''_2 内汽车的减速度 j 为：
$$j = -\frac{dv}{dt} = k \cdot t$$

其中，$k = \dfrac{j_{max}}{t''_2}$，因此有：
$$\int dv = -\int k \cdot t dt$$

注意到，在时间从 0 到 t 的过程中，车速从初速 v_0 变化到 v。积分上式得 t''_2 内的汽车速度 v(m/s)为：
$$v = v_0 - \frac{1}{2} \cdot k \cdot t^2$$

当 $t = t''_2$(e 点)时，其车速记为 v_e，则：
$$v_e = v_0 - \frac{1}{2} \cdot k \cdot t''^2$$

又有：
$$\int ds = \int \left(v_0 - \frac{1}{2} \cdot k \cdot t^2\right) dt$$

该时间段汽车驶过的距离 S 为：
$$S = v_0 \cdot t - \frac{1}{6} \cdot k \cdot t^3$$

当 $t = t''_2$(e 点)时，汽车驶过的距离 S''_2 为：
$$S''_2 = v_0 \cdot t''_2 - \frac{1}{6} \cdot j_{max} \cdot t''^2_2$$

在制动器起作用时间 t_2 内,汽车驶过的距离 S_2 为:

$$S_2 = S'_2 + S''_2 = v_0 \cdot (t'_2 + t''_2) - \frac{1}{6} \cdot j_{max} \cdot t''^2_2$$

3)持续制动时间 $t_3(s)$ 内汽车驶过的距离 $S_3(m)$

持续制动时间 t_3 内,汽车以最大减速度 $j_{max}(m/s^2)$ 做匀减速运动,其速度由 $v_e(m/s)$ 降至 0,汽车驶过的距离 S_3 为:

$$S_3 = \frac{v_e^2}{2 \cdot j_{max}} = \frac{v_0^2}{2 \cdot j_{max}} - \frac{v_0 \cdot t''_2}{2} + \frac{j_{max} \cdot t''^2_2}{8}$$

4)汽车的制动距离 $S(m)$

汽车在制动过程中驶过的总距离 S 为上述各阶段驶过的距离之和。即:

$$S = S_1 + S_2 + S_3 = \left(t_1 + t'_2 + \frac{t''_2}{2}\right) \cdot v_0 + \frac{v_0^2}{2 \cdot j_{max}} - \frac{j_{max} \cdot t''^2_2}{24}$$

由于在驾驶员反应时间 t_1 内汽车驶过的距离 S_1 与汽车的制动性能无关,因此一般所指汽车制动距离 S 是从踩下制动踏板至完全停车汽车所驶过的距离,即: $S = S_2 + S_3$。上式中最后一项很小,可以忽略。因此 S 等于:

$$S = \left(t'_2 + \frac{t''_2}{2}\right) \cdot v_0 + \frac{v_0^2}{2 \cdot j_{max}} \tag{4-5}$$

把制动起始车速 $v_0(m/s)$ 用 $v_{a0}(km/h)$ 表示,则:

$$S = \frac{1}{3.6} \cdot \left(t'_2 + \frac{t''_2}{2}\right) \cdot v_{a0} + \frac{v_{a0}^2}{25.92 \cdot j_{max}}$$

若制动器技术状况良好, $j_{max} = \phi \cdot g$,汽车的制动距离可用下式计算:

$$S = \frac{1}{3.6} \cdot \left(t'_2 + \frac{t''_2}{2}\right) \cdot v_{a0} + \frac{v_{a0}^2}{25.92 \cdot \phi \cdot g} \tag{4-6}$$

3.影响汽车制动效能的因素

式4-6说明:在汽车制动器技术状况良好的前提下,即制动器制动力 F_μ 大于地面附着力 F_ϕ 时,决定汽车制动距离的主要因素为制动起始车速 v_{a0}、道路附着系数 ϕ、制动器起作用时间 t_2。

制动起始车速 v_{a0} 越低,制动距离越短。

在持续制动期间,最大减速度 j_{max} 取决于附着力 F_ϕ,道路附着系数 ϕ 的大小,对汽车的制动距离有重要影响。

在制动器起作用时间内,汽车的运动速度很快,因而 t_2 的大小对制动距离的影响很大,其大小与制动系的结构形式有密切关系。

急速踩下制动踏板时,液压制动系的制动器起作用时间可短至0.1s或更短;真空助力制动系和气压制动系为0.3~0.9s;货车拖带挂车时,汽车列车的制动器起作用时间有时竟长达2s,但精心设计的汽车列车制动系可缩短到0.4s。因此,改进制动系结构、缩短制动器起作用时间是缩短制动距离、提高制动效能的一项有效措施。

四、制动效能的恒定性

制动效能的恒定性主要指制动器抗热衰退现象和水衰退现象的能力。

1. 制动器的抗热衰退性能

制动器的抗热衰退性能反映了汽车高速行驶或下长坡连续制动时制动效能保持的程度。

汽车长时间进行强度较大的制动时(如下长坡连续制动或高速制动),制动器的温度常在300℃以上。温度升高后,制动摩擦片性能下降,制动器摩擦副的摩擦系数减小,所产生的摩擦力矩和制动力减小(图4-6),制动效能降低。这种现象称之为制动器的热衰退。

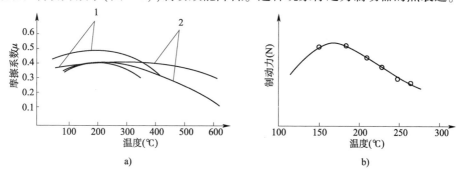

图4-6 温度对摩擦系数和制动力的影响
a)温度对摩擦系数的影响;b)温度对制动力的影响
1-鼓式制动器摩擦材料;2-盘式制动器摩擦材料

抗热衰退性能与制动器摩擦副材料及制动器结构形式有关。

一般制动器的制动鼓、制动盘由铸铁制成,而制动摩擦片由石棉、半金属材料制成。正常制动时,制动器摩擦副的温度在200℃左右时,摩擦副的摩擦系数约为0.3~0.4。但在更高的温度时,摩擦系数会有很大降低而出现热衰退现象。采用耐高温制动摩擦片可以提高抗热衰退性能。

制动效能因数指制动器单位制动轮缸推力所产生的制动器摩擦力,用制动效能因数K_{ef}与摩擦系数μ的关系曲线可说明各种类型制动器的效能及其稳定程度,如图4-7所示。双向自动增力蹄及双领蹄制动器,由于结构上的几何力学的关系产生增力作用,具有较大的制动效能因数。摩擦系数变化时,制动效能按非线性关系迅速改变。因此,摩擦系数的微小改变,能引起制动效能大幅度变化,即制动器的稳定性差。双从蹄制动器的情况与之相反。领、从蹄式制动器介于二者之间。盘式制动器的制动效能虽没有鼓式制动器大,但制动效能恒定性好。高强度制动时,摩擦材料的摩擦系数虽有下降,但对制动效能影响不大。同时盘式制动器和鼓式制动器相比,反应时间短且不会因为热膨胀而增大制动间隙。因此,盘式制动器具有较好的抗热衰退性能。

制动器抗热衰退性能一般用一系列连续制动时制动效能的保持程度来衡量,所应满足的要求为:以一定车速连续制动15次,每次的制动强度为$3.0 m/s^2$,最后的制动效能应不低于

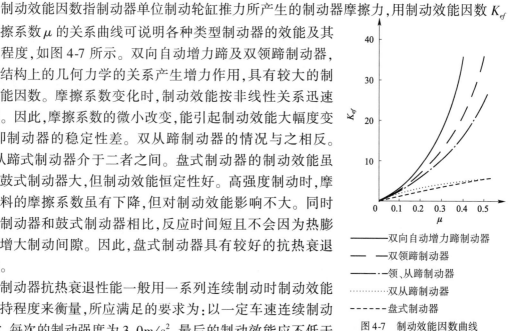

图4-7 制动效能因数曲线

规定的冷试验制动效能(5.8m/s^2)的60%(在制动踏板力相同的条件下)。

2. 制动器的抗水衰退性能

制动器的抗水衰退性能反映了汽车涉水后制动效能保持的程度和恢复的快慢。制动器涉水引起制动效能下降的现象称为制动器的水衰退现象。其产生原因是制动器摩擦表面浸水后,水的润滑作用使制动摩擦片与制动鼓间的摩擦系数下降。制动器浸水后,经过若干次(一般为5~15次)制动后,在制动蹄与制动鼓的摩擦热作用下使水分蒸发,制动器摩擦片逐渐干燥,并逐渐恢复到浸水前的制动性能,这称为水恢复现象。盘式制动器的水衰退影响比鼓式制动器的要小,制动效能下降小,恢复也较快,如图4-8所示。

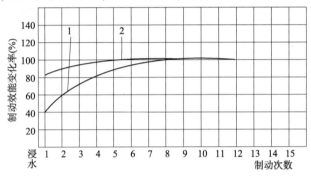

图4-8 制动器的水衰退及恢复特性
1-鼓式制动器;2-盘式制动器

五、制动时汽车的方向稳定性

制动时汽车的方向稳定性指汽车在制动过程中维持直线行驶或按预定弯道行驶的能力。制动跑偏、侧滑和转向轮失去转向能力是造成制动时失去方向稳定性的重要原因。

1. 汽车的制动跑偏

制动时汽车自动向左或向右偏驶称为"制动跑偏"。制动跑偏的原因主要有以下两点:

1) 左右车轮制动器制动力不相等

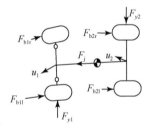

图4-9 左右车轮制动器制动力不相等引起跑偏

设前左轮的制动器制动力大于前右轮,故地面制动力 $F_{b1l} > F_{b1r}$,如图4-9所示。此时,前、后轴分别受到的地面侧向反作用力为 F_{y1} 和 F_{y2}。显然,F_{b1l} 绕主销的力矩大于 F_{b1r} 绕主销的力矩。虽然转向盘不动,由于转向系各处的间隙及零部件的弹性变形,转向轮仍产生一向左转动的角度而使汽车有轻微的转弯行驶,即跑偏。同时,由于主销有后倾,也使 F_{y1} 对转向轮产生一同方向的偏转力矩,这样也增大了向左转动的角度。

汽车左右车轮制动器制动力不相等通常是由于设计、调整误差造成的,转向轮可能向左偏,也可能向右偏,要根据具体情况而定。

汽车左右车轮制动力不相等的程度 ΔF_μ 表示为:

$$\Delta F_\mu = \frac{F_{\mu L} - F_{\mu s}}{F_{\mu L}}$$

式中:$\Delta F_{\mu L}(\Delta F_{\mu s})$——较大(较小)的制动器制动力。

若用制动时汽车纵轴线与原定行驶方向的夹角即航向角 $\alpha(°)$ 表示汽车制动跑偏的程度，实验所得 $\alpha(°)$ 随 ΔF_μ 的变化关系如图 4-10 所示，表明制动跑偏的程度随着 ΔF_μ 增加而增大。

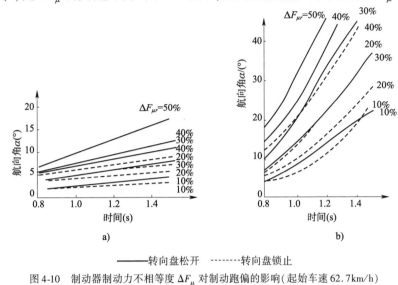

——转向盘松开 --------转向盘锁止

图 4-10 制动器制动力不相等度 ΔF_μ 对制动跑偏的影响(起始车速 62.7km/h)
a) 后轮未抱死；b) 后轮抱死

造成左右转向轮制动力不等的原因主要有：
①同轴两侧车轮的制动蹄片接触情况不同。
②同轴两侧车轮制动蹄、制动鼓间隙不一致。
③同轴两侧车轮轮胎气压不一致或胎面磨损不均。
④前轮定位参数失准。
⑤左右轴距不等。

2) 制动时悬架导向杆系与转向系拉杆运动干涉

若由于悬架导向杆系与转向系拉杆在运动学上不协调，因运动干涉而引起跑偏，则是设计造成的，其特点是跑偏的方向不变。

某型载货汽车悬架导向杆系和转向系拉杆在制动时的相互运动简图如图 4-11 所示。如果转向节上节臂处的球头销至前轴中心线的距离太大，且悬架钢板弹簧的刚度又太小，则钢板弹簧在制动受力后变形太大。因此，紧急制动时，前轴会向前扭转一个角度。此时，转向节上节臂球头销本应作相应的移动，但由于球头销又连接在转向纵拉杆上，仅能克服转向拉杆的间隙，使拉杆有少许弹性变形而不允许球头稍作相应的移动，致使转向节臂相对于主销向右偏转，于是引起转向轮向右转动，造成汽车跑偏。若增大前钢板弹簧的刚度，使钢板弹簧的变形量减小，同时把转向节上节臂处球头销位置下移，使之在前钢板弹簧扭转相同角度时，球头销位移量和转向节偏转减小，可使汽车的制动跑偏现象大大减轻。

2. 汽车的制动侧滑

制动过程中，汽车的某一轴或两轴发生横向移动的现象称为制动侧滑。试验与分析都表明：汽车制动时，若后轴车轮比前轴车轮先抱死拖滑，就可能发生后轴侧滑。若能使前、后轴车轮同时抱死，或前轴车轮先抱死、后轴车轮后抱死或不抱死，则能防止后轴侧滑。

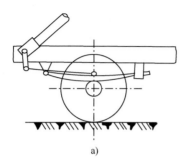
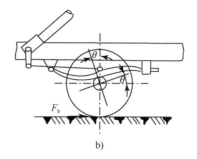

图 4-11 悬架导向杆系与转向系拉杆的运动相互干涉
a) 未制动时；b) 制动时前轴转动(转角为 0°)

前轮抱死而后轮滚动时的受力和运动情况如图 4-12a) 所示。设转向盘固定不动，由于前轮抱死拖滑，承受侧向力的能力下降，前轴如受侧向力作用将发生侧滑，前轴中点 A 的前进速度 v_A 与汽车纵轴线的夹角为 α。汽车后轴因未发生侧滑，所以后轴中点 B 的方向 v_B 仍为汽车纵轴方向。此时，汽车将发生类似转弯的运动，其瞬时回转中心位于与速度方向 v_A、v_B 相垂直的两垂线的交点 O 处，所产生的惯性力 F_j 作用于质心。显然，此时 F_j 的方向与汽车侧滑的方向相反，即：F_j 能起到减小或阻止前轴侧滑的作用，汽车处于一种稳定状态。

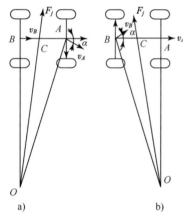

图 4-12 汽车侧滑时的运动情况
a) 前轴侧滑；b) 后轴侧滑

后轮制动抱死而前轮滚动的情况如图 4-12b) 所示。由于后轮抱死拖滑，承受侧向力的能力下降，因而若受到侧向力作用会使后轴发生侧滑，后轴中点 B 的前进速度 v_B 与汽车纵轴线间产生夹角，而前轴中点 A 的方向 v_A 仍为汽车纵轴方向。此时汽车也绕其瞬时转向中心作转弯行驶，而产生作用于质心的惯性力 F_j。由图可见，此时惯性力方向与后轴发生侧滑的方向一致。于是，惯性力加剧后轴侧滑，而后轴侧滑又使惯性力 F_j 增大，如此不良循环，汽车将急剧转动。因此，后轴侧滑是一种不稳定的、危险的工况。

跑偏与侧滑是有联系的，严重的跑偏有时会引起后轴侧滑，易于发生侧滑的汽车也有加剧跑偏的趋势。图 4-13 为制动跑偏和跑偏引起后轴侧滑时的轮胎印迹。比较图 4-10a) 与图 4-10b) 可知，当后轮抱死引起制动侧偏时，由左右车轮制动力不相等所导致跑偏的程度增大。

图 4-13 制动跑偏
a) 制动跑偏时的轮胎印迹；b) 制动跑偏引起后轴侧滑时的轮胎印迹

3. 汽车失去转向能力

汽车失去转向能力，是指弯道制动时汽车不再按原来的弯道行驶而沿弯道切线方向驶出，而直线行驶制动时，虽然转动转向盘但汽车仍按直线方向行驶的现象。

汽车失去转向能力是转向轮抱死拖滑的直接结果。由图4-4可见，随着制动强度增大，侧向附着率 φ_1 的值由大减小，表明汽车可以承受侧向力的能力降低。而当制动强度增大到使车轮抱死滑移后，滑移率 $s=1$ 时，φ_1 的值降至接近于零。这表明：车轮失去承受侧向力的能力，此时不能产生任何地面侧向反作用力，汽车无法按原弯道行驶而沿切线方向驶出，即失去了转向能力。

从保证汽车制动时的方向稳定性出发，首先不能出现只有后轴车轮抱死或后轴车轮比前轴车轮先抱死的情况，以防止危险的后轴侧滑；其次，尽量避免只有前轴车轮抱死或前、后车轮都抱死的情况，以维持汽车的转向能力；最理想的情况就是防止任何车轮抱死。采用制动防抱死装置（ABS），可以控制制动强度，使滑移率控制在图4-4中阴影所示区域，制动过程中车轮边滚边滑。既可利用路面较大的纵向附着系数以增大制动力，又可得到较大的侧向附着系数，使汽车具有较强的抵抗侧向力的能力；既可避免制动侧滑，又能保持汽车制动时的转向能力。

六、前后轴制动器制动力的比例关系

汽车制动时，其制动器制动力在前、后轴间的分配和调节，影响着前、后轴附着能力的利用和抱死拖滑的顺序，对于制动效能和制动稳定性都有重要影响。

1. 前后轴制动力的理想分配

令 $Z = -\dfrac{1}{g} \cdot \dfrac{\mathrm{d}v}{\mathrm{d}t}$，称为制动强度。

若汽车在水平路面上制动，并忽略制动过程中的空气阻力的影响，则制动过程中作用于汽车前、后轴的地面法向反作用力 F_{z1}、F_{z2} 的值为：

$$F_{z1} = \frac{G}{L} \cdot (L_2 + h_g \cdot Z)$$

$$F_{z2} = \frac{G}{L} \cdot (L_1 - h_g \cdot Z)$$

若汽车在附着系数为 ϕ 的路面上制动，前、后车轮都达到抱死时，汽车的地面制动力等于附着力，即：$F_b = \phi \cdot G$，制动减速度为：$\dfrac{\mathrm{d}v}{\mathrm{d}t} = -\phi \cdot g$，制动强度为：$Z = \phi$。因此，作用于汽车前、后车轮的地面法向反作用力为：

$$F_{z1} = \frac{G}{L} \cdot (L_2 + h_g \cdot \phi)$$

$$F_{z2} = \frac{G}{L} \cdot (L_1 - h_g \cdot \phi)$$

此式说明，当附着系数和制动强度变化时，作用于前、后轴的法向反作用力发生相应变化。作用于前轴的载荷增大，而作用于后轴的载荷减小。此轴荷变化将对汽车的制动过程产生重要影响。

要保证汽车在制动过程的稳定性,前轮的附着率 φ_1 必须始终大于后轮的附着率 φ_2,因为这样才能使前轮先于后轮抱死拖滑。即应满足:

$$\frac{F_{b1}}{F_{z1}} > \frac{F_{b2}}{F_{z2}} \text{ 或 } \frac{F_{b1}}{F_{b2}} > \frac{F_{z1}}{F_{z2}}$$

在车轮抱死拖滑前,制动器制动力 F_μ 等于地面制动力 F_b,即:$F_{\mu1} = F_{b1}$、$F_{\mu2} = F_{b2}$。因此,制动稳定性条件可写为:

$$\frac{F_{\mu1}}{F_{\mu2}} > \frac{F_{z1}}{F_{z2}} \tag{4-7}$$

当前、后轴同时抱死拖滑时,$Z = \phi$,制动稳定性的极限条件为:

$$\frac{F_{\mu1}}{F_{\mu2}} = \frac{F_{z1}}{F_{z2}} = \frac{L_2 + h_g \cdot \phi}{L_1 - h_g \cdot \phi} \tag{4-8}$$

显然有:

$$F_{\mu1} + F_{\mu2} = Z \cdot G$$

因此:

$$\frac{F_{\mu1}}{G} + \frac{F_{\mu2}}{G} = Z \tag{4-9}$$

当汽车前、后轮同时抱死拖滑时:

$$\frac{F_{\mu1}}{G} + \frac{F_{\mu2}}{G} = \phi \tag{4-10}$$

式 4-8 和式 4-10 表达了保证制动稳定性的两个条件,据此可得:

$$F_{\mu2} = \frac{1}{2}\left[\frac{G}{h_g}\sqrt{L_2^2 + \frac{4 \cdot h_g \cdot L}{G} \cdot F_{\mu1}} - \left(\frac{G \cdot L_2}{h_g} + 2 \cdot F_{\mu1}\right)\right] \tag{4-11}$$

式 4-11 为满足制动稳定性的极限条件,即:使前、后车轮同时抱死拖滑时,其前、后制动器制动力 $F_{\mu1}$ 和 $F_{\mu2}$ 所应满足的关系。该关系式决定了一条曲线,常称为理想的前、后车轮制动器制动力分配曲线,简称 I 曲线。

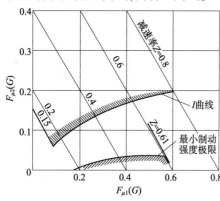

图 4-14 稳定性界限(I 曲线)和最小制动强度界限

用作图法可直接得到 I 曲线。前、后车轮同时抱死拖滑时,制动强度 $Z = \phi$。对于不同的道路附着系数 ϕ 值($\phi = 0.1、0.2、0.3\cdots$),据式 4-10 可以在横坐标为 $\frac{F_{\mu1}}{G}$、纵坐标为 $\frac{F_{\mu2}}{G}$ 的坐标系中画出一组平行线,如图 4-14 所示。而后,对于给定的 ϕ,据式 4-8 可求出满足制动稳定性条件时的前、后轴制动器制动力 $F_{\mu1}$ 和 $F_{\mu2}$ 的值,再由此得到前、后轴制动器制动力 $F_{\mu1}$ 和 $F_{\mu2}$ 与汽车总重 G 的比值 $\frac{F_{\mu1}}{G}$ 和 $\frac{F_{\mu2}}{G}$;而后,改变 ϕ 的值,得到满足稳定性条件的关于 $\frac{F_{\mu1}}{G}$ 和 $\frac{F_{\mu2}}{G}$ 的一组数组,将其绘在图 4-14 中即可得到 I 曲线。该曲线上任意点所决定的 $F_{\mu1}$ 值和 $F_{\mu2}$ 的值,即为在相应附着系数的道路上前后车轮同时抱死拖滑(此时 $Z = \phi$)时,其前、后车轮制动器所应具有的制动器制动力。

由此可见,只要确定了汽车的总质量 M 或汽车的总重 G、汽车的质心位置(L_1、L_2、h_g),便可作出 I 曲线。

2. 制动强度决定的制动力分配极限

I 曲线上各点所决定的 $F_{\mu 1}$ 和 $F_{\mu 2}$ 值,都能使前、后车轮在相应附着系数 ϕ 的道路上同时抱死拖滑。此时,既能保证制动稳定性,又能充分利用道路的附着能力,所达到的制动强度最大($Z=\phi$)。若前后车轮制动器制动力 $F_{\mu 1}$ 和 $F_{\mu 2}$ 所决定的点不在 I 曲线上时,则前后车轮不能同时抱死拖滑。显然,如果该点位于 I 曲线上方,不能保证汽车的制动稳定性,应当避免。反之,如果该点位于 I 曲线下方,则能使式 4-7 得以满足,前轮先于后轮抱死拖滑,可使制动稳定性得以保证。但由于此时前后车轮不能同时抱死拖滑,不能充分利用道路附着系数,因而汽车的制动效能将受到影响。而且,$F_{\mu 1}$ 和 $F_{\mu 2}$ 所决定的点距 I 曲线越远,汽车制动时所能达到的制动效能较可能达到的制动效能越小。因此,必须对汽车的制动强度提出要求,以保证汽车的制动效能。

为了保证制动时汽车的方向稳定性并有足够的制动效能,必须对双轴汽车前后制动器制动力提出相应要求。根据 GB 12676—2014《商用车辆和挂车制动系统技术要求及试验方法》对于附着系数 $\phi=0.2\sim0.8$ 的道路上行驶的所有双轴车辆,所能达到的制动强度应满足:

$$Z \geqslant 0.1 + 0.85 \cdot (\phi - 0.2) \tag{4-12}$$

同时,还应满足制动稳定性要求,即:$F_{\mu 1}$ 和 $F_{\mu 2}$ 所决定的点在 I 曲线之下。此时,必有前轮先制动到抱死拖滑。前轴的制动力为:

$$F_{\mu 1} = F_{z1} \cdot \phi = \frac{G}{L} \cdot (L_2 + h_g \cdot Z) \cdot \phi \tag{4-13}$$

由式 4-9,若使制动强度达到 Z,其后轴的制动力为:

$$F_{\mu 2} = Z \cdot G - F_{\mu 1} = G \cdot \left[Z\left(1 - \frac{h_g}{L} \cdot \phi\right) - \frac{L_2}{L} \cdot \phi \right] \tag{4-14}$$

这样,在道路附着系数 $\phi=0.2\sim0.8$ 范围内确定若干个 ϕ 值,据式 4-12 得在不同 ϕ 值的道路上所应达到的最小制动强度 Z。然后,据式 4-13 和式 4-14 可求得在各种道路上达到最小制动强度 Z 时的所需的 $F_{\mu 1}$、$F_{\mu 2}$ 值和 $\frac{F_{\mu 1}}{G}$、$\frac{F_{\mu 2}}{G}$ 值。对于若干个 ϕ,可求出若干对 $F_{\mu 1}$、$F_{\mu 2}$ 值和 $\frac{F_{\mu 1}}{G}$、$\frac{F_{\mu 2}}{G}$ 值。每对 $\frac{F_{\mu 1}}{G}$、$\frac{F_{\mu 2}}{G}$ 值对应图 4-14 中的一个点。连接各点,可得由制动强度决定的制动力分配极限曲线,如图 4-14 所示。显然,若前后制动器制动力 $F_{\mu 1}$、$F_{\mu 2}$ 值所决定的点在该线上方,则可以满足式 4-12 关于制动强度的要求,以保证汽车的制动效能。

同样,在确定了汽车的总质量 M 或汽车的总重 G、汽车的质心位置(L_1、L_2、h_g)后,便可作出制动强度决定的制动力分配极限曲线。

3. 前、后制动器制动力的定比分配与同步附着系数

轴间制动力定比分配的汽车,前、后制动器制动力之比为一固定值。其分配的比例关系常用前轴制动器制动力 $F_{\mu 1}$ 与汽车总制动器制动力 F_μ 之比表示,称为制动力分配系数 β,即:

$$\beta = \frac{F_{\mu 1}}{F_{\mu}}$$

显然，$F_{\mu} = F_{\mu 1} + F_{\mu 2}$，其前、后制动器制动力之比为：

$$\frac{F_{\mu 1}}{F_{\mu 2}} = \frac{\beta}{1-\beta} \tag{4-15}$$

在用横坐标表示 $F_{\mu 1}$，纵坐标表示 $F_{\mu 2}$ 的坐标系中，式 4-15 为一条直线，该直线称为实际前、后制动器制动力分配曲线，简称 β 线。

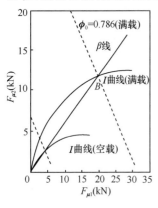

图 4-15 某载货汽车的 β 线和 I 曲线

若把 I 曲线和 β 线绘在同一坐标轴上，肯定只有一个交点。I 曲线和 β 线交点处的附着系数为同步附着系数 ϕ_0，意味着汽车在附着系数为 ϕ_0 的道路上制动时，其前后车轮能够同时制动到抱死拖滑。在附着系数 ϕ 小于 ϕ_0 的道路上制动时，因此时 β 线低于 I 曲线，必有前车轮先于后车轮抱死拖滑；而在 ϕ 大于 ϕ_0 的道路上制动时，情况则反之。图 4-15 为某型汽车的 β 线和该车空载及满载时的 I 曲线。图中 β 线与满载时的 I 曲线（满载）交于 B 点，此时的附着系数值为 $\phi_0 = 0.786$，说明该车在附着系数为 0.786 的道路上满载行驶时，可以制动到前、后车轮同时抱死拖滑。

同步附着系数是由汽车结构参数决定的、反映汽车制动性能的一个参数。同步附着系数说明前、后制动器制动力为固定比值的汽车，只有在一种附着系数（同步附着系数）的路面上制动时才能使前、后车轮同时抱死。

同步附着系数也可用解析法求得。设汽车在同步附着系数 ϕ_0 的路面上制动，此时前、后车轮同时抱死，则以式 4-8 代入式 4-15，得：

$$\frac{\beta}{1-\beta} = \frac{L_2 + \phi_0 \cdot h_g}{L_1 - \phi_0 \cdot h_g}$$

经整理，得：

$$\phi_0 = \frac{L \cdot \beta - L_2}{h_g} \tag{4-16}$$

式中：L——汽车轴距，$L = L_1 + L_2$。

为保证汽车的制动稳定性，并使汽车具有足够大的制动效能，应合理选择 β 的值，使汽车行驶在经常遇到的路面上时，β 线位于 I 曲线与由制动强度决定的制动力分配极限曲线之间，如图 4-16 所示。

如果采用折线式分配，即在制动强度增大到一定值后，降低后车轮制动力的增长速率，可以使前后车轮制动器制动力分配曲线向 I 曲线靠拢，从而可以在保证汽车的制动稳定性的前提下，尽可能提高汽车的制动效能，如图 4-17 所示。

4. 装载变化对制动性的影响

除了某些载荷变化不大的特种车辆外，应当考虑汽车装载量的变化对制动性能的影响。对于轿车，其一般布置是发动机前置，其行李空间在后部。与空载相比，乘坐乘员后其质心后移,但质心高度变化不大。即:L_1 增大、L_2 减小、h_g 基本不变。所以,根据式4-8不难看出,稳定性条件所要求的 $\dfrac{F_{\mu 1}}{F_{\mu 2}}$ 值减小,I 曲线将要上移。由式4-13 和式4-14 还可看出,L_2 减小后,$F_{\mu 1}$ 减小而 $F_{\mu 2}$ 增大。因此,由制动强度决定的制动力分配极限曲线也上升。结果是汽车的制动稳定性区域上移,如图4-18 所示。

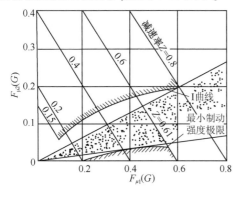

图 4-16 轴间制动力定比分配的取值范围　　图 4-17 轴间制动力的定比分配和折线分配

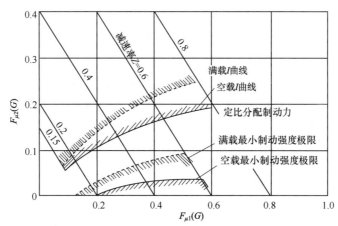

图 4-18 载荷变化对制动的影响

对于载货汽车而言,装载后质心后移,L_1 增大、L_2 减小,同时质心高度 h_g 增加。但对一般载货汽车来说,装载货后 I 曲线和由制动强度决定的制动力分配极限曲线都是上升的。

所以,无论是轿车还是载货汽车,为满足汽车制动稳定性的要求,应以空载时的 I 曲线来确定制动力分配系数 β 的值。但产生的问题是,当汽车满载时,因 I 曲线上升其制动力分配曲线距离 I 曲线较远,因此制动效能偏离最佳值太远。

现代汽车均装有比例阀或感载比例装置等制动力调节装置,可根据制动强度、载荷等因素来改变前、后制动器制动力的比值。装用感载比例装置后,前、后轴制动器制动力定比分配和折线式分配如图4-19 所示。此时,对于采用定比分配的汽车,根据感载比例装置监测到的汽车载荷变化,改变传送到前后车轮制动器的制动液压力,使前后车轮制动器制动力的比值 β 发生变化,使汽车满载时 β 曲线的斜率增大,以使 β 曲线与 I 曲线接近。采用折线式分配时,则当制动强度增大到一定程度时,使输送到后车轮的制动液压力降低,减缓后车轮制动器制动力的增长速率,其前后车轮制动器制动力的比值 β 发生改变,使 β 曲线形成折线形状。而且载荷越大时,其转折点所对应的制动强度越大。

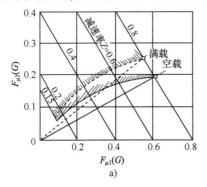
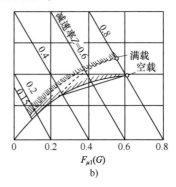

图 4-19　前、后轮制动器制动力的定比式和折线式感载比例装置原理

七、防抱死制动装置的工作原理

采用防抱死制动装置(ABS),可以控制制动强度,使车轮的滑移率控制在图 4-4 中阴影所示区域,在制动过程中车轮边滚边滑。既可利用路面较大的纵向附着系数以增大制动力,又可得到较大的侧向附着系数,使汽车具有较强的抵抗侧向力的能力;既可避免制动侧滑,又能保持汽车制动时的转向能力。

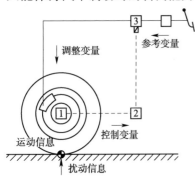

图 4-20　电子控制 ABS 的结构
1-传感器;2-电子控制单元(ECU);3-液压执行单元

除防抱死制动装置(ABS)外,还有驱动过程中防止驱动车轮发生滑转的控制系统(ASR),因其是通过牵引力控制来实现驱动车轮滑转控制,又称为牵引力控制系统(TCS)。若把 ABS 和 TCS 结合为一体,便可组成统一的防滑控制系统。

典型电子控制防抱死制动系统(ABS)通常有三个模块构成,如图 4-20 所示:

①传感器:检测汽车制动过程中车轮角速度等运动参数的变化,并将其输送给电子控制单元,作为检测判断依据。

②电子控制单元(ECU):处理传感器信号,根据制动过程中车轮角速度等运动参数数据,计算监控车轮滑移率的变化,并给液压执行元件发出制动压力控制信号。

③液压执行元件:制动压力调节电磁阀根据电子控制单元(ECU)发出的控制信号调节制动强度。

尽管车轮滑移率能较好地反映车轮制动状况,但由于滑移率通常不易直接测量得到。因此必须采用其他参数作为 ABS 的控制目标参数。车轮的角速度、角加速度、滑移率是表征制动过程中车轮运动状态的重要参数。制动防抱死装置的电子控制单元的作用就是根据车轮转速信息计算车轮的角加速度、参考速度和车轮滑移率。

典型逻辑门限值控制的制动过程如图 4-21 所示。制动开始后,当车轮角减速度低于门

限值 $-a$ 时,则取此时的车轮速度作为初始参考速度 v_{r0}。此后,参考车速 $v_r = v_{r0} - a_b \cdot t$。$a_b$ 为由车轮减速度计算得到的汽车减速度。根据 v_r 就可以计算出车轮滑移率 s。当车轮角减速度达到 $-a$,而滑移率 s 小于门限值 s_1 时,制动压力调节阀进入保持阶段,即阶段2。如果车轮进一步减速,达到了滑移率门限即 $s > s_1$ 后,制动压力调节阀切换到降压方式,使制动压力减小,即阶段3。

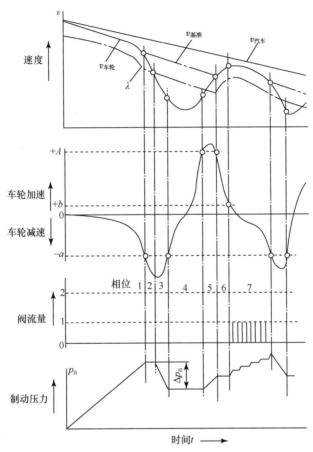

图 4-21　防抱死制动装置的控制过程

这时车轮角减速度开始减小,直到低于门限值 $-a$ 后,制动压力又回到保压方式,即阶段4。由于这时保持的压力比阶段2的压力低,同时由于车轮的惯性,所以车轮切向加速度继续提高,越过零线,在车轮角减速度达到门限 $+A$ 后,进入升压方式,制动压力再次提高,即阶段5。紧接着,车轮角减速度又回到门限 $+A$,再次进入保压方式,即阶段6。这时的保持压力比较高,车轮角减速度继续降低,直到低于相对较低的门限 $+b$,说明此时是在峰值附着系数附近,车轮进入附着率-滑移率曲线的稳定区域,而且制动力也降到了最优值以下。然后,通过升压方式和保压方式的脉动切换,使制动压力进入缓慢升压阶段,即阶段7。车轮角减速度继续降低,直到达到门限 $-a$,控制过程进入下一个循环。

八、汽车制动性试验

汽车制动性试验分为道路试验和室内台架试验两类。

1. 道路试验

道路试验的主要项目有:冷态制动效能试验、热衰退恢复试验等。其测试参数为:制动距离、制动减速度、制动时间等。另外,还要试验汽车在转弯与变更车道时制动的方向稳定性。

1)试验条件

汽车道路试验路段应为平坦、硬实、清洁、干燥的水泥或沥青路面;坡度不大于1%;路面附着系数不宜小于0.72~0.75。

试验时,风速应小于5m/s,气温0~35℃。

试验前,汽车应充分预热,并以0.8~0.9v_{amax}的车速行驶1h以上。

汽车的载荷情况按有关规定分满载和空载两种情况。

轮胎充气压力满足规定,误差不超过10kPa;胎面花纹不低于新轮胎的50%。

主要仪器为第五轮仪或非接触式汽车速度测量仪、制动减速度仪和压力传感器。第五轮仪或非接触式汽车速度测量仪用来测量汽车路试时的行驶距离、行驶时间、行驶速度和制动初速度、制动距离、制动时间等参数。制动减速度仪则用于测试制动过程中汽车的减速度。

2)冷态制动效能试验

①冷制动试验时,制动器初始温度不超过100℃。

②汽车加速超过起始制动车速(如30 km/h)3~5km/h后,摘挡滑行。

③待车速降至起始制动车速时,紧急制动直至停车。

④记录制动初速度、踏板力或管路压力、制动减速度、制动距离、车辆是否偏出试验通道宽度等数据。

对于具有应急制动系统的车辆,按上述方法进行应急制动系统最大效能试验。

3)制动器抗热衰退性能试验

制动器抗热衰退性能试验分三步:基准试验、热衰退试验及恢复试验。基准试验是冷态制动器效能试验;热衰退试验主要考查制动效能的衰退率;恢复试验则是考查制动器效能的恢复能力。抗热衰退性能用制动效能衰退率或恢复率评价,其计算公式为:

$$\xi = \frac{F_{pi} - F_{p0}}{F_{p0}} \times 100\% \quad 或 \quad \xi = \frac{p_i - p_0}{p_0} \times 100\%$$

式中:ξ——衰退率或恢复率,%;

F_{pi}——第i次踏板力,N;

F_{p0}——基准踏板力,N;

p_i——第i次管路压力,kPa;

p_0——基准管路压力,kPa。

基准试验时的制动初速度为65km/h,制动时变速器在最高挡位(超速挡除外)。制动减速度:A类车辆(厂定最大总质量小于4500kg)保持为4.5m/s²;B类车辆(厂定最大总质量大于或等于4500kg)保持为3.0m/s²。直至车辆完全停止;制动3次,记录制动踏板力或管路压力及制动减速度,并取平均值。

衰退试验的制动初速度—末速度:A类车辆为65~0km/h;B类车辆为65~30km/h;制

动时变速器在最高挡位（超速挡除外）；制动器初始温度仅第一次不超过90℃。

A 类车辆保持以 4.5m/s^2，B 类车辆保持以 3.0m/s^2 的恒定减速度进行制动，连续制动20次，每次间隔60s，记录制动踏板力或管路压力、制动减速度、制动器初始温度。

衰退试验后应立即进行恢复试验。制动初速度—末速度：A 类车辆为 65～0km/h，B 类车辆为 65～30km/h；A 类车辆保持以 4.5m/s^2，B 类车辆保持以 3.0m/s^2 的恒定减速度进行制动，连续制动15次，每次间隔180s，要求最后一次制动时制动器初始温度应降至120℃以下。记录制动踏板力或管路压力、制动减速度、制动器初始温度。

4）转弯制动方向稳定性试验

汽车转弯制动试验在平坦干地面上进行。试验时，汽车沿一定半径作圆周行驶。转弯半径为40m或50m时，侧向加速度为 $5\pm0.5\text{m/s}^2$，相应车速为51km/h或57km/h；或者转弯半径为100m，侧向加速度为 $4\pm0.4\text{m/s}^2$，相应车速为72km/h。保持转向盘转角不变，关闭节气门，迅速踩制动踏板，离合器可以分离也可以不分离，使汽车以不同的等减速度制动。记录制动减速度、汽车横摆角速度、航向角的变动量、制动时侧向路径偏离量等参数。

湿路面附着系数降低很多，转弯制动试验也常在湿路面上进行，也可在汽车两侧车轮驶过的路面具有不同附着系数的情况下进行，如左轮驶过 $\phi=0.7$ 的路面，右轮驶过 $\phi=0.3$ 的路面。

5）防抱死制动系统试验

对于采用防抱死制动系统（ABS）的汽车，在制动性能试验时应测量附着系数利用率 ε。即：制动防抱死系统工作时的最大制动强度与附着系数的比值，$\varepsilon=Z/\phi$。GB 13594—2003《机动车和挂车防抱制动性能和试验方法》中规定了汽车防抱死制动系统的分类、性能要求和试验方法。

2. 室内台架试验

汽车制动性的室内试验在制动试验台上进行。制动试验台有多种类型，按测试原理不同，分为滚筒测力式、惯性式和平板式三类。目前，滚筒测力式制动试验台获得了广泛应用。

滚筒测力式制动试验台由框架、驱动装置、滚筒装置、测量装置、举升装置、指示与控制装置等组成，如图4-22所示。为使制动试验台能同时检测同一车轴左右两车轮的制动力，除框架、指示与控制装置外，其他装置是分别独立设置的。

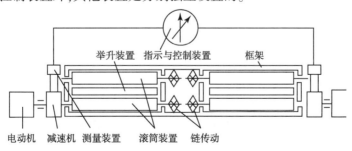

图4-22 滚筒测力式制动试验台的结构

试验时，汽车开上制动试验台滚筒，使被测车轴的左右车轮处于每对滚筒之间，放下举升器，起动电动机，通过减速器、链传动使主、从动滚筒带动车轮低速旋转，然后用力踩下制

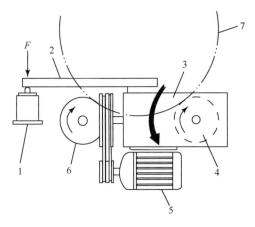

图 4-23 测力装置和驱动装置示意图
1-压力传感器；2-测力杠杆；3-减速器；4-主动滚筒；
5-电动机；6-从动滚筒；7-车轮

动踏板。此时,车轮制动器产生的摩擦力矩作用在滚筒上,与滚筒的转动方向相反,因而产生反作用力矩。减速器壳体在该反作用力矩作用下,其前端发生绕其输出轴向下的偏转,带动连接在减速器壳体上的测力杠杆偏转,测力杠杆前端接触在测力传感器上,其作用在测力传感器上的压力大小,即可反映汽车制动力矩或制动力的大小,如图 4-23 所示。测力传感器输出的反映制动力大小的电信号,由微机采集、处理后,指令电动机停转,并由指示装置指示或由打印机打印检测到的制动力数值。

滚筒测力式制动试验台的主要测试项目为制动力、制动力平衡（左右轮制动力差）、制动协调时间、车轮阻滞力等。

第二节 汽车的操纵稳定性

为适应复杂的行驶条件,汽车应当具备良好的操纵性和稳定性。前者指汽车能够正确遵循驾驶员根据道路和交通情况的限制通过操纵机构所给定的方向行驶的能力；而后者指汽车在行驶过程中具有抵抗力图改变其行驶方向的各种外界干扰,并保持稳定行驶的能力。

操纵性和稳定性是相互联系的,通常笼统称之为操纵稳定性。操纵稳定性不仅影响汽车驾驶操纵的方便性,也是决定高速汽车安全行驶的主要性能。

一、弹性轮胎的侧偏特性

轮胎侧偏特性是轮胎力学的重要组成部分,是研究汽车操纵稳定性的基础。

1. 轮胎坐标系

为便于研究轮胎的力学特性,建立轮胎坐标系如图 4-24 所示。

垂直于车轮旋转轴线的轮胎中分平面称为车轮平面。坐标系的原点 O 为车轮平面和地平面的交线与车轮旋转轴线在地平面上投影线的交点。车轮平面与地平面的交线取为 x 轴,向前为正；z 轴与地平面垂直,指向上方为正；车轮旋转轴线在地平面上投影线为 y 轴,规定面向车轮前进方向时指向左方为正。

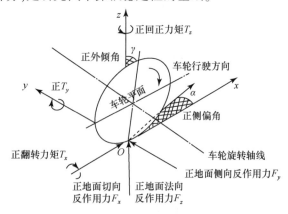

图 4-24 轮胎的坐标系与地面作用于轮胎的力和力矩

地面作用于轮胎的力和力矩包括：地面切向反作用力 F_x,地面侧向反作用力 F_y,地面法向反作用力 F_z；地面反作用力绕 z 轴的力矩-回正力矩 T_z,绕 y 轴的力矩-滚动阻力矩 T_y 和绕

x 轴的翻转力矩 T_x。力和力矩的方向均以轮胎坐标系规定的方向为正,反方向为负。

侧偏角 α 是轮胎接地印迹中心(即坐标系原点)位移方向与 x 轴的夹角,外倾角 γ 是垂直平面(xoz 平面)与车轮平面的夹角,均以图示方向为正。

2. 弹性轮胎的侧偏现象

刚性轮胎受到侧向力作用时,会发生两种情况:若侧向力 $F'_y(N)$ 引起的地面侧向反作用力 $F_y(N)$ 未超过附着极限时,轮胎与地面之间无侧向滑移,车轮行驶方向与车轮平面一致,如图 4-25a)所示;但 F_y 达到附着极限后,轮胎会在地面上侧向滑移,车轮行驶方向偏离车轮平面方向,如图 4-25b)所示。

弹性轮胎受到侧向力 F'_y 时会产生侧向变形,因此即使地面侧向反作用力 F_y 未达到附着极限,车轮行驶方向也将偏离车轮平面(直线 $c-c$)方向。这种现象称之为弹性轮胎的侧偏现象;F_y 称之为侧偏力;行驶方向偏离车轮平面的角度称之为侧偏角 α。

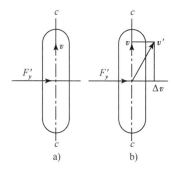

图 4-25 有侧向力作用时刚性车轮的滚动

a)没有侧向滑移;b)有侧向滑移

弹性轮胎受到侧偏力 F_y 的作用发生侧偏时,其运动情况如图 4-26 所示。当车轮静止不动时,由于轮胎的侧向变形,轮胎与地面之间接触印迹的中心线 $a-a$ 与车轮平面 $c-c$ 不重合,偏离 Δh,但 $a-a$ 仍与 $c-c$ 平行,如图 4-26a)所示。而当轮胎有侧向变形而滚动时,接触印迹的中心线 $a-a$ 不但偏离 $c-c$,而且与 $c-c$ 不平行,其夹角 α 即为侧偏角,如图 4-26b)所示。

若在轮胎胎面的中心线上标出 A_1、A_2、A_3…各点,随着车轮的滚动,各点将依次落在地面上 A'_1、A'_2、A'_3…各点。在图 4-26 上可以看出,轮胎发生变形以后,A'_1、A'_2、A'_3…等各点的连线是一条斜线,不平行于 $c-c$ 线,与 $c-c$ 形成夹角 α。显然,侧偏角 α 的大小与侧偏力 F_y 有关。

3. 弹性轮胎的侧偏特性

车轮受到的侧偏力 $F_y(N)$ 与侧偏角 α(°或 rad)之间的关系称之为侧偏特性,可用二者之间的关系曲线表示,称为侧偏特性曲线,如图 4-27 所示。侧偏角较小时,侧偏力 F_y 基本上与侧偏角 α 呈线性关系,且 $\alpha=0$ 时,有 $F_y=0$,因此侧偏特性可以用以下公式表示:

$$F_y = k \cdot \alpha \qquad (4-17)$$

k 称为侧偏刚度(N/°或 N/rad),即弹性轮胎产生 1rad 或 1°侧偏角所需施加的侧偏力。

侧偏刚度是决定操纵稳定性的重要轮胎参数。由轮胎坐标系中有关符号可知,负的侧偏力产生正的侧偏角,因此侧偏刚度为负值。小型轿车的 k 值约在 $-28000 \sim -80000$ N/rad 范围内。轮胎应有较大的侧偏刚度(指绝对值,以下同),以保证汽车良好的操纵稳定性。

F_y 较大时,α 快速增大,二者关系由直线变为曲线,说明轮胎与地面接触处部分侧滑。F_y 上升到附着极限时整个轮胎侧滑,曲线又转变为接近水平线。显然,轮胎最大侧偏力决定于附着条件,与垂直载荷、轮胎花纹、材料、结构、气压、路面材料、路面状况及车轮的外倾角等因素有关。

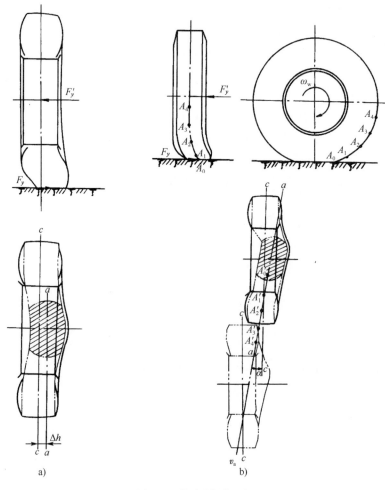

图 4-26 轮胎的侧偏现象
a)静止；b)滚动

4. 有外倾时弹性轮胎的侧偏特性

汽车两前轮有外倾角 γ 时，具有绕各自旋转轴线与地面的交点 O' 滚动的趋势，如图 4-28 所示。若不受约束，则犹如发生侧偏一样，将偏离正前方而各自向左、右侧滚动。实际上，由于前轴的约束，两个车轮只能一起向前行驶。因此，车轮中心必作用有一侧向力 $F'_{y\gamma}$，把车轮"拉"回至同一方向向前滚动。

与此同时，轮胎接地面产生与 $F'_{y\gamma}$ 方向相反的侧向反作用力，这就是外倾侧向力 $F_{y\gamma}$。

外倾侧向力 $F_{y\gamma}$ 与外倾角 γ 的关系曲线如图 4-29a)所示。$F_{y\gamma}$ 与 γ 呈线性关系，其关系式为：

$$F_{y\gamma} = k_\gamma \cdot \gamma$$

按轮胎坐标系规定，k_γ 为负值，称作外倾刚度，单位为 N/rad 或 N/°。

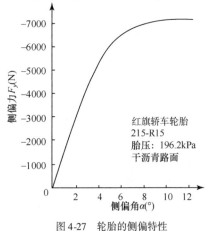

图 4-27 轮胎的侧偏特性

不同外倾角下轮胎的侧偏特性如图 4-29b) 所示，侧偏特性具有平移的特点。图 4-29c) 是图 4-29b) 中的局部放大图，图上的 A、B 与 C 线条是外倾角 γ 为正、为零和为负时，较小侧偏角范围内的侧偏特性，该图还表明：

① 侧偏角为零时的地面侧向力即是外倾侧向力 $F_{y\gamma}$。当外倾角为正值时（见 A 线），$F_{y\gamma}$ 为负值。

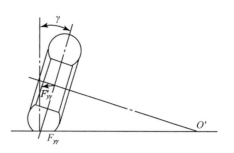

图 4-28 车轮外倾角与外倾侧向力

② 外倾角为正值且侧偏角为 α 时，其地面侧向反作用力为 $F_y = cd + de$，见 A 线，即 F_y 为外倾角等于零时的侧偏力与外倾侧向力之和。

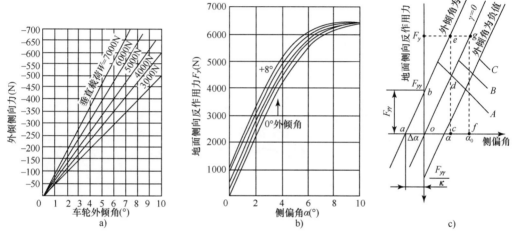

图 4-29 有外倾角时轮胎的侧偏特性
a) 外倾角与外倾侧向力的关系；b)、c) 有外倾角时轮胎侧偏特性

因此，有外倾角时的地面侧向反作用力与外倾角、侧偏角的关系为：

$$F_y = F_{y\alpha} + F_{y\gamma} = k \cdot \alpha + k_\gamma \cdot \gamma$$

式中：$F_{y\alpha}$——只有侧偏角而外倾角为零时的侧偏力，N；

$F_{y\gamma}$——只有外倾角而侧偏角为零时的外倾侧向力，N；

α——侧偏角，rad 或°；

γ——外倾角，rad 或°。

5. 影响轮胎侧偏特性的因素

1) 轮胎结构的影响

轮胎的尺寸、形式和结构参数对轮胎的侧偏刚度有显著影响。

尺寸较大的轮胎具有较大的侧偏刚度，见表 4-2；尺寸相同的子午线轮胎接触地面宽，其侧偏刚度较大，钢丝子午线轮胎比尼龙子午线轮胎的侧偏刚度大。

轮胎的断面高度 H 与断面宽度 B 之间的比值，即轮胎的扁平率（%）较小时，轮胎侧偏刚度较大，如图 4-30 所示。现代轿车轮胎的扁平率逐渐变小，以获得较大的侧偏刚度。目前，不少轿车采用 60（扁平率 60%）系列轮胎，而追求高性能的运动型轿车采用扁平率为 50% 或 40% 的轮胎。

部分轮胎的侧偏刚度　　　　　　　　　表 4-2

轮　　胎	车轮载荷(N)	轮胎气压(kPa)	侧偏刚度(N/rad)
5.20-13	2452	160	-17893
6.00-13	2943	140	-17690
6.40-13	3924	170	-20624
165R14	3924	190	-31799
175RH14	3433	200	-38382
6.50-16	5886	250	-49310
9.00-20	19620	550	-132687
9.00R20	19620	550	-168205

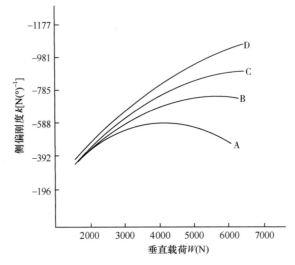

图 4-30　轮胎的扁平率对侧偏刚度的影响
A-82 系列；B-70 系列；C-高性能 70 系列；D-60 系列

2) 轮胎工作条件的影响

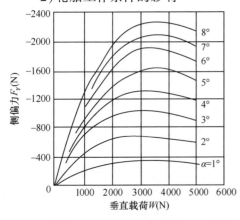

图 4-31　侧偏刚度与垂直载荷的关系

汽车在转弯、侧坡、装载不匀状况下行驶时，轮胎垂直载荷发生变化。例如转向时，内侧车轮轮胎的垂直载荷减小，外侧车轮轮胎的垂直载荷增大。垂直载荷的变化对轮胎的侧偏特性有显著影响。垂直载荷增大后，轮胎侧偏刚度一般也随之增大；但垂直载荷过大时，轮胎与地面间的压力极不均匀，侧偏刚度反而减小。如图 4-31 所示。

充气压力对轮胎的侧偏特性也有显著影响。随着充气气压的提高，轮胎弹性下降，侧偏刚度增大。当充气压力过高后，受附着力限制，轮胎侧偏刚度不再增大，如图 4-32 所示。

侧偏特性还与轮胎受到的地面切向反作用力有关。在一定的侧偏角时,驱动力增大,所对应的侧偏力减小,如图4-33所示。这是由于驱动力增大后,轮胎侧向弹性发生了改变,侧偏刚度减小的缘故。当驱动力相当大,以至于接近附着极限时,轮胎的侧偏力将很小。因为此时接近附着极限,切向力已耗去大部分附着力,而侧向能利用的附着力很小。车辆在制动时也发生类似的变化。在切向反作用力作用下,不同侧偏角与侧偏力的关系曲线构成曲线组,其包络线确定了在一定附着条件下切向力与侧偏力的合力的极限值。由于该包络线接近于椭圆,称为附着椭圆。

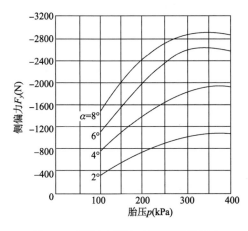
图4-32 轮胎充气压力对侧偏刚度的影响

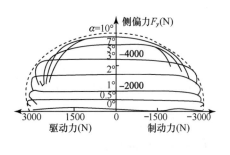
图4-33 地面切向反作用力对侧偏特性的影响

另外,车轮的外倾角也会对侧偏特性产生影响。一般说来,当车轮外倾角为正时,有助于减小侧偏角;当车轮采用负外倾时,侧偏角会加大。

3)路面状况对侧偏特性的影响

路面粗糙程度、干湿状况对轮胎的特偏特性,尤其对最大侧偏力有很大影响。试验证明,粗糙的路面使最大侧偏力增加;干路面上的最大侧偏力比湿路面大;当路面有薄水层时,行驶速度达到一定值,会出现"滑水"现象而完全丧失侧偏力。干路面和湿路面上的侧偏力系数 F_y/F_z 与侧偏角 α 的关系如图4-34所示。

二、汽车转向时的运动

1. 不考虑侧偏时汽车的转向运动

汽车转向时,为减小轮胎磨损,提高行驶稳定性,所有轮胎都应保持纯滚动,都必须在同一瞬时围绕转向中心作曲线运动。若不考虑轮胎侧偏特性,即假定汽车装用刚性轮胎,其转向运动如图4-35所示。

$$\mathrm{ctan}\delta_1 = \frac{R+\dfrac{d}{2}}{L}$$

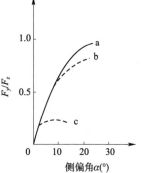
图4-34 干路面和湿路面上的侧偏特性
a-干沥青路面;b-湿混凝土路面;c-湿沥青路面

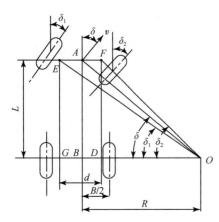

图 4-35 不考虑侧偏时汽车的转向

$$\mathrm{ctan}\delta_2 = \frac{R - \frac{d}{2}}{L}$$

因此:

$$\mathrm{ctan}\delta_1 - \mathrm{ctan}\delta_2 = \frac{d}{L} \approx \frac{B}{L}$$

式中:δ_1、δ_2——左、右转向节 E、F 的转角,°;
d——左、右转向节主销中心的距离,m;
B——轮距,m;
L——轴距,m。

上述关系由正确选择转向梯形机构参数来保证,如:转向梯形臂的长度、梯形臂与前轴的夹角(底角)、及前轴左右主销之间的距离。

图中:从转向中心 O 到汽车纵向对称轴线之间的距离 R,称为汽车的转向半径;前轴中点速度方向与汽车纵轴线间的夹角 δ 称为转向轮转角,并取:

$$\delta = \frac{1}{2} \cdot (\delta_1 + \delta_2)$$

因此,当转弯速度为 v(m/s)时,装用刚性车轮汽车的转向半径 R_0(m)和转向横摆角速度 ω_{r0}(rad/s)分别为:

$$R_0 = \frac{L}{\tan\delta} \approx \frac{L}{\delta} \quad (4\text{-}18)$$

$$\omega_{r0} = \frac{v}{R} = \frac{v \cdot \delta}{L} \quad (4\text{-}19)$$

2. 考虑侧偏时汽车的转向运动

受到侧向力时,由于弹性轮胎的侧偏现象,其转向时的运动因此而发生变化,如图 4-36 所示。当以转向轮转角 δ 转向行驶时,汽车产生作用于质心的离心力,使前后车轮产生相应的侧偏角 α_1、α_2。此时前轴中点运动速度 v_1 方向与汽车纵轴线成 $\delta - \alpha_1$ 角,后轴中点运动速度 v_2 方向与纵轴线成 α_2 角,过前、后轴中点作垂直于速度的垂线,交点 O' 即为瞬时转向中心。转向半径 R(m)为:

$$R = \frac{L}{\tan\alpha_2 + \tan(\delta - \alpha_1)}$$

前轮转角 δ 较小时,上式可写为:

$$R = \frac{L}{\delta + \alpha_2 - \alpha_1} \quad (4\text{-}20)$$

当转弯速度为 v(m/s)时,汽车的转向横摆角速度 ω_r(rad/s)为:

$$\omega_r = \frac{v}{L} \cdot (\delta + \alpha_2 - \alpha_1) \quad (4\text{-}21)$$

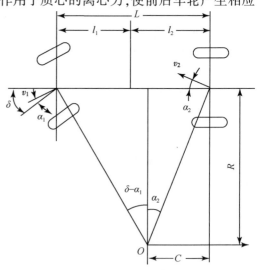

图 4-36 考虑侧偏时汽车的转向

三、汽车稳态转向特性分析

当转向盘转过一定角度维持前轮转角不变时,会引起汽车运动状态发生变化,称为车辆响应。对于处于等速直线运动的汽车,如果驾驶员突然将转向盘转过一定角度保持不变,一般汽车经过短暂的时间后即进入等速圆周行驶状态,并且不再随时间而改变,这就是稳态响应。稳态响应是评价汽车操纵稳定性的重要特性之一,称为汽车的稳态转向特性。由一种状态到另一种状态的过渡过程称为瞬态响应。以下主要讨论汽车的稳态响应。

1. 汽车的稳态转向特性

根据汽车受到侧向力时所产生的前、后车轮的侧偏角 α_1、α_2 的相对大小,可把汽车的稳态转向特性分为如下三类。

当 $\alpha_1 = \alpha_2$ 时,由式 4-20 和式 4-21 可知,汽车的转向半径 R 和转向横摆角速度 ω_r,与装用刚性轮胎汽车的转向半径 R_0 和转向横摆角速度 ω_{r0} 相等,称为中性转向。

当 $\alpha_1 > \alpha_2$ 时,有 $R > R_0$、$\omega_r < \omega_{r0}$,称为不足转向。

当 $\alpha_1 < \alpha_2$ 时,有 $R < R_0$、$\omega_r > \omega_{r0}$,称为过度转向。

不同转向特性的汽车转向行驶时(转向盘转角不变),其转向半径的变化如图 4-37 所示。

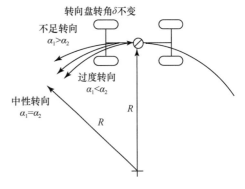

图 4-37 汽车的不同转向特性

2. 汽车稳态转向特性分析

若已知汽车质量 M、质心位置(L_1、L_2、L 和 h_g)和前、后车轴的侧偏刚度 k_1、k_2(每轴所有轮胎侧偏刚度之和,注意:k_1、k_2 均为负值),即可判断汽车的稳态转向特性的类型,并对汽车的操纵稳定性进行分析。

汽车等速行驶时,在前轮角阶跃输入下进入的稳态响应是等速圆周行驶。汽车等速圆周行驶时产生的离心力是导致侧偏现象发生的侧向力,若转向半径为 R(m),汽车行驶速度为 v(m/s),则产生的离心力 F_j(N)为:

$$F_j = M \cdot \frac{v^2}{R}$$

F_j 与圆周的切线垂直,作用在质心处。该作用力使前车轮和后车轮的轮轴处受到侧向力 F'_{y1} 和 F'_{y2} 的作用,其大小可由 F_j 分解得到:

$$F'_{y1} = \frac{L_2}{L} \cdot F_j = \frac{L_2}{L} \cdot M \cdot \frac{v^2}{R} = M_1 \cdot \frac{v^2}{R}$$

$$F'_{y2} = \frac{L_1}{L} \cdot F_j = \frac{L_1}{L} \cdot M \cdot \frac{v^2}{R} = M_2 \cdot \frac{v^2}{R}$$

侧向力 F'_{y1} 和 F'_{y2} 只能由作用在前、后车轮与地面间的侧向反作用力平衡。因此,若汽车圆周行驶时未发生侧向滑移,则前后车轮受到的地面侧向反作用力(侧偏力)F_{y1}、F_{y2} 与

F'_{Y1}、F'_{Y2}大小相等、方向相反,即:

$$F_{Y1} = -\frac{L_2}{L} \cdot F_j = -\frac{L_2}{L} \cdot M \cdot \frac{v^2}{R} = -M_1 \cdot \frac{v^2}{R}$$

$$F_{Y2} = -\frac{L_1}{L} \cdot F_j = -\frac{L_1}{L} \cdot M \cdot \frac{v^2}{R} = -M_2 \cdot \frac{v^2}{R}$$

其中:$M_1 = \frac{L_2}{L} \cdot M$,$M_2 = \frac{L_1}{L} \cdot M$,分别称为前、后轴的悬挂质量。

在前后车轮的侧偏力 F_{Y1}、F_{Y2} 的作用下,前后车轮产生的侧偏角为:

$$\alpha_1 = \frac{F_{Y1}}{k_1} = -\frac{M_1 \cdot v^2}{k_1 \cdot R} = -\frac{L_2 \cdot M \cdot v^2}{k_1 \cdot L \cdot R}$$

$$\alpha_2 = \frac{F_{Y2}}{k_2} = -\frac{M_2 \cdot v^2}{k_2 \cdot R} = -\frac{L_1 \cdot M \cdot v^2}{k_2 \cdot L \cdot R} \tag{4-22}$$

把式 4-22 代入式 4-20 和式 4-21,得到转向半径 $R(\mathrm{m})$ 和转向横摆角速度 $\omega_r(\mathrm{rad/s})$ 为:

$$R = \frac{L - v^2 \cdot \left(\frac{M_1}{k_1} - \frac{M_2}{k_2}\right)}{\delta} = \frac{L - \frac{M \cdot v^2}{L \cdot k_1 \cdot k_2} \cdot (k_2 \cdot L_2 - k_1 \cdot L_1)}{\delta} \tag{4-23}$$

$$\omega_r = \frac{v \cdot \delta}{L - v^2 \cdot \left(\frac{M_1}{k_1} - \frac{M_2}{k_2}\right)} = \frac{v \cdot \delta}{L - \frac{M \cdot v^2}{L \cdot k_1 \cdot k_2}(k_2 \cdot L_2 - k_1 \cdot L_1)} \tag{4-24}$$

由式 4-23 和式 4-24,并与转向特性的定义比较可知:

①如果当 $\frac{M_1}{k_1} = \frac{M_2}{k_2}$ 或 $k_1 \cdot L_1 = k_2 \cdot L_2$ 时,有 $R = R_0 = \frac{L}{\delta}$、$\omega_r = \omega_0 = \frac{v \cdot \delta}{L}$。此时,$R$ 与 v 无关;随着 v 提高,ω_r 与 v 成正比增加。此时,汽车具有中性转向特性。

②当 $\frac{M_1}{k_1} < \frac{M_2}{k_2}$ 或 $k_2 \cdot L_2 < k_1 \cdot L_1$ 时,随着行驶速度 v 的增大,有 $R > R_0$、$\omega_r < \omega_0$。此时,汽车具有不足转向特性。

③当 $\frac{M_1}{k_1} > \frac{M_2}{k_2}$ 或 $k_2 \cdot L_2 > k_1 \cdot L_1$ 时,随着行驶速度 v 的增大,有 $R < R_0$、$\omega_r > \omega_0$。此时,汽车具有过度转向特性。

以上各式说明了具有不同转向特性的汽车所具有的一些结构特征,根据这些结构上特征,可以判断汽车的稳态转向特性的类型。

3. 影响汽车稳态转向特性的因素

汽车的稳态转向特性与汽车质量 M、质心位置(L_1、L_2、L 和 h_g)和前、后车轴的侧偏刚度 k_1、k_2 有关。因此,载荷变化引起质心位置改变时,会影响汽车的转向特性。汽车装载后,其质心后移,更易于满足不等式 $k_2 \cdot L_2 > k_1 \cdot L_1$($k_1$、$k_2$ 为负值),汽车的不足转向性下降,过度转向性增强,严重时会转变为过度转向特性。轮胎的结构、载荷和气压等会影响轮胎侧偏刚度 k 值的变化,所以不能随便更换轮胎,并应注意使轮胎载荷和气压符合标准规定。

四、表征汽车稳态响应的技术参数

为了试验与分析的方便,还可以采用其他一些参数描述和评价汽车的稳态响应。

1. 稳态转向横摆角速度增益

汽车是一个复杂系统,转向时系统的输入为通过转向盘施加的转向轮转角 δ,系统的输出为汽车的转向横摆角速度 ω_r。

定义 $\dfrac{\omega_r}{\delta}$ 为汽车的稳态转向横摆角速度增益,表示单位转向轮转角输入使汽车产生的转向横摆角速度。显然,$\dfrac{\omega_r}{\delta}$ 反映汽车绕转向中心的旋转角速度的响应速度,可用于衡量汽车对于操纵的反应灵敏程度,因此又称为转向灵敏度。

据式 4-24,稳态转向横摆角速度增益 ω_r 等于:

$$\frac{\omega_r}{\delta} = \frac{v}{L - v^2 \cdot \left(\dfrac{M_1}{k_1} - \dfrac{M_2}{k_2}\right)} = \frac{v}{L - \dfrac{M \cdot v^2}{L \cdot k_1 \cdot k_2}(k_2 \cdot L_2 - k_1 \cdot L_1)} \quad (4\text{-}25)$$

由此可见:中性转向时,有 $\dfrac{\omega_r}{\delta} = \dfrac{v}{L}$;不足转向时,有 $\dfrac{\omega_r}{\delta} < \dfrac{v}{L}$;过度转向时,有 $\dfrac{\omega_r}{\delta} > \dfrac{v}{L}$。

2. 稳定性因数

根据式 4-25 得到:

$$\frac{\omega_r}{\delta} = \frac{v/L}{1 + K \cdot v^2} \quad (4\text{-}26)$$

式中,参数 $K(\mathrm{s}^2/\mathrm{m}^2)$ 称为稳定性因数,其数值等于:

$$K = \frac{M}{L^2} \cdot \left(\frac{L_1}{k_2} - \frac{L_2}{k_1}\right) \quad (4\text{-}27)$$

由此可得汽车稳态转向特性的另一种表示方法,即:$K = 0$ 时,则 $\dfrac{\omega_r}{\delta} = \dfrac{v}{L}$,汽车为中性转向;$K > 0$ 时,则 $\dfrac{\omega_r}{\delta} < \dfrac{v}{L}$,汽车为不足转向;$K < 0$ 时,则 $\dfrac{\omega_r}{\delta} > \dfrac{v}{L}$,汽车为过度转向。

稳定性因数 K 是表征汽车稳态响应的重要参数,其重要意义在于 K 值把汽车结构参数(如 M、L、L_1、L_2、k_1、k_2)与汽车的稳态转向特性定量结合了起来,据此不仅可判断汽车转向特性的类型,还可根据 K 的大小确定不足转向特性或过度转向特性的强度。同时,若已知汽车结构参数,则可确定 K 的数值,并可绘出稳态转向横摆角速度增益 $\dfrac{\omega_r}{\delta}$ 与行驶速度 v 的关系曲线,如图 4-38。根据该曲线可以更清晰明了地深入分析不同转向特性汽车的运动学特征。

3. 转向半径的比 R/R_0

在前轮转角 δ 一定的条件下,若令行驶速度极低、侧向加速度接近于零(轮胎侧偏角可忽略不计)时的转向半径为 R_0,而一定行驶速度下有一定侧向加速度时的转向半径为 R,则这两个转向半径之比 R/R_0 可用以表征汽车的稳态响应。

由式 4-18 可知,$R_0 = \dfrac{L}{\delta}$,再由式 4-26 可求得:

$$R = \frac{v}{\omega_r} = \frac{1 + K \cdot v^2}{\delta} = (1 + K \cdot v^2) \cdot R_0$$

$$\frac{R}{R_0} = 1 + K \cdot v^2 \tag{4-28}$$

因此,当 $K=0$ 时, $R/R_0=1$,即中性转向汽车的转向半径不随行驶速度发生变化,始终为 R_0。$K>0$ 时, $R/R_0>1$,即不足转向汽车的转向半径总大于 R_0,且由式 4-28 可知,转向半径将随行驶速度增加而增大;$K<0$ 时, $R/R_0<1$,即过多转向汽车的转向半径总小于 R_0,且转向半径将随行驶速度的增加而减小。不同转向特性汽车的转向半径比值 R/R_0 随车速 v 的变化关系如图 4-39 所示。

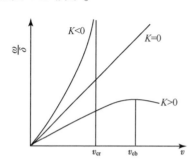

图 4-38 稳态转向横摆角速度增益曲线

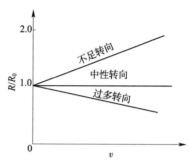

图 4-39 转向半径比值与车速的关系

五、转向特性对汽车操纵稳定性的影响

不同转向特性汽车的运动学特性如图 4-37、图 4-38 和图 4-40 所示。

1. 中性转向特性汽车

在半径为 R 的弯道上转弯时,若汽车具有中性转向特性,其转向轮偏转角为 $\delta = \dfrac{L}{R}$,与汽车行驶速度 v 无关;当 δ 固定不变时,汽车沿给定半径的圆周行驶,R 与 v 亦无关。

直线行驶时,若侧向力 F_y 作用于汽车质心,则汽车将沿着与原直线成一定夹角的另一条直线行驶,见图 4-40a)。若欲维持原行驶方向,需将转向盘向侧向偏离的相反方向转动。

2. 不足转向特性汽车

同样条件下,具有不足转向特性的汽车,其转向半径 R 大于装用刚性轮胎车辆的转向半径。若使转向轮转角 δ 保持不变,缓慢加速或以不同行驶速度等速行驶,则随着行驶速度 v 的提高,转向半径 R 增大,汽车沿更平缓的曲线行驶。沿给定半径 R 的圆周加速行驶时,应随 v 的提高不断增大 δ。

直线行驶时,若侧向力 F_y 作用于质心,汽车将朝 F_y 的方向偏转,绕瞬时转向中心作曲线运动,所产生的离心力的分力 F_{jy} 的方向与 F_y 的方向相反,削弱侧向力的作用,如图 4-40b)。侧向力消失后,汽车自动恢复直线行驶。

由图 4-38 可见,当稳定性因数 $K>0$,汽车具有不足转向时,则随着行驶速度 v 的提高,稳态转向横摆角速度增益 $\dfrac{\omega_r}{\delta}$ 起初增大,但达到最大值后,随着行驶速度 v 的提高,$\dfrac{\omega_r}{\delta}$ 反而减小。$\dfrac{\omega_r}{\delta}$ 达到最大值时,所对应的行驶速度 v 称为特征行驶速度 v_{ch}。而且,不足转向性越大,即:$K>0$ 的值越多,则 v_{ch}(m/s)越低。

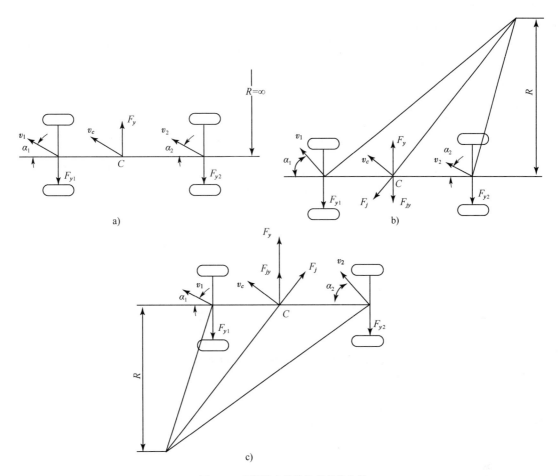

图 4-40 不同转向特性汽车的稳定性
a) $\alpha_1 = \alpha_2$; b) $\alpha_1 > \alpha_2$; c) $\alpha_1 < \alpha_2$

对式 4-26 求对于行驶速度 v 的导数,并令其为零:

$$\frac{\mathrm{d}}{\mathrm{d}v}\left(\frac{\omega}{\delta}\right) = \frac{\mathrm{d}}{\mathrm{d}v}\left(\frac{v/L}{1 + K \cdot v^2}\right) = 0$$

因此得到:

$$v_{ch} = \sqrt{\frac{1}{K}} \tag{4-29}$$

若 K 值过大,特征行驶速度 v_{ch} 过低,说明其不足转向性太大,汽车转向沉重,转向灵敏性差。现代轿车在侧向加速度为 0.3g 时,其平均 K 值为 $0.0024\mathrm{s}^2/\mathrm{m}^2$,在 0.5g 时的平均 K 值为 $0.0026\mathrm{s}^2/\mathrm{m}^2$。

3. 过度转向特性汽车

若汽车具有过度转向特性,其特性与具有不足转向特性的汽车相反。当转向轮转角 δ 固定不动时,随着行驶速度 v 升高,转向半径 R 越来越小,汽车沿更弯曲的曲线行驶,行驶速度 v 过高可能导致汽车侧滑。沿给定半径 R 的圆周行驶时,其 δ 应随 v 的提高而减小,即应随行驶速度的提高不断减小转向盘转角。

直线行驶时,若遇侧向力 F_y 作用于质心,汽车将朝与侧向力相反的方向偏转,绕瞬时转向中心作曲线运动。此时,所产生的离心力的分力 F_{jy} 的方向与 F_y 方向相同,有进一步加剧侧偏的作用,见图 4-40c)。因此,行驶过程中,当转弯或受到干扰时,过度转向特性的汽车具有失去方向稳定性的危险。

由图 4-38 可见,当稳定性因数 $K<0$,汽车具有过度转向时,则随着行驶速度 v 的提高,汽车的稳态转向横摆角速度增益 $\frac{\omega_r}{\delta}$ 迅速增大,当行驶速度 v 达到 v_{cr} 后,$\frac{\omega_r}{\delta}$ 趋于无穷大。行驶速度 v_{cr}(m/s)称为临界行驶速度。当达到临界行驶速度时,只要有微小的前轮转角也将产生极大的横摆角速度(汽车绕转向中心转动的角速度),即转向半径越来越小,汽车将发生急转。

由式 4-26 直接看出:

$$v_{cr} = \sqrt{-\frac{1}{K}} = \sqrt{\frac{L^2 \cdot k_1 \cdot k_2}{M(L_2 \cdot k_2 - L_1 \cdot k_1)}} \tag{4-30}$$

当稳定性因数 $K<0$ 时,若行驶速度 v 达到临界行驶速度 v_{cr},则有 $\frac{\omega_r}{\delta} \to \infty$。意味着极其微小的前轮转角 δ,都会产生极大的转向横摆角速度 ω_r(汽车绕转向中心转动的角速度),即转向半径越来越小,汽车将失去稳定性。显然,K 越小,过度转向性越大,则临界行驶速度 v_{cr} 越低,汽车越易于失去稳定性。

把式 4-30 代入式 4-23 得到:当 $v=v_{cr}$ 时,其稳态转向半径 $R=0$。这进一步说明,当 $K<0$,即汽车具有过度转向时,若行驶速度达到 v_{cr},直线行驶的车辆即使受到极小的 F_y 作用,使之产生很小的 δ,也会失去控制,发生激转,直至 $R=0$。因此,具有过度转向的汽车是不稳定、不安全的。

六、转向轮绕主销的摆振

汽车的行驶方向通过转向盘控制转向轮的偏转角度得以保持。因此,转向轮绕主销的摆振对汽车的操纵稳定性有重要影响。

由于转向系统内存在间隙,转向盘的游隙可以达到 5°~10°。转向盘不动时,转向轮可以自由转动大约 20°~40°。考虑到系统内部某些部件的弹性变形,转向轮的自由转角还可能更大。

转向轮的自由转动常带有振动的性质,其频率和角振幅则与转向轮上的作用力的特性有关。引起转向轮振动的原因有:转向轮不平衡;前悬架和转向系统的运动学关系不协调;以及车轮与不平路面之间的相互作用。由于某种偶然激发,可能引起转向轮的自激振动。

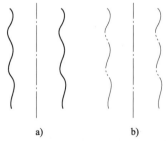

图 4-41 转向轮振动时车轮在道路上的轨迹

a)车轮摆动时的轨迹;b)车轮跳动时的轨迹

转向轮绕主销左右振动或上下跳动时,汽车的行驶轨迹不断偏摆(图 4-41),驾驶员难以控制汽车的行驶方向,使行驶安全受到影响;另外,转向轮的摆振也会加剧轮胎磨损,增大滚动阻力,并使行驶系和转向系承受较大振动负荷,降低零件的使用寿命。

1. 前轴角振动引起的转向轮摆振

汽车直线行驶时,若受到偶发外激力作用于前轮时(车轮遇凸起或凹坑),前轴在横向垂直平面内发生转动,引起前轴的角振动,使两前轮旋转的轴线方向发生偏转,如图4-42a)所示。而只要旋转物体(此时为两前轮)的自转轴由于外力矩的作用改变空间方向,就会对外力矩的施力体(此时为转向节轴)产生反作用力矩,即陀螺力矩,产生陀螺效应。此时,前轮旋转平面的方向会受到陀螺效应的影响而发生变化,其陀螺力矩的方向可以根据右手定则确定。据此,如果左前轮升高(或右前轮下降),车轮将向右偏转;如果左前轮下降(或右前轮升高),车轮将向左偏转。由此激发了转向轮绕主销的角振动,如图4-42b)所示。

行驶速度越高,则由前轴角振动引发陀螺效应所导致的转向轮摆振越强烈。现代汽车特别是轿车的设计车速越来越高,因此陀螺效应对于转向轮摆振的影响也越来越大,成为引发转向轮摆振的重要因素。要消除或减轻这种现象,应减小悬架下前轴系统的转动惯量,提高角振动的固有频率;或在采用独立悬架的汽车上,采用等长双横杆独立悬架。由图4-43可见,使用等长双横杆独立悬架后,当车轮上下跳动时其旋转平面仅发生平行移动而无偏转,因而可避免前轮绕主销的摆振。但由此带来的问题是:当车轮上下跳动时,轮距改变较大,从而加剧轮胎的磨损。所以目前仍较多采用不等长的双横杆结构,如图4-43b)所示。另外,适当降低轮胎气压和改善路面状况都有利于减轻摆振。

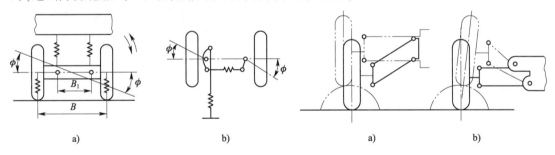

图4-42　前轮振动系统示意图
a)前轴在横向垂直面内发生转动;b)前轮绕主销的角振动

图4-43　双横杆式独立悬架运动简图
a)等长双横杆;b)不等长双横杆

2. 转向轮不平衡引起的摆振

车轮不平衡分为静不平衡和动不平衡两种情况。

静不平衡的车轮重心与车轮旋转中心不重合。由于不平衡质量的存在,车轮在旋转时产生离心力。转速越高,不平衡质量越大,且距旋转中心的距离越远,由静不平衡所产生的离心力F_j也越大。离心力F_j可分解为水平分力F_{jx}和垂直分力F_{jy}(图4-44a)。水平分力F_{jx}的大小和方向周期性变化,形成车轮绕主销的振动力矩。左右转向轮的不平衡质量相互处于180°位置时,转向轮摆振最为剧烈,如图4-44b)所示。垂直分力F_{jy}大小和方向的周期性变化,形成使前轴在横向平面内转动的力矩,由于陀螺效应而引起转向轮绕主销的摆振。

静平衡的车轮,若质量分布相对于车轮纵向中心平面不对称,旋转时会产生方向不断变化的力偶,车轮处于动不平衡状态,如图4-45所示。车轮旋转时,该力偶的方向反复变化,使转向轮绕主销摆振。

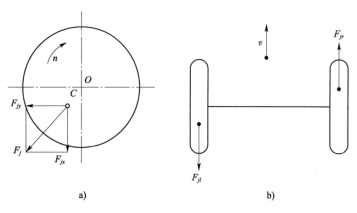

图 4-44 车轮静不平衡示意图
a)离心力分解；b)不平衡质量左右对置

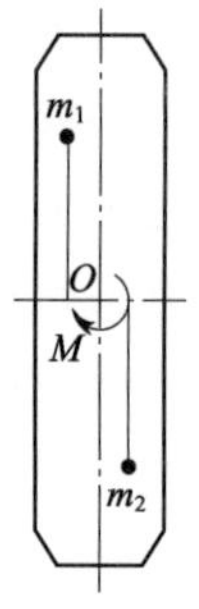

图 4-45 车轮动不平衡示意图

3. 前悬架与转向杆系运动学关系不协调引起的摆振

前悬架与转向传动机构运动关系不协调，是引起转向轮摆振的重要原因。图 4-46 是一种纵置半椭圆钢板弹簧前悬架与转向杆系布置简图。钢板弹簧前端以固定吊耳与车架相连，位于前轴前面；钢板弹簧后端以活动吊耳与车架相连，转向器与转向直拉杆也在前轴后面。当路面不平或其他原因使车轮受到冲击上下跳动时，钢板弹簧发生变形。此时，前轴和主销上各点均以 O_2 点为中心沿弧线 b-b 摆动。转向节上的球销 c 点与转向直拉杆相连。由于转向直拉杆的限制，如果车轮不发生偏转，球销上 c 点将沿弧线 a-a 摆动。这样，由于弧线 a-a 与弧线 b-b 不重合（图 4-46a），当车轮上下跳动时，转向节将相对于主销发生转动。

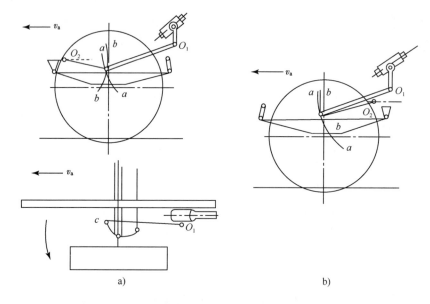

图 4-46 转向系与前悬架运动不协调引起的转向轮摆振

为减轻转向轮摆振，应将转向器与固定吊耳尽量靠近，使 a-a 与 b-b 轨迹接近（图 4-46b），从而使运动不协调引起的车轮偏转降到最小量。当外激力的变化频率与前轮系统的固有频率相等或接近时,转向轮将发生共振,严重时会呈现不稳定状态。固有频率主要取决于车轮系统的角刚度和转动惯量。由于行驶速度的不断提高,外激力的变化频率相应提高,发生共振的可能性增大。为避免这种现象,除了应合理确定前轮定位、正确设计前桥和转向传动系杆件外,还可以在转向传动系统中装设筒式减振器,以利于减轻转向车轮的摆动,提高汽车行驶的稳定性。

七、作用于转向轮的稳定效应

弹性轮胎侧偏和转向轮定位,产生回正力矩,形成转向轮的稳定效应,保持良好的操纵稳定性。

1. 轮胎侧偏引起的回正力矩

轮胎侧偏不仅导致侧偏角 α 的产生,还因此而产生了回正力矩 T_z。即在轮胎发生侧偏时,还会产生作用于轮胎绕过轮胎接地点的垂直轴 oz 的力矩 T_z,如图 4-24 所示。转弯行驶时,该力矩是使转向车轮恢复到直线行驶位置的主要恢复力矩之一。

回正力矩是由接地面内分布的微元侧向反力产生的。弹性车轮在静止时受到侧向力后,印迹长轴线 $a-a$ 与车轮平面平行,错开 Δh,即印迹长轴线 $a-a$ 上各点的横向变形(相对于 $c-c$ 平面)均为 Δh,故可以认为地面侧向反作用力沿 $a-a$ 线均匀分布,如图 4-47a)所示。而车轮滚动时,印迹长轴线 $a-a$ 不仅与车轮平面错开一定距离,而且转动了 a 角。因而,印迹前端离车轮平面近,侧向变形小;印迹后端离车轮平面远,侧向变形大。地面微元侧向反作用力的分布与变形成正比,故地面微元侧向反作用力的分布如图 4-47b)所示,其合力的大小与侧偏力 F_Y 相等,但其作用点必然在接地印迹几何中心的后方,偏移某一距离 e,称为轮胎拖距,回正力矩 T_z 因此而产生,其数值等于:

$$T_z = F_Y \cdot e \tag{4-31}$$

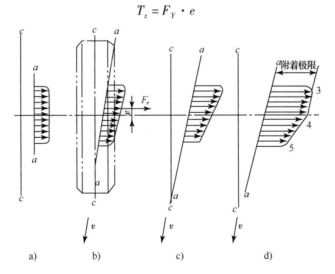

图 4-47 地面侧向反作用力的分布

轮胎拖距 e 是随所受侧偏力 F_Y 的大小而变化的。F_Y 为零时,轮胎拖距 e 也为零;随 F_Y 增大,轮胎拖距 e 增大,接地印迹内地面微元侧向反作用力的分布的情况如图 4-47c)所示;但当 F_Y 增大至一定程度时,接地印迹后部的某些部分便达到附着极限,轮胎拖距 e 开始减小,此时反作用力的分布如图 4-47d) 所示;随着 F_y 的进一步增大,将有更多部分达到附着极限,直到整个接地印迹发生侧滑后,轮胎拖距 e 又回到零。图 4-48 是试验得到的回正力矩-侧偏角曲线。试验结果还表明,回正力矩随垂直载荷的增大而增大。

轮胎的形式及结构参数对回正力矩-侧偏角特性有重要影响。在侧偏角相同时,尺寸大的轮胎一般回正力矩较大。子午线轮胎的回正力矩比斜交轮胎大。

轮胎的气压低,接地印迹长,轮胎拖距大,回正力矩也就大。

地面切向反作用力对回正力矩的影响如图 4-49 所示。随着驱动力的增大,回正力矩达到最大值后再下降。在制动力作用下,回正力矩不断减小,制动力达到某值时降为零,若制动力再增大则回正力矩转变为负值。

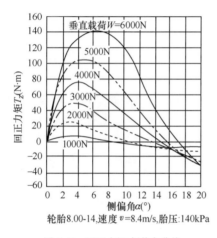

图 4-48　回正力矩-侧偏角曲线

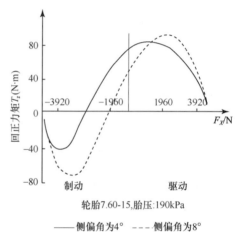

图 4-49　地面切向反作用力对回正力矩的影响

2. 转向轮外倾引起的回正力矩

转向轮外倾角 γ 及有外倾角时转向轮的运动情况分别如图 4-50 和图 4-28 所示。有外倾角的转向轮滚动时还产生了回正力矩 $T_{z\gamma}$。由于轮胎有一定宽度,当转向轮有外倾时,内外侧接地点的切向速度不同,导致附加力偶,即外倾回正力矩 $T_{z\gamma}$ 是由于转向轮侧倾使轮胎在接地印迹宽度上产生不同切向滑动率而形成的。

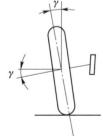

图 4-50　车轮外倾角示意图

试验表明,外倾回正力矩在外倾角很小时与外倾角呈线性关系,即:

$$T_{z\gamma} = k_\gamma \cdot \gamma$$

式中:$T_{z\gamma}$——侧倾回正力矩,N·m;

k_γ——常数,$k_\gamma = -30 \sim -100$ N·m/rad;

γ——转向轮外倾角,°或 rad。

作用在转轮上的垂直载荷使轮胎变形量和轮胎的接地印记发生变化,因而影响侧倾回正力矩的大小。载荷增大时,轮胎变形量增大,侧倾回正力矩随之增大。在不同载荷下,回正力矩与外倾角的关系如图 4-51 所示。

按轮胎坐标系(图 4-24)的规定,将各轮胎特性参数的正负关系画在图 4-52 中。可见正侧偏角对应于负的侧偏力和正的回正力矩;正外倾角对应于负的外倾侧向力和负的外倾回正力矩。

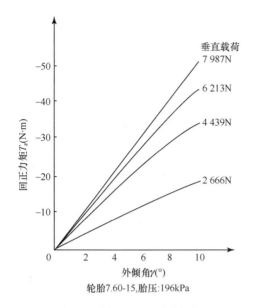

图 4-51　外倾回正力矩与外倾角

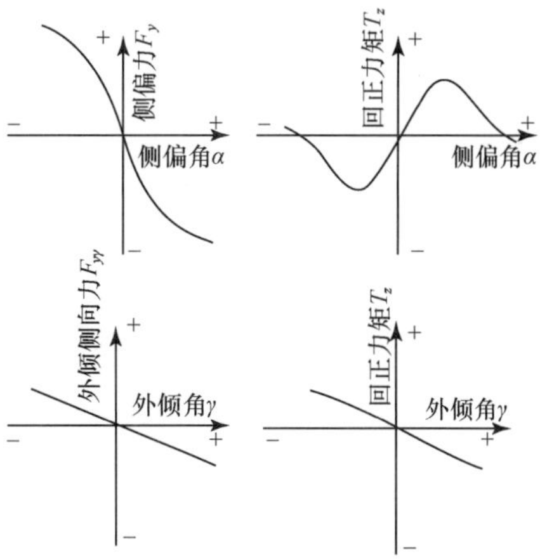

图 4-52　轮胎特性参数的正负

3. 主销后倾引起的回正力矩

转向节主销轴线或假想的主销轴线（某些独立悬架的汽车无实际主销）在纵向平面内向后倾斜，与铅垂线所形成的夹角称为主销后倾角 φ。

直线行驶时，若转向轮偶遇外力作用而偏转时，汽车行驶方向发生偏转。由于汽车离心力的作用，在车轮与路面接触点处产生与之方向相反的侧向反力 F_y。当主销后倾时，反力 F_y 对车轮主销的力矩正好与外力使车轮偏转的力矩方向相反，从而使车轮克服外力影响而回到原直线行驶位置。显然，若主销后倾角过大，将使回正力矩太大而转向沉重。图 4-53 为主销后倾角及其回正作用示意图。

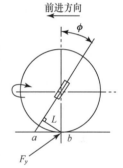

图 4-53　主销后倾角示意图

4. 主销内倾引起的回正力矩

转向节主销轴线或假想的主销轴线在横向平面内向内倾斜，与铅垂线所形成的夹角称为主销内倾角 β。若主销有一定内倾，则车轮在外力作用下偏离直线行驶方向时，转向轮连同转向轴和汽车前部将会被轻微抬起，如图 4-54 所示（图中画成转向180°，若无地面约束，车轮下边缘将陷入地面以下）。前轴重量对于较低位置所具有的重力势能，产生使转向轮回到原直线行驶位置的效应。此外，主销内倾还使主销轴线延长线与路面的交点到车轮中心平面的距离（称主销偏移距）减小，从而可减小转向时施加于转向盘上的力矩，使转向轻便，同时也减小了从转向轮传递到转向盘上的冲击力。

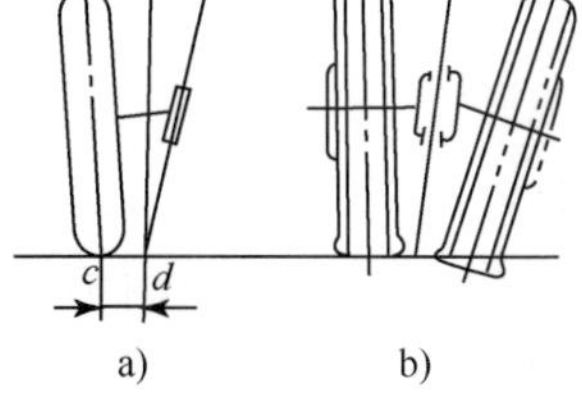

图 4-54　主销内倾角及作用示意图

a）主销内倾；b）主销内倾角的作用

八、汽车的瞬态响应简介

从给予汽车转向轮转角阶跃输入 δ 开始，到进入稳态响应为止的过渡阶段,汽车转向横摆角速度 ω_r 随时间 t 而变化的这种响应称为瞬态响应。

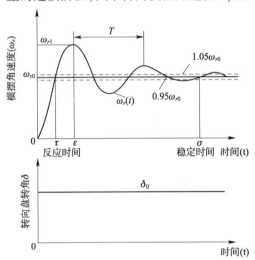

图 4-55 转向盘角阶跃输入时的汽车瞬态响应

为了分析和试验的方便,常通过分析和测定汽车在角阶跃输入下的瞬态响应来掌握汽车瞬态响应的基本特征。一辆直线行驶的汽车,驾驶员快速转动转向盘完成转角 δ_0 并保持不动,其横摆角速度 ω_r 随时间 t 变化的瞬态响应曲线如图 4-55 所示。正常汽车都具有小阻尼的瞬态响应,其横摆角速度是一条收敛于稳态响应 ω_{r0} 的减幅正弦曲线,由图可以看出瞬态响应中的几个特征评价指标:

1. 反应时间

急速转动转向盘给予汽车一个角阶跃输入后,汽车的横摆角速度 ω_r 不能立刻达到稳态横摆角速度 ω_{r0},而要在 $t = \tau$ 时才能达到,即在时间上有滞后。滞后的这段时间 τ 称为反应时间。反应时间 τ 值应小些为好。反应时间太长,驾驶者会感到汽车转向反应迟钝。

汽车的横摆角速度 ω_r 到达第一峰值 ω_{r1} 的时间 ε 称为峰值反应时间,也可作为评价汽车瞬态响应反应快慢的参数。转向盘角阶跃输入试验结果表明:近代轿车的峰值反应时间 $\varepsilon = 0.23 \sim 0.59s$。

2. 超调量

在 $t = \varepsilon$ 时,汽车的横摆角速度 ω_r 达到最大值 ω_{r1}。$\dfrac{\omega_{r1}}{\omega_{r0}}$ 的百分比称为超调量。超调量表明瞬态响应中执行指令上的误差。试验表明现代轿车为 $\dfrac{\omega_{r1}}{\omega_{r0}} \cdot 100\% = 112\% \sim 165\%$。

3. 横摆角速度波动周期

在瞬态响应中,汽车的横摆角速度 ω_r 在稳态值 ω_{r0} 附近上下波动。行驶速度一定时,ω_r 值的变化表明汽车的转向半径时大时小,呈现汽车横向摇晃的运动过程,这会增加驾驶上的困难。其周期 T 称为横摆角速度波动周期。波动频率和波动周期与汽车动力学系统的结构参数有关。

4. 稳定时间

横摆角速度 ω_r 达到稳态值 ω_{r0} 的 95%~105% 之间的时间 σ 称为稳定时间。显然,稳定时间 σ 越小越好。若汽车的不足转向性越大,则收敛越快,稳定时间越短;反之,若汽车的过多转向性越大,则收敛越慢,稳定时间越长,甚至不能收敛至稳定值 ω_{r0} 而失去操纵稳定性。

由以上讨论可知,汽车的瞬态响应包括两方面问题:一个是稳定性,即汽车受到一个转向角输入后,能否达到新的稳定状态;另一个是品质问题,即在达到稳定状态以前,其瞬态响应的特性如何。

九、汽车操纵稳定性试验

1. 试验条件

试验前,测定转向轮定位参数;检查、紧固和调整有关零、部件(特别是转向系各零、部件,车轮定位角,悬架机构各零、部件等);轮胎气压应符合规定值;车辆载荷满足相应要求(额定满载或空载)。

汽车操纵稳定性试验主要在汽车试验场的专用场地上进行,或在平坦、干燥、清洁的水泥或沥青路面(或场地)上进行。路面在任一方向上的坡度不大于2%,并按试验需要放置标桩。

环境风速不大于5m/s,大气温度为0~40℃。

汽车操纵稳定性路上试验所需测定的参数和仪器有:用非接触式行驶速度仪或第五轮仪和时间信号发生器测定行驶速度和时间;用转向参数测量仪或转向盘测力仪测量转向盘作用转矩及转角;用加速度计测量侧向加速度(或测出汽车横摆角速度 ω_r 和转弯半径 R 后,由 $R \cdot \omega_r^2$ 求得);用二自由度角速度陀螺仪来测量汽车横摆角速度,用三自由度的航向陀螺仪和垂直陀螺仪来测量汽车的航向角和车厢侧倾角。

2. 稳态转向特性试验

稳态转向特性试验在水平场地上进行,场地上画有半径为15m或20m的圆周。汽车以最低稳定车速沿所画圆周行驶,此时转向盘的转角为 δ_0,测定车速 v_0 及横摆角速度 ω_{r0}。由于车速很低,离心力很小,轮胎侧偏角可忽略不计。因此,不计轮胎侧偏时的转向半径为:

$$R_0 = \frac{v_0}{\omega_{r0}}$$

保持转向盘转角 δ_0 不变,使汽车缓慢连续而均匀地加速(纵向加速度不超过0.25m/s²),直至汽车的侧向加速度达到6.5m/s²为止。连续测量车速 v 与横摆角速度 ω_r 值,根据瞬时车速 v 与 ω_r 值,可求出不同侧向加速度 j_y 下有侧偏角时的转弯半径:

$$R = \frac{v}{\omega_r}$$

试验中汽车行驶的轨迹如图4-56所示。对于不足转向的汽车,随车速的增加,转弯半径越来越大;反之,过多转向汽车的转弯半径越来越小。

3. 转向回正能力试验

转向回正能力试验在平坦的场地上进行。使汽车沿半径为15m的圆周行驶,调整车速使侧向加速度达4.0m/s²后,突然松开转向盘,在回正力矩作用下,前轮将要回复到直线行驶。记录这个过程的时间 t、车速 v、转向盘转角 δ 和横摆角速度 ω_r,整理出 $\omega_r - t$ 曲线。

对于最高车速超过100km/h的汽车,还要进行高速回正性能试验,试验车速为最高车速的70%。使汽车以试验车速直线行驶,随后驾驶员转动转向盘使侧向加速度达到2.0m/s²,然后突然松开转向盘作回正试验。

4. 转向轻便性试验

转向轻便性试验时,汽车在场地上沿双纽线(图4-57)以10km/h的车速行驶。双纽线轨迹的极坐标方程为: $l = d \cdot \sqrt{\cos 2\psi}$。

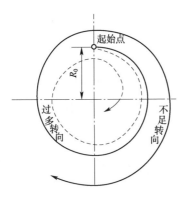 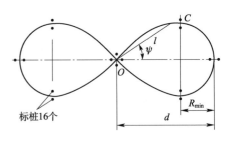

图 4-56　稳态转向特性试验中汽车运行轨迹　　　图 4-57　测定转向轻便性的双纽线

试验中,记录转向盘转角及转向盘转矩,并按双纽线路径每一周整理出转向盘转矩-转向盘转角曲线。通常以转向盘最大转矩、转向盘最大作用力及转向盘作用功来评定汽车的转向轻便性。

第三节　汽车的被动安全性

被动安全性指交通事故发生后汽车本身减轻人员伤害和货物损坏的能力,可分为汽车内部被动安全性(减轻车内乘员受伤和货物受损)以及外部被动安全性(减轻对事故所涉及的其他人员和车辆的损害)两类。

一、被动安全性的评价方法

评价被动安全性的最简单指标是"事故严重程度因素"F,即:

$$F = \frac{N_s}{N_{sh}}$$

式中:N_s——事故中死亡人数(当场死亡或事故后存活不超过 7 昼夜的伤员);

N_{sh}——事故中的受伤人数。

各国统计数据表明,F 一般在 1/40~1/5 范围内。

用危险系数 K,可对不同伤亡情况的交通事故进行比较,即:

$$K = \frac{k_1 \cdot N_q + k_2 \cdot N_z + k_3 \cdot N_s}{N_q + N_z + N_s + N_0}$$

式中:N_q——轻伤人数;

N_z——重伤人数;

N_0——未受伤人数;

k_1、k_2、k_3——加权系数,取 $k_1 = 0.015$,$k_2 = 0.36$,$k_3 = 1$。

二、车辆的碰撞事故及其损伤

道路交通事故的统计和分析是研究汽车被动安全性的基础。其目的是根据事故统计,了解事故的影响因素,并确定发生频数最多的事故,以便对事故进行深入研究并提出针对性措施。

1. 汽车碰撞事故的类型

乘用车碰撞事故分布情况如图4-58所示。正面碰撞占64%以上,而其中一半是车前左侧(右侧通行时)碰撞。侧部碰撞是第二种常见事故类型。大客车追尾碰撞比例高于乘用车,大客车右后角更容易被碰撞。从撞车速度来看,正面碰撞速度高于侧向碰撞和追尾碰撞。有一半以上的正面碰撞事故的速度高于60km/h,而90%的追尾碰撞事故的速度低于30km/h。

除了汽车间的碰撞事故外,汽车还会发生于与自行车、摩托车和行人的碰撞事故。

2. 碰撞作用力及其传递

在汽车碰撞过程中,碰撞作用力的方向总是与作用力与作用面之间的特定角度相关。碰撞作用力的合力可以分解成分力向汽车的不同方向扩散。

例如,某汽车在碰撞过程中,作用力以垂直和侧向角度撞击汽车的右前翼子板,作用合力分解成为三个分力:垂直分力、水平分力和侧向分力,如图4-59所示。水平分力使右前翼子板变形方向指向发动机罩中心;侧向分力使汽车的右前翼子板向后变形。这些分力的大小及各自所造成的损坏程度与碰撞角度有关。

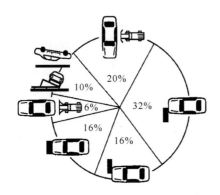

图4-58 右侧通行的乘用车碰撞事故类型分布

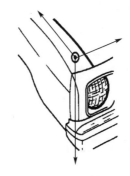

图4-59 碰撞角度和方向对汽车损坏的影响

碰撞作用力所造成损坏的程度也与作用力与汽车质心相对应的方向有关。若碰撞作用力的方向并不通过汽车的质心,作用力的一个分力将形成使汽车绕着质心旋转的力矩,该力矩使汽车旋转,从而减轻碰撞作用力对汽车零部件的损坏,如图4-60a)所示。若作用力指向汽车的质心,汽车不会旋转,大部分能量将被汽车零件所吸收,造成的损坏则较为严重,如图4-60b)所示。

驾驶员反应经常影响到碰撞作用力的方向。当驾驶员意识到碰撞不可避免时,其第一反应就是旋转转向盘以避免正面碰撞,由此导致汽车侧面受到损坏。驾驶员的第二反应就是踩制动踏板,使汽车进入制动状态,此时汽车前端向下俯冲,因而碰撞点比正常接触位置低,迫使车顶盖向前移动。

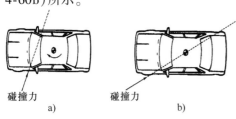

图4-60 碰撞方向与汽车质心的关系
a) 偏心碰撞;b) 对心碰撞

假设汽车以相同的速度和相近的载货量行驶,碰撞接触点的面积不同,损坏的程度也就不同。如果撞击的面积较大,损坏的程度就较小;反之,若碰撞接触面积小,则所造成的损坏就越严重。

现代汽车车身上有许多焊接缝,这些焊接缝可以作为汽车结构的刚性连接点,将碰撞作用力传递给整个汽车上与之连接的钣金件和汽车零部件,因此大大降低了汽车的结构变形。

如图 4-61 所示,假设汽车前角受到碰撞力 F_0 作用,B 区域将会变形,减小了 F_1 的冲击作用、剩下的碰撞作用力传递到 C 点,金属将发生变形,作用力继续减小到 F_2 传递到 D 点,而后碰撞作用力继续减弱为 F_3,F_3 继续改变方向并冲击着车身的支柱和车顶盖使之减弱后传至 E 点,使 E 点受到碰撞作用力 F_4 的作用。在力的传递过程中,碰撞能量大部分都被汽车零部件所吸收。

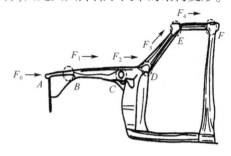

图 4-61　碰撞作用力传递过程

3. 汽车碰撞损伤的类型

碰撞作用力导致汽车在碰撞过程中损伤。汽车碰撞损伤可分为直接损伤(或一次损伤)和间接损伤(或二次损伤)。

直接损伤是指车辆直接碰撞部位所出现的损伤。直接碰撞点为车辆左前方,推压前保险杠车辆左前翼子板、散热器护栅、发动机罩、左车灯等导致其变形,称为直接损伤。

间接损伤是指二次损伤,并离碰撞点有一段距离的损伤,是因碰撞力传递而导致的变形。如车架横梁、行李舱底板,护板和车轮的弯曲变形和扭曲变形等。

按汽车碰撞后导致的损伤现象不同,汽车碰撞损伤可归纳为五大类,即侧弯、凹陷、折皱或压溃、菱形损伤、扭曲等。

三、内部被动安全性

1. 车辆碰撞事故中乘员的伤害

在车辆碰撞事故中,车内乘员的头、胸、下腹和脊椎等部位伤害是主要致死原因。纵向碰撞事故中驾驶员和乘用车前排乘客的伤害形成过程如图 4-62 和 4-63 所示。而乘用车的乘员身体伤害部位的分布情况见图 4-64 所示。

图 4-62　碰撞事故中乘用车驾驶员受伤过程

图 4-63　碰撞事故中乘用车前排乘客受伤过程图

2. 提高汽车内部被动安全性的主要措施

研究表明,碰撞事故中人体内伤和脑损伤与减速度直接有关,而骨折和组织损伤则分别与作用力和剪切应力有关。所以,研究汽车内部被动安全性的重要内容是降低人体在碰撞时的减速度。提高汽车内部被动安全性的主要措施如下:

1) 安全车身

乘用车发生正面碰撞或与固定障碍物碰撞时,其平均减速度从前向后逐渐递减,前部的平均减速度高达 $300 \sim 400g$,向后逐渐降低,质心位置的平均减速度为 $40 \sim 60g$,瞬时值可达 $80 \sim 100g$,如图 4-65 所示。

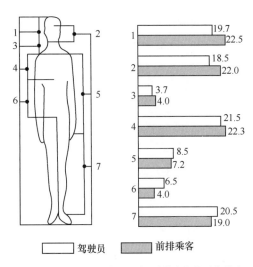

图 4-64 碰撞事故中乘用车乘员身体各部位受伤分布
1—头;2—面部;3—颈;4—胸部;5—上肢;6—腹部;7—下肢

为了降低正面碰撞时的减速度,在乘用车前部做成折叠区,在撞车时可提供 $400 \sim 700 \mathrm{mm}$ 的变形行程,通过前部折叠区的变形来吸收撞车时的动能,如图 4-66 所示。后部追尾碰撞时的车速通常较低,乘用车后部折叠区的变形行程约为 $300 \sim 500 \mathrm{mm}$。备胎后置有助于减小冲撞加速度,而油箱位置则必须避开折叠区。行李舱盖边缘不能穿过后窗而撞入车内。

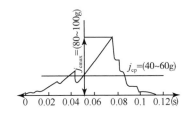

图 4-65 汽车与固定障碍相撞时减速度的变化

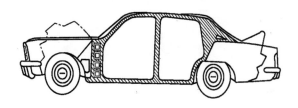

图 4-66 乘用车各部不同的刚度(乘坐区刚度大,保证乘员的生存空间)

折叠区的变形力应满足梯度特性,如图 4-67 所示。即可分为 5 个区段:行人保护、低车速保护、对事故对方共存保护、自身保护(针对本车乘员)以及生存空间。变形力从前向后逐渐增大,从而使得发生轻微碰撞时汽车变形仅限于前部零件。

侧向碰撞时,受到撞击的部位一般是车门和立柱,所包围的区间就是乘员的乘坐区间,碰撞部位的结构件所允许的变形行程很小,吸收能量的能力远小于前部和后部,因而碰撞所引起的车内严重变形对乘客伤害的危险性很高。其伤害危险性程度取决于乘用车侧部的结构强度(立柱和车门的连接、顶部及底部与立柱的连接)、底板横梁和座椅的承载能力以及门内板的设计。

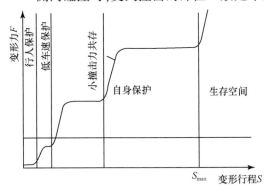

图 4-67 乘用车前部变形力梯度特性

翻车时,车门应保证不能自开。在活顶式乘用车上,可装设展开式翻车保护杆,并约束乘员头部。

2）限制乘员位移

（1）安全带。

安全带可以减轻碰撞过程中乘员伤害程度，是使用最广泛、最简单有效的乘员约束装置。统计数据表明，佩戴安全带可使碰撞事故中乘员伤亡率减少15%～30%。

安全带的基本作用是：当碰撞事故发生时，将乘员约束在座椅上，使乘员头部、胸部不至于向前撞到转向盘、仪表板及风窗玻璃上，使乘员免受车内二次碰撞的危险；同时使乘员不被抛离座椅。在正面碰撞、追尾碰撞及翻车事故中，使用普通安全带对乘员保护效果很好，尤其是对乘员头部、胸部的保护。为减轻在严重碰撞时乘员前移（即乘员沿座椅下滑）所造成的腹部伤害，带收紧器的安全带得到广泛的应用，在碰撞时，收紧器被触发，收紧作用的时间约为5ms，乘员最大前移距离为1cm，因而减小了汽车和乘员间的速度差。安全带同改进的座椅结构及气囊相结合，可大大提高乘员的保护性能。安全带腰部固定点承载能力不应低于22.7kN，肩部固定点则应高于22.9kN。在正常行驶时，安全带可以伸长而不妨碍驾驶员的操作和乘员的基本活动。

安全带的基本类型如图4-68所示。目前在汽车上使用最为广泛的是三点式安全带。腰带用于限制乘员下躯体向前运动，多用于后排座椅和中间座椅。肩带可限制乘员上躯体向前运动。三点式安全带的常用类型是腰肩连续带，既能限制乘员躯体向前运动，又能限制乘员躯体向前过度倾斜。赛车乘员则多用四点式安全带。

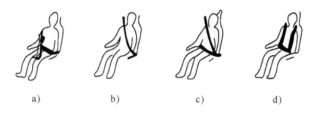

图4-68 安全带的形式

使用安全带可以避免死亡事故的发生或减轻伤亡事故的程度，使用了安全带以后，可把不使用安全带时造成的死亡事故转化为重伤或轻伤，如图4-69所示。以50km/h的车速进行汽车撞墙试验时，乘员头部的减速度变化情况如图4-70所示。使用三点式安全带时，可使驾驶员头部的减速度降低一半。

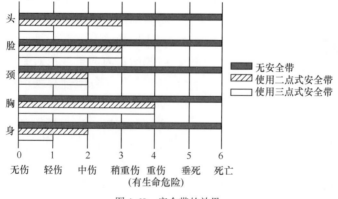

图4-69 安全带的效果

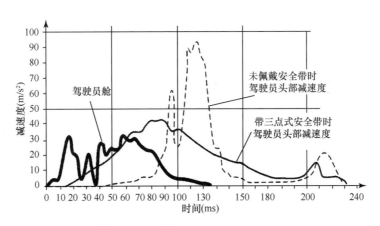

图 4-70　50km/h 撞墙试验时汽车与乘员减速度变化情况

（2）安全气囊。

在发生碰撞时，安全气囊以突然爆炸方式充气，在乘员与安全气囊接触前充满。安全气囊与乘员接触时，立即部分泄气，并以生理上可承受的表面压力和减速力，柔和地吸收能量，从而减小乘员头部和胸部的碰撞损伤。如图 4-71 所示。

驾驶员前部安全气囊的容积为 50～60L，应在 30～35ms 时间内充满氮气；前排乘员前部安全气囊容积 100～140L，要求在 50ms 内充满。驾驶员最大前移空间通常为 12.5 cm，安全气囊放气时间约 100ms，碰撞和能量吸收全过程约在 150ms 内完成。

侧面安全气囊的容积约为 12L，一般装在车门或座椅架上。由于乘员与向内移动的汽车部件之间距离很小，所以侧面安全气囊的响应时间不得超过 3ms，充满时间应小于 10ms。

3）消除车内致伤因素

设计乘坐区时，必须保证乘员生存空间内没有致伤部件。驾驶员与转向盘间的空间对驾驶员伤害程度的影响如图 4-72 所示。由于人体尺寸的差异，乘员乘坐姿势的不同，生存空间的形式也各不相同。

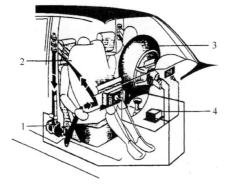

图 4-71　乘员前部安全气囊
1-安全带收紧器；2-前排乘员安全气囊；3-驾驶员安全气囊；4-传感器和备用电源

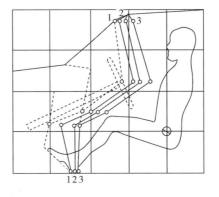

图 4-72　生存空间
1-轻伤；2-重伤；3-有生命危险

统计表明，仪表板下部、转向盘和风窗玻璃引起伤害的事故频数较高。因此，仪表板下部应安装膝部缓冲垫；风窗玻璃应采用钢化玻璃或夹层玻璃；转向盘可采用弹性可变形的结构，转向柱应能弯曲或伸缩。乘员区域内各种部件应软化，材料的燃烧速度要小。

四、外部被动安全性

大多数行人是在交叉路口和道路入口处从侧面被汽车正面所撞。乘用车与行人的平均碰撞速度不超过35km/h。如果汽车速度超过40km/h,则常会导致行人死亡。而对于载货汽车,20km/h的速度已可使行人头部受到致命伤害。汽车与自行车碰撞时速度多为40～50km/h,而与摩托车碰撞的速度则高得多,往往超过65km/h。提高汽车的外部被动安全性,可以减轻交通事故对于所涉及的车外人员的伤害。

1. 乘用车的外部被动安全性

1)乘用车与行人的碰撞

在乘用车与行人碰撞过程中,汽车保险杠首先撞击行人腿部,然后发动机罩前端撞击骨盆,最后头部撞到发动机罩或挡风玻璃上。这时行人被加速到车速,这就是所谓的"一次碰撞"。车速越高,头部撞击点越靠近风窗玻璃。

"一次碰撞"后汽车通常制动减速,行人与汽车分离,行人在汽车前部以与碰撞速度相近的速度撞击路面,产生"二次碰撞"。有的事故中,行人还会被再次辗压,发生"三次碰撞",如图4-73所示。但乘用车与行人一次碰撞的部位和汽车碰撞部件的形状、刚度是决定行人伤害严重程度的主要因素。行人与乘用车碰撞的部位如图4-74所示。

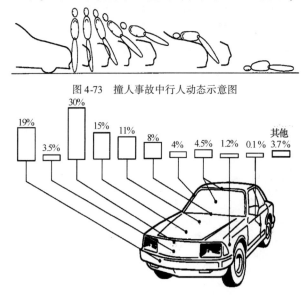

图4-73 撞人事故中行人动态示意图

图4-74 行人与乘用车碰撞部位统计结果

2)提高乘用车外部被动安全性的措施

设计合理的保险杠不仅应考虑到内部被动安全性,而且也应顾及外部被动安全性。为此,要求车辆前后均应装有保险杠。从减轻事故中受伤程度看,行人与保险杠的碰撞部位在膝盖以下为好,保险杠应适当降低。但保险杠过低,会增大头部在发动机罩或风窗玻璃上的撞击速度。所以保险杠高度值常为330～350mm,以保证大部分行人的碰撞部位发生在膝盖以下。保险杠不应有尖角和突出部,并应适当软化。

从安全角度看,应增大发动机罩前端圆角半径,降低机罩高度,减小风窗玻璃倾角。适当软化头部撞击区,并且取消突出部,如刮水器在停止状态时应位于发动机罩下等。

2. 载货汽车的外部被动安全性

与乘用车相比,载货汽车质量、刚度和尺寸都要大得多,在与乘用车正面相撞时,乘用车损坏比载货汽车严重得多。特别是两者尺寸相差悬殊时,乘用车往往"楔入"载货汽车下面,乘用车的前部折叠区不能发挥作用,而导致乘坐区受到破坏。特别是一般载货汽车后部不装保险杠,当发生追尾碰撞事故时,跟随行驶的乘用车"楔入"的可能性增大。因此,对于尾部离地高度不小于0.7m的车辆应装后保险杠,其离地高度为0.38~0.56m。在载货汽车尾部装置缓冲装置,可以减小追尾碰撞时乘用车的损坏程度。

载货汽车与行人相撞时造成的伤亡也远比乘用车严重。发生碰撞时,无论是长头还是平头驾驶室载货汽车,都不会发生乘用车事故中的行人身体在发动机罩上的翻转过程。此时,碰撞直接作用在行人头部或胸部,身体上部直接被抛向前方,在很短时间内行人速度被加速到货车速度,易于造成人员伤亡。如果不采取制动措施,行人将被碾在车下。驾驶室上突出的后视镜、驾驶员上车踏板、保险杠等也容易使行人头部、骨盆和大腿受伤。

五、被动安全性试验

汽车被动安全性试验应尽量再现典型的公路撞车事故的现象,试验中要测定车辆的变形、减速度及负荷。必要时把假人设置在车内,测定有关部位的负荷及变形情况。

1. 实车碰撞法

1)固定壁碰撞试验

采用固定壁碰撞试验方法时,首先把试验车辆加速到预定的碰撞速度,然后与固定壁进行碰撞。通常,汽车碰撞方向与固定壁垂直。由于固定壁的情况不变,可取固定试验特性,并可重复同样的撞车试验,因此可用固定壁碰撞试验评价汽车安全性。

根据碰撞范围的不同可分为全宽碰撞和偏置碰撞如图4-75和图4-76所示。汽车碰撞方向也可与固定壁成一定角度。有时还可在固定壁前面附加各种形状的障碍物,以研究汽车在不同碰撞情况下的特征。

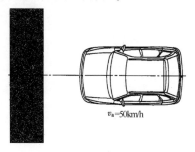

图4-75 正面全宽碰撞试验(水泥混凝土障碍壁,50km/h)

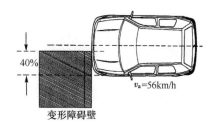

图4-76 40%重叠偏置碰撞试验(蜂窝状铝合金变形壁,56km/h)

正面碰撞中的试验车以及侧向碰撞中的移动障碍壁可用电机牵引加速,也可以用牵引车牵引加速。

2)移动壁碰撞试验

移动壁碰撞试验常用于测试试验车的侧面碰撞和追尾碰撞安全性。试验时,在能行走的台车上装备有一定撞车面积的可移动壁,加速到预定速度后碰撞处于静止状态的试验车。为进行反复试验,台车的构造需要坚固耐用。试验时,应该给碰撞后的试验车留出足够的滑动范围。

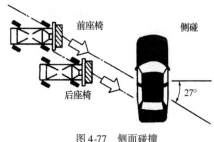

图 4-77　侧面碰撞

侧向碰撞试验时,试验车静止,移动障碍壁向前运动,其运动方向与试验车中轴线成 27°夹角,速度为 53km/h,如图 4-77 所示。移动障碍壁的碰撞材料为铝制蜂窝状材料。

为了检查车辆碰撞后双方车辆的外形和刚度的变化情况,要进行车对车的碰撞试验,一般有正面碰撞、侧面碰撞和尾部碰撞三种。

2. 模型撞车法

在新车设计阶段可以采用模型撞车法,一般用 1∶2 模型。这种试验方法费用较低,准备时间短,且便于多方案比较。如果仅对某些部件进行变形研究,可采用 1∶1 的复合试验车,即在现在生产的车辆上作一定改动,装上研究的部件所构成的试验车作撞车试验。这种方法常用于理论研究和局部改进。

3. 部件试验

常用静态加载法对车门、车顶、驾驶室后围、座椅和安全带进行强度和刚度试验。用冲击试验测定保险杠的性能,测定发生事故时仪表板、转向盘等部件对人体的伤害程度。

4. 假人试验

为了确定撞车试验中车内乘员所受伤害的严重程度,广泛采用专门制作的模拟人(假人)。其各部肢体在形状、运动学和动力学性能方面都与真人严格相似,头部还附有软化材料模拟肌肉和皮肤。在头、胸、背和大腿部都装有传感器,测定减速度和负荷。

复 习 题

一、问答题

1. 什么是主动安全性?什么是被动安全性?
2. 什么是汽车的制动性?其评价指标是什么?
3. 什么是制动效能?制动效能的评价指标有哪些?
4. 什么是制动效能的恒定性?
5. 什么是制动时的汽车的方向稳定性?
6. 什么是地面制动力和制动器制动力?
7. 什么是滑移率?滑动率与附着率有什么关系?
8. 什么是纵向附着率和侧向附着率?
9. 什么是峰值附着系数和滑动附着系数?
10. 制动距离取决于哪些因素?
11. 影响制动力大小的因素有哪些?
12. 什么是制动器起作用时间?

13. 什么是制动器的热衰退和水衰退?
14. 什么是制动跑偏和制动侧滑?
15. 产生制动跑偏和制动侧滑的原因是什么?
16. 什么是汽车的操纵稳定性?
17. 什么是侧偏现象和侧偏特性?
18. 影响轮胎侧偏刚度的主要因素有哪些?
19. 什么是汽车的稳态转向特性?
20. 什么是中性转向、不足转向和过多转向?
21. 什么是稳定性因数和稳态横摆角速度增益?
22. 什么是特征车速和临界车速?
23. 提高汽车被动安全性的措施主要有哪些?

二、综述(分析)题

1. 什么是地面制动力、制动器制动力,它们与附着力之间有怎样的关系?
2. 为什么制动防抱死系统(ABS)能使汽车获得较好的制动性?
3. 分析制动过程中,附着率、附着系数与滑移率的关系。
4. 某总重为 G 的汽车紧急制动时,车轮同时抱死拖滑,若滑移系数为 μ_j,分析此时汽车所能达到的减速度。
5. 分析制动稳定性的条件,若空载制动时汽车前后轴制动力的分配刚好满足该条件,则当该车满载质心后移后,其制动稳定性可能会发生什么变化,为什么?
6. 产生制动侧滑的原因是什么? 为什么汽车后轴侧滑比前轴侧滑有更大的危险性?
7. 某汽车制动时,前后轴制动力之比大于(小于)前后轴垂直载荷之比,分析其制动稳定性。
8. 某轿车前、后轴制动力分配为定比分配,其定比系数为 K_ϕ,若空载(满载)时在附着系数为 μ_ϕ 的道路上,该车前、后轴同时抱死拖滑,试分析当满载(空载)时该汽车的制动性能将发生怎样的变化?
9. 什么是 I 曲线和 β 曲线? 什么是制动力分配系数?
10. 什么是同步附着系数? 其意义是什么,如何确定?
11. 如何进行汽车制动性的道路试验和室内台架试验?
12. 分析装用刚性车轮的汽车转向时的转向半径和转向角速度。
13. 分析装用弹性车轮的汽车转向时的转向半径和转向角速度。
14. 影响汽车转向特性的主要因素有哪些?
15. 如何判断汽车的稳态转向特性?
16. 如何用稳定性因数表示汽车的转向特性?
17. 分析具有过多转向特性的汽车为什么操纵稳定性不良?
18. 分析具有适度不足转向特性的汽车为什么具有较好的操纵稳定性?
19. 说明"特征车速"的含义,当车速接近或达到该车速时会发生什么现象?
20. 说明"临界车速"的含义,当车速接近或达到该车速时会发生什么现象?
21. 质心前移或后移,汽车转向特性会发生什么变化,为什么?
22. 汽车空载和满载时的操纵稳定性有什么差别?

23. 前轴角振动如何引起转向轮摆振？
24. 车轮不平衡如何引起转向轮摆振？
25. 悬架与转向杆系的运动不协调如何引起转向轮摆振？
26. 弹性轮胎的回正力矩是如何产生的？其大小变化趋势如何？
27. 为什么转向轮主销内倾可产生回正效应？
28. 为什么转向轮主销后倾可产生回正效应？
29. 如何进行汽车操纵稳定性有关项目的试验？
30. 某轿车装用侧偏刚度为 33kN/弧度的斜交帘线轮胎时呈现中性转向特性，若前轴换装侧偏刚度为 46kN/弧度的子午线轮胎。

①该车将具有何种稳态转向特性？为什么？

②对该车的操纵稳定性进行分析。

31. 某轿车重 2kN，轴距 3m，重心距前轴 1.3m，以下三种情况下各具有什么稳态转向特性？

①如果前轴装一对子午线轮胎，每个轮胎的侧偏刚度为 −46kN/弧度，后轴装一对斜交帘线轮胎，每个轮胎的侧偏刚度为 −33kN/弧度；

②前、后轴均装子午线轮胎；

③前、后轴均装斜交帘线轮胎。

32. 采用安全车身为什么能提高汽车的被动安全性？
33. 简述安全带的作用和工作原理。
34. 简述安全气囊的作用和工作原理。

第五章 汽车的通过性和行驶平顺性

第一节 汽车的通过性

在一定载质量下,汽车能以足够高的平均车速通过各种坏路及无路地带和克服各种障碍的能力,称为汽车的通过性。

汽车的通过性可分为轮廓通过性和牵引支承通过性。前者是表征车辆通过坎坷不平路段和障碍的能力;后者是指车辆能顺利通过松软土壤、沙漠、雪地、冰面、沼泽等地面的能力。

农林区、矿区、建设工地等使用的车辆和军用车辆,经常行驶在坏路和无路地带。因此,要求这些汽车应具有良好的通过性。

一、汽车通过性的评价指标

1. 轮廓通过性的评价指标

当通过坎坷不平路段和障碍时,由于汽车与不规则地面的间隙不足,可能出现汽车被托住而无法通过的现象,称为间隙失效。中间底部的零件碰到地面,而被顶住的间隙失效称为顶起失效;前端或车尾触及地面而不能通过的间隙失效称为触头失效或托尾失效。

与间隙失效有关的整车几何尺寸,决定着汽车的轮廓通过性,称为汽车通过性的几何参数,如图 5-1 所示。主要包括:最小离地间隙、接近角、离去角、纵向通过角、最小转弯半径等,其数值范围见表 5-1。

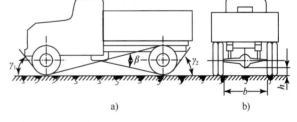

图 5-1 汽车通过性几何参数

h-最小离地间隙;b-两侧轮胎内缘间距;γ_1-接近角;γ_2-离去角;β-纵向通过角

汽车通过性的几何参数　　　　表 5-1

汽车类型	驱动形式	最小离地间隙 h (mm)	接近角 γ_1 (°)	离去角 γ_2 (°)	最小转弯半径 R_H (m)
乘用车	4×2	120~200	20~30	15~22	3.5~6.5
	4×4	210~370	45~50	35~40	5~8
货车	4×2	250~300	25~60	25~45	4~7
	4×4、6×6	260~350	45~60	35~45	5.5~10.5
越野车(乘用)	4×4	210~370	45~50	35~40	5~8
客车	6×4、4×2	220~370	10~40	6~20	7~11

最小离地间隙 h(mm)指:满载、静止时,汽车除车轮之外的最低点与支撑平面之间的距离,用于表征汽车无碰撞地越过石块、树桩等障碍物的能力。前桥的离地间隙一般比飞轮壳的离地间隙小,以便利用前桥保护较弱的飞轮壳免受冲碰;后桥内装有直径较大的主传动齿轮,一般离地间隙最小。

接近角 γ_1(°)指:满载、静止时,自车身前端突出点向前车轮所引切线与路面之间的夹角,表征汽车接近障碍物(如小丘、沟洼地等)时,不发生碰撞的能力。

离去角 γ_2(°)指:满载、静止时,自车身后端突出点向后车轮所引切线与路面之间的夹角,表征汽车离开障碍物(如小丘、沟洼地等)时,不发生碰撞的能力。

纵向通过角 β(°)指:满载、静止时,在汽车侧视图上通过前、后车轮外缘做切线交于车体下部较低部位所形成的最小锐角,表征汽车可无碰撞地通过小丘、拱桥等障碍物的轮廓尺寸。纵向通过角 β 越大,汽车顶起失效的可能性越小。

最小转弯半径 R_H(m)指:转向盘向左或向右转到极限位置,汽车以最低稳定车速转向行驶时,车辆外转向轮印迹中心在其支承面上的轨迹圆半径中的较大者,如图5-2所示。表征汽车在最小面积内的回转能力和通过狭窄弯曲地带或绕过障碍物的能力。

内轮差 d(m)指:转向轴和末轴的内轮印迹中心在车辆支承平面上的轨迹圆半径之差,如图5-2所示。

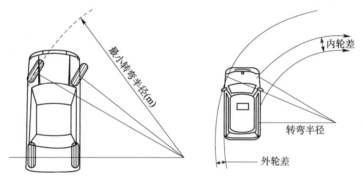

图5-2 最小转弯半径和内轮差

转弯通道圆指:转弯通道外圆与转弯通道内圆之间的通道,如图5-3所示。

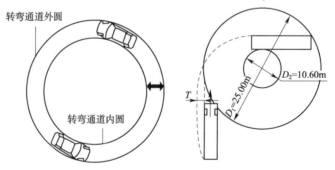

图5-3 转弯通道圆

转向盘转至极限位置,汽车以最低稳定车速转向行驶时,车辆所有点在车辆支承平面上的投影均位于圆外的最大内圆称为转弯通道内圆;包含车辆所有点在车辆支承平面上的投影均位于圆内的最小外圆称为转弯通道外圆。车辆的向左和向右转弯通道圆通常并不相等。转弯通道圆的最大内圆直径越大,最小外圆直径越小,车辆所需的通道宽度越窄,通过性越好。

GB 7258—2012《机动车运行安全技术条件》规定:汽车和汽车列车应能在同一个车辆通道圆内通过,车辆通道圆的外圆直径 D_1 为 25.00m,车辆通道圆的内圆直径 D_2 为 10.60m;汽车和汽车列车、轮式拖拉机运输机组由直线行驶过渡到上述圆周运动时,任何部分超出直线行驶时的汽车外侧面垂直面的外摆值 T 不应大于 0.80m,对于铰接客车和铰接式无轨电车,外摆值不允许大于 1.20m,如图 5-3 所示。

2. 牵引支承通过性的评价指标

牵引支承通过性的主要评价指标包括:最大单位驱动力、附着质量、附着质量系数及车辆接地比压。

为了充分利用地面的附着能力,保证汽车的通过性,除了减小行驶阻力外,还必须增大汽车的最大单位驱动力,即单位总重的最大驱动力 F_{tmax}(N)。

$$F_{\text{tmax}} = \left(\frac{M_{\text{emax}} \cdot i_g \cdot i_0 \cdot i_R \cdot \eta_t}{G \cdot r} \right)_{\text{max}}$$

式中:i_R——分动器传动比。

低速行驶时,若忽略空气阻力,最大单位驱动力等于最大动力因数。为了获得足够大的单位驱动力,要求越野汽车有较大的比功率以及较大的传动比。因此,必须提高发动机功率,并在传动系中增加副变速器或分动器,以增大传动系的总传动比。

附着质量 M_ϕ 指汽车驱动轴的载质量,附着质量系数 K_ϕ 即汽车附着质量 M_ϕ 与总质量 M 之比。

汽车在松软地面上行驶时,首先应满足附着条件的要求,即:

$$M_\phi \cdot g \cdot \phi_s \geq M \cdot g \cdot \psi$$

式中:ψ——道路阻力系数;

ϕ_s——滑动附着系数。

要满足附着条件,汽车的附着质量系数 K_ϕ 应满足:

$$K_\phi = \frac{M_\phi}{M} \geq \frac{\psi}{\phi_s}$$

K_ϕ 值大时,有利于汽车在坏路面上行驶,通过性得以提高。为了提高汽车的牵引支承通过性,应对其提出明确的要求,保证汽车具有足够大的附着质量和附着质量系数。

车轮接地比压 p_τ(kPa)指车轮对地面的单位压力。汽车在松软地面上行驶时,其滚动阻力系数和附着系数都与车轮接地比压直接有关。车轮接地比压小,轮辙深度小,车轮的行驶阻力和车轮沉陷失效的概率就小。同样,当汽车行驶在黏性土壤和松软雪地上时,降低车轮接地比压可使得车轮接地面积增加,提高地面承受的剪切力,使车轮不易打滑。

车轮接地比压 p_τ 与轮胎气压 p_w 有关,车轮在硬路面上承受额定载荷时,其关系式为:

$$p_\tau = K_w \cdot p_w$$

系数 $K_w = 1.05 \sim 1.20$,其大小取决于轮胎刚度。轮胎的帘布层多时,K_w 值较大。

车轮的接地比压与轮胎气压成正比,当汽车在松软地面上行驶时,降低车轮接地比压,可减小轮辙深度,从而减小滚动阻力。

二、汽车的倾覆失效

1. 汽车的纵向倾覆

汽车在纵向坡道上等速行驶时的受力情况如图 5-4 所示。随着坡度角 a(°)增大,前轮的地面法向反作用力 F_{z1} 逐渐减小,当 $F_{z1}=0$ 时,汽车将绕后轴纵翻。当坡度较大时,车速较低,若忽略空气阻力,则有:

$$L_2 \cdot G \cdot \cos\alpha - h_g \cdot \sin\alpha = 0$$

整理得,汽车纵翻时的坡度角 α_f 满足:

$$\tan\alpha_f = \frac{L_2}{h_g}$$

质心高度 h_g(m)较小,质心距后轴的距离 L_2(m)较大时,汽车不易发生纵翻。

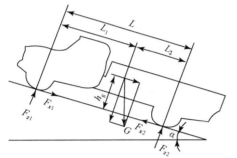

图 5-4 汽车在纵坡上等速行驶时的受力图

另一方面,汽车上坡时也可能发生车轮滑转。越野汽车大多是全轮驱动,当以较低速度等速上坡时,若道路的滑动附着系数为 ϕ_s,有:

$$G \cdot \sin\alpha_h = G \cdot \cos\alpha_h \cdot \phi_s$$

车轮发生滑转所对应的坡度角 a_h 满足:

$$\tan\alpha_h = \phi_s$$

若在坡度 $\alpha > \alpha_h$ 的道路上行驶,汽车将发生纵向滑移。为避免汽车纵翻,汽车纵向滑移应发生在纵翻之前,即应满足 $\alpha_h < \alpha_f$。此时,应满足如下条件:

$$\frac{L_2}{h_g} > \phi_s$$

2. 汽车的侧向倾覆

与纵翻比较,汽车侧翻更为常见。侧翻分为由于侧坡引起的侧翻和由于侧向惯性力引起的侧翻两种情况。

汽车在侧坡上直线行驶时,当侧向坡度角 β(°)大到汽车一侧车轮的地面法向反作用力等于零时,汽车将发生侧翻,如图 5-5 所示。此时有:

$$G \cdot h_g \cdot \sin\beta = G \cdot \frac{B}{2} \cdot \cos\beta$$

侧翻时,侧向坡度角 β_f 满足:

$$tg\beta_f = \frac{B}{2 \cdot h_g}$$

在侧向力作用下汽车也可能发生沿侧向坡的侧滑,此时有:

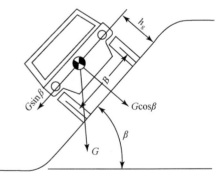

图 5-5 汽车的侧向倾覆

$$G \cdot \sin\beta_h = G \cdot \cos\beta_h \cdot \phi_s$$

侧滑对应的侧向坡度角 β_h 满足:

$$\tan\beta_h = \phi_s$$

若使侧滑发生在侧翻之前，β_h 应小于 β_f，此时所应满足的条件是：

$$\frac{B}{2 \cdot h_g} > \phi_s$$

汽车高速曲线行驶时，由于惯性力的作用也可能导致侧翻。汽车等速圆周运动时的受力情况如图 5-6 所示。若车速为 v_a(km/h)，圆周半径为 R(m)，汽车总重为 G(N)，则所产生的惯性力 F_j(N) 为：

$$F_j = \frac{G}{g} \cdot \frac{v_a^2}{12.96 \cdot R}$$

侧翻时，有：$F_j \cdot h_g = G \cdot \frac{B}{2}$，因此，侧翻时所对应的车速 v_{af} (km/h) 为：

$$v_{af} = \sqrt{\frac{6.48 \cdot g \cdot B \cdot R}{h_g}}$$

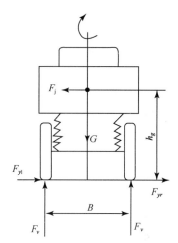

图 5-6 汽车圆周行驶受力情况

在惯性力 F_j(N) 作用下，汽车也可能发生侧滑，此时有：

$$F_j = \frac{G}{g} \cdot \frac{v_a^2}{12.96 \cdot R} = G \cdot \phi_s$$

所对应的车速 v_{ah}(km/h) 为：

$$v_{ah} = \sqrt{12.96 \cdot R \cdot g \cdot \phi_s} = 3.6\sqrt{R \cdot g \cdot \phi_s}$$

若使侧滑发生在侧翻之前，v_{ah} 应小于 v_{af}，此时须满足的条件也是：

$$\frac{B}{2 \cdot h_g} > \phi_s$$

$\frac{B}{2 \cdot h_g}$ 称为侧向稳定性系数。为了保证汽车高速行驶的横向稳定性，汽车应力求保持一定轮距，并尽量降低质心高度，以增大汽车的侧向稳定性系数。

由此可见，汽车在侧向坡道行驶或在水平弯道转弯行驶时，其侧滑先于侧翻发生的条件相同。在结构上，通过合理增大轮距 B 并降低质心高度 h_g，可以使上述条件得以满足，使侧滑先于侧翻发生。但实际使用中，若大量装运轻泡物品或物品偏置于车厢一侧，当转动转向盘过急且车速太高时，汽车仍可能发生侧翻。

尽管汽车侧滑可能没有侧翻导致的后果严重，但侧滑也易于导致交通事故。因此为保障交通安全，汽车转弯时应降低车速。若公路弯道处的外侧高于内侧，则可以使重力的侧向分力与离心力得以平衡，可以避免侧滑或侧翻。

为避免侧翻的发生，车辆的侧倾稳定角应满足 GB 7258—2012《机动车运行安全技术条件》关于侧倾稳定角的规定。

需要说明的是，以上分析过程中均假定前、后轴同时发生侧滑。在汽车实际运行中，往往某一车轴先发生侧滑。单轴发生侧滑,特别是汽车后轴发生侧滑时,对稳定性有非常不利的影响。显然,单轴侧滑通常发生在双轴侧滑之前。因而,汽车应尽量避免在大的侧向坡上行驶,转弯时车速不能太高。

另外,以上分析过程均未考虑离心力作用下的汽车侧倾。实际上,在离心力作用下产生的车厢侧倾角和由重力而产生的翻倾力矩,会减小车辆在侧向坡道上行驶时翻倾所对应的坡度角,也会降低汽车在弯道上转弯行驶时翻倾所对应的车速。

为防止汽车在急转弯时出现打滑、甚至失控等危险情况,有些轿车上装有电子稳定系统(ESP)。该系统通过主动调控发动机的转速,并调整每个车轮的驱动力和制动力,来防止汽车前轴和后轴侧滑,提高汽车行驶的稳定性,缩短汽车在弯道或湿滑路面上紧急制动时的制动距离,使车辆在各种状况下保持最佳的稳定性。

三、影响汽车通过性的因素

1. 影响汽车通过性的结构因素

1)行驶系的结构

轮胎花纹、直径、宽度和车轮、车桥、悬架的结构设计参数等对汽车越野行驶时的滚动阻力和附着能力有较大影响。

轮胎花纹对附着系数有很大影响。轮胎花纹可分为三类:通用花纹、越野花纹及混合型花纹。通用花纹有纵向肋,花纹细而浅,在较好路面上行驶时,其附着性较好且滚动阻力较小;越野花纹宽而深,在松软地面上行驶时,嵌入土壤的花纹增大了土壤的剪切面积,提高了附着系数。当路面潮湿时,由于只有凸起部分与地面接触,压强增大,可以挤出水层保持足够的附着系数。矿山、建筑工地以及一些在松软路面上使用的越野汽车均选用越野花纹轮胎;混合花纹介于通用花纹与越野花纹之间,适用于在城市乡村之间路面上行驶的汽车。现代重型货车驱动轮的轮胎也采用这种花纹。

增大轮胎直径和宽度都能降低轮胎的接地比压。但增大轮胎直径会使惯性增大,汽车重心升高,还需增大传动系传动比。增大轮胎宽度不仅能降低轮胎接地面比压,还允许胎体有较大变形,因此可降低轮胎气压。若将后轮的双胎换为一个断面比普通轮胎大 $2\sim2.5$ 倍的低气压拱形轮胎,接地面积将增大 $1.5\sim3$ 倍,接地比压大幅度减小,使汽车在沙漠、雪地、沼泽地面上行驶的通过性得以提高。但这种特种轮胎,由于花纹较大,气压过低,不宜在硬路面上工作,否则轮胎将过早损坏和迅速磨损。

在越野行驶中,经常以很低的车速去越过某些垂直障碍物,如台阶、壕沟、水平壕沟等。后轮驱动的 4×2 汽车的越障能力比 4×4 汽车约降低一半。汽车越过障碍物的能力与车轮半径 r 和驱动轴数目有关,如图 5-7 所示。对于后轮驱动的汽车,所能克服的垂直障碍物的最大高度为 $h\approx\frac{2}{3}\cdot r$;对于双轴驱动的汽车为 $h\approx r$。如果壕沟边沿足够结实,单轴驱动的双轴汽车所能越过壕沟宽度为 $b\approx r$;双轴驱动的汽车则为 $b\approx 1.2\cdot r$。增加驱动桥数,不但增大了附着质量及驱动轮接地面积,还可以发挥更大的驱动力并减少滑转,有利于提高通过垂直台阶和壕沟的能力;驱动轮及其数目对汽车的爬坡能力有很大影响,前驱动汽车上坡时的通过性最差,全轮驱动车辆爬坡能力最大。因此,越野汽车都采用全轮驱动。

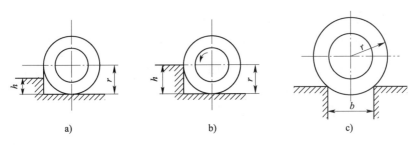

图 5-7 车轮半径与汽车越过障碍物壕沟能力的关系
a)后轮驱动能克服垂直障碍物最大高度;b)双轴驱动能克服垂直障碍物的最大高度;c)越过壕沟宽度

在松软的路面上,采用双轮胎车轮的滚动阻力比采用单轮胎车轮的滚动阻力大。因此,采用单轮胎可减小行驶阻力。

在松软地面上行驶时,各车轮都要克服形成轮辙的阻力。如果前、后轮距相等,且轮胎宽度相同,则前后轮辙重合,后轮可以沿着被前轮压实的轮辙行驶,滚动阻力减小,可以提高汽车通过性。所以,多数越野车的前轮距与后轮距相等。

前、后轮距相等的汽车行驶在松软地面时,当前轮接地比压比后轮的接地比压小20%~30%时,汽车滚动阻力最小。为此,设计汽车时,可将负荷合理分配于前、后轴;也可改变使前、后轮胎的充气压力,以产生不同接地比压。

装用非独立悬架多轴驱动的越野汽车通过坎坷不平地面时,常会引起某个驱动车轮的垂直载荷大幅度减小,乃至离开地面而悬空,使驱动车轮失去与地面的附着而影响通过性。独立悬架和平衡式悬架允许车轮与车架间有较大的相对位移,能使驱动车轮与地面经常保持接触,可以保证有较好的附着性能。同时独立悬架可显著地增大汽车的最小离地间隙,提高汽车的通过性。

2)传动系的结构

汽车传动系采用副变速器、液压传动、高摩擦式差速器和驱动防滑系统(ASR)等,可以改善汽车的通过性。

为提高汽车的牵引支撑通过性,汽车传动系应采用多挡位大传动比变速器。若进一步增设副变速器,可以增大总传动比,获得足够大的驱动力;同时,可使汽车能在极低的速度下稳定行驶,减轻对土壤的剪切破坏,提高附着力。

装有普通机械传动系的汽车在起动或负荷变化时,由于各部件刚性结合传递转矩,因此驱动轮转矩急剧上升,对土壤产生震动和剪切,土壤结构被破坏,使轮辙加深,起步及行驶困难。

传动系装有液压变矩器或液压耦合器时,能提高发动机工作稳定性,能使驱动轮转矩逐渐而平顺增长,使汽车长时间低速稳定行驶;液压传动还能消除机械式传动系经常发生的扭转振动现象,避免驱动力的周期性冲击,可减轻土壤结构的破坏和车轮滑转,减小轮辙深度,以减小滚动阻力并提高附着力。

普通齿轮差速器的内摩擦力矩很小,可以忽略不计,故左、右半轴的转矩近似相等。这样,如果一侧驱动轮与路面的附着较差(例如陷入泥泞或在冰面上),其驱动力受附着力限制等于 F_φ 时,在另一侧驱动轮的驱动力与之相等。因此,汽车驱动力最大值 F_{tmax} 为:

$$F_{tmax} = 2 \cdot F_\varphi$$

由于受到附着力的限制,会因最大驱动力F_{tmax}过小而失去通过性。

高摩擦式差速器的内摩擦力矩T_r较大,因而传动轴输入的转矩不是平均分配到各驱动轮上。如果一侧驱动轮由于附着力不足而滑转,因其转速增大,传给它的转矩就会减小$\frac{T_r}{2}$,而另一侧车轮的转矩就增大$\frac{T_r}{2}$。因而,汽车驱动力最大值F_{tmax}为:

$$F_{tmax} = 2 \cdot F_\phi + \frac{T_r}{r}$$

式中:r——轮胎半径,m。

可见,采用高摩擦式差速器后,汽车驱动力的最大值增大$\frac{T_r}{r}$。越野汽车常采用高摩擦式差速器,例如凸轮式、蜗杆式等。这时总驱动力可增加10%~15%,因而提高了汽车的通过性。

为避免一侧驱动轮受到附着力限制出现滑转而使整车驱动力受到限制,某些汽车装有差速锁,以便必要时锁止差速器。

汽车行驶时,如路面的附着系数小,经常出现驱动轮滑转现象。此时,汽车动力性的发挥受到限制,产生的驱动力很小,不足以克服行驶阻力,使汽车的通过性下降;驱动轮胎滑转还增强了轮胎磨损,降低了轮胎的使用寿命;并使汽车抗侧向力的能力下降,易于发生侧滑,影响汽车行驶的横向稳定性。

装用驱动防滑系统(ASR)可以有效避免驱动轮滑转。ASR系统的主要作用是,自动调节发动机输送到驱动轮的转矩。汽车行驶中,若一侧车轮滑转超过规定值时,控制系统发出控制指令,对滑转车轮施加制动,使之减速。当减速至规定值后,停止制动。若又开始滑转,则重复上述循环过程。

随着电子技术的发展,汽车防抱死制动系统(ABS)在汽车上的应用逐渐增大,ASR系统是ABS系统的延伸,前者用于保证汽车在制动过程中的稳定性和转向性能,而后者用于在驱动过程中保证驱动附着条件,充分发挥驱动力,保护汽车驱动稳定性。

2. 影响汽车通过性的使用因素

汽车越野行驶时,汽车行驶车速、轮胎气压、防滑设施和汽车驾驶技术都对汽车的通过性有很大影响。

汽车低速行驶时,土壤剪切和车轮滑转的倾向减小。因此,在困难路段低速行驶,可改善汽车通过性。越野汽车所要求的最低稳定车速见表5-2。为此,越野汽车传动系的传动比一般较大,其最低稳定行驶速度v_{amax}(km/h)为:

$$v_{amax} = 0.377 \cdot \frac{n_{min} \cdot r}{i_g \cdot i_0 \cdot i_R}$$

式中:n_{min}——发动机的最低稳定转速,r/min。

越野汽车的最低稳定车速　　　　　　表5-2

汽车质量(t)	<19.6	<63.7	<78.4	>78.4
最低稳定车速(km/h)	≤5	≤2~3	≤1.5~2.5	≤0.5~1

轮胎气压较低时,可以增大轮胎与地面的接触面积,降低单位压力,使轮辙深度减小,降低滚动阻力。降低轮胎气压增大接地面积后,胎面凸起部分嵌入土壤的数目增多,因而可显著提高附着系数。但当汽车在硬路面上行驶时,降低轮胎气压可使轮胎变形过大而导致滚动阻力显著上升,并缩短轮胎使用寿命。

为了提高越野汽车通过松软地面的能力,同时减小在硬路面上行驶时的滚动阻力,可装用轮胎中央充气系统,使驾驶员能够根据道路情况,随时调节轮胎气压。通常,越野汽车的轮胎气压可以在 49～343kPa 范围内变化。

汽车在表面泥泞而下层坚硬(如雨后的泥路)的道路上行驶时,提高通过性的最简单办法是在轮胎上套装防滑链条。链条能挤开表面水层而直接与地面坚实部分接触,可以提高附着力。

驾驶技术对汽车通过性的影响很大,为提高汽车通过性,应注意以下几点:

①通过沙地、泥泞、雪地等松软地面时,应该用低速挡,以保证车辆有较大的驱动力和较低的行驶速度。行驶中应避免换挡和加速,并保持直线行驶。

②后轮双胎的汽车,两胎间常会夹杂泥石,或车轮表面粘附泥土,使附着系数降低,滑转趋势增强。此时,可以适当提高车速,将车轮上的泥甩掉。

③传动系装有差速锁时,应在到达可能使车轮滑转的地段前将差速器锁住。因为车轮滑转后,土壤表面就会被破坏,滑动附着系数下降,再锁住差速锁时就不会起显著作用。当离开不良路段后,应脱开差速锁。

④为了提高越野汽车的涉水能力,应注意发动机的分电器总成、火花塞、曲轴箱通气口等处的密封,并提高空气滤清器的位置,不得使其浸入水中。

四、汽车通过性试验

1. 汽车通过性参数测试

1)测试条件

①测试场地应具有水平坚硬覆盖层的支承表面,其大小应允许汽车作全圆周行驶。

②汽车转向轮应以直线前进状态置于测试场地上。

③汽车轮胎气压应符合设计要求。

④汽车前轮最大转角应符合该车的技术条件规定。

2)测试仪具

①高度尺:量程 0～1000mm,最小刻度 0.5mm。

②离地间隙仪:量程 0～500mm,最小刻度 0.5mm。

③角度尺:量程 0°～18°,最小刻度 1°。

④钢卷尺:量程 0～20m,最小刻度 1mm。

⑤行驶轨迹显示装置。

⑥水平仪。

3)测试部位及载荷状况

接近角、离去角、纵向通过角的测试部位如图 5-1a)所示,测试的载荷状况分别测空载和满载两种状况。

测试最小离地间隙时,应测试支承平面与车辆中间部分最低点的距离且指明最低点部件(图5-1b),测试的载荷状况为满载。

汽车转弯直径(图5-2)的测定步骤如下:

在前外轮和后轮胎面中心的上方,在车体离转向中心最远点和最近点垂直地面方向,分别装置行驶轨迹显示装置。

汽车以低速行驶,转向盘转到极限位置,保持不动,待车速稳定后起动显示装置,使各测点分别在地面上显示出封闭的运动轨迹之后,将车开出轨迹外。

用钢卷尺测试各测点在地面上形成的轨迹圆直径,应在互相垂直的两个方向测试,取算术平均值作为测试结果。

汽车向左转和向右转各测定一次。

2. 汽车稳定性参数的测试

汽车横向侧翻的临界角度 a_f 与汽车的轮距 B 和质心高度 h_g 有关。汽车左侧和右侧倾斜最大侧倾稳定角应满足 GB 7258—2012《机动车运行安全技术条件》的规定。

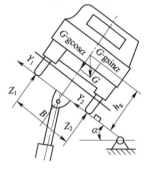

图 5-8 横向稳定角试验

在汽车倾斜试验台上检验汽车静态横向稳定性时(图5-8),应使汽车的纵向中心线平行于倾斜试验台转轴的中心线,将汽车制动后,用绳索在汽车将出现滑移或翻倒的反方向上拉住,但绳索上不应预先施加拉力。此后,将试验台缓慢而稳定地倾斜,当倾斜角达到规定的值时,车辆不翻倾为合格。如若测取某车辆的最大横向稳定角,则将倾斜试验台继续缓慢而稳定地倾斜,当汽车出现侧滑或翻转时,即刻从试验倾斜角度指示盘上记下读数值。以同样的方法,左右倾斜各 2~3 次,而后取其平均值作为车辆的最大横向稳定角。

3. 牵引试验

汽车牵引性能试验主要用于确定汽车牵引挂车的动力性能,包括牵引力性能试验和最大拖钩牵引力性能试验。其试验方法按国家标准 GB/T 12537—1990《汽车牵引性能试验方法》进行。

第二节 汽车的行驶平顺性

汽车在不良道路上行驶时,常因振动过大而被迫降低行车速度,其实际行驶速度主要取决于行驶平顺性;其次,振动产生的动载荷,会加速零件磨损乃至引起损坏;此外,振动还会消耗能量,使燃料经济性变坏。因此,减轻汽车振动,提高汽车的平顺性,不仅关系到乘坐舒适和所运货物的完整,而且关系到汽车运输生产率、燃油经济性、使用寿命和工作可靠性等。

一、汽车行驶平顺性的概念

汽车行驶平顺性指:行驶过程中,保证乘员不会因车身振动而引起不舒服和疲劳的感觉以及保持所运货物完整无损的性能。由于行驶平顺性主要根据乘员的舒适程度评价,因此又称为乘坐舒适性。

汽车是一个复杂的多质量振动系统,其车身通过悬架与车桥连接,而车桥又通过弹性轮胎与道路接触。发动机、驾驶室等固定于车架上时,其间也衬有橡胶垫。在激振力作用(如道路不平而引起的冲击和加速、减速时的惯性力等)下,或当发动机、传动系等在运转中发生振动时,系统也将激发复杂的振动,从而对乘员的生理反应和所运货物的完整性产生不利影响。车身振动频率较低,其共振区通常在低频范围内。为保证汽车具有良好的平顺性,应使车身共振所对应的行驶速度尽可能地远离汽车的常用行驶速度。

研究汽车行驶的平顺性主要涉及如下两方面问题:

①如何避免汽车这个"振动系统"的"共振"现象。

②使"振动系统"输出的振动频率避开人体敏感的范围,振动加速度不超过人体所能承受的强度。

二、汽车行驶平顺性的评价

汽车行驶平顺性的评价方法,通常是根据人体对振动的生理反应及振动对保持货物完整性的影响来制订的,并用振动的物理量,如振动频率、振幅、振动加速度等作为行驶平顺性的评价指标。

1. 人体对振动的反应

人体对振动的反应既与振动频率及强度、振动作用方向和暴露时间有关,也与乘员的心理、生理状态有关。

大量试验表明,人体对不同方向的振动的感受存在差异,对上下振动忍耐性最强,其次是前后振动,对左右振动最敏感。人体上下振动的共振点大约在 4~8Hz,水平振动的共振点大约在 1~2Hz。如果在共振点上施加振动,人体的抗振能力会严重下降,氧气消耗量剧增,能量代谢加快。

暴露时间是指人体处于振动环境的时间。暴露时间越长,人体所能承受的振动强度越小。

20 世纪 70 年代初,国际标准化组织(ISO)在综合了大量有关人体全身振动的研究成果的基础上,制定了国际标准 ISO2631《人体承受全身振动评价指南》。经过对该标准的修订和补充,于 1997 年公布了 ISO2631-1:1997(E)《人体承受全身振动评价-第一部分:一般要求》,该标准用于评价长时间作用的随机振动和多输入点多轴向振动环境对人体的影响时,能更好地符合人的主观感觉。我国对相应标准进行了修订,公布了 GB/T 4970—1996《汽车平顺性随机输入行驶试验方法》。

ISO2631-1:1997(E)《人体承受全身振动评价-第一部分:一般要求》规定的人体坐姿承受振动模型见图 5-9 所示。表明在进行汽车平顺性评价时,应考虑三个输入点 12 个轴向的振动。即:除了考虑座椅支承面所输入的三个方向的线振动(x_s、y_s、z_s)外,还要考虑三个方向的角振动(r_x、r_y、r_z),以及座椅靠背和脚支承面两个输入点各三个方向的线振动。

此标准根据人体对不同频率振动的敏感程度不同,规定了各轴向 0.5~80 Hz 的频率加权函数(渐进线),如图 5-10 所示。考虑到不同输入点和轴向的振动对人体影响的差异,标准还给出了各轴向振动的轴加权系数 k,见表 5-3。即:对于三个输入点 12 个轴向,分别选用相应频率加权函数 w 和相应的轴加权系数 k。

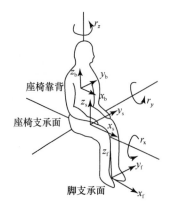

图 5-9 人体坐姿承受振动模型图

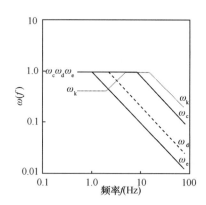

图 5-10 各轴向频率加权函数(渐近线)

频率加权函数、轴加权系数　　　　　　　　　表 5-3

位 置	坐 标 轴	频率加权函数 w	轴加权系数 k
座椅支撑面	x_s	w_d	1.00
	y_s	w_d	1.00
	z_s	w_k	1.00
	r_x	w_e	0.63
	r_y	w_e	0.40
	r_z	w_e	0.20
靠背	x_b	w_c	0.80
	y_b	w_d	0.50
	z_b	w_d	0.40
脚	x_f	w_k	0.25
	y_f	w_k	0.25
	z_f	w_k	0.40

由表 5-3 可知,座椅面输入点的三个线振动 x_s、y_s、z_s 的轴加权系数为 $k=1$,大于其余各轴向的轴加权系数,因而是 12 个轴向中人体最敏感的。ISO2631-1:1997(E)《人体承受全身振动评价-第一部分:一般要求》还规定,当评价振动对人体健康的影响时,应该考虑 x_s、y_s、z_s 这三个轴向,并规定靠背水平轴向 x_b、y_b 可以由座椅面水平轴向 x_s、y_s 代替,取该两轴向的轴加权系数 $k=1.4$,表明其比垂直轴 z_s 向更敏感。我国的相应标准 GB/T 4970—1996《汽车平顺性随机输入行驶试验方法》规定,评价汽车平顺性时一般考虑 x_s、y_s、z_s 这三个轴向。

由图 5-10 可见,座椅面垂直轴向 z_s 的频率加权函数 w_k 的最敏感频率范围为 4～12.55Hz。试验表明,在 4～8Hz 这个频率范围,人的内脏器官产生共振,而 8～12.5Hz 频率范围的振动对人的脊椎系统影响很大。座椅面水平轴向 x_s、y_s 的频率加权系数 w_d 的最敏感频率范围为 0.5～2Hz。振动频率大约在 3Hz 以下时,水平振动比垂直振动更敏感,且汽车车身部分系统在此频率范围产生共振,故应对水平振动给予充分重视。

2. 汽车平顺性的评价方法

根据 ISO2631-1:1997(E)《人体承受全身振动评价-第一部分:一般要求》的规定,当振动波形峰值系数<9(峰值系数是加权加速度时间历程 $a_w(t)$ 的峰值与加权加速度均方根值 a_w 的比值)时,用基本的评价方法-加权加速度均方根值来评价振动对人体舒适和健康的影响。汽车平顺性评价的基本步骤是:先求出各个单轴向加权加速度均方根,而后得到总加权加速度均方根值,然后根据其与人的主观感觉的关系,评价汽车的平顺性。根据测量,这一方法对各种汽车在正常行驶工况下均适用。

1) 单轴向加权加速度均方根 a_w

用基本的评价方法来评价时,先计算各轴向加权加速度均方根值。具体计算方法有如下两种:

①对记录的加速度时间历程 a_t,通过相应频率加权函数 $\omega(f)$ 的滤波网络,得到加权加速度时间历程 $a_w(t)$,按下式计算加权加速度均方根值 $a_w(\mathrm{m/s^2})$:

$$a_w = \left[\frac{1}{T}\int_0^T a_w^2(t)\mathrm{d}t\right]^{\frac{1}{2}}$$

式中:T——振动的分析时间,一般取 $T=120\ \mathrm{s}$。

②对记录的加速度时间历程 $a(t)$ 进行频谱分析,得到功率谱密度函数 $G_a(f)$,然后再按下式求出单轴向加权加速度均方根值 a_w:

$$a_w = \left[\frac{1}{T}\int_{0.5}^{80}\omega^2(f)\cdot G_a(f)\mathrm{d}f\right]^{\frac{1}{2}}$$

频率加权函数 $w(f)$(渐进线)可用以下公式表示(式中频率 f 的单位为 Hz):

$$w_k(f) = \begin{cases} 0.5 & (0.5<f<2) \\ f/4 & (2<f<4) \\ 1 & (4<f<12.5) \\ 12.5/f & (12.5<f<80) \end{cases}$$

$$w_d(f) = \begin{cases} 1 & (0.5<f<2) \\ 2/f & (2<f<80) \end{cases}$$

$$w_c(f) = \begin{cases} 1 & (0.5<f<8) \\ 8/f & (8<f<80) \end{cases}$$

$$w_e(f) = \begin{cases} 1 & (0.5<f<1) \\ 1/f & (1<f<80) \end{cases}$$

2) 总加权加速度均方根值 a_{w0}

当同时考虑椅面 x_s、y_s、z_s 这三个轴向振动时,三个轴向的总加权加速度均方根 $a_{w0}(\mathrm{m/s^2})$ 按下式计算:

$$a_{w0} = \left[(1.4\cdot a_{xw})^2 + (1.4\cdot a_{yw})^2 + a_{zw}^2\right]^{\frac{1}{2}}$$

式中:a_{xw}——前后方向(x 轴方向)加权加速度均方根值,$\mathrm{m/s^2}$;

a_{yw}——左右方向(y 轴方向)加权加速度均方根值,$\mathrm{m/s^2}$;

a_{zw}——垂直方向(z 轴方向)加权加速度均方根值,$\mathrm{m/s^2}$。

3) 加权振级与加权加速度均方根值的换算

在具体测量时,有些"人体振动测量仪"采用加权振级 $L_{aw}(\mathrm{dB})$ 作为测量指标。加权振

级表明振动的量级,可以理解为用分贝值表示的加权加速度均方根值,与加权加速度均方根值 a_w 有如下关系:

$$L_{aw} = 20 \cdot Lg \frac{a_w}{a_0}$$

式中: a_0——参考加速度均方根值, $a_0 = 10^{-6} \text{m/s}^2$;

L_{aw}——加权振级,dB。

ISO2631-1:1997(E)《人体承受全身振动评价-第一部分:一般要求》给出了在 1~80Hz 振动频率范围内的加权振级 L_{aw} 和加权加速度均方根值 a_w 与人的主观感觉之间的对应关系,见表5-4。把经计算得到的加权加速度均方根值 a_w 与之比较,便可评价汽车的平顺性。

a_w 和 L_{aw} 与人的主观感觉之间的关系　　　　表5-4

a_w(m/s²)	L_{aw}(dB)	人的主观感觉
<0.315	110	没有不舒适
0.315~0.63	110~116	有一些不舒适
1.5~1.0	114~120	相当不舒适
0.8~1.6	118~124	不舒适
1.25~2.5	112~128	很不舒服
>2.0	126	极不舒服

三、影响汽车行驶平顺性的结构因素

影响汽车行驶平顺性的结构因素可分成四个方面,即悬架结构、轮胎、悬挂质量和"人体-座椅"系统参数。

1. 悬架结构

影响平顺性的悬架结构特性有三个,悬架刚度、悬架弹性特性、减振器阻尼。

悬架刚度 k 决定的悬架系统固有频率 f_0 对平顺性影响最大,降低 f_0 可以明显减小车身振动加速度,这是改善平顺性的一个基本措施。但随着 f_0 降低,动挠度 f_d 增大,限位行程 $[f_d]$ 必须相应增大;但受结构布置限制,$[f_d]$ 不能太大,所以降低 f_0 是有限度的。

前后悬架系统刚度的匹配对汽车平顺性也有较大影响。为了减小车身纵向角振动,一般将前悬架的固有频率选得略低于后悬架的固有频率。

悬架系统的弹性特性指悬架变形与所受载荷之间的对应关系,分为线性与非线性两种。具有线性弹性特性的悬架刚度 k 为常数。其车身振动固有频率 f_0 将随装载质量多少而改变,尤其是后悬架载质量变化较大的货车和大客车。这种变化使汽车空载或部分载荷时前、后悬架振动固有频率过高或失配,导致车身猛烈颠簸,平顺性变差。为此,可采用具有非线性弹性特性的悬架,即悬架的刚度 k 可随载荷的改变而变化,以保持汽车各种载荷情况下,f_0 基本不变或变化不大,从而达到改善平顺性的目的。这种悬架也称为变刚度悬架。

悬架的非线性弹性特性可以通过下述办法来实现:

①在线性弹性特性悬架中加入辅助弹簧、复合弹簧,采用适当的导向机构以及与车架的支承方式等。

②选用具有非线性弹性特性的弹簧,如空气弹簧、油气弹簧、橡胶弹簧和硅油弹簧。

为衰减车身的自由振动和抑制车身的共振,以减小车身振动加速度,汽车悬架系统中应有适当的阻尼。悬架系统的阻尼主要来自减振器、钢板弹簧叶片之间的摩擦以及轮胎变形时橡胶分子间的摩擦。正确选择阻尼比 ξ 对汽车平顺性至关重要,若 ξ 取值大,能使振动迅速衰减,但会将较大的路面冲击传递到车身。反之,ξ 取值小,振动衰减缓慢,受一次冲击后振动持续时间长,使乘客感到不舒适。为使减振的阻尼效果好,又不传递较大的冲击力,压缩行程的阻尼和伸张行程的阻尼应取不同值。压缩行程中,为减少传递的路面冲击力,ξ 应选择小些;而伸张行程中,为迅速衰减振动,ξ 应选择大些。

对于不同的悬架固有频率 f_0 和不同的使用条件,满足平顺性要求的阻尼比 ξ 值大小应有所不同。当 f_0 较低,路面又较差时,动挠度 f_d 会相当大,为减少悬架撞击限位块的概率,ξ 应取偏大值。

目前大多数汽车悬架系统的固有频率 f_0、静挠度 f_s、限位行程 $[f_d]$ 及阻尼比 ξ 的范围见表 5-5。

悬架系统固有频率 f_0、静挠度 f_s、限位行程 $[f_d]$、阻尼比 ξ 表 5-5

车　型	f_0(Hz)	f_s(cm)	$[f_d]$(cm)	ξ
轿车	1.2~1.1	15~30	7~9	0.2~0.4
货车	2~1.5	6~11	6~9	
公共汽车	1.8~1.2	7~15	5~8	
越野汽车	2~1.3	6~13	7~13	

2. 轮胎

弹性轮胎可以吸收因路面不平所产生的振动,可以起缓冲作用,与悬架一起共同保证汽车的平顺性。随着车速提高,希望轮胎的缓冲性能越来越好。提高轮胎缓冲性能的方法有:

①增大轮胎断面、轮辋宽度和空气容量,并相应降低轮胎气压。

②改变轮胎结构形式,如采用子午线轮胎,它因胎体的径向弹性大,可以缓和不平路面的冲击并吸收大部分冲击能量使平顺性得到改善。

③提高帘线和橡胶的弹性,采用较柔软的胎冠。

车轮旋转质量的不平衡会引起汽车振动,影响平顺性和行驶稳定性。汽车高速行驶时车轮不平衡的影响尤为突出。所以必须对每一车轮进行静平衡和动平衡,以保证高速行驶时的平顺性。

3. 非悬架质量/悬架质量

一般情况下,汽车可视为由彼此相联系的悬架质量和非悬架质量所组成。悬架质量 M 主要由悬架弹簧之上的车身、车架及其上的总成所组成;非悬架质量 m 主要由悬架弹簧之下的车轮和车轴组成。汽车的弹性元件、导向杆件、减振器和传动轴等因一端与弹簧之上部分连接,另一端与弹簧以下部分连接,故将其一半计入悬架质量,另一半计入非悬架质量。

减小非悬架质量可降低车身的振动频率,提高车轮的振动频率,从而使高频共振移向更高的行驶速度。同时,非悬架质量的大小直接影响到传递至车身上的冲击力。非悬架质量越小,则冲击力越小;反之,将加大。因此,非悬架质量对汽车的平顺性有较大影响。

非悬架质量对行驶平顺性的影响,常用非悬架质量与悬架质量之比 m/M 来评价,此比值越小,行驶平顺性越好。但随着非悬挂质量减小,非悬架质量对平顺性的影响也变小,而非悬架质量过小时,还会影响车轮与地面的附着效果。现代轿车的 m/M 一般在 10.5% ~ 14.5% 之间。

4. 悬架质量的分配

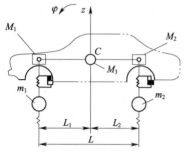

图 5-11 双轴汽车简化的平面模型

假设汽车对称于纵向轴线并没有横向角振动,而只有垂直振动 z 和俯仰振动 φ,汽车振动系统的简化平面模型如图 5-11 所示。将悬架质量 M 按动力等效的条件分解为前轴上的质量 M_1 和后轴上的质量 M_2 以及质心 c 上的质量 M_3 三个集中质量,并由无质量的刚性杆连接,其大小由下述三个条件决定:

①总质量不变:

$$M = M_1 + M_2 + M_3$$

②重心位置不变:

$$M_1 \cdot L_1 - M_2 \cdot L_2 = 0$$

③转动惯量 I_y 的值保持不变:

$$I_y = M \cdot \rho_y^2 = M_1 \cdot L_1^2 + M_2 \cdot L_2^2$$

由以上各式解得:

$$M_1 = \frac{M \cdot \rho_y^2}{L_1 \cdot L}$$

$$M_2 = \frac{M \cdot \rho_y^2}{L_2 \cdot L}$$

$$M_3 = M \cdot \left(1 - \frac{\rho_y^2}{L_1 \cdot L_2}\right)$$

式中:ρ_y——绕横轴 y 的回转半径,m;
　　　L_1——质心至前轴距离,m;
　　　L_2——质心至后轴距离,m;
　　　L——轴距,m。

当悬架质量分配系数 $\varepsilon = \dfrac{\rho_y^2}{L_1 \cdot L_2} = 1$ 时,质心 c 上的质量 $M_3 = 0$。此时有:

$$M_1 = \frac{M \cdot L_2}{L}$$

$$M_2 = \frac{M \cdot L_1}{L}$$

在 $\varepsilon = 1$ 的情况下,前、后轴上集中质量 M_1、M_2 在垂直方向的运动是相互独立的,亦即当前轮遇到路面不平而引起振动时,质量 M_1 运动而质量 M_2 不运动,反之亦然。

目前,大部分汽车 $\varepsilon = 0.8 \sim 1.2$,即接近 1。在这种情况下,可以分别讨论 M_1 与前轮轴以及 M_2 与后轮轴所构成的两个双质量系统的振动。

5. 底盘旋转件不平衡的影响

底盘旋转件(如传动轴、车轮等)的不平衡,在汽车行驶过程中极易产生周期性的激振力,而后通过悬架传至车身,影响汽车的平顺性。提高传动系旋转件动平衡度,对改善汽车的平顺性有显著作用。

6. 轴距的影响

汽车行驶过程中,当受到路面不平的冲击时,车身俯仰角加速度随汽车轴距的增大而减小;除前、后轴上方位置外,车身垂直振动加速度也随轴距的增大而减小。所以,增大轴距,有利于改善汽车的平顺性。

四、汽车行驶平顺性试验

汽车平顺性试验要采集各种振动和冲击信号,特别是大量随机振动信号,然后以计算机为主体,配以采样、模-数转换以及各种软硬件的数据处理系统,进行平顺性评价指标、频谱及频率响应函数的处理。

试验时,车辆按要求装备齐全,并在相应位置设置加速度传感器,轮胎气压符合技术要求;试验道路应平直,纵坡不大于 0.1%,路面不平度应均匀无突变,相当等级为二级(沥青)和三级(砂石)两种;风速不大于 5 m/s;测试仪器系统包括加速度传感器、前置放大器、磁带记录仪或数据采集器、人体振级测量仪。

1. 汽车悬架系统的刚度、阻尼和惯性参数的测定

通过测定轮胎、悬架、坐垫的弹性特性(载荷与变形的关系曲线),可以求出在规定载荷下轮胎、悬架、坐垫的刚度。由加、卸载曲线包围的面积,可以确定这些元件的阻尼。另外,还要测量悬架(车身)质量、非悬架(车轮)质量、车身质量分配系数等。

2. 悬架系统部分固有频率(偏频)和阻尼比的测定

将汽车前轮、后轮分别从一定高度抛下,记录车身和车轮质量的衰减振动曲线,分别求得车身质量振动周期 T 和车轮质量振动周期 T',如图 5-12 所示。然后,按下式算出各部分固有频率。

车身部分固有频率 f_0:

$$f_0 = \frac{\omega}{2 \cdot \pi} = \frac{1}{T}$$

车轮部分固有频率 f_1:

$$f_1 = \frac{\omega_l}{2 \cdot \pi} = \frac{1}{T'}$$

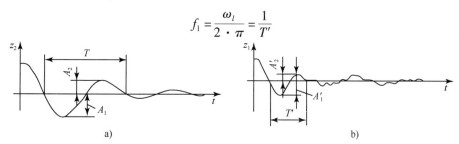

图 5-12 悬架系统衰减振动曲线

a) 车身振动;b) 车轮振动

车身和车轮部分的衰减率 τ 和 τ' 分别为：$\tau = \dfrac{A_1}{A_2}$；$\tau' = \dfrac{A'_1}{A'_2}$。然后，按下式求出车身和车轮部分阻尼比 ξ 和 ξ'：

$$\xi = \dfrac{1}{\sqrt{1 + \dfrac{4 \cdot \pi^2}{\ln^2 \tau}}}$$

$$\xi_1 = \dfrac{1}{\sqrt{1 + \dfrac{4 \cdot \pi^2}{\ln^2 \tau'}}}$$

用同样方法可以求出"人体-座椅"系统之间的部分固有频率和阻尼比。

3. 汽车振动系统的频率响应函数的测定

在实际随机输入的路面上或在电液振动台上，给车轮以 0.5~30Hz 范围的振动输入，记录车轴、车身、坐垫上各测点的振动响应；然后由数据统计分析仪处理，按车轴/输入、车身/车轴、坐垫/车身可相应得到车轮、悬架、坐垫各环节的频率响应函数。其幅频特性的峰值所在频率即为各环节的固有频率，根据共振时的振幅 A 近似求出各环节的阻尼比 ξ：

$$\xi = \dfrac{1}{2\sqrt{A^2 - 1}}$$

4. 实际路面随机输入行驶试验

此项试验是评定汽车平顺性的最主要试验。按照 GB/T 4970—1996《汽车平顺性随机输入行驶试验方法》进行。

各种车辆因工作条件不相同，其试验要求的路况、车速、传感器安装位置等也有所不同。

平顺性随机输入试验主要以总加权加速度均方根值 a_w 来评价。根据试验中记录的振动加速度时间历程，通过数据处理设备进而可求得 a_w。这些评价指标随车速的变化曲线称为"车速特性"，可用于在整个使用车速范围内全面地评价汽车平顺性。

5. 脉冲输入行驶试验

汽车行驶时，偶尔会遇到凸块或凹坑，其冲击会影响汽车的平顺性，严重时会影响人体健康，破坏运载的货物。此项试验按 GB/T 5902—1986《汽车平顺性单脉冲输入行驶试验方法》进行。汽车以一定车速驶过规定尺寸的三角形凸块得到脉冲输入。用坐垫上和地板上加速度最大值或加权加速度最大值作为评价指标。

复 习 题

一、问答题

1. 什么是汽车的通过性？
2. 通过性的几何参数有哪些？
3. 通过性的支承和牵引参数有哪些？
4. 什么是汽车的行驶平顺性？
5. 汽车平顺性的评价指标是什么？

二、综述(分析)题

1. 如何评价汽车的平顺性?
2. 影响汽车通过性的结构因素有哪些?它们各是如何影响通过性的?
3. 影响汽车通过性的使用因素有哪些?这些因素各是如何影响通过性的?
4. 汽车在纵向坡上避免出现稳定性问题的条件是什么?
5. 汽车在侧向坡上避免出现稳定性问题的条件是什么?
6. 汽车轮距为1.8m,正常装载时重心高为1.3m,若该车行驶在转弯半径为50m的弯道上,车速多大可能会引起侧翻?
7. 某汽车正常装载时重心到前轴的水平距离a和轴距L分别为$a=3m$,$L=4m$,若该车的最大爬坡度$i=30\%$,问重心高度H为多大时存在纵翻的可能性?
8. 利用振动加速度均方根值评价汽车平顺性时,为什么要进行频率加权?
9. 影响汽车行驶平顺性的汽车结构因素有哪些?

第六章　汽车运输组织概论

汽车运输组织的目的是通过控制汽车在运输网络上的流动,实现人和物迅速、安全、经济、方便、准时的位移,创造空间价值和时间价值。分析汽车运输过程,科学组织运输生产活动,控制影响运输生产率和成本的各个因素,对于合理使用车辆,提高汽车运输效率,降低运输成本,为社会生产和人民生活提供高质量的运输服务具有重要意义。

第一节　汽车运输过程

汽车运输分为直达运输、干线运输和短距离集散运输,如图 6-1 所示。因此,汽车运输有"通过"和"送达"或"集散"的功能。其"送达"或"集散"功能作为其他运输方式的终端运输手段,在综合交通运输体系中发挥着重要作用。随着高速公路网络的不断完善,汽车通过高速公路可以完成干线运输,汽车运输成为功能齐全的运输体系。

汽车运输过程指利用汽车使货物或旅客的位置发生转移的过程,如图 6-2 所示。其主要环节包括:

①准备工作:向起运地点提供运输车辆。
②装载工作:在起运地点进行货物装车或旅客上车。
③运送工作:在路线上由运输车辆运送货物或旅客。
④卸载工作:在到达地点卸载或下客。

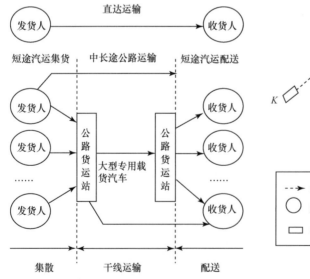

图 6-1　公路运输功能示意图(货运为例)

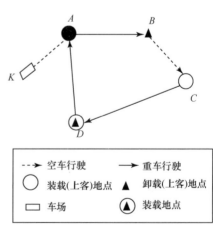

图 6-2　汽车运输过程示意图

汽车由停车场(库)K空驶一段距离L_0到达起运地点A准备装货或上客,称为准备工作阶段;在A点完成货物装载或上客的过程称为装载工作阶段;把货物或旅客由A点运输一段距离L_1到达目的地B称为运送工作阶段;在目的地B将货物卸下或使旅客下车,称为卸载工作阶段。准备、装载、运送、卸载四个工作阶段构成一个完整循环的运输过程,称为运次。当车辆自B点卸载或下客完毕后又空车开往C点装载或上客,之后再将货物或旅客运送至D后卸载或下客,车辆也同样完成一个运次的运输工作。若车辆在D点卸载完毕后,又在原地装载或上客,而后运送至目的地A,也构成一个运次,但由于从D到A的运输过程中缺少了准备工作阶段,称为不完整循环过程的运次。如果车辆在完成运输工作过程中,又周期性地返回到第一个运次的起点A,该过程称为周转。一个周转可由一个或几个运次组成。周转的行车路线,称为循环回路。在完成运输工作的过程中,车辆自始点行驶到终点,中途为了部分货物的装卸和部分旅客上、下车而停歇,则这一运输过程称为单程或车次。单程(车次)由两个或两个以上的运次构成。

第二节 汽车货物运输组织

使用汽车沿道路载运货物的运输业务称为汽车货物运输。汽车货物运输具有面广、点多、分散的特点,可实现两地之间的"门到门"直达运输,可节约中转装卸费用,减少货损货差,缩短货物在途时间。汽车货物运输还可为铁路运输、水路运输、航空运输等集散货物。

充分挖掘运输潜力,以既有的车辆设备完成更多运输量,是提高运输生产效率的重要途径。为此,必须合理组织汽车货物运输,包括采用先进的货运组织形式、选择最优行驶路线及合理选用载运车辆等。

一、汽车货物运输作业程序

汽车货物运输作业流程如图6-3所示,其基本程序包括货物托运、派车装货、运送与交货、运输统计与结算等。

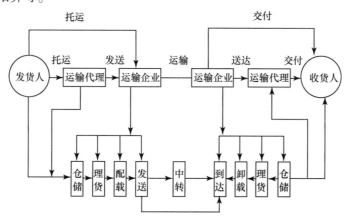

图6-3 汽车货运生产作业流程

货物托运是货主委托运输企业为其运送货物并办理相关手续的统称。具体包括托运、承运及验货等项工作环节。办理托运,即由货主填写托运单。根据托运单,货主负责将货物按期按时提交给运输单位,并按规定的方式支付运费;运输单位则负责将货物安全运送到托运方指定的卸货地点,交给收货人。货物承运,即由承运方对托运的货物进行审核、检查、登记等受理运输业务的工作过程。

运输调度人员根据所承运的货物和运输车辆的情况编制车辆的运行作业计划,据此填发"行车路单",派车到装货地点装货。车辆装货后,业务人员应根据货物托运单及发货单位的发货清单填制运输货票。运输货票是货物承运的主要凭证。在起运站点,运输货票是向托运人核收运费、缴纳税款的依据;在运达站点则是与收货人办理货物交付的凭证;而在运输单位内部又是清算运输费用、统计有关运输指标的依据。

在运送货物过程中,调度人员应做好运输线路上的车辆运行管理工作,掌握运输车辆的工作进度,及时处理运输过程中的各类问题;同时,驾驶人员应做好运货途中的行车检查,保持货物完好无损、无漏失。

在货物运达收货地点,应正确办理交付手续和交付货物。整车货物运达时,收货人应及时组织卸车;同时,驾驶员应对所卸货物计点清楚。货物交接完毕后,收货人应在运输货票上签收,再由驾驶员带回交调度室或业务室。

运输统计指依据行车路单及运输货票对已完成的运输任务进行有关指标的统计,生成有关统计报表,供运输管理与决策使用。运输结算包括驾驶员的工资定期结算和货主的运杂费结算。

二、货物运输车辆的运行组织方式

货物运输车辆的运行组织方式有多班运输组织、直达运输组织、分段运输组织、汽车列车运输组织等。

1. 多班运输组织

多班运输指一辆车在一天之内工作 2 个或 3 个班次,其出发点是"人休车不休"。其基本组织方法是每车配备两名以上驾驶员,分班轮流运输。

组织多班运输时,要重视解决好劳动组织和行车调度。劳动组织的首要任务是安排好驾驶员的工作、休息和学习时间,同时也应考虑到定车、定人和车辆维修的安排;另外,组织多班运输时,应把较困难货物运输任务尽量安排在白班。

2. 直达运输组织

直达运输指每辆车装运货物后由起点经过全线直达终点,卸货后再装货或空车返回,如图6-4a)所示。采用直达运输时,因途中无须换装,从而可以减少货物装卸作业劳动量。直达运输适用于货流稳定但运量不大的货运任务,如零担货物的长途运输等。

直达运输时,因车辆运行时间较长,为保证休息和行车安全,驾驶员每天的工作时间不应超过 8 小时,在工作日内每经过 4 小时要休息一次。驾驶员的工作制度可根据具体情况采取以下方式:

①单人驾驶制。即车辆在整个周转时间内,由一个驾驶员负责全程运输。当整个周转结束后,驾驶员在路线起点换班。

②双人驾驶制。即车辆在周转时间内,由两个驾驶员轮流驾驶,以缩短周转时间,提高车辆的有效利用程度和货物运送速度。

③换班驾驶制。即车辆由一组驾驶员轮流驾驶,每个驾驶员负责固定路段的驾驶任务,换班后再休息。

3. 分段运输组织

将货物全程的运输路线分成若干段,称为区段。分段运输组织指货物在区段间由不同车辆接力运输的运行组织方式,如图6-4b)所示。

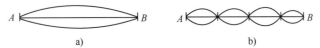

图6-4 行车组织方法简图
a)直达运输;b)分段运输

采用半挂汽车列车进行分段运输时,由于在路段衔接处只需换牵引车,可以避免货物多次倒装,缩短停歇时间,因此可以提高运输效率,并减少货损货差。但需要在路段衔接处设置相应的站点、场地和装卸设备。

4. 定挂汽车列车运输组织

在运行和装卸作业时,汽车或牵引车与挂车不分离,这种定车、定挂的组织形式称为定挂运输组织方式。采用定挂运输组织方式时,需注意以下问题:

①装卸作业面应有足够长度。汽车列车停放位置与装卸作业面平行时,有利于汽车和挂车同时进行货物装卸。因此,应保证有足够长度的装卸作业面。另外,装卸现场的场地和出入口应便于调车作业。

②合理调度装卸作业。由于汽车列车的货物装卸工作量大,如不提高装卸作业效率,就会使装卸停歇时间延长,影响运输生产效率。

③装载和运行应满足有关标准要求。汽车列车的行驶稳定性较差,货物装载高度和重量应进行限制,确保行驶安全。另外,汽车列车的行驶速度、安全性和通过性较易受到道路几何条件限制。

5. 甩挂汽车列车运输组织

甩挂运输指按照预定计划,汽车列车在各装卸作业点甩下已到达目的地的挂车,而后挂上另一挂车继续运行的运输组织方式。甩挂运输使装卸停歇时间缩短到最低限度,从而可充分发挥汽车列车的运输效能,提高运输生产效率。其运输组织有以下方式:

①一线两点甩挂运输。汽车列车往复于两装卸作业点之间,在线路两端根据具体条件做甩挂作业,如图6-5a)所示。根据货流情况或装卸能力不同,可组织"一线两点,一端甩挂",(装甩卸不甩、卸甩装不甩)或"一线两点,两端甩挂"。该组织形式适用装卸点固定、运量大的运输条件。例如在散货码头、矿山、煤矿等生产基地,集装箱堆场与码头、机场车站间的短途运输。

②循环甩挂运输。在闭合循环回路的各装卸点上,配备一定数量的周转集装箱或挂车,汽车列车每到达一个装卸点,甩下所带集装箱或挂车,装卸人员迅速完成主车的装卸作业,并为车辆挂上事先准备好的集装箱或挂车,继续向下一个目的地行驶,随后装卸人员开始装卸甩下的挂车或集装箱,如图6-5b)所示。

组织循环甩挂作业时,一方面要满足循环调度的基本要求;另一方面应选择运量较大、稳定且适宜于组织甩挂作业的运输条件。

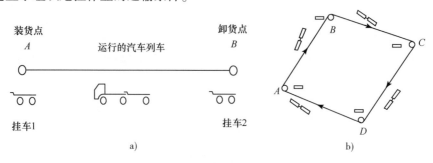

图 6-5 汽车列车甩挂作业示意图
a) 一线两点甩挂；b) 循环甩挂

③驮背运输作业。在多式联运各运输工具的连接点，由牵引车将载有集装箱的挂车或普通挂车直接开上铁路平板车或船舶，而后摘挂离去。集装箱挂车或普通挂车由铁路车辆或船舶载运至前方换装点，再由该点的牵引车开上车船挂上集装箱挂车或普通挂车，直接运往目的地。

三、车辆行驶路线及其选择

行驶路线指完成运输工作的运行线路，包括空驶和有载行程。选择运输时间短、费用省、运输效益高的运行线路，是组织汽车货运的重要工作。车辆行驶路线有往复式行驶路线、环形行驶路线和汇集式行驶路线三类。

往复式行驶路线指在 2 个装卸作业点之间的线路上，作一次或多次重复运行的行驶路线。根据载运情况，可分为单程有载往复式、回程部分有载往复式和双程有载往复式 3 种。单程有载往复运输生产率最低；回程部分有载指回程途中，有一段路径承运货物或全程有载但实载率低的往复运输；双程有载往复的里程利用和实载率最高，因而运输效率最高，如图 6-6 所示。

连接不同运输任务的装卸点的道路构成的封闭路线称为环形行驶路线。由于各装卸点的位置分布不同，环形路线有不同形状，如图 6-7 所示。选择环形线路，应以完成同样货运任务时里程利用率最高，即空驶行程最短为原则。

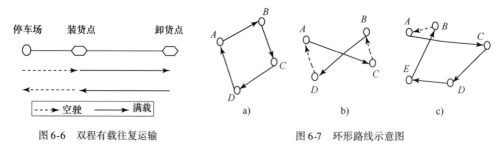

图 6-6 双程有载往复运输　　　图 6-7 环形路线示意图

汇集式路线指由起点发车，在各货运点依次进行装卸货，并且每运次装卸货量都小于一整车，完成各货运点运输任务以后，最终返回原出发点的行驶路线。汇集式运输有三种形式：

①分送式。车辆沿运行路线上各货运点依次进行卸货。

②收集式。车辆沿运行路线上各货运点依次进行装货。

③分送-收集式。车辆沿运行路线上各货运点分别或同时进行分送及收集货物。

四、货运车辆的选择

运输车辆的选择主要指车辆类型和载重量的选择,基本要求是有利于保证货物完好,运输效率高且运输费用少。其主要影响因素包括:货物类型、特性与批量,装卸方法,道路与气候条件,货物运送速度以及材料消耗量等。

车辆类型选择主要指对通用车辆或专用车辆的选择。专用车辆指具有专用设备装置,适应专门运输任务或特种物资运输的车辆。货运汽车专用化的特点之一是减少或不进行运输包装而采用散装运输,从而节约大量包装材料,减少运输成本;同时,货运车辆专用化还能避免环境污染和货物污染或腐败,减少货损货差,避免运输事故。但专用车辆上增加了若干附属设备,与总重相同的通用车辆相比,有效载重量有所降低。

根据货物的特性、包装物的类型和形状采用相应的专用车辆,如拦板式货车、集装箱运输车辆、罐式汽车、厢式车、冷藏冷冻车、平板车、散装水泥车及挂车等,可以保证货物完好,减少劳动消耗量,改善劳动条件,提高行车安全及运输经济效果。例如:采用具有气动式卸货机构的散装水泥车与通用汽车相比,可以减少水泥损失和运输费用30%左右。

载质量选择的首要考虑因素是货物批量。大批量货物运输时,在道路法规允许的范围内采用较大载质量的汽车较为合理;货物批量有限时,应选用与货物批量相适应的较小载质量汽车,载质量过大时,将增加材料与动力消耗量,提高运输成本;在特殊情况下,对于在往复式路线上以汇集式的方式运输小批量货物时,也可选择载质量较大的车辆。

第三节 公路旅客运输组织

公路旅客运输指利用旅客运输车辆在公路上实现旅客在城市间空间位移的过程。公路旅客运输在综合运输体系中占据重要地位,不仅承担铁路、水路和航空客运的集散任务,还直接担负旅客直达运输任务。

客运站通常是公路旅客运输的起点和终点,因此客运站的作业组织是公路旅客运输的核心。根据旅客的出行需求和客流的特点,科学合理的组织车辆进行公路旅客运输,对于提高旅客运输生产率、降低运输成本,提高公路旅客运输的服务质量,具有重要作用。

一、公路旅客运输作业程序

公路旅客运输的生产作业流程如图6-8所示,其基本程序包括:发售客票、行包受理、候车服务、客车准备、组织乘车与发车、客车运送、客车到达、交付行包及其他服务作业等。

车票是旅客支付票价和乘车的凭证,其发售方式通常有固定窗口售票、车上售票、电话或信函订票及候车室内流动售票等。

行包是行李、包裹的总称,是旅客运输的组成部分。确保行包安全无损和准确及时地运至目的地,是行包运输工作组织的基本要求。

候车服务主要包括:保持候车室清洁卫生;必需的饮水供应;提供候车座椅;方便旅客获

得旅行信息和资料,如客运班次表、客运线路分布图、票价表、转换乘时刻表及交通常识等。客流量较大的客运站还应设置问讯处和小件物品寄存处。此外,还应对候车旅客提出的各种合理要求提供相应服务。

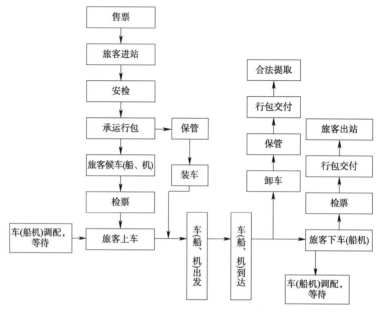

图 6-8 公路旅客运输生产作业流程

组织乘车与发车作业过程中,首先应由站务人员和行车人员清理客车车厢,防止无票人员或携带违禁品人员上车;之后由站务人员按售出车票组织旅客排队、顺序检票、排队上车、对号入座;旅客上车入座后,由站务人员或乘务人员通报本次班车的终点站、中途停靠站、途中用餐与住宿站点以及预计到达时间等,检查是否有误乘旅客并及时予以纠正;然后正确填写行车路单中的有关事项,交客车驾驶员。发车准备工作就绪后,即由车站发出发车指令。客运班车应努力做到正点发车。

班车到站后,站务人员与行车人员办理接车手续,指引车辆停放,向旅客通报站名,检验车票,引导、照顾旅客下车,准确清点并向旅客交付行包,同时处理其他临时遇到的问题。

若客车到站为中途站,则需组织该站旅客上车后继续运行;若是终点站,则客运车辆经清扫或检查后入库停放,或继续执行下一车次的客运任务。

二、公路旅客运输的营运方式

公路旅客运输的营运方式有:长途直达客运、城乡短途客运、普通客运、旅游客运、旅客联运、包(租)车客运等。

长途直达旅客运输指在较长客运线路上,在起点站与终点站之间不停靠,或仅在大站停靠的班车运输方式,主要用于跨省区长途干线旅客运输。当直达客流量大于客车定员 60%时,可考虑开行直达客车。

城乡短途旅客运输指在城乡线路上,沿途各站频繁停靠的班车运输方式。短途客运客车上通常配有乘务员。其客车除有一定数量的座椅外,还应保留一定站位和放置物品的空间。

普通旅客运输指在较长客运线路沿线的主要站点都停靠的班车运输方式。当直达客流不多,区间客流占班线客流的80%以上时,一般采用这种运输方式。普通客运班车可以配乘务员。

旅游客运是在游客较多的旅游线路上运行的旅客运输方式。旅游客车应配有导游人员,在风景点停靠,可以采用定线、定班或根据游客要求安排诸如包车等。

旅客联运指组织多种运输方式联合完成旅客运输。参与旅客联运的有关企业,应开展客票联售业务,并代办联运行包托运、保管、接送、旅行咨询等服务项目。

包(租)车客运指为有关单位或个人、集体提供的旅客出行服务,根据具体情况可分为计时和计程两种。

三、公路旅客运输车辆的选择

在选用公路旅客运输车辆时,应考虑客运类型、客流量、公路条件、舒适性、运输成本等方面。

旅客联运和旅游客运的客车应满足速度高、舒适性好的要求;长途直达客车,应具有较高行驶速度和较大行李箱;城郊短途客运车辆要适应道路条件,并选用速度较低和载客量较大的车辆,如大型铰接式汽车;对旅客较少的边远山区,应配备小型客车;农村短途运输客车,应有较多站位及方便旅客携带物品。

在运输旺季,平均日客流量较大($>500p$)且比较集中的线路,宜选用大型客车,如果客流量分散,可视情况选用中型或小型客车;日客流量较小($<200p$)时,视客流集散程度,选用中型或小型客车。

在等级较高、客流量大的干线公路,可配大型或中型客车;对等级较低的干线或支线公路,可根据客流量大小选用中型或小型客车。

对于旅游和长途旅行,以及经济发展水平较高地区的旅客运输,可选用舒适性较高的高档客车;但一般短途旅客对舒适性要求较低,可选用中、低档客车。

选用车型时,应选用运输成本较低、利润较高、投资回收期较短的客车。但选用车型应综合考虑,要在分析客流构成的基础上确定所选车型,以满足不同旅客的出行需求,更好地吸引客流,提高运输效益。

四、公路旅客运输班次

班次安排是车站提供客运服务的依据,主要包括行车路线、发车时间、起讫站点名称、途经站及停靠站点等。合理安排客运班次,可以方便旅客乘车,使营运经济、客源稳定。客运班次一经公布,不应频繁变更。安排客运班次时应考虑以下因素:

①班次起讫点和停靠站点要适应旅客流向及变化规律,兼顾始发站及各中途站旅客乘车需要。

②班次数量应满足旅客出行需要。

③班次时刻应适应旅客出行规律。还应考虑车辆运行时间、旅客中途膳食地点、驾驶员作息时间以及行包装卸等站务作业安排。

④各线路班次安排要与其他交通工具到发时间相衔接。

⑤客流量增大时,应采取增加班车、组织专车、提供包车服务等措施。

五、客车运行周期循环

客车运行周期循环的方式主要有:大循环、小循环与定车定线等。

大循环运行指全部车辆按确定的顺序循环始终的运行方式,适用于各条线路道路条件相近、车辆基本相同的情况。优点是每辆客车的任务安排基本相同;缺点是循环周期长,运行线路频繁更换,且一旦局部计划被打乱,会影响整个计划的进行。

小循环运行指车辆划分为几个小组分别循环。其优点是有利于掌握运行线路和客流变化情况,有利于安全运行和提高服务质量;缺点是客车运输效率比大循环低。

定车定线运行指将某一车型固定于某条线路运行的方式,一般当道路条件复杂或拥有较多车型时采用,或在多班次或多班线时采用。其优点是有利于驾乘人员较详细地了解、掌握运行线路客流变化等情况,有利于搞好优质服务;缺点是客车不能套班使用,对提高车辆运输效率有一定影响。

编制客车运行周期时应保证全部客运班次均有车辆参运,并充分发挥每辆车的运输效率,同时考虑车辆维修及驾驶员、乘务员的食宿和休息。

六、客车运行循环序号

客运班次和客车运行周期循环确定后,应安排车辆如何运行,即编制客车运行循环序号。一个循环序号指一辆客车在一天内的具体运输任务,即运行指定的一个或几个班次,而全部循环序号包括了运输公司所有参与运营车辆的全部班次。客运班次有长有短,长途班次每辆车每天行驶一个或2个班次,甚至几天才一个班次。通过合理编配,确定需要多少辆客运班车,即编出多少个循环序号(俗称行车路牌)。循环序号的内容一般包括代号名称、班次的起讫站名、开到时间、距离里程、车日行程等相关内容。由于班车运行是连续的,编排循环代号要合理分配运行任务,各个代号的车日行程要基本相当,首尾相连,便于循环,使各单车均衡地完成生产任务,见表6-1。

客车运行周期循环表　　　　　　　　　　　　　　　表6-1

路牌号	车次	起点	终点	开车时间	到达时间	距离(km)	车日行程(km)
2086	1962	南京	上海	7:00	10:05	310	620
……							

七、客车运行作业计划

编制客车运行作业计划的步骤如下:

1. 确定相关数据资料

包括营运线路图、线路客运量(范围)、车日行程、车站作业时间、营运车辆类型、车辆数及定额载客量、车辆工作率、实载率、营运速度、维修计划等。

2. 计算开行的客运班次数目

计算公式为:

$$n = \frac{\overline{q_i}}{q_0 \cdot \varepsilon}$$

式中：$\overline{q_i}$——该月份 i 线路日均客流量，p/d；

q_0——每车额定载客量，p；

ε——实载率，%；

n——客运班次数，次。

3. 确定班次时刻表和路牌

班次时刻表和路牌，见表 6-2。

客运班次时刻表及路牌　　　　　　　　　　　表 6-2

路　牌	班　次	起　点	终　点	发车时间	到达时间
1	101	A	B	6:30	12:20
2	102	B	A	13:30	19:20
…	…	…	…	…	…
10	201	D	A	7:00	12:00
11	202	A	D	13:00	18:00
…	…	…	…	…	…
20	506	C	A	8:00	13:20
21	507	A	C	12:00	17:20

4. 编制月度客车运行作业计划表

月度客车运行作业计划见表 6-3。

月度客车运行作业计划表　　　　　　　　　　表 6-3

日期	1	2	3	…	19	20	21	22
车号(已行程)	路牌							
301(4000)	1	2	3	…	3	4	5	机动
…	…	…	…	…	…	…	…	…
304(8000)	15	16	17	…	18	19	20	21
…	…	…	…	…	…	…	…	…

客运调度是保证客运正常高效运行的关键环节，其核心是车辆调度。客运调度室要根据循环序号，综合考虑企业客运车辆的实际情况，如车辆型号、技术性能、额定座位、完好率、工作率、平均车日行程、实载率，预留一定量的机动运力，同时考虑与车辆维修计划协调一致等，然后统筹安排，编制客车运行计划，并组织执行。客车运行作业计划一般按月编制。客运调度的工作内容一般包括：

①做好运量与运力的平衡。

②监督客车运行作业计划的执行情况，合理调配车辆。

③根据客流量、流向、流时及其变化规律，及时调整运力，保证车辆运用效率得以充分发挥，并能满足客运需要。

④参与班次时刻表和客车运行作业计划的编制，组织客车按计划运行。

⑤建立、健全客运调度值班制度,作好日常调度工作。
⑥作好资料的统计工作。

第四节　城市公共汽车客运组织

公共交通系统具有运载量大、运送效率高、能源消耗低、相对污染少、运输成本低等优点。因此,要解决大、中城市目前普遍存在的交通拥挤、交通事故频繁和环境污染等问题,应特别重视优先发展城市公共交通。城市公共汽车客运是城市客运系统的重要组成部分。

合理组织城市公共汽车运输对于提高营运效率,提高服务质量,方便居民出行具有重要作用。

一、城市公共汽车交通系统

城市公共汽车交通系统包括车辆、车道、场站、运行4个组成因素。

公共汽车分为:小型公共汽车、标准公共汽车、铰接公共汽车、双层公共汽车等类型。

在市区街道或快速道路上,公共汽车可以与一般车辆共同运行车道。还可以采用"公交优先"的观念规划公共汽车专用车道,以提高运营服务水平。

公交场站分为公交车场和公交车站两类。其功能是组织车辆运行、车辆停放保管、执行技术保养、车辆故障修理等。

公交车场可划分为综合车场(包括停车场和维护场)、维护场和中心停车场。

公交车站分为首末站、中途停靠站和枢纽站。首末站是综合车辆掉头、停放、上下客和候车等多种设施的小型服务性车站,也是调度人员组织车辆运行和司售人员休息的场所;中途停靠站供线路运营车辆中途停靠,为乘客上下车服务;枢纽站为多条公交线路的交汇处和集散点。

公共汽车的运行一般由起点开始,依路线行进,并按车站位置停靠、上下乘客,至终点为止。

二、城市公共交通车辆调度形式

城市公共交通车辆的调度形式可以按照工作时间、行程范围、车辆停靠方式分类。

按车辆的工作时间分为正班车、加班车和夜班车。正班车是每条营运线路上必须安排的一种车辆运行方式,要求车辆在全部营运时间内连续行驶;加班车是辅助运行方式,往往在客流高峰时,在某一段或某几段时间内上线营运;夜班车指在夜间上线营运的调度形式。

按行程范围可分为全程车和区间车。全程车是基本运行方式,要求在线路始末站之间按规定时间往返行驶。区间车则是辅助运行方式,在高客流区段往复行驶,以满足交通需求。

按车辆停靠方式分为全站车和快车。全站车是基本运行方式,在路线的各固定停靠站点,依次停靠供乘客上下。快车是为加快车辆周转,采取越站运行的调度形式,包括大站车与直达车两种。

营运线路上应以全程、正班车作为基本调度形式,应该具备全程、全站、双向的特点,同

时根据客流的分布特征辅以其他辅助形式。车辆调度形式根据客流沿路段分布的不均匀系数 k_i 确定,其计算方法为:

$$k_i = \frac{Q_i}{Q}$$

式中:Q_i——统计期内营运线路某路段客流量,$i=1,2\cdots,n$,p/d;

Q——各路段平均客流量,p/d;

n——营运线路的路段数。

当 k_i 大于界限值 k_0 时,所推荐的调度形式如表6-4所示。k_0 可根据客运服务要求及客运供需条件确定。

车辆调度形式选定的路段不均匀系数界限值   表6-4

调度行式	区间车	快车	高峰加班车
界限值 k_0	1.2~1.5	1.2~1.4	1.4~2.0

三、城市公共交通车辆的行车作业计划

行车作业计划即行车时刻表,指在已有线网基础上,根据企业运输生产计划和客流变化规律而编制的生产作业计划。

编制城市公共交通车辆的行车作业计划时,应区分不同车辆调度形式,以线路客流调查为基础。主要包括:确定车辆运行定额、计算车辆运行参数及编制行车作业计划图表等。

1. 城市公共交通车辆运行定额的确定

公共交通车辆运行定额主要包括:单程时间、周转时间、计划车容量等。

单程时间指车辆完成一个单程运输工作所耗费的时间,包括单程行驶时间和中间站停站时间,通常分路段与时间段,采取观测统计方法确定。

始末站停站时间包括为车辆调度、办理行车手续、车辆清洁、行车人员休息与交接班、乘客上下车以及停站调节等必需的停歇时间。在客流高峰期间,为加速车辆周转,车辆在始末站的停站时间原则上不应大于行车间隔的2~3倍。在平峰期间,确定始末站停站时间时,需要考虑车辆清洁、行车人员休息、调整行车间隔以及车辆日常维护等因素。

周转时间 T 等于单程时间与平均始末站停站时间之和的2倍。车辆的沿线周转时间应按不同的客流量确定。周转系数 η 指单位时间内(如1h)车辆完成的周转次数,与周转时间成反比。

计划车容量 q 指行车作业计划限定的车辆载容量。可按下列公式确定:

$$q = q_0 \cdot \gamma$$

式中:q——计划车容量,p;

q_0——额定载客量,p;

γ——满载率定额。

一般高峰期满载率定额 $\gamma \leq 1.1$;平峰期间满载率定额 $\gamma \geq 0.5 \sim 0.6$。

2. 城市公共交通车辆的线路运行参数

1)线路车辆数

线路车辆数即组织公共交通车辆线路营运所需的车辆数。包括组织线路营运所需车辆

总数 A 与营业时间内各时间段所需车辆数 A_i。

实际工作中,确定线路总车辆数 A 时,以高峰小时所需车辆数为基础;确定营业时间内各时间段所需车辆数 A_i 时,则根据该段时间内最高路段客流量及计划车容量确定。当有多种调度形式时,线路车辆数为各种调度形式所有车辆数之和。即:

$$A = A_z + A_w = A_a + A_b + A_c$$

式中: A——线路车辆总数,辆;
A_z——正班车数,辆;
A_w——加班车数,辆;
A_a、A_b、A_c——全程车、区间车、快车数,辆。

线路车辆总数 A 依据客流高峰时间段最高路段客流量 $Q_{max}(p)$ 确定:

$$A = \frac{Q_{max}}{q_0 \cdot \gamma' \cdot \eta_0}$$

式中: q_0——高峰时间段车辆额定载客量,p;
γ'——高峰时间段满载率定额,%;
η_0——高峰时间段的周转系数。

正班车数 A_z 和加班车数 A_w 可按下式计算:

$$A_z = \omega \cdot \frac{A \cdot \gamma'}{K_t \cdot \gamma''}$$

$$A_w = A - A_n$$

式中: K_t——客流时间不均匀系数;
γ''——平峰满载率系数;
ω——车辆系数,$\omega = 1.0 \sim 1.2$。

确定路线车辆数时,除考虑客流量大小、车辆调度形式外,还要充分考虑服务质量要求。其最低线路车辆数的确定值为:

$$A_{min} = \frac{T}{t_{max}}$$

式中: A_{min}——最低线路车辆数,辆;
t_{max}——最大允许行车间隔,min;
T——车辆周转时间,min。

在正点行车情况下,当已知某时间段内通过线路上同一停车站的车辆数 A_{fi} 和每辆车在同一时间段内沿线行驶的周转系数 η_{0i},则该时间段内的所需车辆数为:

$$A_i = \frac{A_{fi}}{\eta_{0i}}$$

2) 行车间隔

正点行车时,前后两辆车到达同一停车站的时间间隔称为行车间隔。可按下式确定:

$$t_i = \frac{T_i}{A_i} = \frac{60}{f_i} = \frac{60 \cdot q_0 \cdot \gamma}{q_i}$$

式中: t_i——第 i 时间段内的行车间隔,min;
A_i——第 i 时间段内的线路车辆数,辆;

T_i——第 i 时间的车辆周转时间,min;

f_i——第 i 时间段行车频率;

q_i——第 i 时间段内营运线路高峰路段客流量,p。

不同时间段投入的车辆数以及周转时间会有不同,因此行车间隔应分别确定。

3. 城市公共交通车辆的行车作业计划

编制公共交通车辆行车作业计划的步骤为:调查、预测线路客流;确定车辆运行定额与车辆调度形式;计算车辆运行参数,并编制公共交通车辆行车时刻表。

车辆行车时刻表指按行车班次制定的车辆沿路线运行的时刻表,列有该班次车辆出场(库)时间,每周转时间内到达沿线各站时间与开出时间,在一个车班内需完成的周转次数以及回场时间等。通常按各行车班次(路牌)制定,即同一营运线路每天出车序号相同的车辆按同一时刻表运行,见表6-5。

××路公共交通车辆行车时刻表   表6-5

始末站:A 站—F 站　　　　　　　　　　　　　　出场时间:5时00分

行车班次:2　　　　　　　　　　　　　　　　　　回场时间:20时30分

周转、方向		停靠站	A	B	C	D	E	F
1	上行	到	5:00	5:08	5:12	5:16	5:20	5:24
		开	5:05	5:09	5:13	5:17	5:21	5:29
	下行	到	5:48	5:45	5:41	5:37	5:33	5:24
		开	5:52	5:46	5:42	5:38	5:34	5:29
2	上行	到	…	…	…	…	…	…
		开						
	下行	到	…	…	…	…	…	…
		开						

第五节　汽车运输效果评价指标

为了从数量上评价汽车运输工作的效果,必须采用一系列评价指标。按评价范围,常将汽车运输效果评价指标分为单项指标和综合指标两大类。

一、汽车运输统计指标

作好汽车运输统计工作,可以据此分析汽车利用的单项评价指标和运输生产率及运输成本等综合性评价指标,对于研究确定提高汽车运输效率的有效措施具有重要意义。其主要统计指标如下:

①车辆运行距离(km)和货(客)运输距离(km)。

②运量。汽车在每一运输过程中,所运送的货物质量称为货运量(t);所运送的旅客人数称为客运量(p)。客运量和货运量统称为运量。

③周转量。指货运量或客运量与移动的距离之积,单位为 t·km 或 p·km。

④运输量(或产量)。即汽车运输所完成的运量及周转量的统称。运输量(或产量)包括运量和周转量两种指标。

⑤单车产量。指运输企业在统计期内平均每辆车所完成的周转量($t \cdot km$ 或 $p \cdot km$)。

⑥车吨(客)位产量。指运输企业在统计期内平均每吨(客)位所完成的周转量($t \cdot km$ 或 $p \cdot km$)。

⑦车日。指运输企业的营运车辆在企业内的保有日数。在统计期内,企业所有营运车辆的车日总数,称为总车日(记为 D);根据车辆的技术状况和工作状况,总车日 D 分为完好车日 D_a 和非完好车日 D_n;完好车日 D_a 包括工作车日 D_d 和待运车日 D_w;非完好车日 D_n 则包括维修车日 D_m 和待废车日 D_b。由于待运车日、维修车日和待废车日中,车辆均处于非运输工作状态,因而称为停驶车日(记为 D_p)。其营运车日构成见表 6-6。

营运车日构成表　　　　表 6-6

营运总车日(D)	完好车日(D_a)	待运车日(D_w)
		工作车日(D_d)
	非完好车日(D_n)	维修车日(D_m)
		待废车日(D_b)

⑧车时。指营运车辆在企业内的保有小时数。企业所有营运车辆的车时总数,等于营运车辆数与其在企业内保有小时数的乘积。按照车辆的技术状况和工作状况,总车时(T)可分为工作车时 T_d 和停驶车时 T_p。车辆在运输工作中具有行驶和停歇两种状态,所对应的车时分为行驶车时 T_t 和停歇车时 T_s。行驶车时 T_t 包括重车行驶车时 T_{tl} 和空车行驶车时 T_{tv}。根据引起车辆停歇的原因,停歇车时 T_s 包括装载车时 T_l、卸载车时 T_u、技术故障车时 T_{st} 及组织故障车时 T_{so}。依据导致车辆停驶的具体原因,停驶车时 T_p 可分为维修车时 T_m、待运车时 T_w 和待废车时 T_b。营运总车时的构成见表 6-7。

营运总车时构成表　　　　表 6-7

营运总车时(T)	工作车时(T_d)	行驶车时(T_t)	重车行驶车时(T_{tl})
			空车行驶车时(T_{tv})
		停歇车时(T_s)	装载车时(T_l)
			卸载车时(T_u)
			技术故障车时(T_{st})
			组织故障车时(T_{so})
	停驶车时(T_p)		维修车时(T_m)
			待运车时(T_w)
			待废车时(T_b)

二、运输车辆利用单项评价指标

车辆结构和性能、道路交通、自然气候、运输条件和运输组织等汽车运输工作条件,影响着车辆在时间、速度、行程和运载能力等方面的利用效率,因而影响着运输效率。

1. 运输车辆时间利用指标

提高车辆的时间利用率,是提高运输效率的重要方面。评价时间利用程度的常用指标有:完好率、工作率和车时利用率等。

车辆的完好率 a_a 指统计期内企业营运车辆的完好车日 D_a 与总车日 D 之比。反映了运输过程中对营运车辆总车日利用的最大可能性。

$$a_a = \frac{D_a}{D} \cdot 100\%$$

影响车辆完好率的因素有:汽车的技术性能、汽车的使用合理性、汽车的维修组织和维修质量、处理报废车辆的及时性等。

车辆的工作率 a_d 指统计期内企业营运车辆的工作车日 D_d 与总车日 D 之比,反映了运输过程中对营运车辆总车日的实际利用程度。

$$a_d = \frac{D_d}{D} \cdot 100\%$$

影响车辆工作率的因素除车辆完好率及天气、道路交通等以外,还与运输工作的组织及管理水平有关。

车辆的车时利用率 ρ 指统计期内,营运车辆的工作车日内的工作车时 T_d 与总车时之比。它反映了汽车工作车日中出车时间所占的比例。

$$\rho = \frac{T_d}{24 D_d} \cdot 100\%$$

单个车辆在一个工作日内的总车时利用率为:

$$\rho = \frac{T_d}{24} \cdot 100\%$$

影响车辆总车时利用率的主要因素是运输工作的组织管理水平。例如:合理组织、合理调度货源和采用多班制等均可提高车辆的总车时利用率。

车辆的工作车时利用率 δ 指统计期内营运车辆在运输过程中的行驶车时 T_t 与工作车时 T_d 之比。反映了车辆行驶所用时间占工作时间的比例。

$$\delta = \frac{T_t}{T_d} \cdot 100\% = \frac{T_d - T_s}{T_d} \cdot 100\%$$

影响车辆工作车时利用率的主要因素是运输工作的组织水平及装卸机械化水平。

2. 运输车辆速度利用指标

发挥车辆的速度性能,提高运输速度,是提高运用效率的重要方面。速度利用指标主要包括:技术速度、营运速度、运送速度、平均车日行程等。

技术速度 v_t(km/h) 指车辆在行驶车时内的平均速度,数值上等于车辆驶过的距离 L(km) 与车辆行驶车时 T_t(h) 之比。

$$v_t = \frac{L}{T_t}$$

影响技术速度的主要因素包括:车辆结构和性能、道路交通状况、驾驶员驾驶技术、气候条件及运输组织等。

营运速度 v_d(km/h) 指车辆在工作车时内的平均速度,数值上等于车辆驶过的距离 L(km) 与车辆的工作车时 T_d(h) 之比。

$$v_d = \frac{L}{T_d} = \frac{L}{T_t + T_s}$$

影响营运速度的主要影响因素有：技术速度、运输距离、运输组织、装卸机械化水平等。

运送速度 v_c(km/h)指车辆运送货物或旅客的平均行驶速度，用以表示客、货运送的快慢，数值上等于客、货运输距离 L(km)与运送时间 T_c(h)之比。

$$v_c = \frac{L}{T_c}$$

运送时间也称为在途时间，包括车辆在途中的行驶时间及途中乘客上下车的停歇时间。

影响运送速度的主要因素有：车辆技术速度、运输组织、途中旅客乘车秩序和货物紧固及包装状况等。

平均车日行程 $\overline{L}_d$(km/d)指统计期内平均每一工作车日车辆所行驶的里程，数值上等于车辆在统计期工作车日内的总行程 $\sum L$(km)与工作车日 D_d(d)之比。

$$\overline{L}_d = \frac{\sum L}{D_d}$$

影响平均车日行程的主要因素为：车辆的技术速度以及车辆的时间利用程度。

3. 运输车辆行程利用指标

行程利用指标也称行程利用率(β)，指统计期内车辆的载重行程 L_1(km)与总行程 L(km)的比值，反映了车辆总行程的有效利用程度。

$$\beta = \frac{L_1}{L} \cdot 100\%$$

总行程等于载重行程与空车行程之和，空车行程包括空载行程和调空行程。

提高车辆的行程利用指标是提高运输工作生产率和降低运输成本的有效措施。影响行程利用指标的主要因素有：客、货源及运送目的地分布，运输组织，车辆对不同运输对象的适应能力等。

4. 运输车辆载质(客)量利用指标

车辆载质(客)量利用指标用于反映车辆载重(客)能力的有效利用程度。常用的指标有载质(客)量利用率和实载率。

载质(客)量利用率 γ 指：实际完成的运输周转量之和与当载重行程额定载质(客)量得以充分利用时所能完成的运输周转量之和之比，表示车辆在载重行程中的额定载质(客)量的利用程度。其中：载质量利用率又称为动载质量利用率；载客量利用率又称满载率。

$$\gamma = \frac{\sum P}{\sum P_0} \cdot 100\% = \frac{\sum(q \cdot L_1)}{\sum(q_0 \cdot L_1)} \cdot 100\%$$

式中：$\sum P$——统计期内实际完成的运输周转量之和，t·km 或 p·km；

$\sum P_0$——统计期内，当载重行程额定载质(客)量充分利用时所能完成的运输周转量之和，t·km 或 p·km；

q——车辆的实际载质(客)量，t 或 p；

q_0——车辆的额定载质(客)量，t 或 p。

一个运次中，载重行程 L_1 为固定值。因此：

$$\gamma = \frac{q}{q_0} \cdot 100\%$$

影响载质(客)量利用率的主要因素有:货(客)流特性,运距,车辆容量及对运输任务的适应性、运输组织等。

实载率 $\varepsilon(\%)$ 指车辆实际完成的运输周转量与车辆在总行程中额定载质(客)量得以充分利用时所能完成的运输周转量之比,表示车辆在总行程中额定载质(客)量的利用程度。

$$\varepsilon = \frac{\sum(q \cdot L_1)}{\sum(q_0 \cdot L)} \cdot 100\%$$

注意到 $L = \frac{L_1}{\beta}$,则:

$$\varepsilon = \frac{\beta \cdot \sum(q \cdot L_1)}{\sum(q_0 \cdot L_1)} \cdot 100\% = \gamma \cdot \beta \cdot \%$$

因此,实载率综合反映了行程利用率 β 和载质(客)量利用率 γ 对运输过程的影响。运输车辆利用单项指标见表6-8。

车辆利用程度单项指标 表6-8

分 类	单项指标	符 号
时间利用指标	完好率	a_a
	工作率	a_d
	总车时利用率	ρ
	工作车时利用率	δ
速度利用指标	技术速度	v_t
	营运速度	v_d
	运送速度	v_c
	平均车日行程	$\overline{L}_d$
行程利用指标	行程利用率	β
载质(客)量利用指标	载质(客)量利用率	γ
	实载率	ε

三、汽车运输综合评价指标

汽车运输综合评价指标主要包括运输生产率、运输成本、运输质量等。

1. 汽车运输生产率

车辆的结构及性能、自然气候、道路交通、运输条件和运输组织等因素对于汽车的时间、速度、行程、载质量的利用程度产生直接影响,决定着汽车运输生产效率的高低。评价运输生产效率的指标是运输生产率,按运输方式的不同,运输生产率可分为货物运输生产率、旅客运输生产率等。提高运输生产率是汽车运输企业的基本任务之一。

1) 货物运输生产率的计算

载货汽车的运输工作是以运次为基本运输过程进行组织的。一个运次内的货运量 Q_c(t)和周转量 P_c(t·km)分别为:

$$Q_c = q_0 \cdot \gamma$$
$$P_c = Q_c \cdot L_1 = q_0 \cdot \gamma \cdot L_1$$

式中：L_1——平均到一个运次的载重行程，km。

完成一个运次的工作车时 $T_c(h)$ 为完成该运次的行驶时间 $T_t(h)$ 和停歇时间 $T_s(h)$ 之和。其中，车辆在一个运次中的停歇时间主要为装卸货物而停歇的时间，即：

$$T_c = T_t + T_s = \frac{L_1}{\beta \cdot v_t} + T_s$$

单位工作车时完成的货运量 W_q(t/h) 和周转量 W_P(t·km/h) 分别为：

$$W_q = \frac{Q_c}{T_c} = \frac{q_0 \cdot \gamma}{\frac{L_1}{\beta \cdot v_t} + T_s}$$

$$W_P = \frac{P_c}{T_c} = \frac{q_0 \cdot \gamma \cdot L_1}{\frac{L_1}{\beta \cdot v_t} + T_s}$$

利用车辆在某一时间段的工作车时和所完成的货运量、货物周转量，不难得到单位工作车时完成的货运量和货物周转量。

在统计期内，车辆平均在册车时内，车辆在线路上的实际工作车时 $T'_d(h)$ 为：

$$T'_d = \frac{D_d \cdot T_d}{24D} = \left(\frac{D_d}{D}\right) \cdot \left(\frac{T_d}{24}\right) = a_d \cdot \rho$$

因此，载货汽车平均在册车时完成的货运量 W'_q(t/h) 和周转量 W'_P(t·km/h) 分别为：

$$W'_q = a_d \cdot \rho \cdot W_q$$
$$W'_P = a_d \cdot \rho \cdot W_P$$

2）旅客运输生产率的计算

汽车旅客运输含公路旅客运输和市内公共汽车旅客运输两类，一般以单程为基本运输过程进行组织。

一个单程内，由于乘客在沿途各停车站上下车，因此车辆在各路段的实际载客人数有所不同。车辆实际完成的客运量 Q_n(p) 和周转量 P_n(p·km) 分别为：

$$Q_n = q_0 \cdot \gamma \cdot \eta_a$$
$$P_n = Q_n \cdot \overline{L}_P$$

式中：γ——满载率；

q_0——额定载客人数，p；

η_a——乘客交替系数；

$\overline{L}_P$——平均运距，km。

平均运距 $\overline{L}_P$ 指统计期内所有乘客的平均乘车距离；乘客交替系数 η_a 指在一个单程内，各路段平均载客客位中每客位实际运送的乘客人数，以单程的路线长度 L_n 与平均运距 L_P 之比表示：

$$\eta_a = \frac{L_n}{L_P}$$

客运车辆完成一个单程的工作车时 $T_n(h)$ 包括行驶时间 $T_t(h)$ 和在沿途各站的停歇时间 $T_{ns}(h)$：

$$T_n = T_t + T_{ns} = \frac{L_n}{\beta \cdot v_t} + T_{ns}$$

这样，客运汽车平均每工作小时完成的客运量 $W_q(p/h)$ 和周转量 $W_P(p \cdot km/h)$ 分别为：

$$W_q = \frac{Q_n}{T_n} = \frac{q_0 \cdot \gamma \cdot \eta_a}{\frac{L_n}{\beta \cdot v_t} + T_{ns}}$$

$$W_P = \frac{P_n}{T_n} = \frac{q_0 \cdot \gamma \cdot \eta_a \cdot \overline{L}_P}{\frac{L_n}{\beta \cdot v_t} + T_{ns}} = \frac{q_0 \cdot \gamma \cdot L_n}{\frac{L_n}{\beta \cdot v_t} + T_{ns}}$$

比较客、货运生产率计算公式，客运生产率公式中多了一项乘客交替系数 η_a，这是由客运以单程为基本运输过程，乘客在沿途时有上、下车这一特点决定的。以每小时周转量为单位的客运生产率公式与货运生产率公式在形式上一致，但各影响因素的含义因运送对象的不同而有差异。

与计算车辆平均在册车时的货物运输生产率的方法类似，可以得到统计期内车辆平均在册车时内的旅客运输生产率。

3）提高汽车运输生产率的措施

通过对各使用因素及单项指标对生产率的影响特性和影响程度的分析研究，并据此优化各使用因素及单项指标的状态，可以确定提高汽车运输生产率的有效途径。

绘制生产率特性图是分析各单项指标对生产率的影响特性、确定提高汽车运输生产率的措施的有效方法。其绘制过程如下：

首先根据汽车运输生产率计算公式，逐一分析各单项指标与生产率之间的关系。当分析某一单项指标对生产率的影响时，把它看作变量，而把其他单项指标看成常量。若作为常量的单项指标的当前数值已知，就可在坐标图上绘出所分析的单项指标与生产率之间的关系曲线。重复以上过程，可逐一绘出各单项指标与生产率之间关系的一组曲线。绘制汽车运输生产率特性图时，通常以纵坐标表示生产率，横坐标分别表示各单项指标，把一组曲线叠加绘制在一张坐标图上。

以运量为单位的汽车货运生产率特性如图6-9所示。利用特性图分析各单项指标对生产率的影响程度时，先画一条表示当前生产率水平的直线（$A-A$），然后画一条表示希望实现的生产率目标的直线（$B-B$）。直线 $A-A$ 与各曲线的交点所对应的横坐

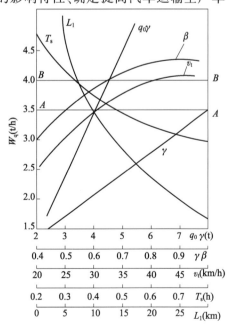

图6-9 汽车货运工作生产率特性图

标数值,为相应单项指标的当前值;直线 $B-B$ 与某曲线的交点所对应的横坐标数值,表示在其他单项指标的当前值不变的前提下,为实现生产率目标所研究的某单项指标应达到的数值。这就为确定提高汽车运输生产率的措施提供了依据。

2. 汽车运输成本

运输成本是评价汽车运输经营效果的综合性指标。在汽车运输生产过程中,人力和物力的节约或浪费、运输生产率的高低、运输服务质量的好坏、运输组织水平的高低和车辆维修质量的好坏等最终都以货币形式反映到成本指标上来,影响着汽车运输成本的大小,决定着汽车运输经济效益的好坏。

因此,在保证运输服务质量的前提下,不断降低运输成本,对于运输企业的生存和发展至关重要。

1) 汽车运输费用

汽车运输的全部费用,按照与车辆运行的关系可分为变动费用(C_c)、固定费用(C_f)。

变动费用 C_c(元/km)指与汽车行驶有直接关系的费用,又称汽车运行费用,通常按每公里行程消耗的费用计算。包括:运行材料(燃油、润滑油、轮胎)费、车辆折旧费、车辆维修费、养路费及其他与车辆行驶有关的费用。

固定费用 C_f(元/h)指与车辆行驶无直接关系但为组织运输所产生的费用,又称企业管理费,常按车辆每在册车时或车日所消耗的费用计算。包括:职工工资和奖金、行政办公费、水电费、房屋维修费、牌照费、职工培训费及固定设施折旧费等。

2) 汽车运输成本的计算

汽车运输成本指完成单位运输工作量所支付的费用。由于汽车运输费用 C 包括变动费用 C_c 和固定费用 C_f 两项,与之相对应,汽车运输成本 S 为变动成本 S_c 与固定成本 S_f 之和。即

$$S = S_c + S_f$$

式中: S_c ——变动成本,指统计期内单位运输量的变动费用,元/t·km;

　　　S_f ——固定成本,指统计期内单位运输量的固定费用,元/t·km。

(1) 货物运输成本的计算。

货物运输成本 S_g[元/(t·km)]表示为每吨公里货物周转量的变动费用 S_c[元/(t·km)]与固定费用 S_f[元/(t·km)]之和。

$$S_c = \frac{v_d \cdot C_c}{W_P}$$

$$S_f = \frac{C_f}{W_P}$$

式中: v_d ——车辆的营运速度,km/h;

　　　C_c ——折算到车辆每公里行程的变动费用,元/km;

　　　W_P ——车辆单位工作车时生产率,t·km/h;

　　　C_f ——折算到车辆每工作车时的固定费用,元/h。

车辆营运速度 v_d(km/h)可表示为:

$$v_{\mathrm{d}} = \frac{L}{T_{\mathrm{d}}} = \frac{\dfrac{L_{\mathrm{l}}}{\beta}}{\dfrac{L_{\mathrm{l}}}{\beta \cdot v_{\mathrm{t}}} + T_{\mathrm{s}}} = \frac{L_{\mathrm{l}} \cdot v_{\mathrm{t}}}{L_{\mathrm{l}} + \beta \cdot v_{\mathrm{t}} \cdot T_{\mathrm{s}}}$$

利用营运速度 v_{d} 和单位工作车时的货物运输生产率 W_{p} 的计算公式,得到汽车货运成本 S_{g}(元/t·km) 的表达式为:

$$S_{\mathrm{g}} = \frac{1}{q_0 \cdot \gamma \cdot \beta}\left\{C_{\mathrm{c}} + \frac{C_{\mathrm{f}}(L_{\mathrm{l}} + \beta \cdot v_{\mathrm{t}} \cdot T_{\mathrm{s}})}{v_{\mathrm{t}} \cdot L_{\mathrm{l}}}\right\}L_{\mathrm{l}}$$

(2) 旅客运输成本的计算。

用类似方法,可得汽车旅客运输成本 S_{b}(元/p·km) 的计算公式为:

$$S_{\mathrm{b}} = \frac{1}{q_0 \cdot \gamma \cdot \beta}\left\{C_{\mathrm{c}} + \frac{C_{\mathrm{f}}(L_{\mathrm{n}} + \beta \cdot v_{\mathrm{t}} \cdot T_{\mathrm{s}})}{v_{\mathrm{t}} \cdot L_{\mathrm{n}}}\right\}L_{\mathrm{n}}$$

3) 降低汽车运输成本的措施

通过对各单项指标对运输成本的影响特性和影响程度的分析研究,可以确定降低汽车运输成本的有效方法。

绘制汽车运输成本特性图是分析各单项指标对运输成本的影响特性,确定降低汽车运输成本的措施的有效方法。绘制汽车运输成本特性图的基本方法与绘制汽车运输生产率特性图的方法相同。汽车货运成本特性如图6-10所示。

分析方法为:先在运输成本特性图上画一条表示当前运输成本大小的直线($A-A$),直线 $A-A$ 与各曲线的交点所对应的横坐标数值,为相应单项指标的当前值;然后画一条表示希望运输成本降低到某个值的直线($B-B$),直线 $B-B$ 与某曲线的交点所对应的横坐标数值,表示在其他

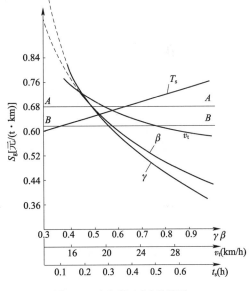

图6-10 汽车货运成本特性图

单项指标的当前值保持不变的前提下,为把运输成本降低至目标值,所研究的某单项指标应达到的数值,从而为确定降低汽车运输成本的措施提供了依据。

3. 汽车运输质量

汽车运输质量包括:安全、准确、迅速、经济、便利、舒适、清洁、文明服务。

汽车运输安全包括运输对象安全和运输工具安全。运输对象安全指在运输过程中,在发生位置变化的同时,除了由于不可抗拒的天灾及旅客本身的机能或货物本身的性质而无法防止外,不能使旅客造成心理和生理的损伤,也不能改变货物的物理性质和化学性质。运输工具安全指汽车在运行过程中,应保证自身及有关行人、其他交通工具及沿线交通设施的安全。

准确包括时间上、空间上和信息活动准确三个方面。时间上准确指按时刻表规定正点运送旅客,以及按照货物运输规程中对运到期限的规定,及时送达货物;空间上准确指按照旅客和货主指定的目的地进行运输,不发生旅客的误乘、货物的误交付等。旅客和货物的移

动,伴随着相关信息的传递活动,信息准确对货主和运输企业组织运输,对旅客出行起着越来越重要的作用。

迅速指旅客和货物的送达速度要快。在旅客运输中,运送速度越快,旅客在旅途中消耗的时间就越少,还能改变人们生活和工作方式。货物运输的运送速度越快,物资在运输过程中的时间就越短,资金周转就越快,还可以减轻货物的自然损耗,增强企业发展的活力。

促进运输企业的技术进步,降低运输成本,可以降低运价,减轻旅客和货主的负担,更好地促进工农业生产的发展和人民生活水平的提高。

便利是衡量运输产品质量的重要方面。狭义的便利指旅客和货主在办理旅行和运输时方便、简易;广义的便利包括运输网的四通八达、畅通无阻,旅客乘车方便或货主办理货运手续便利,在汽车客运站或货运站内旅客和货主的各种需求能够得到充分满足。

对旅客运输而言,舒适是一种重要服务质量要求。在旅行中,由于车辆振动、加减速、噪声及活动场所限制等等,而对于旅客的心理和生理产生影响。当客运需求大于供给时,还会出现车内拥挤的情况。这不仅恶化了旅行条件,降低了旅客舒适性,还可能影响旅客安全。

清洁运输指在运输生产过程中尽可能减小对环境的影响。实现清洁运输的主要途径有:推广使用清洁能源,减少运输活动产生的有害污染物,降低交通噪声污染;控制或减少散堆装货物在装卸和运输过程的飞扬、飘逸、扩散;发展无公害、可降解包装材料;妥善处理旅客在旅行过程中产生的各种废弃物。

运输过程是提供运输服务的过程,运输企业为旅客和货主提供文明服务,既是市场营销的需要,也是精神文明在运输工作中的体现。

复 习 题

一、问答题

1. 汽车运输过程包括哪些主要环节?
2. 汽车货运作业基本程序包括哪些环节?
3. 货运车辆运行组织方式有哪几种?
4. 车辆行驶路线有哪几种?
5. 公路旅客运输作业基本程序包括哪些环节?
6. 公路旅客运输营运方式有哪几类?
7. 选用公路旅客运输车辆时应考虑哪些方面?
8. 城市公共汽车交通系统包括哪些组成因素?
9. 公共交通车辆调度形式有哪几种?
10. 汽车运输主要统计指标有哪些?
11. 评价时间利用程度的常用指标有哪些?
12. 速度利用指标主要包括哪些?
13. 什么是行程利用指标?
14. 车辆载质(客)量利用常用指标有哪些?
15. 评价运输生产效率的指标是什么?

16. 什么是汽车运输成本？

二、综述(分析)题

1. 阐述汽车货运作业的全过程。
2. 各种货运车辆运行组织方式有什么优缺点和适用场合？
3. 甩挂运输有几种组织形式？甩挂运输为什么能提高运输效率？
4. 如何进行组织乘车与发车作业？
5. 如何编制客车运行循环序号？
6. 如何编制客车运行作业计划？
7. 如何编制公共汽车行车作业计划？
8. 影响汽车时间利用指标的因素有哪些？
9. 影响汽车速度利用指标的因素有哪些？
10. 影响汽车行程利用指标的因素有哪些？
11. 影响汽车载质(客)量利用指标的因素有哪些？
12. 如何分析汽车的运输生产率？怎样确定提高汽车运输生产率的措施？
13. 如何分析汽车的运输成本？怎样确定降低汽车运输成本的措施？
14. 说明汽车的单项利用指标与汽车运输生产率和运输成本的关系。

第七章 道路交通事故和汽车公害的防治

汽车的运用对发展生产、建设物质文明和精神文明、促进社会进步发挥着重要作用；但随着汽车保有量的日益增加，由其引起的交通事故和公害又对人类生存环境造成很大威胁。安全地使用车辆，避免道路交通事故造成的人员伤亡和物质损失，加强汽车运用过程中的公害控制，减轻其对人类生存环境的影响，已成为汽车运用过程中必须研究和解决的重要问题。

第一节 道路交通事故及其防治

一、道路交通事故及其分类

道路交通事故指车辆在道路上因过错或者意外造成的人身伤亡或者财产损失的事件。

1. 道路交通事故的构成要素

①车辆要素。指道路交通事故应限于车辆(包括各种机动车和非机动车)造成的人身伤亡和财产损失的事件。

②道路要素。指道路交通事故是在公用道路上发生的。公用道路指"公路、城市道路和虽在单位管辖范围但允许社会机动车通行的地方，包括广场、公共停车场等用于公众通行的场所"。

③运动要素。指道路交通事故应发生在行驶或停放过程中。车辆静止停放时发生的事故(如停车后装卸货物时发生的伤亡事故)不属于交通事故。

④事态要素。指交通事故是与道路交通有关的事态或现象，即发生碰撞、碾压、刮擦、翻车、坠落、失火等其中的一种或几种。

⑤后果要素。道路交通事故是造成人身伤亡或者财产损失的损害后果的事件。

⑥过错或者意外要素。指事故是出于人的意料之外而偶然发生的事件，当事人的心理状态是过错或者意外。

2. 交通事故现象

交通事故现象指交通参与者之间发生冲突或自身失控肇事所表现出来的具体形态。

①碰撞，指交通强者的正面部分与他方接触，或同类车的正面部分相互接触。

②碾压，指作为交通强者的机动车，对交通弱者如自行车、行人等的推碾或压过。

③刮擦，指侧面部分与他方接触，造成自身或他方损坏。包括车刮车、车刮物和车刮人。

④翻车，指在没有发生其他事态的前提下，车辆部分或全部车轮悬空、车身着地的现象。

⑤坠车，即车辆坠落离开地面的落体过程。常见的坠落形态是车辆跌落到与路面有一定高差的路外。

第七章 道路交通事故和汽车公害的防治

⑥爆炸,指将爆炸物品带入车内,在行驶过程中由于振动等原因引起突爆造成事故。

⑦失火,指车辆在行驶过程中,由于人为或技术上的原因引起的火灾。

3.道路交通事故的分类

从不同角度把道路交通事故分为以下类别:

1)按后果分类

根据人身伤亡或者财产损失的程度和数额,分为轻微事故、一般事故、重大事故和特大事故四类:

①轻微事故:指一次造成轻伤1~2人,或者机动车事故造成的财产损失不足1000元,非机动车事故不足200元的事故。

②一般事故:指一次造成重伤1~2人,或者轻伤3人以上,或者财产损失不足3万元的事故。

③重大事故:指一次造成死亡1~2人,或者重伤3人以上,10人以下,或者财产换失3万元以上不足6万元的事故。

④特大事故:指一次造成死亡3人以上,或者重伤11人以上,或者死亡1人同时重伤8人以上,或者死亡2人同时重伤5人以上,或者财产损失6万元以上的事故。

2)按交通工具分类

根据肇事交通工具的类型,分为机动车事故、非机动车事故、行人事故三类。

①机动车事故:指在当事方中,机动车负主要以上责任的事故。但在机动车与非机动车或行人发生的事故中,机动车负同等责任的,也应视为机动车事故。

②非机动车事故:指畜力车、二轮车、自行车等非机动车辆负主要以上责任的事故。

③行人事故:指由于行人过失或违反交通规则而发生的交通事故。

3)按事故对象分类

①车辆间的交通事故:指车辆之间发生刮擦、碰撞而引起的事故。包括正面碰撞、追尾碰撞、侧面碰撞、转弯碰撞等超车刮擦、会车刮擦等。

②车辆与行人的交通事故:指机动车对行人的碰撞、碾压和刮擦等事故。

③机动车对非机动车的交通事故:主要表现为机动车辆在机动车行车道和自行车道压死、撞伤骑自行车人的事故。

④车辆单独事故:指在没有发生碰撞、刮擦等事故的前提下,机动车翻车、坠入桥下或江河的事故。

⑤车辆对固定物的事故:指机动车与道路两侧的固定物(如建筑物及树木)相撞的事故。

⑥铁路道口事故:指车辆或行人在铁路道口被火车撞死、撞伤的事故。

4)其他分类方法

①按事故发生地点分类。交通事故发生地点一般是指事故发生在哪一级道路;此外,还可以按事故发生在道路交叉口或路段分类。

②按事故发生时的气候情况分类。

③按发生事故的道路特征,如:道路线形、路面类型、路面状况等分类。

④按伤亡人员职业类型分类。

⑤按肇事者所属行业分类。

⑥按肇事驾驶员所持驾驶证种类、驾龄分类。

二、道路交通事故的影响因素

道路交通事故是在特定的交通条件下,由构成交通系统的人、车、路、环境诸基本要素配合失调而引发的,如图7-1所示。

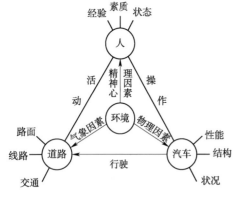

图7-1 道路交通事故的主要影响因素

1. 人的因素

人对交通事故形成的影响,主要表现在以下方面:

①自身的生理、心理状态不符合交通安全的要求。

②违章行走、违章操作、违章装载、违章行驶等。

③对他人的交通动态及道路变化、气候变化、车况变化观察疏忽或措施不当等。

交通参与者主要涉及机动车驾驶员、行人、骑自行车人及车辆乘员等。各种交通参与者,由于在交通环境中的地位和目的不同,其导致交通事故的原因也不同。

驾驶员的操作特性(如:反应过程、判断过程、操作过程)和驾驶员的心理特性(如:性格、气质、情感、意志)对于驾驶员责任事故的发生有重要影响。研究证明:反应灵敏、判断准确、操作得当和性格理智、道德观念强、自觉性强,且具有果断意志品质的驾驶员具有较强的驾驶适宜性。

驾驶员的不安全驾驶行为形式各异,主要表现为:不遵守交通法规,违章行车;疲劳驾车;酒后开车;行车速度过快;忽视警告标志、警告信号;视力较差,听觉失常;注意不够,判断不准,反应时间过长;心理素质较差;操作不符合规定,出现错误,驾驶技术不熟练;对所驾驶汽车疏于维护,致使汽车技术状况不良。

行人对车辆、交通规则的认识水平,行人的行动特征如观察、判断、动作等,行人的心理特性、道德意识等均对行人责任事故的发生有重要影响。行人在交通参与者中是交通弱者,但却是最为复杂的因素。多数行人事故是因为行人进入行车道而造成的。

在自行车事故中,责任属于骑车人的约占 1/3～1/2,其主要原因是违章行驶,诸如:带人、载货、双手撒把、与机动车抢道等。由于电动自行车的体形较大、时速较高,同时没有相应的专用行驶道路,因而其事故量较大。此外,气候、道路类型、交通流状况等因素的变化也是造成自行车事故的重要间接原因。

2. 车辆因素

车辆是现代道路交通的运载工具,是道路交通系统的重要组成元素。安全性能及其安全技术状况是车辆因素中导致道路交通事故的直接原因。

车辆安全性能包括两个方面:一是车辆的主动安全性,即车辆所具备的避免事故的能力,如:汽车的制动性能、操纵稳定性能、视野等;二是车辆的被动安全性,即发生事故后车辆所具有的减轻人身伤害的能力,如:安全带、安全气囊等。车辆使用过程中的安全性能还与汽车使用的合理性、车辆维护和修理密切相关。

车辆安全技术状况不良主要表现在：车辆制动器失效或制动效果不佳；转向系统失控；机件失灵、灯光失效、驾驶视野条件不佳；操纵机构各连接部位不牢靠；轮胎爆胎；机件承受交变载荷而疲劳失效；车辆超高、超宽、超载及货物绑扎不牢。

车辆管理制度、车辆检测和维修制度不完善是车辆因素中导致道路交通事故的间接原因。

车辆管理工作包括车辆技术管理、运行管理、户籍管理等。使用必要行政手段和法律措施对车辆生产和运行进行有利于交通安全的引导和约束，避免不合理使用，可以在预防车辆事故方面发挥重要作用。

车辆检测制度不完善或执行不力，检测方法落后，缺乏对汽车技术状况特别是汽车安全性能的有效监控；车辆维修制度不完善或执行不力，维修质量差，均会使车辆带故障行驶，也是因技术状况不良而导致交通事故的重要原因。

3．道路和交通环境因素

道路与交通环境构成道路交通的基本要素，对交通安全的影响不容忽视。

1）道路

影响道路交通事故发生的道路因素包括：线形设计要素（包括平面、纵断面、横断面及平纵线形组合）、视距、交叉口（包括平面交叉和立体交叉）等。

道路线形几何要素的不合理以及不良的线性组合，是导致交通事故的主要原因。公路线形是公路的骨架，若线形要素组合不当，不能适应驾驶员的运动视觉和心理效应的要求，将会降低公路的安全性和舒适性、降低公路通行能力，严重时将增加交通事故。因此，公路设计时要充分利用道路几何组成部分的合理尺寸和线形组合，创造连续的、清晰顺畅的行车方向和便于识别方向的导向线。

路面状况不良（如潮湿、结冰等）使轮胎与路面间附着系数下降，严重影响汽车的行驶稳定性和制动性能，易于导致交通事故。

不同类型和等级的道路，由于车道宽度、车道数、路肩、中央分隔带等设置的不同，对交通安全也有极大影响。

视距是保证道路行车安全的重要因素之一。在平曲线与竖曲线上超车时发生的道路交通事故，经常是由于视距不足而引起，因此视距与道路的平面线形和纵断面线形有密切关系。

2）道路交通设施

道路交通设施主要包括交通信号和交通安全设施。

交通信号是指挥车辆、行人前进、停止或者转弯的特定信号。包括：交通信号灯、交通标志、交通标线和交通警察的指挥。交通信号灯规定了车辆通过交叉口的运行次序，减少或消除了冲突点，可以大大降低交叉口的事故率。道路交通标志用图形符号、颜色和文字向交通参与者传递特定信息，使交通法规具体化、形象化，用于管理交通的设施。道路交通标线是由标划于路面上的各种线条、箭头、文字、立面标记、突起路标和轮廓标等所构成的交通安全设施，是引导驾驶员视线、管制驾驶员驾驶行为的重要手段。

道路交通安全设施是道路交通系统不可缺少的重要组成部分，主要包括：安全护栏、隔离设施、防眩设施和诱导设施等。安全护栏是沿着道路路基边缘或中央隔离带设置的一种安全防护设施;防眩设施是防止夜间行车不受对向车辆前照灯眩目的构造物,设置于中央分隔带上,主要包括:防眩板、防眩网等;视线诱导设施是一种沿车道两侧设置,用以指示道路方向、车行道边界及危险路段位置等的设施的总称,按功能可分为:轮廓标,分流、合流诱导标,指示性或警告性线性诱导标。

3) 交通环境

交通流量和构成是对交通安全影响最大的交通环境因素。

交通流量大小直接影响驾驶员的心理紧张程度,影响着道路交通事故率。交通流量大时,因车辆相互干扰、互成障碍,常导致交通事故的发生;交通流量小时,往往由于行驶车速过高而导致交通事故。

在混合交通环境下,行人、骑自行车人、各种车辆相互干扰,交通条件复杂,易于导致交通事故。

4. 交通管理因素

交通管理是有关部门依据具体交通情况所采取的一系列针对性措施,其目的在于协调人、车、路诸要素在交通过程中的相互关系,保障交通畅通和安全。交通管理范围包括:机动车驾驶员考核、发证、审验;交通安全宣传教育;机动车登记,发放牌证,及对机动车的安全检验;交通指挥疏导,维护交通秩序,处理交通事故;清除路障,设置与管理交通标志、标线等设施。交通管理的完善与有效程度对交通事故的影响十分重大。

综上所述,对交通事故的影响因素可归结到人、车、路、环境和交通管理诸方面。然而,如果从宏观的角度讨论问题,影响交通事故的因素还有许多,例如:气候、地理条件、人口和文化因素、社会经济环境等。

三、道路交通事故的预防措施

为保障交通安全,预防交通事故,必须把人-车-路-环境作为一个有机整体进行分析和处理,从谋求该系统的平衡出发,规划、协调和解决其中各组成部分的结构、性能、行为等问题。

1. 改善交通环境

提高公路等级并增设或完善各种安全设施,可以提高交通安全水平。

驾驶员驾驶汽车在道路上行驶所依据的信息主要来自道路和交通环境。因此,道路的技术特征和交通设施应标准化,应便于驾驶员快速做出正确抉择;公路线形设计要素(包括平面、纵断面、横断面及平纵线形组合)、视距、交叉口(包括平面交叉和立体交叉)等应满足安全行车的要求。

道路平面线形由直线、圆曲线、缓和曲线等几何要素组成;纵断面线形由平坡线、坡线、竖曲线三个几何要素组成。平面线形和纵断面线形均应根据地形、地物和沿线环境条件,对几何要素进行合理的组合,满足行车安全、舒适、美观的要求。纵断面线形应与地形相适应,形成视觉连续、平顺而圆滑的线形,避免在短距离内出现频繁起伏。

在交叉口,应采取分隔带,以限止驾驶员驶入左侧行车道,避免交通事故的发生。

正确布置道路标志与方向指示牌,可有效防止驶入错误路口引起的交通事故。在立体交叉口上,应设置相应路线标志和禁止驶入匝道的标志。

2. 提高汽车的安全性能

汽车安全性能包括主动安全性和被动安全性。前者指在驾驶员的正常操纵状况下,汽车能够按照驾驶员的意志运行,避免或减少事故发生可能性的能力;而后者指汽车在发生事故的过程及之后,保证乘员不受伤害或最大限度减少伤害程度的能力。

汽车的主动安全性装置主要有:防抱死制动系统(ABS)、驱动防滑系统(TCS/ASR)、自动避撞系统(CA)等。

汽车的被动安全性装置主要包括:安全气囊、安全带、安全门锁和各种吸能装置。在被动安全性研究过程中,通过汽车的碰撞实验,根据生物力学和人体的研究成果,确定汽车碰撞中的危险部位和结构要求,开发设计和配备相应的被动安全性装置。

在使用过程中,汽车的技术状况和安全性能是不断变化的。因此,应加强车辆技术状况和安全性能的检测和维护工作,发现异常或故障及时维修。

3. 加强驾驶员和行人的安全意识

提高驾驶员的安全意识对保证交通安全有重要作用,应采取以下措施:

①研究驾驶员的生理和心理特性,研究疲劳、饮酒及药物等因素对行车安全的影响。

②严格驾驶员培训、考核和发证工作,加强驾驶员的甄选和管理。

③加强交通安全宣传教育,完善驾驶员常规培训教育制度。在提高驾驶技能的同时,加强其交通道德意识、交通法制意识和交通安全意识。

④加强交通执法的效果和力度,有效杜绝各类驾驶员违章行为。预防疲劳驾驶,杜绝酒后驾驶。

加强对行人交通安全宣传教育,增强行人的安全意识,提高行人遵守交通法规的自觉性,是行人交通安全管理的重要内容。

4. 加强交通安全管理

交通安全管理是在由交通运输部门和有关机构根据有关法律、法规、标准规范,采用科学的管理方法,在社会公众的积极参与下,对构成道路交通系统的人、车、路、交通环境等要素进行有效的组织、协调、控制,以防止事故发生、减少死伤人数和财产损失、保证道路交通安全、畅通的管理活动。

交通安全管理的作用有:规范道路交通行为;保障道路交通安全;改善道路交通畅达;稳定社会生活秩序;促进道路交通功能;推动精神文明建设。

交通安全管理的对象,是构成道路交通系统的人、车、路、环境等诸要素及其相互关系。

道路交通法规是依据国家宪法制定的强制性行政命令和规章制度,既是人们行车、出行、使用道路必须遵循的规范,又是道路交通管理部门查处交通违章、裁定事故责任、进行交通安全管理的重要依据。如:《中华人民共和国道路交通安全法》、GB 5768—2009《道路交通标志与标线》、GB 7258—2012《机动车运行安全技术条件》、GB 21861—2014《机动车安全检验项目和方法》、GB 1589—2004《道路车辆外廓尺寸、轴荷及质量限值》等。

加强交通安全管理的主要措施如下:

①制定完善的交通法规,强调法制,依法维持正常的交通秩序。

②完善交通管理体制,统一筹划,协调管理工作。

③加强车辆驾驶员的培训和管理,开展并强化交通安全教育,普及交通安全知识。

④加强科学的管理方法,提高管理人员的技术素质,实现交通管理技术的现代化。

5. 汽车安全驾驶

1)起步

起步前应检查:汽车前后和车下是否有人或障碍物;货物装载和紧固情况或乘客状态;周围环境和交通状况。

起步准备:起动发动机并察听运转情况;观察各仪表指示状况特别是冷却液温度、机油压力指示值;发动机温度达40℃以上时,关好车门,系好安全带。

起步过程:通过后视镜观察后方有无来车;鸣笛;放松驻车制动;适当选择变速器挡位;缓抬离合器踏板;缓踩加速踏板起步。

2)车速选择

车速与行车安全有密切关系。提高车速,可缩短运输时间,提高运输效率;但车速过快,制动距离大大增长,且易于丧失操纵稳定性。因此,提高车速的基本前提是必须确保行车安全。

车速快慢是相对的,高速行车与安全行车的根本区别在于所使用的行驶车速是否危及行车安全。高速行车指不顾道路状况和交通环境,采用挤、抢、钻的方法盲目开快车。车速越快,制动距离越长,当遇有紧急情况时,发生事故的可能性也就越大;车速越高,转弯时的离心力就越大,极易造成车辆侧滑甚至翻车;在凸凹不平的道路上高速行车,常会因振动加剧而使车辆悬架机构、行驶机构、车架、轮胎等损坏或发生故障而导致行车事故;高速行车还会使驾驶员动视力下降、视野范围变窄,从而难以全面正确地感知车内外情况,同时由于精神高度紧张更易于导致疲劳,因而发生事故的可能性增大;高速行车时,超车的机会相对增多,从而增加了道路上的交织点,扰乱了正常行驶的交通流和行车秩序,从而也对行车安全造成影响。

因此,遵章守法,准确判断交通条件,掌握适当车速,适时制动停车,既能确保安全行车,又能平安、顺利地完成运输任务。

3)安全间距

行驶过程中,汽车与同车道内同向行驶的车辆间应保持必要的距离;会车或超车时,应有一定侧向间距。

在同向行驶的前后车之间,其安全间距主要取决于制动停车距离,安全间距主要由后车的车速、制动减速度和后车驾驶员的反应时间确定。当制动系统的技术状况正常时,在不同车速下行驶时汽车的安全间距见表7-1。

常见车速下的安全间距(单位:m) 表7-1

制动类型	车速(km/h)	10	20	30	40	50	60	70	80
$j_1 = j_2$	液压制动	8.1	11.1	14.2	17.2	20.3	23.3	26.4	29.4
	气压制动	8.6	12.2	15.8	19.4	23.0	26.6	30.2	33.8
$j_1 = 5 \text{ m/s}^2$	液压制动	8.8	14.2	21.1	29.5	39.5	51.0	64.0	78.6
$j_2 = 2.5 \text{ m/s}^2$	气压制动	9.4	15.3	22.7	31.7	49.2	54.3	68.0	83.0

注:j_1、j_2表示前、后车的制动减速度。

车速越快,侧向安全间距应越大。一般情况下,时速在 40km/h 以下时,侧向间距应在 0.75m 以上;时速为 40~70km/h 时,同向行驶车辆的侧向间距应保持 1~1.4m,逆向行驶的车辆则应保持 1.2~1.4m;时速高于 70km/h 时,侧向间距不应小于 1.4m。

4) 会车

与对面汽车会车时,首先应做到先让、先慢或先停,根据道路交通情况,准确判断来车的速度、距离及装载情况,选择适当侧向安全间距,运用适当车速并选择较宽阔、坚实的路段靠右侧行进而会车。

山区弯道处会车时,视线受阻,应先鸣笛,注意前方来车;在陡坡道上会车时,应做到下坡车让上坡车先行,尽量避免在危险路段会车。

夜间会车,距来车 150m 时,应将远光灯改为近光灯;相距 50m 时,互闭前照灯而改用示宽灯,靠公路右侧缓行,以防眩目,确保会车安全。

5) 超车

一般情况下,超车应在视线清楚、道路宽度能保证有足够侧向安全距离,并在对方 150m 以内无来车的路段进行。超车前,先鸣笛并开左转向灯向前后车辆发出超车信号,待前车示意允许超车并向道路右侧避让时,从左侧保持足够侧向安全距离迅速超越;超越后,关闭左转向灯,同时开右转向灯,在不影响被超车辆行驶的情况下驶入原行驶车道。应注意的是:超车前,驾驶员应根据本车车速和加速性能及被超车辆的车速,正确判断超车所需时间和超车距离,尤其要看清超车路段内的交通情况,并正确掌握侧向安全距离。

6) 掉头和倒车

车辆掉头、倒车时必须谨慎驾驶,尽量在道路宽阔、交通情况不复杂的地段进行。掉头、倒车时,应观察周围情况,选定进、退路线和目标;对后方情况看不清时,应有人在车下指挥;倒车时,车速要慢,同时必须控制前轮位置,应掌握"慢行车、快转向、多进少退"的方法。

7) 安全滑行

滑行指驾驶车辆过程中的具有预见性的、提前减速操作方法。正确、合理的滑行,用自然减速代替使用制动器,可以达到减少制动消耗、降低磨损和节省燃油的目的。但若运用不合理,就会使磨损和油耗增大,甚至造成事故。滑行应在发动机不熄火和制动有效的条件下进行。在泥泞、积雪、结冰、陡坡、窄路、急转弯、傍山险路等道路上,以及在视线不良、装载危险品及超高、超长、超宽物资时,严禁滑行,以防发生意外事故。

8) 高速公路行驶安全条件

超速、疲劳驾驶是影响高速公路行车安全的主要因素,汽车追尾是高速公路交通事故的典型形式之一。为了避免发生追尾事故,汽车应保持一定的行车间距。当车速为 100km/h 时,行车间距至少应为 100m;车速为 70km/h 时,应至少保持 70m 的车间距。在潮湿的路面上行驶时,车间距应增大 2 倍以上。当遇有大风、雨、雾或路面积雪、结冰时,应以更低的速度行驶,以保证行驶安全。

在高速公路上行车时,必须遵循《高速公路交通管理办法》的规定,按限速规定行车。高速公路行车,驾驶员容易疲劳,长途行车(行程超过 300km)应配备 2 名以上驾驶员轮流驾驶;驾驶员应注意休息,一旦发觉疲劳,必须进服务区停车休息,避免疲劳驾驶。

此外,汽车在高速公路上行驶,还应注意:严格遵守交通法规,按限速规定行驶;汽车在高速公路运行前,应进行汽车维护,确保车辆处于最佳状态;按道行驶,不准在超车道长时间行驶或骑、压车道分界线行驶;不得随意停车,不得在路肩行驶,不许掉头、倒车或穿越中央分隔带,不许进行试车,不许在匝道上超车和停车;遵守管理部门采取的管制措施。

6. 车辆维护和修理

汽车行驶一定里程后,各零部件松旷、磨损,技术状况变坏。除动力性、燃油经济性明显下降外,安全性也会明显降低。实践证明:汽车技术状况下降的程度与维护和修理工作的质量密切相关。车辆的维修质量对确保行车安全、延长使用寿命、降低运行消耗具有重要意义。

为保证汽车技术状况良好及行车安全,驾驶员必须做到"三检",即出车前检查、行车途中检查和收车后的检查。发现故障及时排除,及时补充燃油和润滑油的消耗。

日常维护是由驾驶员执行的保持车辆正常工作状况的经常性工作,其中心内容是清洁、补给和安全检测。车辆的日常维护和检查,应着重于安全方面的内容。

良好的技术状况是保障汽车行车安全的重要前提。为此,应根据有关规定进行汽车性能检测、维护和修理。

第二节 汽车公害及其防治

汽车在道路上行驶而产生的损害人体健康和生活环境的污染现象称为汽车公害。

汽车公害包括:汽车排气对大气的污染(排放公害);噪声对环境的危害(噪声公害);汽车电气设备对无线电通讯及电视广播等的电波干扰(电波公害);以及制动蹄片、离合器摩擦片、轮胎的磨损物和车轮扬起的粉尘对环境的危害(粉尘公害)等。其中,排放公害对人们的生活环境影响最大,其次是噪声公害;而电波公害点对无线电通讯及电视广播等产生干扰,但并不直接影响人们的身体健康;粉尘对环境的污染只是在交通密度大的车流附近较为突出。

一、排放公害及其防治

1. 汽车的排放污染源

汽车排放的气体通过发动机排气管、曲轴箱窜气、燃油蒸发和渗漏等途径进入大气。

排气管排气是汽车最主要的污染源。若燃油与空气的混合气燃烧充分,燃烧废气的基本成分是二氧化碳(CO_2)、水蒸气(H_2O)、过剩的氧(O_2)及残余的氮(N_2)等。发动机实际工作时,排气成分与之不同。除上述外,还包括一氧化碳(CO)、碳氢化合物(HC)、氮氧化物(NO_x)、微粒物(炭烟、油雾等)、二氧化硫(SO_2),以及甲醛、丙稀醛等有害气体。

在压缩行程和做功行程,发动机燃烧室中的气体通过活塞与汽缸间的间隙窜入曲轴箱。若曲轴箱窜气从加机油管口盖处逸出,就会造成污染。其主要污染物是HC,也有部分CO、NO_x等。

温度变化使油箱中燃油的蒸发量发生变化,导致内部压力变化。温度升高时,蒸发量增大,油箱压力大,使油箱中的燃油蒸气向大气排放。另外,油管接头处的渗漏蒸发也向大气排放,其污染物主要是HC。

2. 汽车的排放污染物

汽车发动机排出的废气并不都有害,如 N_2、CO_2、O_2、H_2 和水蒸气等对人体和生物没有直接危害。有害成分指 CO、HC、NO_x、SO_2、铅化合物、微粒(炭烟和油雾)等。其中 CO、HC、NO_x、微粒是主要污染物。

未燃的 HC 和 NO_x 在太阳光紫外线作用下产生光化学反应生成二次有害污染物——光化学烟雾,其主要成分是臭氧、醛等烟雾状物质。

汽车排放的有害物质通过人的呼吸进入人体后,将使人的神经系统、消化系统和呼吸系统受到损害。

3. 汽车排放污染物的形成

汽车排放污染物的成分和浓度取决于发动机混合气形成条件、燃烧室的燃烧条件和排气系统的反应条件。

1) 一氧化碳的形成

一氧化碳(CO)是碳氢燃料在燃烧过程中的中间产物,燃料的不完全燃烧导致 CO 的产生。

如果汽油机燃烧室内或局部区域混合气过浓(过量空气系数 $\alpha \geqslant 1$),则因空气量不足而不能完全燃烧;此外,工作温度低或者滞留时间短暂等,也会使燃烧不能完全进行,产生 CO;若燃烧后的温度很高,会使在正常燃烧情况下形成的CO_2分解成少量的 CO 和 O_2。

2) 碳氢化合物的形成

碳氢化合物(HC)是未燃燃料、未完全燃烧的中间产物和部分被分解产物的混合物。

一切妨碍燃料燃烧的因素都是 HC 形成的原因。发动机燃用的混合气过浓、过稀或雾化不良,点火能量不足或点火过迟,火焰难以传播到的低温缸壁的激冷作用,都是影响 HC 形成的重要因素。

发动机汽缸内的混合气通过火焰传播而燃烧,但是紧靠缸壁的气体层,因低温缸壁的冷却作用,火焰传播不到,使这层混合气中的 HC 随废气排出。

发动机混合气过浓时,会因空气不足以致不能完全燃烧。此外,混合气过浓、过稀、燃料雾化不良或混入废气过多时,可能产生灭火或半灭火状态而使部分未燃燃料(HC)排出。

燃料的氧化燃烧过程要经过一连串的化学反应才能完成,在反应过程的不同阶段存在着不同的中间产物。若这些中间产物进一步氧化的条件不适宜,就可能因氧化不彻底而使 HC 的排放量增加。

3) 氮氧化物的形成

氧化氮(NO_x)是氮氧化物的总称。其中:一氧化氮(NO)占绝大部分(约占99%),而二氧化氮(NO_2)的含量较少(约占1%)。NO 排入大气后,进一步氧化成NO_2。

NO_x 是在高温条件下,N_2 和 O_2 反应生成的。除燃烧气体的温度和氧的浓度外,停留在高温下的时间是NO_x生成的重要影响因素。

4) 微粒的形成

微粒一般由三部分组成,即炭烟、可溶性有机成分和硫酸盐。

炭烟是微粒的主要组成部分,是碳氢化合物燃料在高温缺氧的情况下燃烧的产物。柴油机排出的微粒物浓度一般要比汽油机高 30~80 倍。

4. 影响汽车排放污染物形成的使用因素

1) 燃油供给系统的技术状况

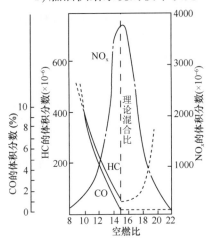

图 7-2 CO、HC、NO_x 的排放浓度与空燃比的关系

发动机工作过程中,燃油供给系统所供给的混合气浓度是否适当,对排放污染物形成有重要影响,如图 7-2 所示。

空燃比小于理论空燃比(14.8)时,因空气量不足使燃料不能完全燃烧,随着空燃比下降,CO 和 HC 浓度增大。但混合气中氧的浓度低,NO_x 的浓度降低。

空燃比大于理论空燃比时,随着空燃比增大,火焰传播中断现象越来越严重,因此 HC 浓度增加。由于稀混合气的燃烧温度低,抑制了 NO_x 的生成,因此 NO_x 的浓度下降。此时排气中含有的少量 CO 主要由 CO_2 分解形成,浓度小且变化不大。

使用比理论空燃比大 10% 左右的稍稀混合气时,燃烧过程中有足够的氧,对降低 CO 和 HC 的排放浓度有利,但此时 NO_x 的排放量最大。

2) 点火(喷油)系统技术状况

增大点火提前角,汽缸内工作循环压力和温度提高,废气中 NO_x 的浓度随之增大,反之,NO_x 浓度降低,如图 7-3 所示。

点火滞后时补燃增多,排气系统温度升高,废气中的 HC 和 CO 浓度有所减小;若点火过迟,因燃烧速度慢,HC 和 CO 浓度又有所提高,如图 7-4 所示。但点火滞后会引起发动机功率下降,油耗增加。点火系统技术状况不良、点火能量不足时,由于燃烧缺火现象而使 HC 的浓度增大。

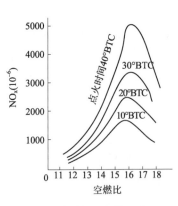

图 7-3 点火时间和空燃比对 NO_x 排放浓度的影响

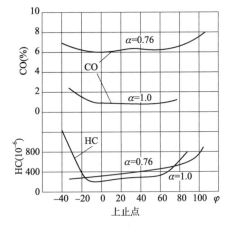

图 7-4 点火时刻对 CO、HC 排放浓度的影响

柴油机供油系的喷油提前角是影响排气污染的重要因素。随着喷油提前角的减小,循环最高温度降低,废气中的 NO_x 排放浓度下降,HC 排放增加,而 CO 排放浓度基本不变。

3）配气相位

配气相位是否正确,对发动机排放污染物的浓度有较大影响。

进气门早开,会使残余在汽缸中的废气量增多,新鲜混合气被废气稀释,降低燃烧温度,从而NO_x排放量减少。进气门早开还会使废气流入进气管,从而减少HC排放量,但开得过早反而会增加HC排放量。

排气门早关,由于废气排放不完全,NO_x排放量减少。排气门早关对HC的影响较难观察,首先因含HC较多的废气被保留在缸内而减少了HC的排放,而后将因混合气变稀使燃烧情况恶化;若排气门关闭较晚,没有排出的废气被回吸,会使HC的排出量略有增大。

4）汽车技术状况的变化

随着行驶里程增大,汽车技术状况逐渐变坏,燃油经济性、动力性及可靠性下降,排气污染也随之增大。HC和CO排放浓度与行驶里程的关系如图7-5所示。

燃油供给系统和点火系统调整不当或使用中技术状况变差,导致混合气浓度、点火时刻等因素发生变化,对发动机排放特性有着重要影响。

积炭是燃油和润滑油不完全燃烧的产物,多发生在燃烧室内的汽缸盖、汽缸壁、活塞顶部及气门等部位。积炭严重时,会使活塞环卡住而失去密封作用,增加了曲轴箱窜气量。火花塞积炭、气门积炭或烧蚀会使发动机某一缸工作不正常,排气中的HC浓度明显增大。

使用过程中气门间隙的变化,使配气相位偏离标准值,影响发动机的工作过程,从而导致排放量增大。

5）发动机运转工况

发动机负荷、转速、工况稳定性和工作温度对发动机排放污染物有很大影响。

(1) 发动机负荷的影响。

发动机在不同的负荷下工作时,燃油供给系统提供的可燃混合气和浓度不同,如图7-6所示。而发动机使用的混合气浓度(空燃比)对排放污染物的浓度影响很大,如图7-2所示。

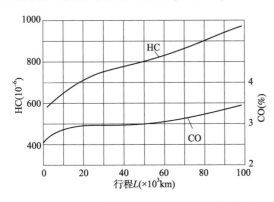

图7-5　HC和CO排放浓度与汽车行驶里程的关系

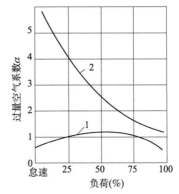

图7-6　过量空气系数与负荷的关系
1-汽油机;2-柴油机

汽油机怠速时,由于转速低进气系统内空气流速低,使汽油雾化不良,汽油与空气混合不均匀,混合气在各缸内的分配也不均匀;同时缸内压力、温度低,汽油气化不良。为避免汽缸缺火,发动机燃用浓混合气,从而使所排出废气中的CO和HC浓度大大增加。柴油机怠速时,虽喷入燃烧室内的燃料较其他工况少,但因此时喷入的燃料分布不均匀,局部过浓,致使CO的生成量增大,但与汽油机相比仍少得多。

小负荷工况下(节气门开度25%以下),进入汽缸的可燃混合气较少,缸内残余废气比例相对较大,不利于燃烧。因此发动机在小负荷工况下须燃用较浓混合气,使排出废气中的CO、HC浓度较大。

中等负荷(节气门开度25%~80%)工况下,发动机燃用较稀的经济混合气,废气中的CO和HC的浓度均较小。

大负荷(节气门开度80%以上)工况下,发动机燃用较浓的功率混合气,废气中的CO和HC浓度增大,而NO_x浓度有所减小。柴油机在大负荷条件下工作时,如汽车加速、爬坡或超载时,CO和HC的排放量增加不多,但生成的NO_x明显增大,并产生大量黑烟。

(2)发动机转速的影响。

发动机转速不直接对燃烧产物中的有害成分产生影响,而是通过对进气过程和混合气形成及燃烧过程的作用影响有害气体的形成及浓度。

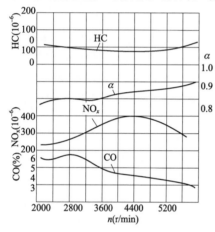

图7-7 汽油机曲轴转速对排气有害成分影响

在混合气浓度一定的情况下,当汽油发动机的转速增大时,由于加强了燃烧室内混合气的紊流,改善了混合气质量和燃烧质量,因而排出的废气中的CO、HC随之下降。当转速达到最高转速的65%~75%时,NO_x达到最大值。

柴油发动机转速提高时,废气中的CO、HC和NO_x浓度均有所下降;在最高转速时,CO浓度继续下降,而HC和NO_x浓度增大,这是由于此时燃烧时间短,燃烧条件恶化,发动机工作强度大的缘故。

发动机曲轴转速对于排放污染物浓度的影响如图7-7所示。

(3)不稳定工况的影响。

在使用过程中,发动机的负荷和转速是随时间不断变化的。在怠速、减速和低转速工况下,由于混合气较浓且不均匀,废气中不完全燃烧的物质较多,HC和CO排放浓度大。

在加速和高转速时,NO_x浓度明显增大。发动机加速运行时,由于使用较浓的功率混合气,气缸内燃气的温度提高,因此既会产生大量的NO_x,又会引起燃料的不完全燃烧,导致CO和HC排放量增大。

发动机工况对排气有害成分的影响如图7-8所示。

(4)热工况的影响。

发动机的热状况对废气中有害成分的浓度有直接影响。发动机工作温度提高时,缸壁温度也高,缸壁的激冷作用减弱,排出的HC浓度下降;NO_x的排放量与燃烧的最高温度有关,缸壁温度升高时,NO_x的排放量也增加;供油系统过热时发动机会产生气阻现象,此时由于混合气过稀而熄火,废气中HC的浓度增大。HC排放浓度与发动机冷却液温度的关系如图7-9所示。

5.降低汽车排放污染的主要措施

在用汽车的排放治理措施包括:保持发动机良好技术状况,改善燃料质量,采用排放控制装置(如汽油机采用三元催化转换器等)、I/M 制度、合乘轿车、停放收税、停车限制、交通高峰时间通行税和单/双日行车、合理驾驶等。

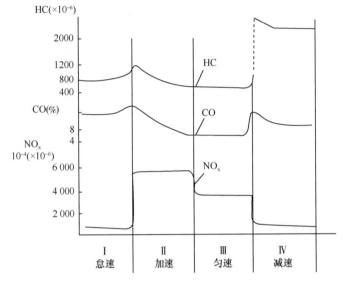

图 7-8 排气有害成分浓度与汽车运行工况的关系

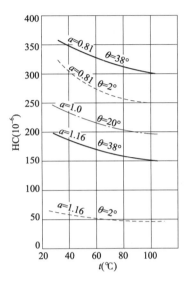

图 7-9 HC 排放量与冷却液温度的关系

1) 采用排气净化装置

常用的排气净化装置包括催化转化装置、排气再循环和曲轴箱强制通风等。

(1) 催化转化装置。

催化转换装置是利用催化剂的作用将排气中的 CO、HC 和 NO_x 转换为对人体无害的气体的一种排气净化装置,也称作催化净化转换器。

催化转换器有氧化催化转换器和三元催化转换器两类。氧化催化转换器以二次空气为氧化剂,只将排气中的 CO 和 HC 氧化为 CO_2 和 H_2O,因此也称为二元催化转换器。三元催化转换器以排气中的 CO 和 HC 作为还原剂,把 NO_x 还原为 N_2 和氧 O_2,而 CO 和 HC 在还原反应中被氧化为 CO_2 和 H_2O。因此,可同时减少 CO、HC 和 NO_x 排放。当同时采用两种转换器时,通常把两者放在同一个转换器外壳内,并把三元催化转换器置于氧化催化转换器前面。排气经过三元催化转换器之后,部分未被氧化的 CO 和 HC 继续在氧化催化转换器中与供入的二次空气进行氧化反应。

(2) 排气再循环系统。

排气再循环(EGR)指把发动机排出的部分废气回送到进气歧管,并与新鲜混合气一起再次进入气缸。新鲜的混合气中掺入废气之后,混合气热值降低,致使发动机的有效功率下降。为了既能减少 NO_x 的排放又能保持发动机的动力性,必须根据发动机运转工况控制再循环废气量。NO_x 的生成量随发动机负荷的增大而增多,因此,再循环废气量也应随负荷而增加。在暖机期间或急速时,NO_x 生成量不多,为了保持发动机运转的稳定性,不进行排气再循环。在全负荷或高转速下工作时,为了使发动机有足够的动力性,也不进行排气再循环。

再循环废气量由安装在排气再循环通道上的排气再循环(EGR)阀自动控制。通道的一端通排气门,另一端连接进气歧管。当 EGR 阀开启时,部分废气从排气门经排气再循环通道进入进气歧管。EGR 阀一旦关闭,排气再循环随即停止。

(3)曲轴箱强制通风。

封闭式带 PCV 阀的曲轴箱强制通风装置如图 7-10 所示。从空气滤清器引入的新鲜空气,经闭式呼吸器进入曲轴箱,与窜气混合后,从汽缸盖罩经 PCV 阀计量后吸入进气歧管进入汽缸内烧掉。高速、高负荷时,进气歧管真空度减弱,一旦窜气量过多而不能完全吸尽时,窜气会从曲轴箱倒流入空气滤清器,吸入进气管进入汽缸烧掉。

(4)其他。

曲轴箱储存和吸附法也是控制汽油蒸发、减小 HC 污染的有效方法。

曲轴箱储存法的原理是:停车时,通过管道把燃油供给系统中蒸发出的汽油蒸气导入曲轴箱进行储存;运行时,经压力调节阀把汽油蒸气吸入进气管。

吸附法是利用装在容器中的活性炭吸附汽油蒸气,并在行车时由新鲜空气使汽油蒸气脱离活性炭而导入进气系统。

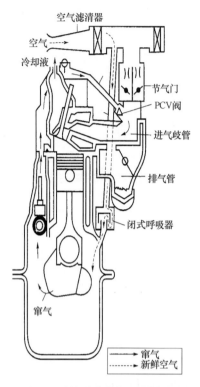

图 7-10 封闭式曲轴箱强制通风装置

2)保持发动机良好技术状况

发动机技术状况良好,可以大大降低有害气体排放量。主要包括:保持汽缸压缩压力正常;保持供油系和点火系统技术状况良好;正确调整气门间隙等。

发动机压缩压力低时,发动机起动困难,燃烧不完全,油耗增大,排气中的 CO 和 HC 浓度增大。因此,若发现汽缸压缩压力值不符合制造厂规定标准,应查找原因进行调整和修复。

供油系统的正确调整影响混合气浓度,因此对有害气体排放的浓度影响很大。供油系统的调整,应着重把握好混合气浓度及怠速的调试。

采用汽油喷射系统可改善发动机的动力性和经济性,同时可以降低对大气的污染。但采用单点喷射仍存在各缸分配不均匀的情况;而多点喷射的结构因喷嘴细小,使用中容易堵塞,因此要注意清洗。

柴油机供油系统循环供油量、供油压力和喷油提前角,影响柴油喷入汽缸的量和雾化质量,应按使用说明书的规定正确调整。

空气滤清器滤网堵塞,进气阻力增大时,进入汽缸的空气量下降,混合气变浓,CO 和 HC 排放量增加。因此,应重视空气滤清器的清洁和维护。

点火系统应能在各种工况下产生足够点火能量的电火花。若火花弱或某缸断火,就会使相应汽缸燃烧不良或不能着火燃烧,从而增大排气污染。

正确的点火正时对发动机的动力性、经济性及排放性能的影响极大。虽然适当推迟点火可以提高排气温度,使 HC 在排气过程中燃烧掉,并减少 NO_x 排放量;但点火提前角不应过小,否则会使发动机的动力性和经济性明显下降。同时,火花塞间隙应符合规定标准。

配气相位是否正确对发动机排放污染物浓度有较大影响。发动机工作过程中,其气门间隙由于磨损等原因而逐渐变化,会使配气相位失准,因此应注意对发动机配气相位的正确调整。

3)实施 I/M 制度

I/M(Inspect Maintenance)制度是对在用车进行强制性定期检测,并对故障车辆进行强制修理的制度。其具体手段是加强在用车定期维护,同时通过由管理部门认定的检测站对本辖区在用车辆进行检测和监控。发现排放超标车辆,则强制该车进入具备维修资格的维修企业进行维护和修理。

I/M 制度主要包括:I/M 制度法规及规章、I/M 制度规范、检测方法、标准及测试设备、质量控制和保证手段、维修技术人员培训及设备鉴定、I/M 制度信息统计及反馈等。

4)合理驾驶

驾驶技术对降低汽车有害气体的排放十分重要。驾驶车辆时应尽量减少发动次数;避免连续猛踏加速踏板;行驶时,保持适当节气门开度和发动机正常热状况(冷却液温度 80 ~ 90℃),以降低有害气体排放量。

二、噪声公害及其防治

1. 汽车的噪声源

汽车的噪声源包括与发动机工作有关的噪声源和与汽车行驶有关的噪声源两类,如图 7-11 所示。前者主要包括进排气噪声、冷却系风扇噪声、燃烧噪声、机械噪声等发动机噪声;后者主要包括传动噪声、轮胎噪声、车体振动及干扰空气噪声等。国产中型载货汽车车外加速行驶噪声声源分解比例如图 7-12 所示。噪声的强弱不但与汽车和发动机的类型及技术状况好坏密切相关,还与车速、发动机转速、载荷以及道路状况有关。

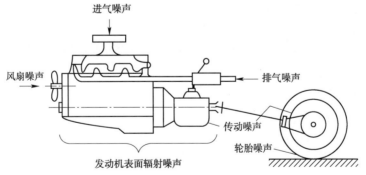

图 7-11 汽车的主要噪声源

1)发动机噪声

直接从发动机本体及附件向空间传播的噪声称为发动机噪声。发动机噪声是由各种不同性质的噪声构成的综合噪声,主要包括:燃烧噪声、机械噪声、进气噪声、排气噪声和风扇噪声等。

燃烧噪声是可燃混合气在汽缸内燃烧时,压力急剧上升,冲击活塞、连杆、曲轴、缸体及

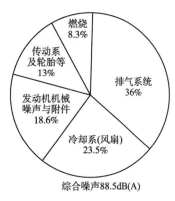

图 7-12 国产中型载货汽车车外加速行驶噪声声源分解比例图

汽缸盖等,引起壳体表面振动辐射出的噪声。燃烧噪声是发动机的主要噪声源,而柴油机的燃烧噪声一般高于汽油机的燃烧噪声。

发动机运转过程中,活塞与汽缸壁的敲击、气门开闭的冲击、正时齿轮运转、喷油泵泵油及其他运动部件工作所发出的声响称为机械噪声。机械噪声是汽油机噪声的主要来源。

进、排气噪声指在进、排气过程中,由于气体流动和气体压力波动引起振动而产生的噪声。进、排气噪声属于空气动力性噪声。

风扇噪声主要是空气动力性噪声,由旋转噪声、涡流噪声及机械振动引起的噪声组成。

2) 传动系统噪声

传动系统噪声包括变速器噪声、传动轴噪声和驱动桥主传动器噪声。其中变速器是主要噪声源,齿轮传动机械噪声是变速器噪声的主要组成部分。

3) 轮胎噪声

轮胎直接发出的噪声包括轮胎花纹噪声、道路噪声、弹性振动噪声以及轮胎旋转时的空气噪声。

汽车行驶时,因轮胎胎面花纹槽内的空气在接地时被挤压,并有规则地排出,周围空气压力变化,所产生的噪声称为花纹噪声。花纹噪声在轮胎噪声中占主要地位。

轮胎驶过凹凸不平路面时,凹凸坑内的空气受挤压和排放而产生的噪声称为道路噪声。其产生机理与花纹噪声相同,均是由轮胎和路面相互作用而产生的。

弹性振动噪声是由于轮胎不平衡、胎面花纹刚度变化或路面凹凸不平等原因激发轮胎振动而产生的噪声。

空气噪声是轮胎旋转时,搅动周围空气而产生的空气振动声。在一般行驶条件下,由于车速较低,空气噪声可以忽略。

此外,汽车噪声还包括高速行驶时车身干扰空气噪声、制动噪声、储气筒放气声、喇叭声以及各种专用车辆上动力装置噪声等。

2. 汽车噪声的影响因素

1) 发动机噪声的影响因素

(1) 燃烧噪声的影响因素。

影响发动机燃烧噪声的主要因素包括发动机转速及稳定性、负荷、点火或喷油时间、不正常燃烧等。

汽油机产生爆燃、表面点火及不正常燃烧时,气缸压力剧增,导致敲缸或工作粗暴。汽油发动机在怠速或小负荷时,参与燃烧的燃料少,压力增长率低,燃烧噪声也明显下降;反之,则燃烧噪声增强。发动机加速运转时,燃料的着火延迟期明显增长,汽缸压力上升较快,因而产生较大噪声。

柴油机转速升高时,喷油压力提高,燃烧室内空气扰动加剧;同时,由于活塞的漏气损失和散热损失减少,致使压缩终了的温度和压力增高。故转速增高将使最大爆发压力和压力增长率增大,燃烧噪声随之增大。在怠速或小负荷时,由于着火延迟期内喷入的燃料少,压力增长率低,燃烧噪声也明显下降;而随着负荷增大,汽缸压力及燃烧噪声随之增大。加速行驶时,负荷增大且着火延迟期明显延长,汽缸压力上升快,因而柴油机的燃烧噪声要比匀速行驶时强。

当点火(或喷油提前角)变化时,着火延迟期、最高爆发压力、压力增长率随之变化。当点火(或喷油提前角)减小时,可使最高压力及压力增长率下降,从而使燃烧噪声减小。

(2)机械噪声的影响因素。

发动机的最大机械噪声源是活塞对汽缸壁的敲击。由于二者之间存在间隙,且活塞往复运动对汽缸壁的侧向推力方向和接触面发生周期性变化,从而产生对汽缸壁的强烈冲击。

活塞敲击声的强弱取决于汽缸内最大爆发压力、活塞与缸壁的间隙、发动机转速、负荷以及汽缸的润滑条件。冷起动时,活塞与缸壁之间间隙较大,噪声尤为明显;随着发动机转速升高,活塞敲击声随之增大。缸壁间隙和发动机转速与活塞撞击能量的关系如图7-13所示。汽缸压力随负荷提高而增大,无负荷或小负荷时进气量少,汽缸压力低,活塞敲击大幅度下降,而负荷增大后活塞的敲击也随之增强。润滑油有阻尼和吸声作用,因此,若活塞与缸壁之间有足够的润滑油就可以降低活塞敲击噪声。

影响气门开、关噪声的主要因素是气门的运动速度。高速时,气门噪声增大的主要原因是惯性力过大。

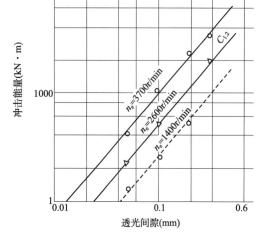

图7-13 缸壁间隙和发动机转速与活塞撞击能量的关系

正时齿轮驱动配气机构、喷油泵时载荷呈周期性变化,由于齿轮的制造误差和表面粗糙度导致其啮合时产生噪声。

柴油机喷油系统的噪声主要是由于喷油泵、喷油器和高压油管系统的振动引起的。

(3)进、排气噪声的影响因素。

进、排气噪声属于空气动力性噪声,主要包括:进、排气门中流动气流的压力脉动所产生的低、中频噪声;气流高速流过气门进气截面时形成涡流,产生高频噪声。进、排气噪声的强弱随发动机负荷和转速的不同而变化。

进气噪声随转速的提高而增强。转速提高,吸入空气的流速增大,同时进气管入口处空气脉动的强度和频率随之提高。负荷增大后进气量大,因而进气噪声随负荷增大略有增加。

排气噪声是仅次于发动机本体噪声的噪声源,其强弱与发动机排量、有效功率、有效转矩、平均有效压力、排气口面积有关。

(4)风扇噪声的影响因素。

风扇噪声包括旋转噪声和涡流噪声以及机械振动引起的噪声。旋转噪声由叶片切割空气引起空气压力波动而引起;涡流噪声是由于叶片旋转时产生空气涡流而造成的;机械振动噪声是由于气流引起风扇、导向装置(护风圈)或散热器的振动,以及其他外部振动激发的机械振动而产生。

发动机风扇噪声在低速时以涡流噪声为主,高速时旋转噪声较强。风扇噪声与风扇转速有关,而风扇由发动机驱动运转,因而风扇噪声与发动机转速直接相关。

风扇噪声是汽车的最大噪声源之一。近年来,由于车内普遍安装了空调系统和排气净化装置等,使发动机罩内温度上升、冷却风扇负荷加大,所产生的噪声更为强烈。

2)传动系统噪声的影响因素

变速器噪声与变速器形式、挡位等因素有关,并随汽车行驶状态、速度、负荷的变化而变化。变速器噪声与转速和负荷的关系如图 7-14 和图 7-15 所示。

变速器齿轮传动噪声包括:轮齿啮合产生的撞击声;轮齿之间滑动的变化和摩擦力变化造成的摩擦声;齿轮误差与刚性的变化而引起的撞击声。齿轮噪声的小部分以声波直接向外界传出,大部分则受到壳体的阻碍而转化成变速器、后桥的激振,并转化成噪声传播。

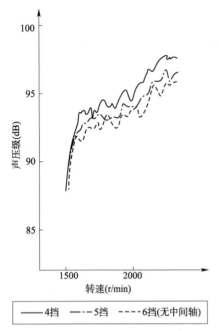

图 7-14 变速器噪声与转速的关系

减小齿轮噪声应从设计、制造精度、加工方法等方面入手,降低因啮合而引起的撞击声和激振声,还应注意齿轮的安装精度和啮合印迹的调整。

传动轴噪声是由于发动机转矩波动、变速器及驱动桥等振动输入、万向节输入和输出的转速和转矩不均衡及传动轴本身的不平衡引起的。传动轴噪声的能量一般很小,在传动系噪声中不占主要地位。

此外,传动系统噪声还有轴承声响、齿轮搅动润滑油的声响。与齿轮噪声相比,这些噪声的强度较弱。

3)轮胎噪声的影响因素

除轮胎花纹外,车速、负荷、轮胎气压、轮胎磨损程度以及路面状况等对轮胎噪声的影响也很大。

随着车速提高,轮胎噪声相应增大。其原因:为轮胎花纹内的空气容积变化速度加快,"气泵"声增大,胎面花纹承受的激振力增大,振动声也随之增大。

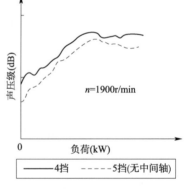

图 7-15 变速器噪声与负荷的关系

负荷不同时,轮胎花纹的挤压作用也产生变化。随着载荷增加,胎面花纹的变形增大,胎肩逐渐接触地面,容易形成封闭空腔而使噪声增大。

轮胎气压增大,轮胎变形小;反之,则变形增大。因此,对于齿形花纹轮胎来说,气压高时噪声小,气压低时噪声大。

胎冠尺寸增大,花纹接地状态产生变化,使噪声增大。当进一步磨损时,花纹逐渐磨平,槽内空气量减少,噪声降低。

路面的粗糙度和潮湿程度影响轮胎噪声的强弱。路面粗糙度适当时轮胎噪声较小;干路面比湿路面的噪声小。

4）影响噪声排放的使用因素

影响车外噪声强弱的使用因素主要包括以下方面：

①发动机转速。发动机转速增大，其机械噪声和空气动力性噪声均大幅度增强，从而使整车噪声强度直线上升。

②发动机负荷。发动机大负荷工作时，所发出的燃烧噪声和机械噪声均较大。

③行驶车速。汽车行驶车速提高时，其噪声强度随之直线上升。试验统计表明，行驶车速增加一倍，整车噪声强度上升 9~12dB。

④加速行驶。与匀速行驶噪声相比，加速行驶噪声一般较高。因此，大多数实施汽车噪声限制的国家，都把加速噪声作为评价汽车噪声水平的重要指标。

⑤变速器挡位。汽车匀速行驶时，若变速器位于低挡位，发动机转速较高，则汽车噪声较大；汽车加速时，挡位不同，其噪声也不同，汽车起步和用低速挡行驶时的噪声随加速度的变化更为明显。

⑥载质量。载货汽车在各种车速下匀速行驶时，重车时的噪声与空车时的噪声相比平均高 2~3dB；重载滑行比空车滑行时的噪声也高 2~3dB。这主要是由于载质量增加使轮胎噪声增大的缘故。

⑦技术状况。汽车各总成、机构的技术状况随着行驶里程的增加而下降，会出现程度不同的振动和异响，连接部件松旷，从而加剧了汽车行驶噪声。

3. 汽车噪声的控制措施

1）开发低噪声车辆

常用噪声控制技术包括吸声、隔声、消声、隔振和阻尼减振，也称为无源控制技术。根据噪声产生和传播的机理，可以把噪声控制技术分为以下三类：

①对噪声源的控制。

②对噪声传播途径的控制。

③对噪声接受者的保护。

其中：对噪声源的控制是最根本、最直接的措施。

（1）降低发动机噪声。

降低发动机噪声就要改造振源和声源，包括：提高机体的结构刚度，采用精密配合间隙，改善燃烧工作过程，降低燃烧噪声及机械噪声。在油底壳上增设加强筋和横隔板，可以提高油底壳的刚度，减少振动噪声；另外，给发动机涂阻尼材料，可消耗振动能量。

降低进气噪声的最有效的方法是采用进气消声器。常用类型有阻性消声器（吸声型）、抗性消声器（膨胀型、共振型、干涉型和多孔分散型）和复合型消声器。将其与空气滤清器结合起来（即在空气滤清器上增设共振腔和吸声材料）就成为最有效的进气消声器，消声量可超过 20dB。

由于排气温度高、排气气流速度快，因此排气噪声比进气噪声强得多。优化设计性能良好的消声器，是降低发动机排气噪声的重要手段。但是，降低排气噪声与提高动力性是一对矛盾。若消声器的阻抗过大，会使发动机的性能恶化，因此要求消声器不仅消声效果好而且阻抗小。在排气歧管到消声器入口的一段管路采用柔性管，其减振、降噪效果明显。此外，在使用过程中,应注意进、排气系统的紧固和接头的密封,以减小表面辐射噪声和漏气噪声。

(2)降低传动系噪声。

降低传动系噪声一般采取的措施是:

①选用低噪声变速器。

②发动机、变速箱、主减速器等部件与底盘用橡胶垫进行柔性连接,从而达到隔振目的。

③控制转动轴的平衡度,降低扭转振动。

(3)降低车身噪声和轮胎噪声。

随着车速提高,车身噪声越来越大。车身噪声是空气动力噪声,可用如下方案来降低车身噪声:

①对车身进行流线型设计,实现光滑过渡。

②在车身与车架之间采用弹性元件连接。

③进行室内软化,如在顶棚及车身内蒙皮间使用吸声材料。

④另外,轮胎也是一个噪声源。轮胎的轮距越大,则噪声越大。选用有合理花纹的钢丝帘布子午线轮胎是降低轮胎噪声的有效方法。

(4)其他措施。

采用以声消声的主动控制技术,可以对噪声进行控制。其原理是利用电子消声系统产生与噪声相位相反的声波,使两者的振动相互抵消,以降低噪声。

2)道路交通管理

(1)控制或限制鸣号。

从降低噪声出发,应严格执行禁止鸣号区的规定,减小主动噪声。

(2)限制车辆的运行路线。

噪声污染的强弱与车辆行驶车速和载质量密切相关。与轿车等轻型车相比,重型载货车产生的噪声强度要高得多。在市中心主干道采取限车驶入、限时通行的办法,限制大型车辆入城或规定其行驶的时间和线路,是降低噪声行之有效的措施。

(3)控制车速。

车速与噪声强弱有关,车速越快,噪声越强,紧急制动增多。车速提高一倍,噪声要增大 $6\sim10\mathrm{dB}$;当车速高于 $70\mathrm{km/h}$,轮胎噪声已成为汽车的主要噪声源。合理设置限速标志,控制车速,可有效地降低噪声污染。

3)控制噪声传播

①搞好城市绿化:绿化植物具有吸声作用,可以有效地减少噪声污染。

②修建隔音设施:随着车速提高轮胎噪声成为汽车噪声的主体,应根据实际路面的情况,修建隔音墙或隔声窗,设置屏障等人为减小噪声的措施。

4)科研成果应用

①研究汽车智能子系统,减少汽车振动,降低汽车噪声。同时应提高汽车零部件的可塑性和整车的可塑性。

②研究汽车在多场耦合作用下,噪声产生机理,减少多场作用产生噪声。

③研究车-路-人噪声传播机理,研究低噪声路面、低噪声轮胎和隔声设备,以降低汽车噪声对人类的影响。

三、电波公害与防治

电波的危害虽然没有排放和噪声对人类生存环境所造成的影响那么严重,但随着汽车保有量的不断增加,汽车电波对无线电通信的干扰已引起了人们的普遍关注和重视。

1. 电波公害的形成

任何一个具有电感和电容的闭合回路都会形成振荡,对外发射电磁波。汽车的电器系统中装有很多具有不同电感和电容的电气装置,如发电机、调节器、点火线圈、火花塞、电喇叭和各种继电器等。因此,汽车在工作时成为电磁波的发射源。在汽车电器系统中,以点火系所造成的干扰最为严重,其次是发电机、调节器以及各种开关和继电器。电波公害的成因如下:

1) 发动机起动时的电波干扰

发动机起动时,在起动机开关和起动继电器触点导通、断开的瞬间,以及起动机通电过程中电刷与整流子换向的瞬间,由于电流很大且瞬间通断,造成蓄电池端电压剧烈波动,引起起动开关、起动继电器触点和起动机电刷与整流子间产生强烈电火花。由于电火花本身是断续的脉冲放电电流,因此不仅会激起电磁波辐射干扰,而且会加剧汽车电系的电压波动和电流的断续,在电感性电器(包括起动机和继电器)中由电磁感应产生瞬间过电压(包括负向脉冲电压)。其峰值约为 $-30V \sim +125V$,持续时间约为 200ms。

2) 发电机发电时的电波干扰

在发电机激磁回路中,如果引线接触不良、电刷与滑环接触不良、电压调节器触点接触不良,不仅会引起发电机励磁电流的通断突变,而且会使电枢绕组激起异常电压及瞬间过电压。与此同时,还会导致导线连接点、电刷与滑环间、电压调节器触点间产生电火花而形成电磁波辐射干扰。

3) 火花塞点火时的电波干扰

在点火系的高压线路中,火花塞点火时由于电极间火花放电所产生的电磁波被金属机件所屏蔽。但外部线路中,若高压线与点火线圈、分电器盖的高压线插孔之间,高压线与火花塞连接处,以及分火头与分电器盖高压线插孔之间有间隙时,也会产生电火花,所产生的电磁波辐射对无线电通讯等造成电波干扰而形成电波公害。

4) 其他因素造成的电波干扰

汽车电器中有很多电感性器件和接触开关。在工作过程中,由于开关触点、继电器触点和电机电刷接触不良,以及供电导线连接或搭铁不良造成的时通时断,都会激起瞬间过电压。瞬间过电压引起电源电压波动,极易在电路连接点或接触面间产生电火花,并加剧瞬间过电压,而瞬间过电压又会加剧电火花。如此反复,不仅冲击工作中的汽车电器,而且还会对周围环境造成电磁波干扰。

2. 电波公害的防治

为减小电波公害的影响,可采取以下措施。

1) 合理布线,减小电路网络干扰

合理布置电线及其走向,抑制电路网络干扰源,是抑制电波公害的有效途径。常用方法有:

①对于电磁干扰敏感的部件应采用独立电源,分列用线。
②对于电磁干扰敏感部件的输入端加抗干扰衰减滤波器,合理布置地线,采用一点接地法,将强弱不同的信号和电流的地线分隔布置,防止干扰信号通过地线进入各级用电设备。
③在汽车收放机电路中引入调频波段抑制噪声电路,或把印制电路板各个部分的馈电系统布置成放射状,收放机的公共地线置于中央位置,以免线路之间的干扰信号被收放机接收。
④电源的馈电系统加设 RC 滤波电路,以减轻电路的耦合感应。

2)科学设计,减少电磁辐射源

①串接阻尼电阻。汽车电磁辐射发生在点火系高压部分的能量较大,影响也大。若在振荡电路中串联阻尼电阻,以削弱高频振荡,可以有效抑制电磁辐射。
②并联抗干扰电容。如在调节器电池接柱与搭铁接柱之间并联 $0.2 \sim 0.5 \mu F$ 的电容;在水温表与机油压力表传感器触点间并联 $0.1 \sim 0.2 \mu F$ 的电容;在闪光器和喇叭的触点间并联大于 $0.5 \mu F$ 的电容,均能吸收火花能量,减轻干扰。
③采用无触点点火装置或无分电器点火系统。机械触点式点火装置在触点断开和接通时,会产生很强的电磁辐射。无触点点火装置以脉冲发生器和点火控制模块取代了触点式点火装置中的机械触点和凸轮因而消除了干扰源,降低了电磁辐射。
④采用无触点车用电器。采用电子开关、电子继电器、无刷发电机等无触点车用电器,或者对现用触点式车用电器采取灭弧措施,如在其触点两端并接电容器、压敏电阻器。
⑤连接可靠、搭铁良好。确保汽车电系各连接点接触良好,搭铁点接触良好,以避免在电路连接点或接触面间产生电火花和瞬间过电压,降低由此导致的电磁辐射。
⑥采用金属屏蔽。金属屏蔽指用金属罩遮盖易于产生电火花的电器,如点火线圈、发电机、调节器、仪表和传感器等,及用金属网或金属罩屏蔽高频电流通过的导线,并将其搭铁。金属屏蔽可有效衰减电磁波的辐射和传播。

复 习 题

一、问答题

1. 道路交通事故的构成要素有哪些?
2. 交通事故现象有哪几种?
3. 按事故后果交通事故分为哪几类?
4. 影响道路交通事故的因素有哪些方面?
5. 道路交通事故分析指标有哪些?
6. 道路交通系统安全分析方法有哪些?
7. 事故多发点鉴别分析方法有哪些?
8. 汽车公害包括哪些?
9. 汽车的主要排放污染物有哪些?
10. 影响汽车排放污染物形成的使用因素有哪些?
11. 降低汽车排放污染的主要措施有哪些?

12. 汽车的噪声源包括哪些？
13. 发动机噪声包括哪些部分？
14. 传动系统噪声包括哪些部分？
15. 轮胎噪声包括哪些部分？

二、综述(分析)题

1. 说明各种道路交通事故分析指标的作用。
2. 说明各种道路交通系统安全分析方法的基本原理。
3. 说明各种事故多发点鉴别分析方法的基本原理。
4. 说明汽车各种排放污染物的形成机理。
5. 说明发动机负荷和混合气空燃比对排放污染物浓度的影响。
6. 说明发动机转速对排放污染物浓度的影响。
7. 不稳定工况和热工况对发动机有害气体的排放浓度有何影响？
8. 说明三元催化转换器的工作原理。
9. 发动机噪声的影响因素有哪些？
10. 传动系统噪声的影响因素有哪些？
11. 轮胎噪声的影响因素有哪些？
12. 说明发动机燃烧噪声的产生机理。
13. 说明轮胎噪声的产生机理。
14. 汽车电波公害是怎样产生的？

第八章 汽车的运行材料及合理使用

汽车运行材料指燃料、润滑材料、汽车工作液(液力传动油、冷却液、制动液等)、轮胎等。汽车运行材料使用是否合理,对于维持汽车正常工作和良好技术状况、保证汽车的使用可靠性、延长汽车的使用寿命均有直接影响。

第一节 汽车燃料及合理使用

目前,绝大部分汽车仍以汽油或柴油作为燃料。燃油对发动机的使用性能有很大影响,若所选用的燃油不符合要求,发动机就不能正常工作,动力性下降,燃油消耗增大。

一、汽油及合理使用

车用汽油的性能应满足点燃式内燃机的工作需要,即在短时间内由液体状态蒸发成气体状态,并与空气均匀混合,形成良好的可燃混合气,平稳快速地燃烧,对外做功。同时,不发生气阻、爆燃、腐蚀机件等现象。汽油使用是否合理,对于发动机的正常工作和燃油消耗量都有很大影响。

1. 汽油的性能指标

汽油的主要性能指标包括:蒸发性、抗爆性、安定性、防腐性和清洁性等。

汽油由液态转化为气态的性能称为汽油的蒸发性。蒸发性越好就越易汽化,易于形成均匀混合气,发动机易于起动,汽车加速性能好。若蒸发性差,则汽油难以完全汽化,起动、加速性能变差,油耗增多,还会因液体燃油对缸壁润滑油膜的冲刷及对润滑油的稀释,加剧发动机磨损。但汽油蒸发性过强,储运中的损耗增多,温度较高时还易于产生供油系气阻。

蒸发性可以用汽油馏出(10%、50%、90%)温度评价。10%馏出温度过高时,轻质馏分含量少,蒸发性差,冬季不易起动;反之,则蒸发性强,易产生气阻。50%馏出温度低时,加速性能好且工作稳定。90%馏出温度反映重质馏分的量,90%馏出温度低,则燃烧较完全;反之,汽油难以完全蒸发和燃烧,从而油耗增大、排放增加、发动机磨损严重。

抗爆性指汽油在发动机中燃烧时不发生爆燃的能力。高压缩比发动机的经济性好,但爆燃倾向大。因此,爆燃限制了压缩比的提高,使发动机经济性的提高受到限制。长时间爆燃还会使发动机过热,甚至使零部件损坏。汽油的抗爆性越好,发动机的动力性和经济性就越能得以体现。

抗爆性可用汽油的辛烷值评价。辛烷值是代表点燃式发动机燃料抗爆性的一个约定数值,采用在规定条件下的标准发动机试验中,与标准燃料进行比较的方法测定。测定的方法有马达法(MON)和研究法(RON)两种。试验方法不同时,测得的辛烷值也不同。汽油的辛烷值越高,其抗爆性越好。

第八章 汽车的运行材料及合理使用

安定性指在正常储存与使用过程中,保持其性质不发生永久性变化的能力。安定性差的汽油易发生氧化反应,生成胶状与酸性物质,使辛烷值降低,酸值增加,且油路易被阻塞,燃烧室积炭增多,易于爆燃和早燃。

汽油安定性的评价指标有:实际胶质和诱导期。实际胶质指在规定条件下测得的汽油蒸发残渣中的正庚烷不溶部分;诱导期指在规定的加速氧化条件下,汽油处于稳定状态所经历的时间周期。

防腐性指汽油不对储油容器及发动机有关零件产生腐蚀的性能。汽油的防腐性指标包括硫含量、铜片腐蚀试验、水溶性酸或碱、酸度等。硫含量指汽油中的硫及其衍生物的含量;铜片腐蚀试验指在规定条件下测试汽油对于铜的腐蚀倾向的试验;水溶性酸指无机酸和低分子有机酸,水溶性碱指氢氧化钠等;酸度则指中和100mL汽油所需氢氧化钾的毫克数。

汽油的清洁性指汽油中是否含有机械杂质及水分。机械杂质可堵塞燃油供给系统量孔及汽油滤清器,同时会加剧汽缸活塞组件的磨损;水分在寒冷季节可能冻结,严重时会堵塞滤清器或油路。

2. 车用汽油的规格

车用汽油的牌号是以汽油的抗爆性(辛烷值)表示的。牌号越大,则辛烷值越高,抗爆性越好。根据 GB 17930—2013《车用汽油》的规定,车用汽油(Ⅲ)和车用汽油(Ⅳ)按研究法辛烷值(RON)划分为 90 号、93 号和 97 号三个牌号;车用汽油(Ⅴ)按研究法辛烷值(RON)划分为 89 号、92 号、95 号和 98 号四个牌号。前者适用于执行第三阶段和第四阶段国家机动车大气污染物排放标准的地区;而后者适用于执行第五阶段国家机动车大气污染物排放标准的地区。自 2018 年 1 月 1 日起在全国范围内供应国五标准车用汽油,即车用汽油(Ⅴ)。

3. 汽油选用的原则

根据使用说明书推荐的牌号,结合使用条件,选用汽油时应以发动机不发生爆燃为原则。一般情况下,发动机压缩比是选择汽油牌号的主要依据,二者的关系可参考表 8-1。在不发生爆燃的条件下,应尽量选用低牌号汽油。若辛烷值过低,发动机易于爆燃。而高辛烷值汽油着火慢,排放废气温度高,不仅热功转换不充分,还易于烧坏气门及气门座。部分汽油机的技术特性和所用汽油牌号见表 8-2。

发动机压缩比与汽油牌号 表 8-1

发动机压缩比	车用无铅汽油		
	RON89 或 RON90	RON92 或 RON93	RON95 或 RON97
9.0~9.5	√	√	
9.5~10.5		√	
10.5~11			√

部分汽车汽油机主要技术特性和要求的汽油牌号 表 8-2

汽车型号	发动机型号和结构特征	功率 [kW/(r/min)]	排量 (L)	压缩比	汽油牌号
解放 CA1046L	CA488	65/4500	2.2	8.1	89、90
北京 BJ2020SG	BY492QS	62.5/3800	2.45	9.2	89、90

续上表

汽车型号	发动机型号和结构特征	功率 [kW/(r/min)]	排量 (L)	压缩比	汽油牌号
上海桑塔纳2000	AYJ,闭环电控多点喷射	74/5200	1.8	9.5	92、93
奥迪200	AAH,电控多点喷射	103/5500	2.6	10.0	92、93
捷达GT	EA211,电控多点喷射	81/6000	1.6	10.3	92、93
奥迪A6L	CYY,三效催化转化器,电控多点喷射	140/5800	1.8	10.5	95、97
红旗H7	CA4GC20T,涡轮增压,电控多点喷射	150/5500	2.0	10.3	95、97

4. 汽油选用注意事项

①电控燃油喷射发动机应选用无铅汽油,以免影响氧传感器和三元催化转化器的正常工作。

②国产汽油实测辛烷值一般比标定值高一个多单位。随着发动机结构的完善,很多压缩比较高的汽油发动机,仍能使用较低辛烷值的汽油。

③在高海拔地区使用时,发动机压缩终了的汽缸压力和温度较低,不易爆燃,汽油的辛烷值可相应降低。

④经常在大负荷、低速下工作的汽油机,所用汽油的辛烷值应稍高。

⑤汽油蒸发与季节及气温有关,冬季应选择蒸气压大的汽油,夏季应选择蒸气压较小的汽油。

⑥同牌号普通汽油与乙醇汽油可以混合使用,但燃油消耗量会轻微升高。

二、柴油及合理使用

1. 柴油的性能指标

柴油的主要性能指标包括:燃烧性能、蒸发性、低温流动性、黏度、防腐性和清洁性等。

柴油燃烧性能的评价指标是发火性,表示柴油自燃的能力。发火性好的柴油,着火延迟期短,着火燃烧后汽缸内压力上升平缓,柴油机工作柔和。柴油的十六烷值是代表柴油发火性能的一个约定量值。在规定条件下的标准发动机试验中,通过与标准燃料比较来测定,采用与被测定燃料具有相同着火延迟期的标准燃料中十六烷值的体积分数来表示。十六烷值高,燃烧性能好,适宜于在高转速柴油机上使用,在较低气温条件下易于起动;但十六烷值太高时,对缩短着火延迟期的作用不明显,同时柴油低温流动性、雾化和蒸发性能均会变差。因此通常要求柴油的十六烷值在40~60之间。

柴油的蒸发性决定混合气形成的速度和质量,高速柴油机混合气形成时间短,对柴油的蒸发性有较高要求。柴油的蒸发性主要用馏程(50%、90%、95%馏出温度)和闪点评价。50%馏出温度低,则轻质馏分多,易于起动,但50%馏出温度过低时,则蒸发和燃烧太快,缸内压力升高剧烈,发动机工作粗暴;90%和95%馏出温度越低,重质馏分含量越低,柴油燃烧更加充分,可提高柴油机的动力性,降低油耗,减小机械磨损。闪点指柴油在一定试验条件下加热时,当油料蒸气与周围空气形成的混合气接近火焰时,开始发出闪火时的温度。闪点低的柴油蒸发性好,但太低时会使柴油机工作粗暴,同时储运及使用中的安全性下降。

柴油的低温流动性决定其能否可靠地喷入汽缸。在低温地区使用时，若柴油的低温流动性差，则不能可靠地供油，甚至车辆无法行驶。评价柴油低温流动性的指标有凝点、浊点、冷凝点。凝点指柴油在规定条件下冷却至失去流动能力的最高温度。柴油的凝点直接决定其使用温度条件；浊点指在规定条件下柴油冷却至由于蜡晶体出现而呈雾状或浑浊时的温度，此时柴油虽仍可流动，但易造成油路堵塞而出现供油故障；冷滤点指在规定条件下柴油开始不能通过过滤器时的最高温度。

黏度是液体流动时内摩擦力的量度，黏度随温度升高而降低。黏度低时，柴油流动性好，易于雾化，但在喷油泵柱塞供油行程中，泄漏量大，有效供油量减少，同时柱塞偶件磨损加剧；黏度高时，流动阻力大，雾化变差，但润滑性能较好。因此，要产生好的使用效果，柴油的黏度应适当。

柴油的安定性指柴油在储存、运输和使用过程中保持其外观颜色、组成和使用性能不变的能力。柴油应有较好的热安定性和氧化安定性，以保证柴油机的正常工作。

柴油的防腐性可用硫含量、硫醇硫的含量、水分、酸度、铜片腐蚀、水溶性酸或碱等指标评价。

柴油的清洁性可用灰分、水分和机械杂质等指标评定。其中灰分指在规定条件下，柴油被炭化后的残留物经煅烧所得的无机物，以质量分数表示。

2. 车用柴油的规格

柴油分为轻柴油和重柴油。轻柴油适用于高速柴油机；重柴油适用于中低速柴油机。汽车上装用的柴油发动机均是高速柴油机，以轻柴油为燃料。

轻柴油的牌号是按凝点划分的，GB/T 19147—2013《车用柴油》按凝点将其分为5号、0号、-10号、-35号和-50号5个牌号。0号柴油表示其凝点不高于0℃，其余类推。

3. 柴油的选用

选用柴油的主要依据是使用地区月风险率为10%的最低气温，见表8-3。所选柴油的凝点应比该最低气温低4~6℃。

在气温条件允许的条件下应尽量选用高牌号柴油。这是因为：低凝点柴油炼制工艺复杂，生产成本高，因此售价也高；同时，由于柴油中凝点越低的成分燃烧性越差，其着火滞后期越长，因此发动机工作越粗暴。

部分地区风险率为 **10%** 的最低气温（单位：℃）　　　　　　表8-3

地　　区	1月	2月	3月	4月	5月	6月	7月	8月	9月	10月	11月	12月
河北省	-14	-13	-5	1	8	14	19	17	9	1	-6	-12
山西省	-17	-16	-8	-1	5	11	15	13	6	-2	-9	-16
内蒙古自治区	-43	-42	-35	-21	-7	-1	1	1	-8	-19	-32	-41
黑龙江省	-44	-42	-35	-20	-6	1	7	1	-6	-20	-35	-43
吉林省	-29	-27	-17	-6	1	8	14	12	2	-6	-17	-26
辽宁省	-23	-21	-12	-1	8	12	18	15	6	2	-12	-20
山东省	-12	-12	-5	2	8	14	19	18	11	4	-4	-10
江苏省	-10	-9	-3	3	11	15	20	20	12	5	-2	-8

续上表

地 区	1月	2月	3月	4月	5月	6月	7月	8月	9月	10月	11月	12月
安徽省	-7	-7	-1	5	12	18	20	20	12	5	-2	-8
浙江省	-4	-3	1	6	13	17	22	21	15	8	2	-3
江西省	-2	-2	3	9	15	20	23	23	18	12	4	0
福建省	-1	-2	3	8	14	18	21	20	15	8	1	-3
台湾省	3	0	2	8	10	16	19	19	13	10	1	2
广东省	1	2	7	12	18	21	23	23	20	13	7	2
广西壮族自治区	3	3	8	12	18	21	23	23	19	15	9	4
湖南省	-2	-2	3	9	14	18	22	21	16	10	4	-1
湖北省	-6	-4	0	6	12	17	21	20	14	8	1	-4
四川省	-21	-17	-11	-7	-2	1	2	1	0	-7	-14	-19
贵州省	-6	-6	-1	3	7	9	12	11	8	4	-1	-4
云南省	-9	-8	-6	-3	1	5	7	7	5	1	-5	-8
西藏自治区	-29	-25	-21	-15	-9	-3	-1	0	-6	-14	-22	-29
新疆维吾尔自治区	-40	-38	-28	-12	-5	-2	0	-2	-6	-14	-25	-34
青海省	-33	-30	-25	-18	-10	-6	-3	-4	-6	-16	-28	-33
甘肃省	-23	-23	-16	-9	-1	3	5	5	0	-8	-16	-22
陕西省	-17	-15	-6	-1	5	10	15	12	6	-1	-9	-15
宁夏回族自治区	-21	-20	-10	-4	2	6	9	8	3	-4	-12	-19

三、车用新型燃料简介

1. 车用天然气

天然气是地表下岩石中自然存在的以轻质碳氢化合物为主体的气体混合物的统称,主要成分是甲烷(CH_4),随产地不同,甲烷的含量也不同,一般为85%~95%。GB 18047—2000《车用压缩天然气》规定了车用压缩天然气的热值、含硫、含水、含氧等技术要求。

1)天然气的优点

①资源丰富。

②排放污染小。以燃烧产生相同热量计算,燃用天然气产生的CO可比燃用汽油、柴油降低15%以上。天然气易于与空气混合,燃烧完全,因此HC的排放量降低。天然气火焰温度相对较低,因而NO_x排放量也会减少。

③辛烷值高,只能点燃而不能压燃,具有很强的抗爆性能。

④经济性好。天然气价格低廉;由于抗爆性高,燃用天然气时的许用压缩比较燃用汽油可提高2~4个单位,有利于提高发动机的热效率,提高天然气汽车的燃料经济性。天然气与空气混合后具有很宽的着火界限(5%~15%),便于采用发动机稀薄混合气燃烧技术,从而进一步提高燃料经济性,降低排放。

⑤安全性好。天然气自燃温度高达650~680℃,远高于汽油、柴油;天然气与空气混合

气的发火界限高于汽油,同时天然气比空气轻,因此形成天然气点燃的浓度比汽油难得多。

⑥技术成熟。

2)天然气的缺点

①属非再生能源,不能作为根本性的替代能源。

②储运不便。甲烷的沸点为-161.5℃,与常温下处于液态的汽油、柴油的搬运和储存方法有很大差异。

③新建加气站网络要求投资大。

④能量密度较小。天然气的理论混合气热值比汽油、柴油低,因此天然气汽车的动力性有所下降。

⑤单独以天然气为燃料时,需要设计专门的发动机。

2. 天然气汽车的类型

1)按燃料状态分类

(1)压缩天然气汽车(CNGV):气瓶内的天然气以高压(通常是20MPa)气态储存,工作时经降压、计量和混合后进入汽缸,也可以直接喷入汽缸或进气管。

(2)液化天然气汽车(LNGV):气瓶内的天然气以液态储存,工作时液化天然气经升温、计量和混合后进入汽缸,也可以直接喷入汽缸或进气管。

(3)吸附天然气汽车(ANGV):气瓶内的天然气以吸附方式(压力通常为3.5~6MPa)储存,工作时经降压、计量和混合后进入汽缸,也可以直接喷入汽缸或进气管。

2)按燃料供给系统特征分类

(1)天然气单燃料(CNG)汽车:仅使用CNG作为发动机的燃料。此类车辆的发动机在燃料供应系统、工作循环参数、配气机构参数等方面进行了专门设计,因此燃烧热效率较高、经济性好。

(2)天然气(CNG)-汽油双燃料汽车:指具有两套燃料供应系统,可以在两种燃料之间进行灵活切换。

(3)天然气(CNG)-柴油双燃料汽车:指具有两套燃料供应系统,按预定的配比向气缸供给燃料,可以在单纯燃烧柴油和CNG与柴油同时混合燃烧两种工况灵活切换。

3. 醇类燃料

醇类燃料主要是指甲醇(CH_3OH)和乙醇(C_2H_5OH)。醇类燃料汽车是指以甲醇汽油、乙醇汽油、甲醇、乙醇为燃料的汽车。醇类燃料可以与汽油或柴油按一定比例配制而成混合燃料,也可以直接采用醇类燃料作为发动机的燃料。

1)醇类燃料的使用特点

甲醇和乙醇有很多类似的性质,与汽油相比,热值低、汽化潜热大、抗爆性好、含氧量高等。

(1)辛烷值比汽油高。甲醇的辛烷值为106~112,可采用高的压缩比来提高热效率。

(2)可燃界限宽,燃烧速度快,可以实现稀薄混合气燃烧。

(3)汽化潜热大。如按质量计算,甲醇的汽化潜热为汽油的3.52倍,乙醇的汽化潜热为汽油的3倍。由于汽化潜热高,因此使用醇类燃料低温起动和低温运行性能恶化。

(4)热值低。甲醇的热值只有汽油的48%,乙醇的热值只有汽油的64%,但理论混合气热值与汽油基本相当。

(5) 沸点低,蒸气压高容易产生气阻。

(6) 腐蚀性大。醇具有较强的化学活性,能腐蚀锌、铝等金属;醇与汽油的混合燃料对橡胶、塑料具有溶胀作用。

(7) 醇混合燃料容易发生分层。醇的吸水性强,混合燃料吸收水分后易分离成两相。

2) 醇类燃料在汽车上的应用方式

醇类燃料在汽车上的应用方式主要有掺烧和纯烧。

掺烧主要是指醇类燃料(甲醇或乙醇)以不同的体积比例掺入汽油或柴油中,是醇类燃料在汽车上的主要应用方式。最常用的掺烧方法是混合燃料法,甲醇或乙醇与汽油的混合燃料称为甲醇汽油或乙醇汽油,甲醇、乙醇与汽油的混合燃料分别用 MX 和 EX 表示,X 表示醇类燃料在燃料中所占的体积混合百分率。例如甲醇汽油混合燃料 M15(指含甲醇 15%)、M85(含甲醇 85%)、E10(含乙醇 10%)。

纯烧指单纯燃烧甲醇或乙醇燃料,优点是发动机可以根据燃料的特点进行改造。

3) 醇类燃料的选用

GB/T 23510—2009《车用燃料甲醇》规定了车用燃料甲醇的要求、试验方法、检验规则及标志等。GB/T 23799—2009《车用甲醇汽油(M85)》标准,规定了由 84%~86%(体积分数)的甲醇与 14%~16%(体积分数)车用汽油及改善使用性能的添加剂调和而成的车用甲醇汽油(M85)的术语和定义、缩略语、要求和试验方法等。

GB 18351—2015《车用乙醇汽油(E10)》规定,车用乙醇汽油根据研究法辛烷值分为 90 号、93 号和 97 号四个牌号,数值越大,表示车用乙醇汽油的抗爆燃性越好。

与车用汽油一样,选用车用乙醇汽油的主要依据是发动机的压缩比。压缩比越高所使汽油牌号就越高。基本选用原则是:压缩比在 8.0 以下的发动机,应选用 90 号车用乙醇汽油;压缩为 8.0~9.5 的发动机,应选用 93 号车用乙醇汽油;压缩比为 9.5~10.5 的发动机,应选用 97 号车用乙醇汽油。

4. 生物柴油

生物柴油是由动、植物油脂与醇(例如甲醇或乙醇)经酯交换反应制得的脂肪酸单烷基酯,是一种用可再生动、植物油加工制取的新型燃料。

1) 生物柴油的特点

① 优良的环保特性。生物柴油中硫含量低,因而氧化硫和硫化物的排放低;生物柴油中不含芳香族烷烃,因而废气对人体的危害低于柴油;生物柴油含氧量高,与普通柴油相比,燃烧时排放碳烟少,CO 的排放减少约 10%;生物柴油的生物降解性高。

② 具有较好的发动机低温起动性能。

③ 具有较好的润滑性能,可延长喷油泵柱塞套筒的寿命。

④ 具有较好的安全性能。由于闪点高,因此便于运输、储存、使用。

2) 生物柴油的选用

GB/T 20828—2015《柴油机燃料调合用生物柴油(BD100)》规定了生物柴油(BD100)的术语和定义、分类、技术要求、试验方法、检验规则及标志、包装、运输和储存等。

生物柴油调和燃料按用途可分为 B5 轻柴油和 B5 车用柴油两个类别。B5 车用柴油是

2%~5%（体积百分比）生物柴油（BD100）与95%~98%（体积百分比）石油柴油的调和燃料,按凝点分为5号、0号、-10号三个牌号,可参考各地区风险率为10%的最低温度,使用不同牌号的生物柴油调和油。

四、汽车使用中的节油措施

影响燃油消耗量的因素较多且较复杂,在汽车使用过程中节油的途径和措施如下:

1. 合理使用燃油

汽车的燃油经济性与燃油的雾化和燃烧性能密切相关。

燃油的蒸发性对可燃混合气的燃烧有重要影响。充分利用轻质汽油组分,能改善其燃烧性能,提高热能利用率。

要使燃油在发动机中形成均匀、经济的可燃混合气,不仅要求燃油雾化良好,还必须保持最佳的空气-燃油混合比。发动机燃用较稀混合气,既有利于改善燃烧,还可充分利用发动机后备功率,提高燃油经济性。燃油消耗量随过量空气系数 α 的变化而变化。当 $\alpha=1$ 时,油耗比 $\alpha=1.11$ 时约大4%;而当 $\alpha=0.88$ 时,油耗比 $\alpha=1.11$ 时增加18%。

2. 合理使用润滑油(脂)

合理使用润滑油(脂),提供良好的润滑,降低摩擦磨损,可以提高汽车的动力性、经济性、可靠性。

齿轮油的低黏度化和多级油化,可以减小齿轮运转时的搅油阻力,提高传动效率,减少燃油消耗。在满足润滑的条件下,降低机油和齿轮油的黏度,可以减小摩擦力,降低汽车燃油消耗。多级油有良好黏温性能。低温时,多级油黏度小,发动机的起动阻力矩小;高温时,多级油还能保持一定黏度,形成足够厚度的油膜。所以,使用多级油既能保证良好润滑,又可改善燃油经济性。

使用加有减磨剂的发动机润滑油可减小摩擦,节约燃油。

提高润滑油的热氧化安定性和清净分散性,可以提高润滑油在高温下抵抗氧化变质的能力,并抑制胶膜、沉淀形成的性能,因此可以延长润滑油使用期,减少燃烧室中积炭的生成,从而避免不正常燃烧,降低燃油消耗量。

3. 发动机的正确维护和调整

发动机汽缸活塞组技术状况不良、燃油喷射系统故障、点火正时和配气相位失调、点火能力不足,发动机润滑系、冷却系技术状况不良,都会影响汽车发动机的可燃混合气的形成和燃烧过程,使汽车的燃油消耗增大。

曲轴、连杆机构及配气机构的技术状况对汽车燃油消耗有较大影响。汽缸、活塞环及气门、气门座圈等零件的磨损,会使汽缸压缩压力降低,曲轴箱窜气量增加,导致油耗增大。

正确调整发动机燃油喷射系统,使其能够根据运行工况,提供适当浓度的可燃混合气。

发动机点火系应保证适时产生足够能量的电火花。火花弱或点火正时失准,混合气则不能燃烧或燃烧速度降低,热量损失增多,耗油量增加。因此,应保证发动机点火提前角正确,保持火花塞电极间隙合乎规定。

气门间隙过大或过小,都能使发动机耗油量增加并影响动力输出。气门间隙过小时,气门关闭不严,压缩和燃烧时缸内气体泄漏多,耗油量增大,功率下降;气门间隙过大,气门开启高度减小且开启时间缩短,发动机进气量减少,而废气在汽缸中残留量增多,同样使耗油量增加,功率随之降低。

减少机械摩擦损失对降低发动机的燃油消耗有重要意义。在满足润滑效果的前提下,应选黏度较小的润滑油;应按时更换润滑油滤清器滤芯;要经常保持润滑油面稍低于油尺的上标线,添加润滑油时应掌握"勤加少加"的原则。

摩擦副间隙过大或过小都使摩擦阻力增大,耗油量增加。在维护修理时,必须保证曲轴主轴承、连杆轴承松紧适度。

冷却系技术状况对于保证发动机正常工作温度及其重要,因而影响汽车的燃油经济性。

4. 汽车底盘的正确维护和调整

汽车底盘的调整与维护影响汽车行驶阻力的大小,因而影响汽车的百公里燃油消耗量。

轮毂轴承间隙过小,会使滚动阻力增大,耗油量增加;间隙过大时,车轮歪斜,增大行驶阻力,因而增大了耗油量。车轮定位不准确,滚动阻力增加,燃油消耗量也会增加。

制动间隙过小,不能可靠分离,阻滞力增大,增大燃油消耗量;若间隙过大,则制动不灵,影响行车安全。因此,应适时检查和调整制动间隙。

离合器踏板自由行程太小,则离合器易打滑,产生摩擦而消耗功率,使耗油量增大,并加速零件磨损。如自由行程太大,则分离不良,换挡困难,变速器内有撞击声。

轮胎类型和气压是影响滚动阻力大小的主要因素。据试验,轮胎气压比正常值降低 $50\sim100\text{kPa}$,油耗增大 $5\%\sim10\%$;子午线轮胎的滚动阻力比一般轮胎低 30%,用其代替斜交帘线轮胎可节油 $3\%\sim8\%$。

经常检查变速器、差速器及其他部位是否漏油,油面高度是否合乎规定,差速器通气塞是否良好。季节更替时,应及时更换油料牌号。如冬季使用夏用齿轮油,燃油消耗增加 $8\%\sim10\%$。

此外,汽车高原、严寒等特殊条件下使用时,还要根据汽车使用条件的特点,对汽车进行正确维护和合理调整。

5. 合理驾驶

汽车行驶中要保持发动机的正常工作温度($80\sim90℃$),温度过高或过低都会使油耗增加。低温条件下起动时,要进行预热;发动机起动后,应低速运转升温,待冷却液温度升至 $50\sim60℃$ 后再挂挡起步;注意经常检查冷却液量、保温罩和百叶窗的状况及冷却系统的工作情况。

汽车行驶中,空气阻力与速度的平方成正比,因而车速增高时功率消耗大幅增加,燃油消耗量增大;反之,若车速过低,虽然空气阻力减小,但发动机节气门开度减小,负荷率降低,而有效燃油消耗率增大,因而汽车耗油量增大。

要减少燃油消耗,必须计划行车。行驶中避免走走停停;停车时选择便于起步的地点,同时尽量一次就位;行驶时正确判断道路情况,避开不利的时机和路段,保持相应车速,减少制动次数,减轻制动强度。

汽车起步后及时换至高挡,并应尽可能采用高挡行驶,避免长时间高挡低速行驶或低挡高速行驶。显然,在同一道路条件与车速下,虽然发动机发出的功率相同,但挡位越低,后备功率越大,发动机的负荷率越低,燃油消耗率越高,百公里燃油消耗量就越大,而使用高挡时的情况则相反。

6. 拖挂运输

采用拖挂运输是提高运输生产率、降低成本的有效措施,也是降低燃油消耗量的有效措施。拖带挂车后,虽然汽车列车总的燃油消耗量增加了,但以 100t·km 计的燃油消耗量却下降了,即分摊到单位运输工作量上的油耗下降了。拖带挂车后节省燃油的原因有两个:第一个原因是带挂车后阻力增加,发动机的负荷率增加,使燃油消耗率 g_e 下降;另一个原因是汽车列车的质量利用系数(即装载质量与整车整备质量之比)较大。

第二节　汽车润滑材料及合理使用

汽车所使用的润滑材料可分为机油、齿轮油和润滑脂三类。合理使用润滑材料,不仅可以降低润滑材料所消耗的费用,还可以提高润滑效果,减少摩擦和磨损,从而降低功率损耗和燃料消耗,延长汽车使用寿命。

一、机油及合理使用

机油指内燃机润滑油,车用机油分为汽油机油和柴油机油两个系列。

1. 机油的作用

机油有润滑、冷却、洗涤、密封、防锈防腐等作用。

发动机工作时,其润滑系统通过油泵强制循环或通过飞溅的方法将润滑油送到各个润滑点,保证机件良好润滑和正常运转。

机油循环流动时,不断从汽缸、活塞、曲轴等摩擦表面上吸取热量,并传导到其他温度较低的零件上,或把热量消散在油底壳中,进而散发到大气。

机油循环流过摩擦表面时,可以带走其上的脏物,送到油底壳。而后再经过机油滤清器滤清,把这些脏物截留在滤清器中。

机油到达汽缸润滑表面后,填满了活塞、活塞环与汽缸间的间隙,形成油封面,起到密封作用。

机油吸附在金属表面,可以防止酸性气体和水对金属的腐蚀或锈蚀。

轴承间隙里的机油可以防止金属与金属间的直接接触,承受冲击负荷起到缓冲作用。

2. 机油的性能指标

机油的性能指标包括:润滑性、低温操作性、黏温性、清净分散性、抗氧性和抗腐性、抗泡沫性等。

润滑性指机油降低摩擦、减缓磨损和防止金属烧结的能力。润滑油的黏度性能和化学性能对发动机零件的润滑作用有重要影响。使用润滑性能良好、黏度适宜的机油,可以使发动机零件磨损较小,并对汽缸起到冷却与密封作用。

低温操作性指保证发动机在低温下容易起动和可靠供油的性能,其评定指标主要有低温动力黏度、边界泵送温度和倾点等。

黏温性指润滑油由于温度升降而改变黏度的性质。良好的黏温性指润滑油的黏度随温度的变化程度小。

清净分散性指机油抑制积炭、漆膜和油泥生成或将这些沉积物清除的性能。良好的清净分散性能能及时将汽缸、活塞和活塞环等发动机零件上的胶状物与沉淀物清洗下来,悬浮在机油中,使之通过机油滤清器除去,以保持活塞环等零件的清洁。

抗氧性指机油阻止或延缓氧化过程,抑制有机酸生成的能力;抗腐性指机油抵抗腐蚀性物质对金属腐蚀的能力。

抗泡沫性指机油消除泡沫的性质。当机油受到激烈搅动,将空气混入油中时就会产生泡沫。泡沫如果不及时消除,会产生气阻、供油不足等故障。

评价机油的指标很多,其中最重要的是机油的黏度。机油黏度不仅是机油分类的依据之一,而且对发动机的工作有重要影响,见表8-4。

机油黏度对发动机工作的影响　　　　　　　　　　　　　表8-4

黏度过小	黏度过大
1. 在高温高压条件下,润滑油容易从摩擦表面流失,不能形成有效油膜,使机件的摩擦与磨损加剧。 2. 密封作用不好,汽缸易漏气,有效功率下降,机油易被稀释与污染。 3. 蒸发性较大,机油易上窜,增大机油消耗量	1. 低温起动困难,油的泵送性差,易出现干摩擦与半液体摩擦。 2. 机油循环阻力增大,致使功率损失和燃料消耗增加。 3. 油的循环速度慢,循环频率降低,冷却与洗涤作用变差

3. 机油的工作条件和质量要求

发动机通常采用自流、飞溅和压力润滑三种润滑方式。

润滑油在飞溅和循环润滑中不断与各种金属部件及空气接触,在金属的催化下与氧反应,促使机油不断老化变质。

在工作过程中,润滑油与各高温机件接触。如汽缸中上部温度为180~270℃之间,曲轴箱平均油温为85~95℃。在高温下,润滑油氧化变质剧烈。

发动机工作时,若汽缸密封不良,燃烧废气和未燃气体窜入曲轴箱,会导致润滑油严重变质。此外,灰尘、金属磨屑、积炭等都会污染润滑油。

机油的工作条件苛刻,因而对质量有较高要求:

①机油应具有较好的黏温性能,即机油的黏度要兼顾到有较好的高温和低温性能,黏度受温度变化的影响较小。

②机油应具有良好的清净分散性能,能及时将汽缸、活塞和活塞环等发动机零件上的胶状物与沉淀物清洗下来,悬浮在机油中,使之通过机油滤清器除去,以保持活塞环等零件的清洁。

③机油应具有良好的抗氧、抗腐和抗磨性能。阻止或延缓氧化过程,抑制有机酸的生成,并能在金属表面形成保护膜。

④润滑性能良好,黏度适宜,使发动机零件磨损较小,并对汽缸起到冷却与密封作用。

4. 机油的分类

美国石油学会(API)的使用性能分类法和美国汽车工程师协会(SAE)的黏度分类法是使用最广泛的机油分类方法。

API使用性能分类也称性能分类或用途分类。该分类法把机油分为汽油机油系列(S系列)和柴油机油系列(C 系列),并用英文字母顺序表示机油的等级和强化程度,表示所能适应的工作条件的苛刻程度。

机油的性能等级,是根据在台架试验中机油所表现出的润滑性、清净分散性、抗氧抗腐性等确定的。汽油机油和柴油机油的 API 使用性能分类分别见表 8-5 和表 8-6。

GB/T 28772—2012《内燃机油分类》在制定过程中参考了 API 使用性能分类。

API 汽油机油使用性能分类 表 8-5

规格代号	特性和使用场合
SE	用于 1972 年出厂的汽油机,具有高抵抗氧和低温抗油泥和防锈性能
SF	用于 1980 年出厂的以无铅汽油作燃料的汽油机,与 SE 级油比,提高了抗氧化稳定性,并改进了抗磨性能,还具有抗沉积、防锈蚀和腐蚀的性能
SG	用于 1989 年出厂的汽油机,改进了抗沉积、抗氧化和抗磨损性能,还具有很高的防锈性能。清静分散性能
SH	用于 1994 年出厂的汽油机,具有比 SG 更好的抗磨损、抗腐蚀、清静分散性能和高温抗氧化性。含磷量为 0.12%
SJ	用于 1997 年出厂的汽油机,具有更好的清静分散性能和高温抗氧化性,适应严格的排放要求,并具有更长的使用寿命。含磷量为 0.10%
SL	用于 2001 年出厂的汽油机,具有比 SJ 更好的抗磨性、抗氧化性、清静分散性、节油性,适应更严格的排放要求,可用于增压发动机,并具有更长的使用寿命。含磷量为 0.10%
SM	用于 2004 年出厂的汽油缸内直喷发动机,比 SJ 级油抗磨性提高 20%。具有更强的抗氧化性、清静分散性、节油性,适应更严格的排放要求,可用于增压发动机,并具有更长的使用寿命。含磷量为 0.08%
SN	用于 2010 年出厂的汽油缸内直喷和增压发动机,具有比 SM 级油更好的抗磨性、抗氧化性、清静分散性、节油性。适应更严格的排放要求,具有保护车辆排放控制系统的要求,含磷量更低,并具有超长的使用寿命

API 柴油机油使用性能分类 表 8-6

规格代号	特性和使用场合
CD	用于 1965 年高速高功率增压柴油机,具有高效率的控制磨损和控制沉积物的能力,以及抑制轴承磨损的性能
CE	用于 1983 年后生产的增压重负荷柴油机,具有优良的防止高低温沉积物和抗腐蚀性、抗磨损性
CF-4	用于 1991 年后生产的增压重负荷柴油机,符合相关的排放标准,具有优良的防止高低温沉积物和抗腐蚀性、抗磨损性
CF	用于 1994 年后生产的柴油机,尤其是间接喷射柴油发动机,适用于轻型柴油货车或柴油轿车,具有优良的防止高低温沉积物和抗腐蚀性、抗磨损性
CG-4	用于 1995 年后生产的使用低硫燃料的增压或电控柴油机,符合相关的排放标准,具有优良的防止高低温沉积物和抗腐蚀性、抗磨损性
CH-4	用于 1998 年后生产的使用低硫燃料的重负荷、高速、四冲程柴油机,满足 1998 年后相应排放法规,具有优良的防止高低温沉积物和抗腐蚀性、抗磨损性
CI-4	用于 2002 年后生产的使用低硫燃料的重负荷、高速、四冲程柴油机和使用电控高压共规的柴油机,满足 2002 年后相应排放法规,具有优良的防止高低温沉积物和抗腐蚀性,并具有优异的抗磨损保护性能
CJ-4	用于 2007 年后生产的使用低硫燃料的车用柴油机,满足 2007 年后相应排放法规,具有优良的防止高低温沉积物和抗腐蚀性,并具有优异的抗磨损保护性能

SAE 黏度分类法根据机油黏度将其分为 11 个级别,见表 8-7。其中:冬用机油分为 0W、5W、10W、15W、20W、25W 六个级别;夏用机油分为 20、30、40、50、60 五个级别。

GB/T 14906—1995《内燃机油黏度分类》在制定过程中参照了 SAE 机油黏度分类。

SAE 黏 度 分 类　　　　　　表 8-7

黏度等级	最大低温黏度		最大边界泵送温度(℃)	运动黏度(100℃)(mm^2/s)	
	黏度(Pa·s)	温度(℃)		最小	最大
0W	3250	−30	−35	3.8	—
5W	3500	−25	−30	3.8	—
10W	3500	−20	−25	4.1	—
15W	3500	−15	−20	5.6	—
20W	4500	−10	−15	5.6	—
25W	6000	−5	−10	9.3	—
20	—	—	—	5.6	小于 9.3
30	—	—	—	9.3	小于 12.5
40	—	—	—	12.5	小于 16.3
50	—	—	—	16.3	小于 21.9
60	—	—	—	21.9	小于 26.1

机油还有单黏度级和多黏度级(稠化机油)之分。只能满足低温或高温一种黏度级别要求的机油,称为单黏度机油;既能满足低温工作时黏度级别要求,又能满足高温工作时黏度级别要求的机油,称为多黏度级机油。多级油用冬用和夏用双重黏度级表示,如 5W/30 表示高温时该机油具有与 30 号机油相同的黏度,而在低温时其黏度不超过冬用机油 5W 的黏度值。多级油的品种主要有 0W/40、0W/50、5W/20、5W/305W/40、10W/30、10W/40、15W/40、15W/50、20W/60 等。

发动机油的命名和标记,应包括使用性能级别代号和黏度级别代号两部分。例如,一个特定的汽油机油产品可命名为 SE 30;一个特定柴油机油产品可命名为 CC 10W/30;一个特定汽油机/柴油机通用油可命名为 SE/CC 15W/50。

5. 机油的选用

选用机油的原则是:按照发动机结构特点和使用工况选用使用性能等级;按照使用地区的气温选用适当的黏度等级。

1) 选择机油的使用性能等级

选择机油的使用性能等级时,可参考下述方法:

①查阅汽车使用说明书或维修手册选择机油的使用性能等级。

②按照机油使用性能分类方法中的特性和适用场合选用使用性能等级。

③选择汽油机油的使用性能等级,一般要考虑以下因素:

发动机的压缩比、排量、最大功率、最大扭矩。

机油的负荷,即发动机功率与曲轴箱机油容量之比。

曲轴箱强制通风、废气再循环等排气净化装置对发动机油的影响。

城市汽车时开时停等运行工况对生成沉积物和机油氧化的影响。

④选择柴油机油使用性能等级时,主要考虑因素是:

发动机的平均有效压力、活塞平均速度。

发动机油负荷、使用条件。

轻柴油的硫含量。

现代车用柴油机广泛采用高强度的电控高压共轨柴油机,必须使用含硫量低的柴油,其强化程度大大提高,同时发动机排放法规日趋严格,因此所使用的机油的标准也相应提高。

⑤根据发动机结构确定机油使用性能等级后,在下列苛刻使用条件下,应酌情提高一级。

汽车长期处于停停开开的使用状态,如邮递车和出租车等。

长时期低温、低速行驶。

长时期在高温、高速下工作,尤其是满载或超载长距离条件下工作。

牵引车或中型以上载货汽车,满载或长时间拖挂车行驶。

使用场所灰尘大。

部分汽油发动机的技术特性和要求的汽油机油规格见表8-8;部分柴油发动机的技术特性和要求的柴油机油规格见表8-9。

部分汽油发动机的技术特性和要求的汽油机油规格　　　　表8-8

汽车型号	发动机型号结构特征	功率 [kW/(r/min)]	转矩 [N·m/(r/min)]	排量 (L)	压缩比	机油级别
捷达	EA113 多点喷射	70/5600	132/3750	1.6	9.6	SJ、SL
高尔夫6	EA111 缸内直喷、废气涡轮增压	96/5000	220/1750~3500	1.4	9.8	SL、SM
丰田卡罗拉	2ZR-FE 多点电喷发动机	103/6400	173/4000	1.8	10	SL、SM
一汽迈腾	EA888 缸内直喷、废气涡轮增压	147/5000~6000	280/1800~5000	2.0	9.6	SM、SN
本田雅阁	K24Z2 多点电喷发动机	132/6500	225/4500	2.4	10.5	SL、SM
奥迪A6L	VAJ 缸内直喷,机械式增压器	213/4850~6800	420/2500~4850	3.0	10.5	SM、SN

部分柴油发动机的技术特性和要求的柴油机油规格　　　　表8-9

汽车型号	发动机型号结构特征	最大功率(kW)	最大转矩(N·m)	排量(L)	压缩比	机油级别
捷达SDI	电控VE分配泵	47	125	1.9	19	CG-4
日产皮卡	4D22 电控直喷VE泵、废气涡轮增压	52	173	2.2	18	CF-4、CF
依维柯面包车	8140.43N 直喷高压共轨、废气涡轮增压	107	320	2.8	18.5	CG-4、CH-4
解放J6P重卡	电控高压共轨直喷、废气涡轮增压、中冷	324	1900	11.04	17.5	CI-4、CJ-4

2)选择机油的黏度等级

选择机油黏度等级的主要依据是使用地区环境温度。根据季节、气温情况及使用地区选择机油牌号的参考表见表8-10。为避免冬夏季换油,可选用多级油。

选用机油的黏度等级时,还必须考虑发动机的负荷、转速和磨损情况。发动机负荷大、转速低或磨损严重时,应选用黏度较大的机油,反之则应选择黏度较小的机油。

发动机油黏度等级选用　　　　　　　　表8-10

黏 度 等 级	使用温度范围(℃)	黏 度 等 级	使用温度范围(℃)
0W	-45~-15	5W/20	-45~20
5W	-40~-10	5W/30	-40~30
10W	-30~-5	10W/30	-30~30
15W	-25~0	15W/30	-25~30
20W	-20~5	20W/30	-20~30
25W	-15~10	10W/40	-30~40以上
20	-10~30	15W/40	-25~40以上
30	0~30	20W/40	-20~40以上
40	15~50		

6. 机油的劣化与更换

机油在使用过程中,由于添加剂的消耗、高温氧化、燃烧产物的影响,外部尘埃、水分等的混入,使机油劣化变质。

机油劣化变质后,沉积物增多、润滑性能下降,使零件腐蚀和磨损增大。因此,应适时更换机油。机油的更换方式有定期换油、按质换油和监测下的定期换油三类。

定期换油即按照行驶里程或使用时间与机油使用性能变化之间的规律,确定换油时期。换油期与机油的使用性能级别、发动机技术状况和运行条件有关。

按质换油即对能反映机油质量的代表性指标规定限值,据其更换机油。GB/T 8028—2010《汽油机油换油指标》和 GB/T 7607—2010《柴油机油换油指标》规定了机油的换油指标。

监测下的定期换油是指在规定换油周期的同时监测在用机油的综合指标,必要时可提前更换机油。

二、齿轮油及合理使用

齿轮油也称齿轮润滑油,用于机械式变速器、主传动器、转向器的润滑。

1. 齿轮油的作用

齿轮油的作用为:降低齿轮及其他运动部件的磨损,延长使用寿命;降低摩擦,减小功率损失;分散热量,起冷却作用;防止腐蚀和生锈;降低工作噪声,减小振动及齿轮间的冲击;冲洗污物,特别是冲去齿面间污物,减轻磨损。

2. 齿轮油的性能指标

齿轮油的性能指标包括:润滑性、极压抗磨性、热氧化安定性、低温操作性、黏温性、抗腐性和防锈性等。

润滑性指在摩擦表面间形成油膜降低摩擦的性能。

极压抗磨性指在接触压力非常高、油膜容易产生破裂的极高压力的润滑条件下,防止摩擦面烧结、熔焊等损伤的性能。

热氧化安定性即抵抗热和氧化作用的能力。热氧化安定性好,防止因氧化生成有机酸和沉淀等氧化产物,可以延长润滑油的使用期。

低温操作性主要指润滑油在低温下的流动性。

黏温性指黏度随温度升降而改变的性质。齿轮油的工作温度范围较宽,不但要求低温性能好,以便于汽车起动,而且要求高温时黏度不能太小。

抗腐性和防锈性,即齿轮油防止齿轮、轴承腐蚀和生锈的能力。

齿轮油除上述要求的使用性能外,还有一些与发动机油相同的使用性能。例如抗泡沫性、清洁性等。

3. 齿轮油的工作条件和质量要求

传动齿轮工作时,由于齿轮工作面不断变换,温度升高不剧烈,齿轮油工作温度一般为 $10 \sim 80 ℃$;其次,齿轮传动时,齿之间啮合部分的单位压力高达 $196 \times 10^4 \sim 245 \times 10^4 kPa$,而准双曲面齿轮单位压力可达 $294 \times 10^4 \sim 392 \times 10^4 kPa$,齿轮油膜承受很高的压力作用。此外,齿轮油在速度变化大、回转次数多的条件下工作,因而易于从齿间间隙中挤出,产生半液体摩擦。

齿轮油应当满足以下要求:在齿与齿接触面上能形成连续坚韧的油膜,降低传动机件磨损并预防其损伤;齿轮油还应具有良好黏温特性,当工作温度降低时黏度变化小,使动力传动机构的摩擦损耗较小,传动效率高,汽车易于起步。

4. 齿轮油的分类

美国石油学会(API)使用性能分类法和美国汽车工程师协会(SAE)黏度分类法是使用最广泛的齿轮油分类方法。

按齿轮油承载能力和使用场合不同,根据其特性和使用要求等,API 使用性能分类法将齿轮油分为 GL-1 ~ GL-6 六个级别,见表 8-11。

API 车辆齿轮油使用分类 表 8-11

分类	使用说明	用 途
GL-1	低齿面压力、低滑动速度下运行的汽车弧齿锥齿轮、蜗轮后桥以及各种手动变速器规定用 GL-1 齿轮油。直馏矿油能满足这类情况的要求。可以加入抗氧剂、防锈剂和消泡剂改善其性能,但不加摩擦改进剂和极压剂	汽车手动变速器,包括拖拉机和载货汽车手动变速器
GL-2	汽车蜗轮后桥齿轮,由于其负荷、温度和滑动速度的状况,使得 GL-1 齿轮油不能满足要求的蜗轮齿轮规定用 GL-2 类的齿轮油。通常都加有脂肪质物质	涡轮蜗杆传动装置
GL-3	速度和负荷比较苛刻的汽车手动变速器和弧齿锥齿轮的后桥规定用 GL-3 类油。这种使用条件要求润滑剂的负荷能力比 GL-1 和 GL-2 高,但比 GL-4 要低	苛刻条件下的手动变速器和弧齿锥齿轮后桥
GL-4	在低速高转矩、高速低转矩下操作的各种齿轮,特别是客车和其他各种车用的准双曲面齿轮,规定用 GL-4 齿轮油。适用于其抗擦伤性能等于或优于 CRCRGO-105 参考油。该油已做过各种试验证明具有 1972 年 4 月 ASTM STP 说明的性能水平	手动变速器、弧齿锥齿轮和使用条件不太苛刻的准双曲面齿轮
GL-5	在高速冲击负荷、高速低转矩、低速高转矩条件下操作的各种齿轮,特别是客车和其他车辆的准双曲面齿轮,规定用 GL-5 齿轮油。适用于其抗擦伤性能应等于或优于 CRCRGO-110 参考油。该油已做过各种试验,证明具 1972 年 4 月 ASTMSTP 所说明的性能水平	适用于操作条件缓和或苛刻的双曲面齿轮及其各种齿轮,也可用于手动变速器
GL-6	高速冲击负荷条件下运转的小客车和其他车辆的各种齿轮,特别是高偏置准双曲面齿轮,偏置大于 5cm 或接近大齿圈直径的 25%,规定用 GL-6 齿轮油。符合这种使用条件的润滑剂,其抗擦伤性能应等于或优于参考油 L-1000。该油已经试验,证明具有 1972 年 4 月 ASTM STP 所说明的性能水平	—

按黏度不同,SAE 黏度分类法将齿轮油分为七个级别,见表 8-12。其中,字母 W 表示冬用齿轮油,不含字母 W 表示夏季用齿轮油。

车辆齿轮油的黏度分类 表 8-12

SAE 黏度级号	黏度达到150Pa·s时的最高温度(℃)	100时的运动黏度(mm²/s) 最低	100时的运动黏度(mm²/s) 最高
70W	-55	4.1	—
75W	-40	4.1	—
80W	-26	7.0	—
85W	-12	11.0	—
90	—	13.5	<24.0
140	—	24.0	<41.0
250	—	41.0	—

齿轮油的黏度等级也有单黏度等级和多黏度等级之分,例如 SAE80W/90 表示一个多黏度等级的车辆齿轮油。

GB/T 28767—2012《车辆齿轮油分类》按质量和使用性能的差异把齿轮油分成 GL-3、GL-4、GL-5 和 MT-1 四个级别。其中等级为 MT-1 的齿轮油适用于在大型客车和重型货车上使用的手动变速器。其黏度等级分类则等效采用 SAE 齿轮油黏度分类。

5. 齿轮油的选择

车辆齿轮油的选择也包括使用性能级别的选择和黏度级别的选择两个方面。

1)使用性能级别的选择

选择齿轮油的使用性能等级时,要严格遵循汽车使用说明书中的规定,或根据传动机构工作条件的苛刻程度选择。工作条件主要指传动齿轮的接触压力、滑动速度和工作温度,主要取决于传动装置的齿轮类型。所以,可按齿轮类型、传动装置的功能来选择齿轮油的使用性能级别。一般来说,驱动桥主传动器工作条件苛刻,而双曲线齿轮主传动器更为苛刻,对齿轮油使用性能要求更高。

工作条件苛刻(轮齿间接触压力达 3000MPa 以上,滑动速度超过 10m/s)的主传动器准双曲面齿轮,必须使用 GL-5 级齿轮油;工作条件不太苛刻(接触压力在 3000MPa 以下,滑动速度在 1.5~8m/s 之间)的主传动器准双曲面齿轮,可选用 GL-4 级齿轮油;有些载货汽车的后桥主传动装置虽然采用普通弧齿锥齿轮,但负荷较重,工作条件苛刻,也要求使用 GL-4 级或 GL-5 级齿轮油。部分汽车要求的车辆齿轮油的使用性能级别见表 8-13。

部分汽车要求的车辆齿轮油使用性能级别 表 8-13

汽车型号	变速器结构特点	驱动桥结构特点	使用性能级别
解放 CA1092	手动 6 挡	螺旋锥齿轮和圆柱齿轮,双级主减速器	GL-3
北京切诺基	手动 4 挡,带分动器	双曲线齿轮,单级主减速器	GL-5
上海桑塔纳	手动 4 挡或 5 挡,两轴式	双曲线齿轮,单级主减速器	GL-5
富康	手动 4 挡或 5 挡,两轴式	斜齿轮圆柱齿轮,单级主减速器	GL-5
红旗 CA7200	手动 5 挡,两轴式	双曲线齿轮,单级主减速器	GL-4 或 GL-5
捷达 CL	手动 4 挡,两轴式	斜齿轮圆柱齿轮,单级主减速器	GL-4 或 GL-5
上海帕萨特 B5	手动 4 挡或 5 挡,两轴式	双曲线齿轮,单级主减速器	GL-5

变速器及转向器一般负荷较轻,一般采用与主传动器相同的齿轮油。

应注意的是:不能将使用级较低的齿轮油用在要求较高的车辆上,否则会使磨损加剧;使用级高的齿轮油用在要求较低的车辆上,会造成浪费;各使用级的齿轮油不能互相混用。

2)黏度级别的选择

齿轮油黏度级别的选择,主要根据最低气温和最高工作油温。其黏度应保证低温下车辆易于起步,又能满足油温升高后的润滑要求。在 SAE 黏度分类中表观黏度为 150Pa·s 时的最高温度,就是保证低温操作性能的最低温度;选择黏度级别时,还要考虑高温时的润滑要求,车辆齿轮油允许的承载最小黏度一般为 $86.3 \sim 215.8$ mm²/s。因此,润滑油黏度应适宜,应尽可能使用适当的多级润滑油。根据环境温度选择齿轮油黏度时,可参照表 8-14。

根据当地季节气温选择牌号 表 8-14

黏度牌号	70W	75W	80W	85W	90	140	250
黏度为 150Pa·S 时的适用最低温度(℃)	-55	-40	-26	-12	-10	10	—

6. 齿轮油的更换

车辆齿轮油在使用中也有质量变化、质量监控问题。使用条件不同车辆齿轮油换油标准也有差异。

采用定期换油时,双曲面齿轮油换油周期为 $2 \times 10^4 \sim 2.5 \times 10^4$ km。

采用按质换油时,应遵循有关标准规定的齿轮油的换油指标。普通车辆齿轮油(GL-3)的换油质量指标见表 8-15。有任何一项指标达到上述标准时,则应该更换齿轮油。

普通车辆齿轮油的换油指标 表 8-15

项 目		质量指标	试验方法
100℃ 运动黏度变化率(%)	超过	$-10 \sim +20$	GB/T 265
水分(质量分数)(%)	大于	1.0	GB/T 260
酸值增加量(mg KOH/g)		0.5	GB/T 8030
戊烷不溶物(质量分数)(%)		2.0	GB/T 8926
铁含量(质量分数)(%)	大于	0.5	SH/T 0197

三、润滑脂及合理使用

润滑脂是以液体润滑油作为基础油,加入稠化剂和添加剂所形成的一种稳定的固体或半固体润滑材料。车辆上不宜施加液体润滑油的部位,如轮毂轴承,各拉杆球节,发电机、水泵、离合器轴承和传动轴花键等,均使用润滑脂。

1. 润滑脂的使用性能

稠度:指润滑脂在受力作用时抵抗变形的程度,一般用锥入计测定稠度。适当的稠度可使润滑脂易于加注并保持在摩擦表面,以保持持久的润滑作用。

低温性能:指润滑脂在低温条件下仍保持其良好润滑性能的能力,取决于在低温条件下的相似黏度及黏温性。

高温性能:指润滑脂的耐热性能,高温性能好可以保持其在较高使用温度下的附着性能,保持润滑作用,其变质失效过程也较缓慢。润滑脂的高温性能可用滴点、蒸发量和轴承漏失量等指标进行评定。

抗水性:表示润滑脂在大气湿度条件下的吸水性能。抗水性差的润滑脂遇水后稠度会下降,甚至乳化而流失。

防腐性:指润滑脂阻止与其相接触金属被腐蚀的能力。润滑脂产生腐蚀性的原因主要是由于氧化产生酸性物质所致。

机械安定性:指润滑脂在机械工作条件下抵抗稠度变化的能力。机械安定性差的润滑脂使用中容易变稀甚至流失,影响脂的寿命。

胶体安定性:指润滑脂在储存和使用时避免胶体分解,防止液体润滑油析出的能力。即润滑油与稠化剂结合的稳定性。

氧化安定性:指在储存与使用时润滑脂抵抗大气的作用,保持其性质不发生永久变化的能力。

极压性与抗磨性:涂在相互接触的金属表面间的润滑脂所形成的脂膜,具有承受负荷的特性称为润滑脂的极压性;润滑脂膜防止金属表面直接接触而磨损的能力,称为润滑脂的抗磨性。在苛刻条件下使用的润滑脂,需要添加极压添加剂,以增强其极压性。

2. 润滑脂的分类

根据 GB/T 7631.8—1990《润滑剂和有关产品(L类)的分类 第8部分:X组(润滑脂)》,可以按使用时的操作条件(温度、水污染、负荷等)要求对润滑脂进行分类。润滑脂属于L类(润滑脂和有关产品)的X组,每种润滑脂用"LX+四个大写字母组成的代号+稠度等级"所构成的符号表示。

表示润滑脂使用操作条件的四个大写字母的含义见表8-16所示。

润滑脂操作条件代号　　表8-16

操作温度				水污染				负荷条件	
字母1	最低温度(℃)	字母2	最高温度(℃)	字母3	环境条件		防锈性		
					字母	备注	字母	备注	字母4	备注
A	0	A	60	A	L	L-干燥	L	L-不防锈	A	A-非极压型
B	−20	B	90	B	L		M	M-淡水存在下防锈	B	B-极压型
C	−30	C	120	C	L		H	H-盐水存在下防锈		
D	−40	D	140	D	M	M-静态潮湿	L			
E	−50	E	160	E	M		M			
		F	180	F	M		H			
		G	>180	G	H	H-水洗	L			
				H	H		M			
				I	H		H			

润滑脂的稠度分为9个等级:000、00、0、1、2、3、4、5、6,数字越大则表示稠度等级越高,润滑脂的牌号是用稠度表示的。

例如,某种润滑脂的使用条件为:最低操作温度-30℃,最高操作温度+120℃;环境条件:水洗;防锈性:淡水存在下防锈;负荷条件:低负荷;稠度等级:2。则该种润滑脂的代号应标记为:L-XCCMA2。

3. 润滑脂的规格

按稠化剂的类型,润滑脂可以分为不同的规格或品种。相应的标准有:GB 491—2008《钙基润滑脂》、GB 7324—2010《通用锂基润滑脂》、SH/T 0369—1992《石墨钙基润滑脂》等。

钙基润滑脂、合成钙基润滑脂:具有良好的抗水性,适用于潮湿环境或与水接触的各种机械部位的润滑;滴点在75~100℃之间,使用温度不超过60℃,否则就会变软流失。

石墨钙基润滑脂:具有较好的极压性能和抗磨性能,并具有较好的抗水性,能适应重负荷、粗糙摩擦面的润滑,并能用于与水或潮气接触摩擦表面,如汽车钢板弹簧、吊车、起重机齿轮转盘等粗糙、低速、重负荷的摩擦部位,但石墨钙基脂不适用于滚动轴承及精密机件的润滑。

钠基润滑脂:耐热性好,其滴点高达160℃,可在120℃条件下较长时间工作并保持润滑性;附着性强,可用于振动大、温度高的滚动轴承上,并有较好的承压性能,适应负荷范围较大。但耐水性差,遇水易乳化,所以不能用于与潮湿空气或水接触的润滑部位。钠基润滑脂可用于汽车、拖拉机轮毂轴承润滑。

钙钠基润滑脂:具有较好的抗水和耐热性。抗水性优于钠基脂,耐热性优于钙基脂。可以适应湿度不大、温度较高的工作条件,但不适于低温工作条件。常用于各种类型的电动机、汽车、拖拉机和其他机械设备滚动轴承的润滑,使用温度不高于90~100℃。

通用锂基润滑脂:具有良好的高低温性能和良好的防水性、防锈性,可在潮湿和与水接触的机械部件上使用。同时有良好的机械安定性和胶体安定性、氧化安定性、抗水性和润滑性,在高速运转的机械剪切作用下,润滑脂不会变稀流失,保证良好润滑。汽车通用锂基润滑脂适用于-30~120℃温度范围内汽车轮毂轴承、底盘、水泵等摩擦副的润滑。

4. 汽车润滑脂的选择

汽车润滑脂的选用包括润滑脂的类型和稠度级号的选用。

润滑脂的选择应根据车辆使用说明书的规定,选用与润滑部位的操作条件相适应的润滑脂类型和稠度。

操作温度:低温界限应低于被润滑部位的最低操作温度,否则会使运转阻力加大;而高温界限应高于被润滑部位的最高操作温度,否则会因润滑脂流失而失去润滑作用,加剧磨损。

水污染:包括环境条件和防锈性,根据使用要求综合确定润滑脂的级别(字母4)。

负荷:指单位面积所承受的压力,根据负荷高低,选择非极压润滑脂(A)或极压型润滑脂(B)。

稠度牌号:根据环境温度、转速、负荷等因素选用,汽车上一般多用2号润滑脂。

汽车上的主要润滑部位多用锂基润滑脂;对受冲击载荷及极压条件下工作的钢板弹簧则用石墨钙基脂;对工作温度过高或过低的地区应选特殊润滑脂(如低温润滑脂、高温润滑脂等)。

对于一定的车型,在一般情况下使用确定品种和牌号的润滑脂,性能相对稳定,只有在特殊情况下才进行更换。

第三节 汽车工作液及合理使用

车型不同,汽车上采用的工作液也有差别。对于普通汽车而言,常用工作液有冷却液、制动液和液力传动油等。

一、汽车冷却液及合理使用

现代发动机广泛采用强制循环冷却系,冷却液是冷却系的工作介质。

1. 冷却液的使用性能

发动机工作时,可燃混合气在汽缸内燃烧,汽缸内气体温度可达 1700～2500℃。为保证发动机正常工作,应对其进行冷却;同时,为防止发动机在严寒季节不发生缸体、散热器和冷却系管道的冻裂,还应对发动机冷却系防冻;另外,还要求冷却系用冷却介质防腐蚀、防水垢等。所以,现代发动机(水冷)都应使用冷却液。

为保证汽车发动机正常工作并延长使用寿命,冷却液应具备以下性能。

①低温黏度小。低温黏度越小,说明冷却液流动性越好,其散热效果好。

②冰点低。冰点达不到所要求的低温时,发动机冷却系统就可能被冻裂。

③沸点高。在较高温度下不沸腾,可保证汽车满载、高负荷工作时正常运行。

④防腐性好。即不腐蚀金属材料。

⑤不产生水垢,不起泡沫,以保证发动机冷却系的散热效果。

另外,还要求冷却液传热效果好;不损坏橡胶制品;热化学安定性好;蒸发损失少;热容量大;价廉、无毒。

2. 冷却液的规格

GB 29743—2013《机动车发动机冷却液》规定了轻负荷和重负荷发动机冷却系统用乙二醇型和丙二醇型冷却液及其浓缩液的分类和技术要求。按照冰点,冷却液分为 –15 号、–20 号、–25 号、–30 号、–35 号、–40 号、–45 号和 –50 号八个牌号,见表8-17。目前广泛采用乙二醇水基型发动机冷却液。

冷却液分类代号及型号   表8-17

轻负荷冷却液		型 号	重负荷冷却液		型 号
乙二醇型	浓缩液 LEC-Ⅰ		乙二醇型	浓缩液 HEC-Ⅰ	
	稀释液 LEC-Ⅱ	LEC-Ⅱ-15、LEC-Ⅱ-20、LEC-Ⅱ-25、LEC-Ⅱ-30、LEC-Ⅱ-35、LEC-Ⅱ-40、LEC-Ⅱ-45、LEC-Ⅱ-50		稀释液 HEC-Ⅱ	HEC-Ⅱ-15、HEC-Ⅱ-20、HEC-Ⅱ-25、HEC-Ⅱ-30、HEC-Ⅱ-35、HEC-Ⅱ-40、HEC-Ⅱ-45、HEC-Ⅱ-50

续上表

轻负荷冷却液		型　号	重负荷冷却液		型　号
丙二醇型	浓缩液 LPC-Ⅰ		丙二醇型 HPC-Ⅱ	浓缩液 HPC-Ⅰ	
	LPC-Ⅱ	LPC-Ⅱ-15、LPC-Ⅱ-20、LPC-Ⅱ-25、LPC-Ⅱ-30、LPC-Ⅱ-35、LPC-Ⅱ-40、LPC-Ⅱ-45、LPC-Ⅱ-50		稀释液	HPC-Ⅱ-15、HPC-Ⅱ-20、HPC-Ⅱ-25、HPC-Ⅱ-30、HPC-Ⅱ-35、HPC-Ⅱ-40、HPC-Ⅱ-45、HPC-Ⅱ-50
其他类型	LOC	依据冰点标注值			

3. 冷却液的选用

选用冷却液时,其冰点要比车辆运行地区的最低气温低10℃左右。

冷却液的浓缩液,可以由用户加清洁水稀释后使用。乙二醇所含比例与冷却液冰点的关系见表8-18。

乙二醇-水型冷却液浓度、密度和冰点　　　　表8-18

冷却液浓度 (%)	冷却液温度(℃)与密度(g/mm³)					冻结温度 (℃)	安全使用温度 (℃)
	10	20	30	40	50		
30	1.054	1.050	1.046	1.042	1.036	-16	-11
35	1.063	1.058	1.054	1.049	1.044	-20	-15
40	1.071	1.067	1.062	1.057	1.052	-25	-20
45	1.079	1.074	1.069	1.064	1.058	-30	-25
50	1.087	1.083	1.076	1.070	1.064	-36	-31
55	1.095	1.090	1.084	1.077	1.070	-42	-37
60	1.103	1.098	1.092	1.076	1.076	-50	-45

乙二醇冷却液的最低使用浓度为33.3%(体积分数),此时冰点不高于-18℃,低于此浓度时则冷却液的防腐蚀性不够;而最高使用浓度为69%,此时冰点为-68℃,高于此浓度时则冰点反而会上升。全年使用冷却液的车辆,其最低使用浓度为50%(体积分数)左右为宜。

4. 注意事项

①加注冷却液前,应对发动机冷却系进行清洗并检查密封性,然后加注冷却液,并检查冷却液的密度。

②在使用过程中,乙二醇-水型冷却液中的水较易蒸发,应及时添加适量的水。应定期检查冷却液的密度,如密度变小,就说明乙二醇含量不足,冰点高,应及时加充冷却液(或浓缩型冷却液);反之,则应加入适量的清洁水。

③在使用过程中,注意检查冷却液液面高度。

④不同厂家、不同牌号的发动机冷却液不能混用。

⑤乙二醇有毒,在使用乙二醇型冷却液时切勿用口吸。

⑥按冷却液品质进行定期更换。

二、汽车制动液及其合理使用

制动液是汽车液压制动系统中传递压力的工作介质,其合理使用对于汽车的制动性能和交通安全有重要影响。

1. 制动液的使用性能

①高温抗气阻性。制动液高温抗气阻性的评定指标是平衡回流沸点、湿平衡回流沸点和蒸发性。如果制动液沸点过低,在高温时会蒸发成蒸汽,使液压制动系管路中产生气阻,导致制动失灵。

②低温流动性和润滑性。气温降低时,制动液的黏度会增大,流动性变差,从而影响制动压力的传递。因此,制动液在低温下应具有较好的低温流动性,使系统内压力能随制动踏板的动作迅速上升和下降。同时,为保证橡胶皮碗能在制动缸中顺利滑动,制动液应具有润滑性,并具有良好的黏温特性。

③与橡胶的配伍性。制动液不应对制动系中的橡胶零件造成显著的溶胀、软化或硬化等不良影响。

④金属腐蚀性。液压制动系的主缸、轮缸、活塞、回位弹簧、导管和阀等零件,主要采用金属材料制成,制动液应具有不腐蚀金属的能力。

⑤稳定性。制动液的稳定性包括高温稳定性和化学稳定性,即制动液在高温时与相容液体混合后其平衡回流沸点较为稳定。

⑥溶水性。制动液吸水后应能与水互溶,不产生分离和沉淀。

⑦抗氧化性。制动液在使用和储存过程中氧化变质的快慢取决于抗氧化性;同时,制动液氧化会导致零件腐蚀。因此,制动液在高温条件下应具有良好的抗氧化性。

2. 汽车制动液的分类

美国联邦政府运输安全部(DOT)制定的联邦机动车辆安全标准(FMVSS)把制动液划分为 FMVSS No.116 DOT-3、DOT-4 和 DOT-5 三类。

现代汽车主要采用合成型制动液,GB 12981—2012《机动车辆制动液》把制动液划分为 HZY3、HZY4、HZY5、HZY6 四个质量等级,制动液系列代号中 H、Z、Y 分别为合成、制动和液体的汉语拼音首字母,阿拉伯数字为区别本系列各标准的标记。各类制动液规格分类对照、主要特性和使用范围见表8-19。

汽车制动液分类对照和主要特性　　　表8-19

GB 12981	FMVSS NO.116	ISO 4925:2005	主要特性	推荐使用范围
HZY3	DOT-3	Class3	具有良好的高温抗气阻性能和优良的低温性能	我国广大地区均可使用
HZY4	DOT-4	Class4	具有优良的高温抗气阻性能和良好的低温性能	我国广大地区均可使用
HZY5	DOT-5	Class5	具有优异的高温抗气阻性能和低温性能	供特殊要求车辆使用
HZY6	—	Class6	具有优良的高温抗气阻性能和优异的低温性能	配备 ESP/EBD + ABS 的商用车

3. 汽车制动液的选用

①优先选用合成制动液。

②按照使用说明书中规定的制动液的类型选用。部分乘用车所用制动液规格见表 8-20。

③所选制动液的产品质量等级应等于或高于汽车制造厂规定的制动液质量等级。

部分乘用车制动液规格　　　　　　　　　表 8-20

汽车制造公司	车　型	制动液规格	制动液更换期
一汽大众汽车有限公司	捷达、高尔夫、宝来	DOT-3 或 DOT-4	每 24 个月或行驶 6 万 km
上海大众汽车有限公司	桑塔纳 2000/3000	DOT-3	每 24 个月或行驶 6 万 km
神龙汽车有限公司	雪铁龙、富康、爱丽舍	DOT-3 或 DOT-4	每 24 个月或行驶 3 万 km
北京现代汽车有限公司	索纳塔、伊兰特、途胜	DOT-3 或 DOT-4	每 24 个月或行驶 4 万 km

4. 注意事项

①不同规格的制动液不能混用。不同类型的制动液混合后,因组分不同可能发生反应、分层或沉淀而堵塞制动系统。

②加注制动液时应注意清洁,防止杂质进入制动系统。

③制动液中含有机溶剂,易燃、易挥发,因此要注意防火,远离火源。

④防止日晒雨淋,避免水分或矿物油混入使其变质而影响使用性能。

⑤下坡连续制动或频繁制动时,应注意制动液温度,防止气阻。

⑥汽车制动液的更换期一般是两年。

三、液力传动油及合理使用

1. 液力传动油的作用

液力传动油俗称自动变速器油,是用于液力传动的多功能工作液。其主要功能是液力传递、热能传递和润滑。

液力传动油在转矩变换中作为流体动能的传动介质,作为伺服机构和压力环路静压能的传递介质,在离合器中作为滑动摩擦能的传递介质;由于自动变速器摩擦片表面接触瞬间温度可达 600℃,液力传动油作为热传递介质,可以控制摩擦副表面温度,防止烧结;液力传动油作为齿轮、轴承等的润滑液体。

2. 液力传动油的使用性能

①黏度。液力传动油的使用温度范围一般为 -25~170℃,因此必须有适当的黏度、良好的低温流动性和黏温性能。

②热氧化安定性。若热氧化安定性差,则液力传动油易于氧化,产生油泥、漆膜和腐蚀性酸,黏度变化,引起摩擦特性变化,从而使离合器打滑,腐蚀零件,并堵塞液压控制系统和排油管路等。

③抗磨性能。为满足自动变速器中的星形齿轮机构、轴承的润滑要求,液力传动油应对多种不同材料的摩擦副都具有良好的抗磨性能。

④摩擦特性。液力传动油要有适当的油性,即要求有相匹配的静摩擦系数和动摩擦系数,且在全部操作温度范围内摩擦特性不变。

⑤与密封材料的适应性。液力传动油须与自动变速器中各部分的密封材料相适应,不

使之发生膨胀、收缩、硬化等不良影响。

⑥剪切稳定性。在传递动力时,液力传动油所受剪切力很大。若剪切稳定性差,易使油品的黏度降低,油压降低,离合器打滑。

⑦防腐性能。液力传动油要有较好的防腐性能,以避免氧化腐蚀液力传动装置中的铜接头、铜管道、有色金属轴瓦、推力轴承等。

⑧抗泡沫性。液力传动油在工作中产生泡沫,不仅影响自动变速器控制的准确性,还影响变矩器的性能,破坏正常润滑,易导致离合器烧蚀、打滑等故障。

3. 液力传动油的分类

美国材料试验学会(ASTM)和美国石油学会(API)采用使用性能分类法(PTF)把液力传动油划分为 PTF-l、PTF-2 和 PTF-3 三类,见表 8-21。其中:PTF-1 类液力传动油对低温黏度要求较高,有较好的低温起动性,主要用于轿车、轻型货车的自动变速器;PTF-2 类油的主要特点是负荷高,对极压、抗磨性要求较高;PTF-3 类油具有更突出的耐负荷性和抗磨性,主要用于低速运转的变速器。

美国液力传动油的使用分类　　　　　表 8-21

分类	适用范围	规格举例	国内常用油名
PTF-l	适用于轿车、轻型载货汽车的自动传动装置。特点是低温起动性好,对油的低温黏度和黏温性有很高要求	通用汽车公司: Dexron II D、Dexron II E、Dexron III 福特汽车公司: Mercon、Newmercon	8 号液力传动油,自动变速器油
PTF-2	适用于重型载货汽车、履带车、越野车的功率转换器和液力耦合器等。有良好的极压抗磨性	通用汽车公司: Truck 和 Coach 阿里森公司: AllisonC-3、AllisonC-4	6 号液力传动油,功率转换器油
PTF-3	主要功能是作传动、差速器和驱动齿轮的润滑,以及液压转向、制动、分动箱和悬架装置。适用于在中低速下运转的拖拉机、工程机械的液压传动系统和齿轮箱油	约翰·狄尔公司: JDT-303 或 J-14B 或 J-20B 福特汽车公司: M2C41A	拖拉机液压/齿轮两用油

注:PIF-Power Transmission Fluid

液力传动油的企业规格指由制造商制定的为适应所生产车型使用要求的液力传动油,其主要规格系列为通用汽车公司的 Dexron 系列、福特汽车公司的 Mercon 系列、阿里森公司的 Allison 系列。如:通用汽车公司根据使用性能把 Dexron 系列液力传动油分为 Dexron、Dexron II、Dexron II E、Dexron III、Dexron III H、Dexron IV 等规格;阿里森公司生产的 Allison 系列重负荷液力传动液分为 Allison C、Allison C-2、Allison C-3、Allison C-4 等规格。各类企业规格与 PTF 使用性能分类的对应关系见表 5-18。

国产液力传动油根据 100℃ 运动黏度分为 6 号和 8 号两个牌号。其中:8 号液力传动油相当于 PTF-I 类油中的 Dexron II 规格,主要用作轿车的自动变速器传;6 号液力油相当于 PTF-II 类油中的 Allison C-3 规格,主要用于内燃机车或载重汽车的液力变矩器。另外还有拖拉机液压、传动两用油。

4. 液力传动油的选用

液力传动油的规格不同,其摩擦系数也不同。因此,既不能错用也不能混用。其选用原则是遵循原厂推荐,不得随意更改。

①按照液力传动油使用分类中的适用范围选择。
②按照车辆使用说明书的规定选择。
③一般轿车和轻型货车自动变速器可选用符合通用公司 Dexron 规格的液力传动油。
④重负荷车辆的自动变速器可选用埃里森的 Allison C-3 或 C-4 规格的液力传动油。
⑤国产 8 号液力传动油可用于轿车和轻型货车的自动变速器,国产 6 号液力传动油可用于重型货车、工程机械的液力传动系统。

常见车型所用自动变速器油的规格见表 8-22。

常见车型自动变速器油规格 表 8-22

汽车制造公司	车　　型	变速器型号	油品规格
一汽-大众汽车有限公司	捷达、高尔夫、宝来	01M	DexronⅢ
上海大众汽车有限公司	桑塔纳 2000/3000、帕萨特 B5	01N(AG4)	DexronⅡE、DexronⅢ
神龙汽车有限公司	雪铁龙、富康、爱丽舍	AL4	DexronⅢ、DexronⅢH
北京现代汽车有限公司	索纳塔、伊兰特、途胜	F4A42-2	DexronⅢ、DexronⅢH

5. 液力传动油的更换

液力传动油有一定使用期限,应定期更换。一般乘用车行驶 50000～80000km,商用车行驶 40000～80000km,就必须更换液力传动液。若不及时更换液力传动液会在过滤器内形成沉积杂质,引起齿轮和其他有关零件的磨损,如堵塞换挡油阀和输油管道,引起自动变速器故障。

6. 注意事项

①注意保持油温正常(80～85℃)。
②经常检查油位。自动变速器油位不能过高或过低,否则易出故障。
③按规定更换液力传动油和过滤器(或清洗滤网),拆洗自动变速器油底壳。
④检查油面和换油时,应注意油液的状况。
⑤换油时应将油底壳和油路清洗干净,按需要量加入新油。
⑥不同牌号的液力传动油不能混用。

第四节　汽车轮胎及合理使用

合理使用轮胎、提高轮胎使用寿命,对降低运输成本有重要作用;同时,保持轮胎良好的技术状况,对于确保行车安全、降低行驶阻力、减少油耗也有重要意义。

一、汽车轮胎的规格

1. 基本术语

①主要尺寸:轮胎断面宽度(B)、轮辋名义直径(d)、轮胎断面高度(H)、轮胎外直径

(D)等,如图 8-1 所示。

②高宽比:指轮胎的断面高度(H)与断面宽度(B)的百分比,表示为 $H/B(\%)$。高宽比又称为扁平率。

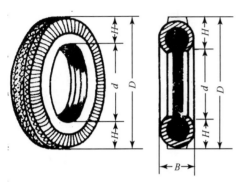

图 8-1 轮胎主要尺寸

③轮胎系列:通常用轮胎的扁平率划分系列,用高宽比的名义值大小(不带%)表示,例如"80"系列、"70"系列和"60"系列等。

④层级:表示轮胎承载能力的相对指数,用于区别尺寸相同但结构和承载能力不同的轮胎。轮胎层级用 PR 表示。

⑤轮胎最高速度:指在规定条件(路面级别、轮辋名义直径)下,在规定的持续行驶时间(持续行驶最长时间为 1h)内,允许使用的最高速度。

将轮胎最高速度(km/h)分为若干级,用字母表示,称为速度级别符号,见表 8-23。不同轮辋名义直径的轿车轮胎最高速度见表 8-24。

轮胎速度级别符号与最高行驶速度(摘录)　　　　表 8-23

轮胎速度级别符号	轮胎最高行驶速度(km/h)	轮胎速度级别符号	轮胎最高行驶速度(km/h)
L	120	R	170
M	130	S	180
N	140	T	190
P	150	U	200
Q	160	H	210

不同轮辋名义直径的轿车轮胎最高速度(摘录)　　　　表 8-24

轮胎速度级别符号	轮胎最高行驶速度(km/h)		
	轮辋名义直径 10in	轮辋名义直径 12in	轮辋名义直径≥13in
Q	135	145	160
S	150	165	180
T	165	175	190
H		195	210

⑥负荷指数:指在规定条件(轮胎最高速度、最大充气压等)下,轮胎负荷能力的数字符号。轮胎负荷指数用 LI 表示。负荷指数与轮胎负荷能力的对应关系见表 8-25。

轮胎负荷指数和轮胎负荷能力　　　　表 8-25

轮胎负荷指数(LI)	轮胎负荷能力(TLCC)(N)	轮胎负荷指数(LI)	轮胎负荷能力(TLCC)(N)
79	4370	84	5000
80	4500	85	5150
81	4620	86	5300
82	4750	87	5450
83	4870	88	5600

2. 轮胎规格表示方法

根据 GB/T 2978—2008《轿车轮胎规格、尺寸、气压与负荷》和 GB/T 2977—2008《载重汽车轮胎规格、尺寸、气压与负荷》，汽车轮胎是用轮胎规格标志、使用说明来表示。

轿车轮胎规格表示方法如图 8-2 所示。

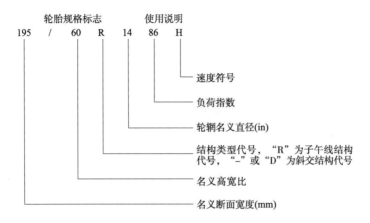

图 8-2　轿车轮胎规格表示方法

微型、轻型载货汽车轮胎规格表示方法如图 8-3 所示。

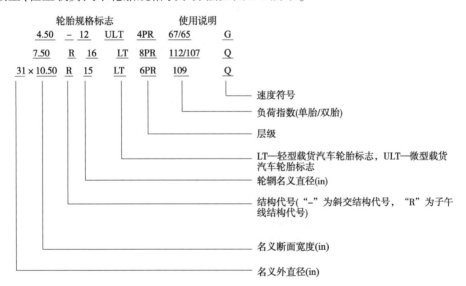

图 8-3　微型、轻型载货汽车轮胎表示方法

轮胎规格可用外胎直径 D、轮辋直径 d、断面宽 B 和断面高 H 的名义尺寸代号表示，并在轮胎侧面用符号表明轮胎的速度级别和负荷能力等使用性能特点。

普通斜交轮胎相邻帘布层的帘线交错排列，其规格用 $B-d$ 表示。载货汽车斜交轮胎和轿车斜交轮胎的尺寸 B 和 d 均用英寸(in)为单位。

子午线轮胎的结构特点是帘线呈子午向排列。国产子午线轮胎规格用 BRd 表示，其中 R 代表子午线轮胎。国产轿车子午线轮胎断面宽 B 用 mm 为单位；载货汽车轮胎断面宽 B

有英制单位(in)和米制单位(mm)两种;而轮辋直径 d 的单位则多用英寸(in)。

扁平轮胎按扁平率-高宽比划分系列。国产轿车子午线轮胎有 80、75、70、65 和 60 五个系列。数字越小,则轮胎越扁平。

轻型载重汽车轮胎采用在规格中加"LT"标志表示;微型载重汽车轮胎则采用在规格中加"ULT"标志的方法表示;子午线无内胎轮胎,在规格中加"TL"标志。

同时,用层级、负荷指数和速度级别符号表明轮胎的负荷能力和轮胎的最高行驶速度等性能特点。

二、汽车轮胎的选择

选用汽车轮胎时,应针对汽车的性能要求和使用特点综合考虑。

1. 轮胎类别

轮胎类别反映轮胎的基本特性,选择轮胎类别的依据是汽车类型和使用区域。乘用轮胎主要适于乘用车类;商用轮胎主要适用于商用车类;非公路用轮胎主要适用于松软路面上行使的越野车辆等;特种轮胎仅用于特种车辆或特殊环境。

2. 轮胎胎面花纹

轮胎胎面花纹对轮胎的滚动阻力、附着阻力及行驶噪声等都有显著的影响。胎面花纹主要根据道路条件、车辆类型、行车速度选择,同一辆车上轮胎花纹要尽量一致。

常用胎面花纹有直沟花纹、横沟花纹、越野花纹和综合花纹等。直沟花纹既适用于轿车轮胎,也适用于轻型货车轮胎;横沟花纹仅适用于货车轮胎;越野花纹凹部深而粗,附着性好,越野能力强,适用于矿山、建筑工地以及一些松软路面,但不适用于较好的硬路面或者高速公路;综合花纹介于越野花纹和直沟、横沟花纹之间,适用于经常在城市和乡村之间行驶的汽车。

3. 轮胎速度级别

经常在高速公路行驶的汽车,应该选择速度级别较高的轮胎(T、U、H),如果轮胎速度级别选得较低,车速长时间超过或接近轮胎的最高限速,容易使得轮胎性能下降以致爆胎;国际标准化组织(ISO)制定了轮胎的速度代号(表 8-22)。其中,对于轿车轮胎(P-S)是指不允许超过的最高车速;对于货车轮胎(F-N)是指在额定负荷下允许用的最高速度,也作为负荷降低时可以超过的参考车速。选用轮胎时一定要注意轮胎的速度等级,根据汽车的使用要求和性能进行选配。

4. 轮胎负荷能力

轮胎的负荷能力要与汽车总质量相适应。改装、改造后的汽车,应经车辆管理部门重新核定质量,并经过重新计算负荷后再确定轮胎规格。

5. 胎体结构

轮胎的胎体结构决定其基本性能,子午线结构比普通斜交结构具有较多的优良特性,受到普遍推荐。但斜交轮胎由于技术成熟、造价低廉,仍是商用车轮胎结构中的主要形式。子午线轮胎的发展趋势是低断面化和无内胎化,尤其适合重载和高速行驶。轿车和高速汽车,应该尽量选用无内胎的子午线轮胎。

三、汽车轮胎的损坏

1. 轮胎损坏的基本原因

轮胎损坏是力和热综合作用的结果。

轮胎在静负荷作用下,会产生径向变形。即轮胎两侧弯曲,胎侧外层伸张,内层压缩,断面高度缩小,宽度增大,胎面展平。

汽车行驶时,轮胎除承受静负荷外,还传递转矩及受路面的冲击,承受动载荷。动载荷大小取决于汽车质量、行驶速度、道路状况和轮胎类型。

车轮转动时产生沿车轮径向的离心力。转速越高,轮胎质量越大,所产生的离心力也越大。离心力有使轮胎脱离轮辋、胎面胶脱离帘布层的趋势,在帘布层中产生附加应力。

汽车转弯时产生垂直于汽车纵轴线的侧向离心力。质量越大,车速越高,转弯半径越小,所产生的离心力就越大。离心力使外胎下部弯曲,并增大弯道外侧轮胎上的负荷,使其变形增大。

轮胎在载荷作用下产生变形,轮胎与道路接触面产生滑移,导致轮胎胎面的剧烈磨损。汽车行驶时,轮胎在负荷作用下连续产生压缩与伸张变形,使轮胎内部橡胶与帘线之间、帘线与帘线之间、帘布层与帘布层之间,以及胎面与路面之间发生摩擦,产生热量,使轮胎内部温度升高。

2. 轮胎的损坏形式

轮胎的损坏形式主要是:胎面磨损、帘布脱层;帘线松散或折断;胎面与胎体脱胶以及由上述结果引起的胎体破裂。

1) 轮胎胎面磨损

汽车行驶过程中,轮胎直接与路面接触,且受多种力的作用,如驱动力、制动力、侧向力、摩擦力等。轮胎在载荷作用下,发生变形,轮胎与道路接触面产生滑移,导致轮胎胎面的剧烈磨损。一般情况下,胎面磨损均匀,缓慢。但轮胎使用不当或车辆技术状况不良,将使轮胎胎面产生不正常磨损。常见的不正常磨损有胎面中间磨损、胎面两边磨损、胎面单边磨损、胎面块状磨损、胎面局部磨损等,如图8-4所示。

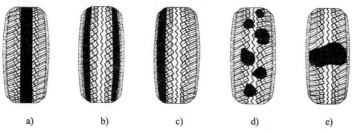

图 8-4 常见轮胎胎面磨损形式

a) 胎面中间磨损;b) 胎面两边磨损;c) 胎面单边磨损;d) 单边磨损块状磨损;e) 胎面局部磨损

轮胎气压过高时,胎冠中间部分突出,轮胎与路面的接触面积减小,单位面积作用力增大,使轮胎胎面中间磨损严重。

轮胎气压低于规定值时,轮胎与路面的接触面积增大,且接触面上的压力不均匀,轮胎胎面边缘增大,使胎面两边缘磨损严重。轮胎超载时引起的早期损坏与气压过低相似。

车轮定位参数中外倾角不正确是导致轮胎单边磨损的主要原因。当外倾角过大时,易使轮胎的外侧胎肩早期磨损;外倾角过小时,易使轮胎的内侧胎肩早期磨损。

胎面块状磨损主要是由车轮不平衡所致。车轮不平衡时,高速运转产生的离心力使轮胎胎面受力不均,个别部位受力过大,磨损加快。

局部胎面磨损主要是由紧急制动和快速起步所致。

2)轮胎侧面损伤

胎侧损伤主要包括胎侧擦伤和胎侧起泡。

胎侧擦伤主要因为汽车轮胎斜行擦刮马路缘石所致,胎侧擦伤严重时会折断胎侧帘布层帘线,使胎侧起泡。

胎侧起泡的主要原因是帘线断裂使轮胎侧面的强度降低。除了擦伤会挤断胎侧帘线外,如轮胎制造时没有衔接好胎侧帘布层等,也会出现帘线断裂,另外,在使用过程中胎体帘线会出现自然断纹,随着断纹的不断扩大,最后内层会完全断裂。

3)胎体损坏

胎体损坏的形式主要有帘线断裂、松散和帘布脱层,以及胎体扎伤、刮伤等。

引起胎体帘线断裂的原因很多,大部分胎体帘线的断裂是由于轮胎变形而引起的疲劳断裂。轮胎工作时,其挤压变形使胎体内部产生拉伸、压缩应力,在多次拉、压应力的作用下引起材料疲劳,强度降低,当应力超过帘线强度时,帘线就会断裂。另外,轮胎的变形还使帘布层之间产生剪切应力,当此剪切应力超过帘布层与橡胶之间的黏附力时,就会出现帘布松散或帘布层脱离。高温将使轮胎材料的力学性能下降,从而使轮胎磨损加剧、帘布脱层、帘线松散、断裂,甚至而引起胎体爆裂等。

胎体扎伤、刮伤主要是由行驶路面凹凸不平或路面上锋利的异物引起。

4)轮胎爆破

引起轮胎爆破的原因是轮胎气压和温度升高、轮胎强度下降。轮胎温度和气压升高的主要原因有轮胎充气压力过高、轮胎负荷大、轮胎行驶速度快、驾驶方法不当等。使轮胎强度下降的原因有轮胎橡胶磨损、轮胎的胎体帘线断裂、胎体扎伤、轮胎工作温度高、轮胎气压过高等。

四、轮胎的合理使用

轮胎合理使用的目的在于防止不正常磨损和损坏,延长使用寿命,同时保持良好技术状况,以利于行车安全并降低燃油消耗。

1. 保持轮胎气压正常

轮胎气压是根据轮胎负荷条件规定的,轮胎气压偏离标准是轮胎早期损坏的主要原因。因此,轮胎应按规定的气压标准充气。轮胎气压对轮胎使用寿命的影响如图 8-5 中曲线 a 所示。

轮胎气压越低,胎侧变形越大,使胎体帘线产生较大的应力;还因摩擦加剧使轮胎温度升高,降低橡胶和帘线的抗拉强度,使帘线折断、脱层并加速橡胶老化;同时,胎面接地面积增大,磨损加剧,滚动阻力增大,燃料消耗增加。

气压过高时,轮胎接地面积小,单位面积上的负荷大;同时轮胎弹性小,胎体帘线过于伸张,应力增大。因此,胎冠磨损增大,胎面易于剥离或爆胎。

2. 防止超载

超载行驶时,胎侧弯曲变形大,胎体帘线承受更大的交变应力,易造成帘线折断、松散和帘线脱层,当受到冲击载荷时,会引起爆胎;同时因接地面积增大,加剧胎肩的磨损。因此,必须按标定的载质(客)量装货或载客,以防超载。轮胎负荷对轮胎使用寿命的影响如图8-5中曲线b所示。

3. 控制车速

高速行驶时,胎面与路面作用力和滑移量都增大,胎体温度升高;同时,轮胎的变形频率、胎体振动以及轮胎的圆周和侧向扭曲变形随之增大,使轮胎的工作温度和气压升高,加速老化。此外,车速过高,轮胎所受动载荷增大,容易产生帘布层破裂和胎面剥落现象,甚至爆裂。因此,

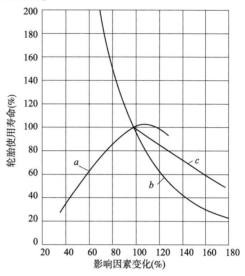

图8-5 轮胎气压、负荷和行驶车速对轮胎使用寿命的影响

合理控制车速是非常必要的。行驶车速对轮胎使用寿命的影响如图8-5中曲线c所示。

4. 控制轮胎工作温度

汽车行驶时,其轮胎的断面发生变形,产生内部摩擦,引起轮胎发热。胎温升高后,胎内气体受热膨胀,致使胎压升高。行驶速度对胎体工作温度和轮胎气压的影响如图8-6所示。

轮胎温度升高会使轮胎气压急剧升高,且橡胶和帘线的强度大大下降,当胎温超过95℃,就有爆胎危险。在负荷和胎压正常时,轮胎温度升高的主要原因是气温和车速均较高。轮胎的工作温度升高,会使轮胎使用寿命明显缩短,如图8-7所示。

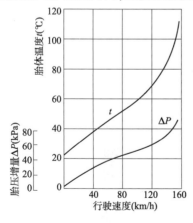

图8-6 汽车行驶速度对胎体温度和轮胎气压的影响

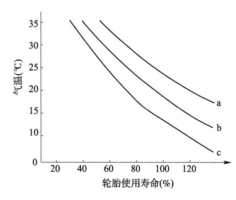

图8-7 行驶速度和气温对轮胎使用寿命的影响
a-车速35km/h;b-车速75km/h;c-车速90km/h

5. 保持汽车技术状况良好

保持汽车技术状况良好,尤其是底盘技术状况良好,是防止轮胎早期损坏的有效措施。

汽车底盘的技术状况(尤其是行驶系)不良,底盘机件装配不当或出现故障时,轮胎不能平稳滚动,产生滑移、拖拽摆振,使轮胎遭到损坏。如前束和外倾角不符合标准、轮辋变形或偏心、轮毂轴承间隙失调、轮毂与转向节轴偏心或转向节轴弯曲、车轮不平衡、制动器拖滞、钢板弹簧挠度不一致、前后轴不平行等,都会导致轮胎异常磨损。若汽车漏油,油类滴落到轮胎上侵蚀橡胶,也会造成轮胎早期损坏。

6. 正确驾驶

为了合理使用轮胎、延长轮胎使用寿命,车辆应起步平稳,加速均匀,避免轮胎在路面上滑移;控制车速,行驶中应尽量避免紧急制动;防止持续高速行驶而使轮胎温度过高;在汽车行驶过程中,应尽量选择较好的路面,以减轻冲击。

7. 合理搭配

轮胎规格应与规定型号规格的轮辋相配套。

同一车轴应装配相同规格、花纹、层级和相同磨损程度的轮胎,尤其是子午线轮胎和斜交轮胎不得混用在同一车或同一轴上。同一车上的轮胎花纹应尽量一致。为确保行车安全,翻新轮胎不能装在转向轮上。

8. 及时翻新

轮胎花纹磨至极限后,应及时送厂翻新。

轮胎翻新是将胎面花纹磨损严重而胎体尚好的轮胎进行翻修的轮胎在造技术。轮胎翻新,既恢复了轮胎使用性能,又充分利用了旧轮胎的价值,是节约橡胶原料和降低汽车使用成本的重要措施。

9. 轮胎换位

轮胎换位指在汽车行驶一定里程后(通常与二级维护行驶里程相同),按照一定的顺序调换轮胎的位置,以使全车轮胎合理承载和均匀磨损。

轮胎换位主要采用交叉换位法和循环换位法两种方法,如图8-8所示。可根据具体情况选择一种换位方法,但一经选定,应始终按选定的方法换位。对有方向性的轮胎,其旋转方向应始终不变,若逆向旋转,会因钢丝帘线反向变形而导致脱落,所以推荐使用单边换位法。

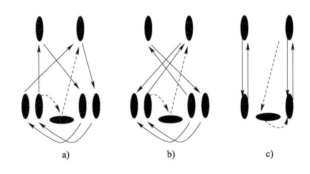

图8-8 轮胎换位方法
a)循环换位法;b)交叉换位法;c)单边换位法

复习题

一、问答题

1. 汽油的主要性能指标有哪些?
2. 汽油的牌号用什么指标表示?
3. 汽油选用的原则是什么?
4. 柴油的主要性能指标有哪些?
5. 轻柴油的牌号用什么指标划分?
6. 柴油选用的主要依据是什么?
7. 机油的作用有哪些?
8. 机油的性能指标包括哪些?
9. 齿轮油的作用有哪些?
10. 齿轮油的性能指标包括哪些?
11. 润滑脂的性能指标包括哪些?
12. 液力传动油的作用有哪些?
13. 液力传动油的性能指标有哪些?
14. 制动液的作用有哪些?
15. 制动液的性能指标有哪些?
16. 冷却液的作用有哪些?
17. 冷却液的性能指标有哪些?
18. 轮胎的速度级别是什么含义?
19. 轮胎的负荷指数是什么含义?

二、综述(分析)题

1. 简述汽车使用中的节油措施。
2. 为什么发动机的正确维护和调整能够节油?
3. 为什么汽车底盘的正确维护和调整能够节油?
4. 怎样合理驾驶能够节油?
5. 机油如何分类? 如何选用?
6. 齿轮油如何分类? 如何选用?
7. 润滑脂如何分类? 如何选用?
8. 液力传动油如何分类? 如何选用?
9. 制动液如何分类? 如何选用?
10. 冷却液如何分类? 如何选用?
11. 轮胎的合理使用应注意哪些方面?

第九章 汽车在特殊条件下的合理使用

汽车在不同气候条件、高原山区以及在某些特殊使用阶段使用时,或者在执行某些特殊运输任务时,其工作状况和使用性能会发生显著变化。因而必须根据这些特殊使用条件或阶段的特点,采取相应的技术措施,以保证汽车使用的合理性。

第一节 汽车的走合期及其合理使用

一、汽车的走合期及其作用

新车或大修竣工的汽车在投入使用的初期称为汽车走合期,常用走合里程表示。通常汽车制造厂对所生产车型均规定有走合里程,几种常见车型的走合里程见表9-1。

几种车型的走合里程　　　　表9-1

车型	CA1091	EQ1090	奥迪100	桑塔纳	切诺基	南京依维柯
里程(km)	1000	1500~2500	1500	1500	2000	1500

汽车走合期实际上是汽车使用初期对相互配合摩擦表面进行磨合加工,以改善其表面几何形状和表面层物理机械性能的工艺过程。

在汽车零件加工过程中,零件表面虽然经过了生产磨合加工,但仍存在微观和宏观几何形状偏差(粗糙度、圆度、圆柱度、直线度等);在总成及部件的装配过程中也会有装配误差。因此,配合零件表面间的实际接触面积比计算面积小得多,使实际单位压力要比理论计算值大得多。因此,新车或大修竣工的汽车若以全负荷运行,零件摩擦表面的单位压力会很大,将破坏润滑油膜并使零件局部温度升高,使零件迅速磨损和破坏。

经过走合期的使用,可以磨去零件表面的微观不平,形成比较光滑、耐磨而可靠的工作表面,以承受正常工作载荷。同时,走合期内暴露出的生产或修理中的缺陷得以排除,可减小汽车正常使用阶段的故障率。汽车的使用寿命、使用可靠性、动力性和燃油经济性与走合期的使用情况有很大关系。

了解零件配合表面的磨损规律可以对汽车走合期的重要作用有更深入的理解。汽车使用过程中,零件配合间隙 Δab 因磨损随行驶里程增大。根据磨损速率和特点可分为三个阶段,如图9-1所示。

初期磨损阶段A又称之为零件磨合阶段。其特点是工作初期磨损较快,但随摩擦副配合状况的改善,磨损速度逐渐减慢。

正常工作阶段B也叫做允许磨损期。经磨合阶段后,其磨损速率趋于稳定,磨损量随汽车行驶里程缓慢增长,在间隙达到 Δef 后,磨损将再度加剧。若配合零件磨损强度不同,其磨损曲线斜率也不同。

逐渐加剧磨损阶段 C 是超过极限间隙的零件磨损期。Δef 是配合零件的极限间隙，Δae 和 Δbf 为零件Ⅰ、Ⅱ的极限磨损量。在这个阶段，磨损加剧，故障增多（响声、漏气、漏油等），工作能力急剧下降，并迅速损坏。

磨合终了的间隙为 Δcd。减小磨合终了间隙 Δcd 可以延长正常磨损阶段 B，延长配合零件的使用寿命，如图 9-1 所示。如：把 Δcd 减小到 $\Delta c'd'$ 后，则阶段 B 可以延长里程 K。

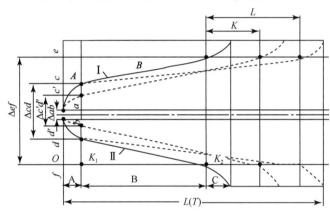

图 9-1　配合零件的磨损规律

Δ-磨损量，mm；L-里程，km；T-汽车工作时间，h

二、汽车在走合期的使用特点

1. 零件表面摩擦剧烈，磨损速度快

由于配合间隙小，表面粗糙且单位压力大，因此配合零件在相互运动中产生很大摩擦力；又因摩擦发热多，润滑条件变差；同时，金属磨屑进入或残留于摩擦表面间，形成磨料磨损。从而使零件表面摩擦非常剧烈，磨损速度很快。

2. 润滑油变质快

在汽车走合期内，配合零件表面粗糙，摩擦力大，磨损剧烈，产生大量金属磨屑；同时，配合零件在相对运动中产生大量的热，零件表面和润滑油温度很高。因此，润滑油易于被污染或氧化而变质。

3. 动力性不足、燃油经济性差

汽车在走合期使用时，由于传动系统各总成中相互配合零件表面粗糙，同时因配合间隙小且润滑油变质而使得润滑效果较差，零件配合表面间摩擦剧烈，因而发动机工作过程中和传动系传递扭矩过程中的功率损失大，机械效率降低，使发动机输出功率降低，传递到驱动轮的功率和扭矩减小，汽车动力性下降。

由于传动效率降低，同时因汽车走合期限速，使发动机经常在中低负荷下工作，因而汽车运行耗油量增大，燃油经济性下降。

4. 行驶故障多

零件表面的几何形状偏差、装配误差、紧固件松动、使用不当等均会使汽车走合期的故障增多。例如：汽车走合时，工作表面摩擦剧烈，润滑条件差，发动机易过热，常发生拉缸、烧瓦等故障。

三、汽车在走合期使用时应采取的技术措施

1. 制定合理的走合里程

汽车走合期里程取决于零件表面加工精度、装配质量、润滑油的品质、运行条件和驾驶技术等,通常为 1500～3000km,相当于 40～60h。

在汽车走合期,如果使用不当,未正确地执行走合规范,将影响配合零件的工作期限。走合期分为三个阶段:

第一阶段,即走合期的前 2～3h 内,因配合间隙小,零件表面粗糙,形状和装配位置都存在一定偏差,因此磨损和机械损失很大,零件表面和润滑油的温度很高。

第二阶段,即走合 5～8h 时,零件开始形成较光滑工作表面,摩擦机械损失和产生的热量逐渐减少。

第三阶段,零件表面磨合过程逐渐结束,并形成防止零件配合表面直接接触的氧化膜,进入氧化磨耗过程。

2. 减载

在走合期内,应选择较好的道路并减载运行。走合期第一阶段应空载;整个走合期内,载货汽车应减载 20%～25%,并禁止拖带挂车;半挂车应减载 25%～50%。

3. 限速

在载质量一定的情况下,车速越高则发动机和传动系各总成承受的负荷越大。因此,在走合期内发动机转速不应过高。在走合期内汽车的最高行驶速度,一般不应超过 40～50km/h。限速行驶是指各挡都要限速,通常各挡位的最大车速都应降低 25%～30%。不同类型的汽车,可根据其使用说明书的要求,确定最高走合速度。

4. 正确驾驶

在走合期内,驾驶员应该严格执行驾驶操作规程。起动时,预热温度应升至 50～60℃;行驶中,冷却液温度不应低于 80℃;起步、加速应平稳;换挡应平稳、及时;行驶中要注意选择路面,不在凹凸不平的路面上行驶,以减轻振动和冲击;经常注意变速器、后桥、轮毂及制动鼓的温度;尽量避免急促或长期使用行车制动。

5. 选择优质燃油和润滑油

汽车在走合期使用时,应选择抗爆性好的优质燃油,以防汽油机爆燃;同时应选择黏度较低的优质润滑油或加有添加剂的专用润滑油。润滑油的加注量应略多于规定量,并应按走合期内维护的规定及时更换。

6. 加强维护

汽车在走合期内实施的维护称为走合期维护。走合期维护作业的重点是检查、紧固、调整和润滑。

要特别注意做好日常维护工作。要经常检查、紧固各部外露螺栓、螺母,注意各总成在运行中的声响和温度变化,及时进行调整。

走合期维护一般分为走合前期、走合中期和走合后期的维护。汽车走合前,应检查汽车外部各种螺栓、螺母和锁销的紧固情况,检查润滑油、制动液的加注情况和轮胎气压,检查蓄

电池放电情况和汽车的制动效能,以防止汽车在走合期出现事故和损坏;汽车走合150km时,应检查有关机件的紧固程度和汽车传动系统、行驶系统的温度状况,并消除漏水、漏油、漏气现象;汽车走合500km左右时,清洗发动机润滑系统和底盘传动系统壳体,更换润滑油,对汽车上技术状况开始变化的部分进行维护;走合期满后,应进行一次走合维护,对汽车进行全面的检查、紧固、调整和润滑作业,使其达到良好技术状况,其作业项目和深度参照制造厂的要求进行。

走合期结束后,在投入正常使用的3000~4000km行驶里程内,仍应避免发动机高速运转,车速不宜过高,载荷不宜过大,也不宜在很差的道路条件下运行。

第二节 汽车在低温条件下的合理使用

低温条件指气温在-15~-10℃以下的车辆使用条件。在寒冷季节,我国大部分地区的最低气温在0℃以下,北方地区的最低气温一般可达-25~-15℃,而西北、东北及边疆严寒地区最低气温可降至-40~-35℃。汽车在低温条件下使用时,汽车性能显著变坏,必须采取相应措施保证汽车的技术状况,保障车辆的正常运行。

一、低温条件对汽车使用的影响

汽车在低温条件下使用的主要问题是:发动机起动困难,总成磨损严重,耗油量增大,零件材料的性能变差,机件易损坏等。

1. 发动机起动困难

起动性能与发动机的类型、燃烧室形式和设计制造水平有关。一般来说,当气温在-15~-10℃以下时,发动机冷车起动就会有一定的困难;而当外界气温在-30℃以下时,没有冷起动装置的汽车,不经预热则难以起动。发动机低温起动困难的主要原因有:曲轴旋转阻力矩大;燃油蒸发性差;压缩终了汽缸内压力和温度下降;蓄电池工作能力降低等。

1) 曲轴旋转阻力矩大

发动机起动的前提是必须达到一定起动转速,其起动性能通常用发动机在低温下的最低起动转速表示,并用最低起动温度表示其低温起动性能。

汽油发动机的最低起动转速与气温的关系如图9-2所示。曲轴旋转阻力矩增大使发动机的起动转速下降,导致进气气流流速下降,进气管和汽缸内的空气涡流的强度降低,燃油雾化不良,压缩终了的压力和温度下降。

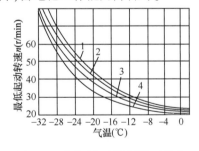

图9-2 几种汽油发动机最低起动转速与气温的关系

起动转速受起动阻力矩影响。起动时,曲轴旋转阻力矩包括:缸内压缩气体形成的反作用力矩;运动部件对曲轴形成的惯性力矩;各摩擦副的摩擦阻力矩等。其中:前二者在温度降低时变化不大;而后者主要受润滑油黏度的影响。随着温度降低,润滑油的黏度增大。因此,润滑油内摩擦力增加,曲轴旋转阻力矩增大,所需起动功率增大,使发动机起动转速下降而难以起动。润滑油黏度、起动温度与起动功率之间的关系如图9-3所示,使用低黏度润滑油时所需要的起动功率相对较小。

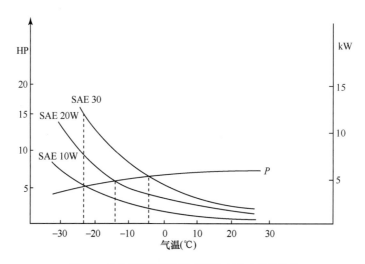

图 9-3　发动机润滑油黏度、温度与起动功率的关系
P—起动系统输出功率

随着温度降低,发动机起动所要求的最低起动转速提高;但由于曲轴旋转阻力矩增大,却使起动机带动发动机曲轴旋转时的起动转速下降。这决定了发动机的最低起动温度,如图 9-4 所示。若温度过低,则会因发动机的起动转速不能达到所要求的最低起动转速而不能起动。

2) 燃油难以蒸发

温度降低会使燃油的黏度和密度增大(图 9-5),流动性变差,表面张力增大,并且由于起动转速下降,降低了进气流速,进气管和汽缸内的空气涡流的强度降低,这都使得燃油难以雾化;同时,环境温度低以及低温零件的吸热作用使燃油难以吸热蒸发,燃油难以气化。因此,在低温条件下,大部分燃油以液态进入汽缸,不能形成均匀混合气,实际混合气过稀而不易起动。试验表明,气温 -30℃ 和进气速度 40m/s 时,汽油汽化量为 59.5%;气温为零度和进气流速为 10m/s 时,汽化量只有 31%;发动机起动时,气流流速一般不超过 3~4m/s,气温在 0~12℃ 时,只有 4%~10% 的燃油汽化。

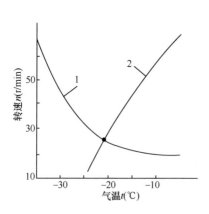

图 9-4　发动机起动的最低温度和最低转速
1—发动机的最低起动转速;2—起动系统带动发动机旋转的转速

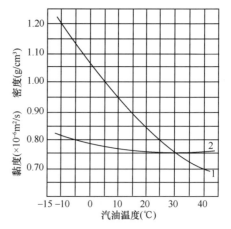

图 9-5　汽油黏度、密度与温度的关系
1—黏度;2—密度

3）压缩压力和温度降低

低温起动转速的下降,不仅使进气管气流速度下降,影响了汽油雾化,难以形成浓度适当的均匀混合气,而且使汽缸的压缩压力和压缩终了汽缸内的温度降低,因此混合气更难以点火燃烧。起动时,汽缸压缩压力与发动机曲轴转速的关系如图9-6所示。

4）蓄电池工作能力下降

起动过程中,蓄电池工作能力主要影响起动机输出的起动转矩和火花塞的跳火能量。蓄电池电压为:

$$U = E - I \cdot R$$

式中:U——蓄电池电压,V;
E——蓄电池电动势,V;
R——蓄电池内阻,Ω;
I——蓄电池输出电流,A。

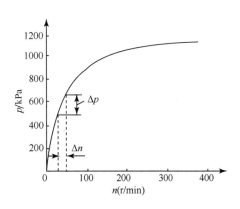

图9-6 汽缸压缩压力与曲轴转速的关系

低温条件下,蓄电池电动势E变化不大。但随着温度降低,电解液黏度增大,向极板的渗透能力下降,内阻增大;同时,起动时电流很大,从而使蓄电池的端电压及容量明显下降。在低温下工作时,电解液温度每降低1℃,蓄电池容量便减少1%~1.5%。温度过低时,电解液有冻结以致冻坏蓄电池的危险。

蓄电池端电压和容量的降低对低温起动的影响表现在两个方面。首先,低温起动时需要的起动功率很大,而蓄电池输出功率反而下降,导致起动机无力拖动发动机旋转或不能达到最低起动转速,如图9-7所示;其次,蓄电池端电压降低时火花塞点火能量小。此外,在低温条件下,点火能量降低的原因还有:可燃混合气密度增大,使电极间电阻增大;火花塞电极间有油、水及氧化物等。

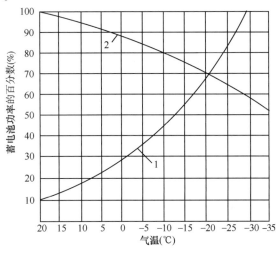

图9-7 气温对起动功率、蓄电池输出功率的影响
1-起动功率(蓄电池功率百分数);2-蓄电池输出功率

2. 总成磨损严重

汽车在低温条件下使用时,各主要总成的磨损强度均较大。

在发动机的使用周期内,50%的汽缸磨损发生在起动过程,而冬季起动磨损占总起动磨损的60%~70%,发动机的主要磨损部位是:汽缸壁和活塞环、轴和轴瓦。发动机缸壁磨损强度与缸壁温度的关系如图9-8所示。低温条件下,发动机磨损严重的主要原因是润滑条件差、腐蚀磨损大、轴承配合间隙变小。

低温起动时,润滑油黏度大、流动性差,不能及时到达汽缸壁、轴承等摩擦表面;未蒸发的液态燃油进入汽缸,冲刷汽缸壁上的润滑油膜,并沿汽缸壁流入曲轴箱,稀释润滑油使其油性减退;同时,燃烧不完全形成的碳化物随废气窜入曲轴箱后,会使润滑油进一步污染。

在低温条件下,燃烧过程中的水蒸气凝结于汽缸壁,并于汽油燃烧过程中产生的氧化硫化合成酸性物质引起腐蚀磨损,腐蚀磨损的形成使汽缸壁磨损加剧。汽油的含硫量与汽缸壁磨损强度的关系如图9-9所示。

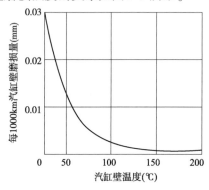

图9-8 汽缸壁磨损强度与缸壁温度的关系　　图9-9 汽油含硫量与汽缸壁磨损的关系

曲轴颈和连杆轴颈与所用轴瓦的合金成分不同,因而膨胀系数不同。在低温条件下,配合间隙变小且不均匀,加速了轴颈与轴瓦的磨损。

传动系总成磨损严重的主要原因是工作温度升高缓慢、润滑条件差、运动阻力大。

传动系总成的工作温度由零件摩擦和搅油产生的热量维持,温升速度慢。例如,当CA1090型汽车传动系总成的油温从-10℃升至10~15℃,需要行驶6km。低温时,传动系润滑油黏度增大,润滑油的内摩擦增大,齿轮和轴承摩擦表面间得不到充分润滑,因而配合零部件摩擦表面间的摩擦增大,导致零件磨损大。

在起步后的很长一段时间内,传动系统各总成的负荷较大,使传动零件的磨损加剧。研究表明,与油温35℃时的磨损强度相比,润滑油温-5℃时,汽车主减速器齿轮和轴承的磨损强度增大10~12倍。

3. 燃油消耗量增大

在低温条件下使用时,汽车燃油消耗量增大的主要原因是:

①发动机暖车时间长。

②发动机工作温度低,燃油气化不良,燃烧不完全。

③润滑油黏度大,摩擦损失大,发动机输出功率下降,传动系统传动效率下降,汽车行驶阻力增加。

据试验,汽油发动机冷却液温度由80℃降至60℃时,油耗增加3%;降至40℃时,油耗增加12%。

4. 零部件易损坏

低温条件下,材料的物理机械性能将变差。碳钢的冲击韧性下降,铸件变脆,塑料、橡胶变硬、变脆,从而相应零部件在载荷作用下易于发生损坏。

另外,在低温条件下,蓄电池电解液易冰冻而不能正常工作;冷却液易结冰,导致散热器和发动机缸体冻裂。

5. 排气污染严重

低温条件下,燃油雾化不好。因此,冷起动阶段HC和CO排量增多,排放污染严重。据测算,汽油机HC排放量的80%是在冷起动阶段排出的。

在起动初期的工作循环,发动机喷入的燃油量往往是实际燃烧需求量的5~6倍,以尽快起动。这时,进气管空气流速较慢,壁面温度较低,燃油蒸发性较差,因而很多燃油以油膜的形式停留在气道壁面上、进气门处或进入汽缸。这些油膜在后续的暖机工况,将随着温度升高而挥发,从而对混合气实际空燃比产生很大影响。另一方面,起动时废气氧传感器不起作用,无法提供反馈信号对燃油量进行控制。这不仅增大了暖车时间内的燃油消耗,而且增大了有害气体特别是HC和CO的排放量。

6. 行车条件差

低温条件下道路常被冰雪覆盖,轮胎与地面间的附着系数显著下降。因此,制动距离增长且车辆极易发生侧滑。同等条件下,冰雪路面的制动距离比干燥路面的制动距离长2~3倍。汽车加速上坡时,驱动轮也易于滑转。

特别严寒的情况下,橡胶轮胎逐渐变脆,受到冲击载荷时易发生破裂。因此,冬季行车时,汽车起步后应先以低速行驶,并平稳起步和越过障碍物。

二、汽车在低温条件下使用时应采取的主要措施

1. 加强技术维护

在季节转换之际,应结合汽车定期维护作业,附加作业项目,提高汽车在低温、寒冷条件下的适应能力,避免发生意外事故。

冬季维护的主要附加作业项目有:安装或维护发动机保温及起动预热装置;检查调整冷却散热装置(节温器、风扇传动带等);更换冬季润滑油(脂)及防冻(冷却)液;检查调整供油系、点火系;采取防滑保护措施等。

2. 预热

起动前预热有利于发动机的低温起动。常用方法有进气预热和发动机预热。

进气预热指利用进气预热装置加热进气气流。按热源不同,所用装置可分为火焰进气预热装置和电热进气预热装置。前者利用火焰来加热进气管内的气流,主要应用于柴油发动机预热;后者采用装在进气系统中的电热塞对进气气流进行加热。

常用发动机预热方法有:热水预热、蒸汽预热、电热器预热。

热水预热是应用最广泛的预热方式。预热时,将热水从散热器加水口注入冷却系,注满

后把放水阀打开,使之边注边流,待流出的水温达到30～40℃后,关闭放水阀。

蒸汽预热是预热发动机的有效方法。预热时,蒸汽通过蒸汽管导入散热器的下水管,进入发动机冷却系统,或直接引入冷却水套。当缸体温度升高到一定程度时,放水阀处便排出蒸汽。预热温度升高到50～60℃时,更易于起动。

把加热器插入冷却系或机油内,可方便地对发动机进行加热。管式冷却液电极加热器如图9-10所示。

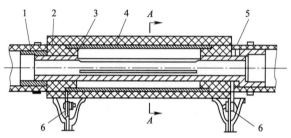

图9-10 管式电极加热器
1-接头;2-绝缘体;3-内电极;4-外电极;5-软管;6-接线柱

3. 使用起动液

起动液是专门的起动燃料,其主要成分是乙醚($C_2H_5OC_2H_5$),沸点为34.5℃,因此具有很好的挥发性。

使用起动液时,应根据发动机进气系统的结构,将其呈雾状均匀地分配到各个汽缸中。另设有起动装置的发动机,其起动装置以起动液为燃料,起动时可以将其呈雾状喷入进气管;对没有起动装置的汽车,可使用起动液压力喷射罐,直接把起动液喷入进气管。但应注意控制喷入量,喷入量过大时,会引起发动机起动粗暴。

4. 合理选用燃油和润滑油

为便于低温起动并减轻磨损,低温下使用的燃油应具有良好的蒸发性、流动性且含硫量低。

蒸发性对起动性能有很大影响。汽油蒸发性用馏分温度表示,其中10%馏分温度影响发动机的起动性。10%馏分温度越低,起动性能越好。随着温度的降低,汽油的黏度和相对密度增大,流动性变坏,雾化和汽化困难。从+40℃到-10℃,汽油黏度提高76%,相对密度提高6%。90、93、97号车用无铅汽油的10%馏分温度均不高于70℃,在气温不低于-13℃时,可以满足直接起动的要求。

低温条件下使用的柴油机,要求柴油具有很好的流动性和较低黏度。然而,夏季牌号的柴油在温度降低到-20～-18℃时,黏度开始明显提高。由于黏度增大,柴油雾化不良,使燃烧过程变坏。若温度进一步降低则燃油中的含蜡沉淀物析出,燃油的流动性逐渐丧失。

进入冬季前,发动机、变速器、主传动器等总成应换用冬季润滑油。因其具有良好的黏温特性,温度下降后黏度增大不显著,可使零件的润滑条件得以改善,并降低起动阻力。

5. 保温

在严寒地区使用时,应采取保温措施。其目的是使汽车在一定的热工况下工作,并保证随时出车。保温主要部位是发动机和蓄电池。气温很低时,或对于承担某些特殊任务的车辆,还应保温油箱和驾驶室。

采用发动机罩保温套是保持发动机温度状况的重要措施。采用该措施后,在-30℃气温下工作时,发动机罩内温度可保持在20~35℃;停车后,其主要部位的冷却速度是无保温套时的近1/6。保温材料可以是棉质或毡质的,前者保温性能较好。用薄乙烯基带密封发动机罩也有良好保温效果。

采用双层油底壳或在油底壳外表面封一层玻璃纤维,可以保持润滑油温。

采用百叶窗或用改变风扇参数(叶片数目或角度)的方法可以对发动机保温,也可以用降低风扇转速或断开风扇离合器的方法保温。后一种方法不但减少了热量耗散,而且还减小了功率损失;关闭百叶窗可减小流经散热器的空气流,但由于气流阻力大,风扇消耗的功率略大。

蓄电池保温的目的是保持蓄电池温度或减缓下降速率,以使其容量、内电阻变化不大。常用的保温方法是把蓄电池放在木质或玻璃钢制夹层保温箱内,若在夹层中充入导热系数很低的保温材料,则保温效果更好。

6. 正确使用防冻(冷却)液

在冬季,发动机冷却系使用防冻液,既可起冷却作用又可防止冻裂缸体,并可避免每天加、放水,以减轻劳动强度并缩短起动前的准备时间。因此,防冻液又称为冷却液。

防冻(冷却)液的合理使用方法见本书第八章第三节。

7. 其他应注意的问题

低温条件下,制动液、减振液黏度增大,甚至出现结晶,影响汽车行驶的安全性与平顺性。因此,应选用适合在低温条件下使用的制动液和减振液。

在特别寒冷的情况下,橡胶轮胎硬化、变脆,受冲击载荷时易破裂。因此,在冬季行驶时,为减轻冲击要缓慢起步及越过障碍物,且起步后几公里内应低速行驶。

驾驶室和车厢的温度过低会影响驾驶员的劳动条件和乘客的舒适感。风窗玻璃结霜会影响视野。为此,可将热空气引入驾驶室及风窗玻璃上,以便采暖和除霜。轿车和舒适性要求较高的客车上应装备采暖设备。

第三节　汽车在高温条件下的合理使用

高温条件即指气温在35℃以上的车辆使用条件。在盛夏季节,我国南方和西北高原的一些地区由于日照时间长,辐射热强,最高气温常常达到35℃以上。高温条件对汽车的使用性能有不利影响,应采取相应措施,保证汽车的技术状况和正常运行。

一、高温条件对汽车使用的影响

汽车在高温条件下工作时,发动机的动力性、经济性和可靠性变坏,排气污染加剧,汽车底盘特别是传动系和行驶系统的使用性能下降,汽车电器设备故障增多。

1. 发动机使用性能下降

汽车发动机散热器的散热量 Q 可表示为:

$$Q = k \cdot S \cdot \Delta T$$

式中:k——传热系数;
　　　S——散热器的散热面积;
　　　ΔT——散热器内外温差。

当散热器的结构和所用冷却液一定时,k 和 S 的数值为常数,散热量 Q 主要取决于温差 ΔT。因此,在高温条件下,汽车冷却系统的散热温差 ΔT 降低,使冷却系散热量减小,发动机易过热。所产生的不利影响为:发动机充气量降低,易爆燃、早燃,动力性和燃油经济性差;机油变质快,磨损加剧;同时,燃油供给系统易于气阻。

1) 发动机充气量下降

充气系数 η_V 和每循环充气量 Δm 是评价发动机进气过程完善程度的重要指标。

$$\eta_V = \frac{\Delta m}{\Delta m_0}$$

$$\Delta m = \eta_V \cdot V_h \cdot \rho_0$$

式中:Δm——实际进入汽缸新鲜充气量的质量,kg;
　　　Δm_0——进气状态下充满汽缸工作容积的新鲜充量的质量,kg;
　　　V_h——汽缸工作容积,m^3;
　　　ρ_0——进气状态下空气密度,kg/m^3。

每循环进入汽缸的新鲜空气的质量多,则发动机功率和转矩增大,动力性能好。但试验表明:进气温度提高后,其与缸壁的温差减小,尽管充气系数变化不大,但由于高温条件下发动机罩内温度高,空气密度大大下降,使发动机的实际充气量减小,从而导致发动机输出功率和转矩降低。气温越高,发动机罩内温度越高,空气密度越小,充气能力越低,发动机的动力性下降越显著。试验表明:当气温从 15℃ 升高到 40℃ 时发动机功率下降 5%～8%。

2) 燃烧不正常

在高温条件下使用时,发动机易产生爆燃和早燃等不正常燃烧情况。

发动机爆燃与很多因素有关。大气温度高,汽缸内混合气温度也高,整个工作循环的温度上升;同时由于冷却系统散热能力下降,导致发动机过热。汽缸壁、燃烧室壁温度升高后,燃烧室内末端混合气吸收热量多,使燃烧过程产生的过氧化物活动能量增强,加剧了燃前反应,使发动机在爆燃敏感的条件下运转,容易产生爆燃。另外,过热的发动机易造成可燃混合气早燃。

温度过高还使窜入缸内的润滑油在高温缺氧条件下生成积炭胶质和沉积物,积存于活塞顶部、燃烧室壁、气门顶部及火花塞上,可使导热性变差并形成炙热点,更易于导致早燃或爆燃的发生。

不正常燃烧使发动机的热负荷和机械负荷上升,容易导致零件的热变形甚至裂纹,并加剧磨损。

3) 燃油消耗量大

随着气温上升、空气密度减小,如汽车的燃油供给系统未作调整,则实际进入发动机汽缸的混合气变浓,如图 9-11 所示。过浓的混合气不能完全燃烧从而使燃油消耗量增大,汽车的燃油经济性降低。试验表明:当气温高于 28℃ 时,汽车的燃油消

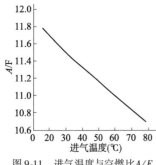

图 9-11　进气温度与空燃比 A/F 的关系

耗量将增大2%以上。

4）发动机润滑油易变质

发动机过热使燃烧室、活塞、活塞环和油底壳等区域的温度升高，润滑油易受热。润滑油在高温、高压下工作时，其抗氧化安定性变差，加剧了热分解、氧化和聚合的过程。不正常燃烧形成的不完全燃烧产物窜入曲轴箱，既污染了润滑油又使其温度升高。由于润滑油温度高，因而黏度下降，油性变差。因此，发动机工作温度越高，润滑油变质越快。

在我国西北高原，夏季炎热而干燥，空气中的灰尘很多。而湿热带的南方地区，空气中的水蒸气浓度大。灰尘和水蒸气可通过进气系统或曲轴箱通风口等处进入发动机，污染润滑油。

5）零部件磨损加剧

在高温条件下，发动机润滑油黏度下降，油性变差，且机油变质或污染后品质变差，使发动机运转过程中气缸-活塞配合副和曲轴轴颈-轴瓦配合副等零部件磨损剧烈；特别是发动机以大负荷工作驱动汽车超载爬坡或高速行驶时，或在发动机不正常燃烧而形成的高温高压条件下，零部件磨损加剧。

6）供油系统气阻

供油系统受热后，部分汽油蒸发成气体状态，形成气泡存在于油管及汽油泵中；由于气体的可压缩性，使之随着汽油泵供油所产生的脉动压力，不断地被压缩和膨胀，从而破坏了汽油泵吸油行程所产生的真空度，使发动机供油不足甚至中断。这种现象称之为供油系气阻。在炎热地区，特别当汽车满载上坡或长时间大载荷低速行驶时，气阻现象时常发生。

影响气阻现象发生的因素是：

①汽油的品质（挥发性）。其挥发性越好，液体汽油的挥发量越大，越易于产生气阻。

②供油系在发动机上的布置。汽油管道和汽油泵越靠近热源，越易产生气阻。

③汽油泵的使用性能。结构不同的汽油泵，尽管泵油量相同，但抗气阻的能力差别很大。泵油压力高时，其抗气阻能力也强。

④发动机罩内温度。气温越高或通风不良时，罩内温度越高，越易于产生气阻。

⑤大气压力。大气压力对供油系统气阻的影响很大。气压越低，汽油越容易挥发，产生气阻的趋势增大。

7）排放污染加剧

大气温度通过空气密度、空燃比和燃油蒸发等因素对发动机排气污染物产生复杂的影响。气温升高，空气密度降低，混合气变浓，排气中CO和HC浓度增大；而NO_x的浓度则在某一空燃比时达到最大值。CO浓度随气温的变化关系如图9-12所示。

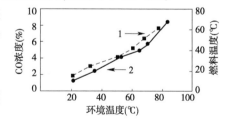

图9-12　CO浓度随气温的变化关系
1-CO浓度；2-燃油温度

2.汽车底盘有关总成性能下降

在高温条件下，底盘各总成的工作温度升高，导致传动系统润滑条件变差，制动性能下降，汽车行驶系的工作可靠性降低。

1）传动系统润滑条件变差

汽车大负荷连续行驶时,变速器、差速器内的齿轮油温度上升,热分解、氧化速度快导致齿轮油变质,润滑效果下降。轮毂轴承等处的润滑脂在高温下易于流失,影响润滑效果和工作可靠性。润滑条件差使汽车底盘有关总成磨损加剧。

2) 制动效能下降

在高温条件下,汽车制动产生的热量不能及时扩散,制动鼓和摩擦片的工作温度上升,二者间的摩擦系数降低,制动器产生热衰退现象,汽车的制动效能下降。液压制动的汽车,制动液温度升高后可能发生气阻,同时可能导致制动皮碗膨胀,从而致使制动可靠性降低,影响行车安全。

3) 轮胎易爆裂

外界温度高时,轮胎散热慢,胎内温度升高而使气压增大;同时,橡胶老化速度加快,强度降低,因而容易引起轮胎爆裂。

3. 电气设备性能下降

高温行车对电器设备工作性能的影响主要有:点火线圈过热而使高压火花减弱,容易发生发动机高速断火现象,严重时可使点火线圈烧坏;蓄电池电解液蒸发快,电化学反应加快,极板易损坏,同时易产生过充电现象,影响蓄电池使用寿命;电子元件容易因老化出现短路,造成汽车自燃。

二、汽车在高温条件下使用时应采取的主要措施

1. 提高发动机冷却强度

高温条件下,在结构方面增大发动机冷却系冷却强度的主要措施是:增加风扇叶片数、直径或叶片角度;提高风扇转速;采用形状过渡圆滑的护风圈等。尽量使气流畅流、分布均匀、阻力小、消除热风回流现象,并避免散热器正面无风区;增大风扇对散热器的覆盖面积。

采用通风良好的发动机罩、罩外吸气、供油系冷却等办法减小吸入空气及燃油的温度变化。

2. 加强技术维护

在夏季进行的日常维护中,要特别注意冷却系统的检查。如:冷却系统的密封情况;散热器盖上的通风口和通气孔是否畅通;冷却液温度表及温度传感器是否正常;风扇的技术状况;冷却液量等。

为适应正常运行需要,进入夏季使用之前,应结合二级维护,对汽车进行一次全面的检查和调整,应对汽车冷却系统、供油系统、点火系统进行检查和调整,并更换润滑油(脂)。

为保证冷却系统的散热能力,维护过程中应检查和调整冷却风扇传动带的松紧程度;检查节温器的工作状况;清除散热器和缸体水套内的水垢。水垢对冷却系统散热能力的影响很大。试验表明:铸铁的导热率是水垢的十几倍,铝的是水垢的 10~20 倍。

为保证汽车各总成在高温条件下润滑可靠,在技术维护过程中,要检查润滑油是否充足,适当缩短换油周期。应选用优质润滑油作为发动机夏季用油;大型载货汽车、大客车大负荷连续上坡时,变速器和差速器的润滑油温度随行驶距离增长而升高,在炎热季节高负荷连续行驶时,其润滑油温度最高超过 120℃,如图 9-13 所示,因此应加装润滑油散热器;高温将使传动系统润滑油早期变质、黏度降低,应换用夏季齿轮油并适当缩短换油周期;轮毂轴

承应换用滴点较高的润滑脂,并按规定周期进行检查和维护。

对于在灰尘大的地区使用的车辆,应加强空气滤清器的维护,降低进气阻力,增大进气量。对采用电子控制汽油喷射系统的发动机,可适当调整发动机的匹配参数,以提高发动机的充气效率,保证混合气的质量和正常燃烧。由于高温条件下空气密度低,应调整发动机供油系统,减小供油量,以防混合气过浓。

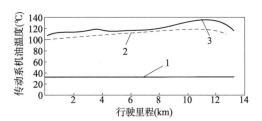

图9-13 连续上坡时传动系统润滑油的温度变化
1-大气温度;2-差速器机油温度;3-变速器机油温度

汽车制动液在高温下也可能产生气阻,制动系统使用频繁时,制动液温度可达80～90℃,甚至高达110℃。为了保证行车安全应选用沸点较高(不低于115～120℃)的合成型制动液。

高温时,混合气燃烧速率快,应减小点火提前角;夏季蓄电池电解液蒸发快,电解液的密度应稍小,应经常检查电解液平面高度,及时加注;夏季汽车用电量小,应调小发动机调节器充电电流,以避免蓄电池过充电,极板损坏。

3. 防止发动机爆燃

发动机爆燃与进气温度有关,因此通过改进发动机进气方式,降低进气温度,可以防止爆燃。汽车行驶中,应注意保持发动机工作温度正常。

防止爆燃的措施还有:选用辛烷值较高的高牌号优质汽油;调稀混合气;调整点火系,适当推迟点火时刻,增强火花塞点火能量;及时清除积炭。也可根据需要安装爆燃限制器。

4. 防止气阻

防止供油系气阻的具体措施如下:

①在高温条件下,使用挥发性适宜的汽油。

②汽车行驶中发生气阻,可冷却汽油泵。

③使用膜片汽油泵的车辆,将泵与缸体间的金属垫改为绝热材料垫,可减少热源向汽油泵的传热,防止气阻。

④装用电动汽油泵。电动汽油泵具有结构简单、工作可靠、不受安装位置限制的优点。安装位置远离热源时,可减少向供油系的传热。现代汽车的汽油泵安装在燃油箱内,增大了供油并增设了回油管路,可有效防止供油系气阻。

液压制动的汽车在高温下频繁制动时,制动液温度甚至高达110℃。为了保证行车安全,应选用沸点较高的合成型制动液;同时,应注意汽车制动系和行驶系的工作温度。

5. 防止轮胎爆裂

环境温度高时,轮胎散热差。汽车长时间高速行驶时轮胎温度升高,承载能力下降,容易爆胎。

轮胎侧面注有速度标记,汽车长距离连续行车时车速不应高于允许速度。

超载是爆胎的重要原因。夏季路面温度高,轮胎因此升温;如果超载行驶,轮胎变形及产生的热量大,致使轮胎温度进一步升高。轮胎的橡胶材料和帘线在升温后承载能力下降。因此,汽车超载使轮胎承受的载荷增大时,极易导致胎体爆破。轮胎的负荷能力以速度为基础,也用胎侧的相应标记标明,行驶速度提高,负荷能力应相应减少。

夏季行车时,应注意检查轮胎的温度和气压。轮胎的实际气压与环境温度有关,随轮胎温度提高而相应增高。在炎热夏季,应保持规定的气压标准。轮胎气压过高容易爆胎。

载货汽车装用双胎时,由于受路面拱形、轮胎负荷和散热条件的影响,内侧轮胎的工作温度较外侧轮胎高 3~10℃。因此,应注意轮胎的定期换位。

6. 注意车身维护

汽车漆涂层的主要损坏形式是老化、褪色、失光、粉化、开裂和起泡等;车身电镀层的主要形式损坏是锈斑、脱皮以及锈蚀等。高温条件大大加快了漆涂层和电镀层的损坏过程。夏季使用和维修过程中,应加强汽车外表养护作业,注意喷漆前的除锈并采用耐腐蚀、耐磨性高的涂层。

高温、强光、多尘和多雨均影响驾驶员的劳动强度、行车安全和乘坐舒适性。应加装空调设备、遮阳板;或加强驾驶室、车厢的通风,并防止漏雨。

第四节 汽车在高原和山区条件下的使用

高原和山区条件指高海拔地区和山区复杂道路条件。我国地形复杂多样,平原、高原、山地、丘陵、盆地五种地形齐备。山区面积广大,约占全国面积的 2/3。西南部的青藏高原,平均海拔在 4000m 以上;而云贵高原和黄土高原等许多地区,海拔在 1000~2000m 以上。高原山区条件对汽车的使用性能有不利影响,应采取相应措施,保证汽车的技术状况和正常运行。

一、高原山区条件对汽车使用的影响

汽车在高原山区条件下行驶时,由于海拔高、气压低、空气稀薄,发动机动力性和燃油经济性下降,汽车低挡行驶或上长陡坡时,发动机易过热;汽车在山区复杂道路条件下行驶时,底盘特别是行驶系统的载荷大,轮胎磨损剧烈,其制动系统的负荷也增大,汽车的行驶安全性降低。

1. 动力性降低

随着海拔升高,气压逐渐降低,空气密度减小。海拔高度每增加 1000m,大气压力下降约 11.5%,空气密度约减小 9%,见表 9-2。

海拔、大气压力、密度及温度的关系　　　　表 9-2

海拔(m)	大气压力(kPa)	气压比例	空气温度(℃)	空气密度(kg/m³)	相对密度
0	101.3	1	15	1.2225	1
1000	89.9	0.887	8.5	1.1120	0.9074
2000	79.5	0.7845	2	1.006	0.8315
3000	70.1	0.6918	-4.5	0.9094	0.7421
4000	61.3	0.6042	-11	0.8193	0.6685
5000	54.0	0.533	-17.5	0.7063	0.6008

由于气压降低,外界与缸内的压差减小;又因空气密度小,使发动机充气量下降;大气压

力降低,进气管真空度相应减小,真空点火提前装置的工作受到影响,点火推迟;因压缩终了的压力和温度降低,混合气的燃烧速度缓慢。因此,发动机的动力性降低,运转稳定性特别是怠速稳定性下降。试验表明:海拔每升高1000m,发动机有效功率N_e和有效转矩M_e分别下降12%和11%左右,如图9-14所示。同时,海拔每增高1000m,怠速转速降低50r/min。

2. 燃油经济性下降

随着海拔升高,汽车的行驶油耗量相应增大,如图9-15所示。其主要原因是:

①在高原行驶的汽车,由于空气密度下降,充气量明显降低。若供油系统未经调整或校正,则随着海拔的升高,空燃比变小,混合气变浓,发动机油耗增大。

②在高原山区道路上,汽车行驶的道路阻力大。

③同时,由于发动机动力不足,且高原山区坡度陡而长,道路复杂,汽车经常用低挡大负荷低速行驶,从而使油耗增大。

④发动机大负荷或满负荷工作的时间比例增大,发动机易过热,并易于引起发动机的不正常燃烧,油耗增大。

⑤由于大气压力降低,燃油蒸发性提高。因此,高原行车易产生气阻和渗漏等问题,致使油耗增大。

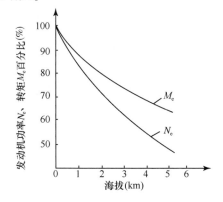

图9-14 汽车发动机功率、转矩与海拔的关系

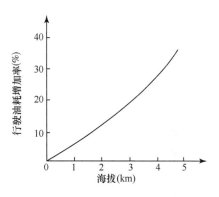

图9-15 海拔对汽车行驶油耗的影响

3. 润滑油易变质

高原行车时,发动机功率下降,且道路复杂,行驶阻力大,因此发动机大负荷工作的时间比例增大,发动机易过热。发动机工作温度升高,使润滑油黏度变小,氧化速度加快;同时,过浓的混合气不能完全燃烧,窜入曲轴箱后,会稀释润滑油而加快润滑油变质。润滑油品质变差使发动机润滑不良,磨损加剧。

4. 排放量增大

海拔对排气污染物的生成也有影响。由于海拔影响发动机的空燃比,空燃比的变化又导致排气成分浓度的改变,从而影响有害物质的排放量。海拔与发动机排气中的CO、HC和NO_x浓度的关系如图9-16所示。可以看出,CO、HC排放浓度随海拔升高而增大,而NO_x的

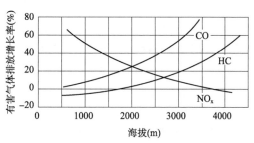

图9-16 海拔对发动机排气污染物的影响

浓度则有所下降。

5. 制动性能变差

汽车在山区复杂道路条件下行驶时,因制动频繁或长时间持续制动,致使摩擦片和制动鼓处于持续摩擦发热状态,制动蹄摩擦片温度可高达400℃左右。工作温度过高时,制动摩擦片的摩擦系数急剧下降,将使汽车的制动效能下降甚至失效。

在山区复杂道路上制动时,汽车易于失去转向能力,后轴易于侧滑。此外,路面附着条件和道路曲率的变化等也对汽车的制动稳定性有较大的影响。

装用气压制动系的汽车在高原山区使用时,因空气稀薄,空气压缩机的生产率下降,供气压力不足;同时,由于制动次数多,耗气量大,往往不能保证汽车、特别是汽车列车的制动可靠性。

装用液压制动系的汽车在高原山区使用时,由于高海拔条件下制动液的挥发性提高,且当制动频繁时制动器摩擦生热使制动系温度升高。因此若所用制动液的沸点低,则易于蒸发而产生气阻,导致制动失灵。

6. 行驶系统负荷大

在山区复杂道路条件下行驶时,换挡、制动、转弯次数多,汽车的行驶系统及轮胎所受动载荷和摩擦增大,行驶系统零部件和轮胎受力变形大,轮胎磨损剧烈。

二、汽车在高原山区条件下使用时改善发动机性能的主要措施

在高原山区使用时,发动机功率下降,油耗增多,磨损加剧。可采取以下技术手段提高汽车发动机的性能。

1. 提高压缩比

在高海拔地区,发动机实际充气量下降,压缩行程终了时气缸内压力及温度相应降低,爆燃倾向减小,具有提高压缩比的有利条件。增大压缩比不但可以提高压缩终了的温度与压力,增大膨胀比,改善燃烧过程,减少热损失,而且可采用较稀的混合气,提高发动机的动力性和经济性。

若汽车需经常在高原地区使用时,应购买汽车制造厂为高原地区专门设计、制造的高原型汽车。

可采用高压缩比汽缸盖提高压缩比。高压缩比汽缸盖可以是专门设计的,也可以在原汽缸盖上进行加工或使用较薄汽缸垫,用缩小燃烧室容积的方法使压缩比有所提高。

2. 调整燃油供给系统

随着海拔增高,充气量减小,供油系统若不作调整则混合气变浓,燃油燃烧不完全。因此,应根据海拔高度调整循环供油量。

对使用化油器供油系统的发动机而言,应调整主配剂针,减小主量孔流量;适当加大空气量孔,使浮子室油面高度适当降低,以使混合气变稀。

对于使用电控燃油喷射(EFI)系统的汽油发动机而言,利用氧传感器可以测定所排放废气中氧的浓度,可检查混合气的空燃比是否满足发动机运转工况的要求。根据氧传感器的输出电压反复调整燃油喷射量,适当降低混合气浓度,以满足海拔增高后发动机使用工况的要求。

对于柴油机而言,除对柴油机供油量进行调整以减少循环供油量外,还因柴油喷入汽缸后着火落后期延长,燃烧速率慢,需适当使喷油提前。

3. 使用含氧燃料

在汽油中掺入酒精、丙酮及其他含氧化合物的燃料。在燃烧过程中,理论上所需空气量减少,补偿了气压低而引起的充气量不足。

4. 调整点火系统

海拔增高后,发动机压缩终了的压力下降,火焰传播速度降低;又因大气压力降低,使真空提前装置受到影响,在相同工况下点火提前角减小。因此,可将点火提前角提前2°~3°,也可调整火花塞电极间隙,以增强火花强度。

5. 采用增压设备

增压设备的作用是提高进气压力,增加进入汽缸的充气量。常用的增压设备为废气涡轮增压器,增压器涡轮由发动机排出废气的能量驱动,带动与之同轴的叶轮旋转,压缩来自空气滤清器的空气,使进气压力提高后进入汽缸,如图9-17所示。发动机加快运转时,废气流速与涡轮转速同步加快,驱动叶轮使压缩后进入汽缸的空气量增多,空气压力和密度因此增大。

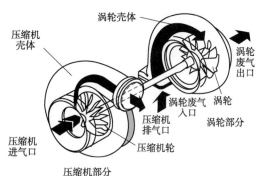

图9-17 废气涡轮增压装置

柴油机的工作过程无爆燃限制,使用增压器可增大充气量,压缩压力和温度相应提高,可改善发动机动力性和经济性,能有效补偿因海拔增高而造成的功率损失。但因爆燃和涡轮热负荷过高等问题,废气涡轮增压技术在汽油机上的应用受到限制。

6. 改善润滑条件

所用发动机润滑油应具有良好的黏温特性,以保证其在低温时起动性能良好,高温时具有良好润滑性能,并保持良好的曲轴箱通风,采用机油散热器散热,以防止润滑油变质。

7. 其他技术措施

经常检查蓄电池电解液,调整其密度,保证良好技术状况,提高点火系统的点火能量。

高原山区空气稀薄、气温低,发动机冷却强度有时不相适应;低挡爬坡时,发动机易过热;停车时,发动机又很快冷却,因此,发动机应采取良好的冷却和保温措施。

三、汽车在高原山区条件下使用时改善汽车行驶安全性的主要措施

高原山区地形复杂,坡陡、路窄、弯多,采取相应技术措施改善汽车行驶安全性,特别是改善其制动性能尤为重要。

1. 采用 ABS 防抱制动系统

制动过程中,ABS防抱制动系统可以防止车轮抱死,既可获得最大制动效能、又可避免危险的制动侧滑,提高制动稳定性。采用ABS防抱制动系统是提高汽车在山区复杂道路上行驶安全性的重要途径。

2. 采用耐高温制动摩擦片

汽车连续制动或高速制动时,制动器会因温度上升而产生热衰退现象,制动力矩下降。

制动器抗热衰退性能与制动器摩擦副材料及制动器的结构有关。因此,采用耐高温制动摩擦片是改善制动器抗热衰退性能的简单易行方法。耐高温摩擦片采用环氧树脂、三聚氰胺树脂等作为黏合剂或采用无机黏合剂,使石棉摩擦材料粘结、固化成形而制成。石棉摩擦材料中常加有金属添加剂,当温度高达400℃以上时,摩擦片尚可产生足够的制动力矩,可适应高原山区条件下行车制动的需要。

3. 采用辅助制动器

辅助制动器有电涡流、液体涡流和发动机排气制动器三类。前两类又称电力或液力下坡缓行器,多用于山区或矿用重型汽车上。排气制动一般是在发动机制动的基础上,在排气管内设置排气节流阀形成的,如图9-18所示。关闭排气节流阀,排气制动起作用,制动功率可达发动机有效功率的80%~90%,达到降低车速的目的。辅助制动器属于缓行制动装置,可保证汽车各车轮制动均匀。

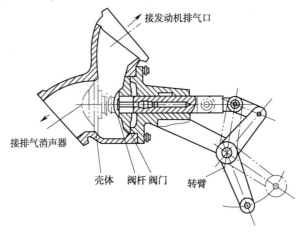

图9-18 排气制动装置

4. 防止制动系气阻

防止制动系气阻的有效方法是采用不易挥发的合成型制动液。评价制动液高温抗气阻性能的指标是平衡回流沸点。平衡回流沸点越高越不易产生气阻。合成型汽车制动液一般是由二乙二醇醚、三乙二醇醚等溶剂,蓖麻油、聚乙二醇等润滑剂和一些添加剂组成。根据GB 12981—2012《机动车辆制动液》,HZY3级合成制动液平衡回流沸点不低于205℃,HZY4级不低于230℃,HZY5级则不低于260℃。

5. 防止轮胎爆胎

海拔升高时,轮胎气压也会升高。在海拔4000m时,轮胎气压比在海平面时增加约50kPa;同时,传递较大动力或速度过高时,轮胎表面温度较高,橡胶强度变差。因此,在高原山区行车时易爆胎而引发事故,应保持轮胎压力不超过规定值,同时注意轮胎工作温度。

6. 其他技术措施

为了满足气压制动系的供气压力要求,可采用供气量大的双缸空气压缩机。

汽车下长坡前及在下长坡制动过程中,不断对制动鼓淋水降温,以防温度过高使摩擦片烧蚀。

注意检查和维护汽车转向机构,使之转向灵活、可靠。

由于山区弯多路窄,前照灯应具有良好的技术状况。

汽车在高原和山区使用时,因换挡、制动和转弯次数多,道路不平,底盘负荷大,轮胎磨损加剧,所以汽车维护周期应适当缩短。

第五节　汽车在拖挂运输条件下的合理使用

合理组织拖挂运输,增大载质量,充分利用汽车动力,是提高运输生产率、降低运输成本的有效措施。但是,拖挂不合理会对汽车列车的使用性能和使用寿命产生不利影响。

一、拖挂运输的条件

在良好道路及额定载荷下,一般营运车辆用直接挡(包括超速挡)以经济车速行驶时,其节气门开度约为30%～40%,仅利用相应转速下发动机最大功率的40%～50%,约为发动机最大功率的20%左右。合理拖挂运输,可以提高发动机功率的利用率,汽车完成单位运输工作量的燃油消耗量即汽车的百吨公里燃油消耗量[L/(100t·km)]降低。

拖挂能力取决于汽车的剩余功率。剩余功率越大,汽车加速和爬坡能力越好,拖挂能力越强。如以 P_k 表示发动机节气门全开、变速器挂直接挡时,驱动轮的输出功率曲线,ΣP 表示行驶阻力功率,P'_k 是节气门部分开启时驱动轮的输出功率。则汽车以某一车速 v_1 等速行驶时,负荷率为 $\dfrac{ab}{ac}$,剩余功率用 bc 所示,见图9-19所示。

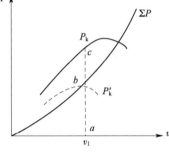

图9-19　汽车的剩余功率

二、确定拖挂质量的原则

确定汽车列车的最大总质量时,应遵循以下原则:

①平均技术速度不低于单车的70%,最高车速不低于单车的经济车速。
②在所遇最大坡道上用1挡起步,2挡通过;直接挡使用时间不低于60%。
③起步加速时间不高于单车的1倍;在平路上以直接挡中速行驶时,发动机负荷不大于70%。
④燃油消耗量不超过单车的150%。
⑤比功率不小于4.8kW/t,驱动力足够,且驱动轮不打滑。

三、拖挂运输对有关总成使用寿命的影响

汽车在拖挂运输条件下,发动机输出的功率和转矩增大,传动系传递的功率和转矩相应增大,起步加速时间增长,行驶中由冲击、摇摆、振动所引起的交变载荷大。因此,汽车各总成的磨损强度增大,使用寿命缩短。

1. 对发动机使用寿命的影响

汽车拖挂后,发动机功率利用率提高,汽缸内混合气燃烧压力大;同时,负荷增大后工作

温度升高,润滑条件下降;汽车以低挡运行时间长,发动机转速高,单位行驶里程转数增多,有关配合副磨损次数和有关部件(如火花塞、点火线圈等)的工作次数增多、从而使发动机汽缸、曲柄连杆机构和其他有关部件的磨损强度增大,使用寿命下降。

2. 对传动系寿命的影响

拖挂运输时,汽车起步和行驶阻力增大,传动系传递的功率和转矩增大。起步时,离合器接合延续时间是单车的2~3倍,摩擦片磨损加剧甚至烧蚀;变速器、传动轴、主减速器作用力增大且冲击剧烈,磨损增大甚至造成直接损坏。由于驱动力大,驱动轮磨损加快,使用寿命缩短。

3. 对行驶系寿命的影响

汽车拖挂后,汽车起步、换挡、急加速及在不平道路行驶时,均增大了作用于牵引钩上的交变载荷,产生冲击力,易使车架产生变形、裂纹和松动。由于驱动力增大,驱动轮磨损加快,缩短了轮胎使用寿命。

4. 对制动系寿命的影响

汽车总质量增大后,制动惯性力相应增大,制动距离延长,制动次数增多,制动强度增大,使制动毂和摩擦片的磨损加剧,使用寿命缩短。

四、汽车拖挂运输的运行特点

汽车拖挂后,总质量增加和外部尺寸变化,导致起步和行驶阻力增大。汽车列车的加速能力、爬坡能力、制动能力及机动性、稳定性等较单车都有所下降。

①汽车拖挂后,起步阻力增大,起步时间增长;由于负荷增大,在起步时的低温重负荷条件下,发动机燃油消耗增大。

②汽车拖挂后,剩余功率降低,加速时间和加速距离比单车长,同时爬坡能力下降。

③汽车列车下坡时,行驶惯性较大,挂车对主车的冲击较大。

④汽车拖挂后机动性降低。弯道行驶时,挂车的行驶轨迹产生向心偏移,通道宽度加大,挂车易掉钩或刮碰路旁物体;汽车列车会车时,挂车易摆动而引起刮擦、碰撞事故;倒车时容易出现主车与挂车折叠现象。

⑤汽车列车总质量大,其运动惯性大,制动距离较长;同时,主车与挂车制动时的同步性较差,易于在牵引钩等连接部位产生撞击。

五、拖挂运输条件下应采取的技术措施

1. 拖挂运输应注意的问题

组织拖挂运输时,首先应选择合理的拖挂质量。此外,还应注意以下问题:

①主车的额定载质量应在4t以上,轻型汽车不宜组织拖挂运输。

②拖挂质量不得超过最大允许载质量。

③技术状况不良,处于走合期或走合后1000 km以内的汽车不应拖挂运输。

④驾驶操作不熟练的驾驶员不宜驾驶带挂车的汽车。

⑤路况较差时不宜组织拖挂。

⑥主车空载时,不得拖带重载挂车。

⑦一车一挂,具有较大牵引力的汽车可拖挂大吨位挂车。

2. 加强技术维护

拖挂运输时,发动机负荷大,发动机及传动系各机构承受的作用力和交变负荷增大,工作温度上升,润滑不良,各总成机件磨损强度增大,使用寿命缩短。因此,要加强汽车维护并注意合理使用,应缩短大修间隔里程。

3. 合理驾驶

冬季起步前,要对发动机预热升温。起步时缓抬离合器踏板,使驱动力逐渐增大,当牵引钩拉紧后,接合离合器并加大加速踏板,切忌起步过猛。

汽车列车的加速性能下降,加速时不能急躁。

汽车列车上坡前,应根据汽车的爬坡能力、拖挂质量、坡度大小及长度等情况,提前挂入适当挡位,避免途中换挡、停车。

下坡时,应保持上坡挡位,合理利用发动机制动或排气制动,控制车速,缓慢下坡。车速过大时,再用行车制动器控制车速,保障安全。不可长时间使用行车制动器,以免制动毂、制动摩擦片过热,并应避免紧急制动,防止挂车冲击。

转弯前应提前减速,其行驶轨迹中心应靠向弯道中心外侧。转弯时,主车与挂车保持拉紧状态,以免挂车摆动;同时避免在弯道制动,防止挂车对主车的冲击。

会车时,应首先判断有无会车、让车的道路条件,提前降低车速、选择会车地点、适当加大会车的间距。

掉头时,尽量选择合适地点采用原地掉头方式。倒车时,应将挂车转盘锁止。因长度大,视线条件差,倒车应有专人指挥。倒车时如出现折叠现象,应停止倒车,并前行拉直后重新倒驶。

为保障汽车列车的制动性能,挂车应有制动装置。行驶时,尽量少用制动。必须使用时,应均匀制动,尽量避免紧急制动。为保持制动稳定性,制动初期应采用连续间歇制动,而后根据车速变化逐渐加大制动强度。

复 习 题

一、问答题

1. 什么是汽车的走合期?
2. 汽车磨损分哪几个阶段?
3. 汽车在低温条件下使用的主要问题有哪些?
4. 高温条件对汽车的使用性能有哪些不利影响?
5. 高原山区条件对汽车使用性能有哪些不利影响?
6. 确定拖挂质量的原则是什么?

二、综述(分析)题

1. 汽车走合期的作用是什么?
2. 汽车在走合期有哪些使用特点,为什么?
3. 汽车在走合期应采取哪些技术措施?

4. 发动机低温起动困难的原因是什么?

5. 低温下蓄电池的工作能力为什么会下降?对发动机低温起动的影响表现在哪些方面?

6. 汽车在低温条件下使用总成磨损大的原因是什么?

7. 改善汽车低温使用性能的主要措施有哪些?

8. 汽车在高温条件下有哪些使用特点?应采取哪些技术措施?

9. 高温条件下汽车的技术维护应注意哪些方面?

10. 高温条件下发动机使用性能下降的原因是什么?

11. 高温条件下供油系和液压制动系的气阻现象是怎样形成的?应采取什么措施预防?

12. 高温条件下底盘使用性能下降的原因是什么?

13. 高温条件下制动性能下降的原因是什么?

14. 高温条件下行驶时容易爆胎的原因是什么?应采取哪些措施防止爆胎?

15. 汽车行驶时,其动力性为什么随海拔升高而下降?

16. 汽车行驶时,其燃油消耗量为什么随海拔升高而增大?

17. 在高原地区改善发动机使用性能的主要措施有哪些?

18. 汽车制动系在高原及山区条件下有哪些使用特点?应采取哪些措施?

19. 简述拖挂运输对有关总成使用寿命影响。

20. 简述汽车拖挂运输的运行特点。

21. 拖挂运输条件下应采取哪些技术措施?

第十章　汽车技术状况的变化及其更新

汽车运用过程中,由于磨损、腐蚀、疲劳、变形、老化等基本原因和各种使用因素的影响,汽车的技术状况是不断变化的。

为了提高汽车的技术状况,降低运行消耗,延长汽车使用寿命,必须研究汽车技术状况的变化规律,采用科学合理的技术保障措施。

第一节　汽车的技术状况及变化

研究汽车技术状况变化的原因,掌握变化规律,是汽车合理使用的前提。

一、汽车的技术状况

汽车的技术状况是指定量测得的、表征某一时刻汽车的外观和性能的参数值的总和。

在汽车使用过程中,汽车内部零件之间、零件与工作介质和工作产物之间、汽车与外部环境之间均存在着相互作用,其结果是汽车零件在机械负荷、热负荷和化学腐蚀作用下,引起零件磨损、发热、腐蚀等一系列物理的和化学的变化,使零件尺寸、零件相互装配位置、配合间隙、表面质量等发生改变。如发动机汽缸活塞组的尺寸、曲柄连杆机构的尺寸、制动器制动蹄片的尺寸、制动蹄与鼓的间隙等,在汽车使用过程中时刻都在发生着变化。汽车是由机构、总成组成的,而机构和总成又由零件组成,所以零件是汽车的基本组成单元。零件性能下降后,汽车的技术状况将受到影响,因此汽车技术状况的变化取决于组成零件的综合性能。

随着汽车行驶里程的增加,汽车的技术状况将逐渐变坏,致使汽车的动力性下降、经济性变坏、使用方便性下降、行驶安全性和使用可靠性变差,直至最后达到使用极限。

汽车的技术状况可用汽车的工作能力或运用性能来评价。汽车的运用性能包括动力性、燃油经济性、使用方便性、行驶安全性、使用可靠性、载质量和容积等。其评价指标见表10-1。

汽车运用性能评价指标　　　　　　　　　　表10-1

使用性能	评价指标
动力性	最高行驶车速、加速时间与加速距离、最大爬坡能力、平均技术速度、低挡使用时间
使用经济性	燃油消耗量、润滑油消耗量、维修费用
使用方便性	每100km平均操纵作业次数、操作力、灯光、信号的完好程度、起动暖车时间、最大续驶里程
行驶安全性	制动距离、制动力、制动减速度、制动时的方向稳定性、侧滑量
使用可靠性	故障率和小修频率、维修工作量、因技术故障停歇的时间

汽车运用性能下降会导致运输生产率下降、运输成本增加、经济效益变差,同时对环境的污染加剧,并易于发生行车安全事故。载货汽车随使用时间增加,其运输生产率、维修工作量和运输成本的相对变化情况见表10-2。

运输生产率、成本、维修工作量与行驶里程的关系 表10-2

汽车工作时间/年	运输生产率(%)	维修工作量(%)	运输成本(%)
1	100	100	100
4	75~80	150~170	130~150
8	55~60	200~215	150~170
12	45~50	290~300	170~200

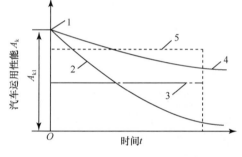

图10-1 汽车运用性能随时间变化的情况
1-汽车初始性能;2-汽车运用性能随时间变化的曲线;3-汽车实际运用性能;4-汽车合理运用对性能的影响;5-通过合理运用可提高汽车的实际运用性能

汽车使用过程中,汽车的实际运用性能从汽车的初始性能开始,随着使用时间或行驶里程的增长而变化。汽车的初始性能取决于汽车的制造质量;而汽车的实际运用性能除取决于汽车的制造质量外,还取决于汽车的运用条件和运输工作情况等多方面的因素。在汽车制造方面,可以通过改进汽车的结构设计和完善汽车的制造工艺来提高汽车的运用性能;在汽车运用方面,可以通过合理运用来提高汽车的实际运用性能(A_k),如图10-1所示。

由图10-1可见,由于汽车合理运用的作用,可使汽车运用性能随使用时间增长而下降的程度减小,从而使汽车使用过程中实际运用性能的平均水平有所提高,并延长汽车的使用寿命。要实现汽车的合理运用,必须对汽车技术状况的影响因素和在各种运用条件下提高汽车技术状况的措施进行研究,依靠有一定技术专长的人员和汽车技术状况管理组织等手段来保证汽车的工作能力;同时,要做好汽车运用技术管理的基础工作,在汽车运用过程中要经常测量、记录汽车的运用性能随使用时间(或行驶里程)的变化情况,以作为分析汽车技术状况变化,并确定提高汽车技术状况相应措施的依据。

二、汽车技术状况变化的基本原因

汽车结构设计的合理性、制造及装配质量和所用材料的优劣,对于汽车的技术状况及其变化过程有决定性影响。

汽车技术状况的变化是诸多内在原因综合作用的结果。主要原因有:磨损、腐蚀、疲劳、变形、老化等。这些原因使零件尺寸、几何形状及表面质量发生改变,破坏了原来的配合特性和位置关系,从而引起汽车(或总成)技术状况变坏。汽车在某种特定使用条件下,其零件各种损坏所占百分比见表10-3。

汽车零件各种损坏所占百分比　　　　　　　　　表10-3

零件表面特征		载货汽车	大型载货汽车和公共汽车
磨损		40	37
塑性变形与损坏	折断、破裂、脱离、剪断	20	19
	拉伸、弯曲、压缩	6	10
疲劳损伤	裂痕	12	7
	断裂	5	8
	剥落	1	1
高温损伤	烧毁	5	7
	烧损	4	3
	炭化	3	1
其他		4	7
总计		100	100

磨损是零件的主要损坏形式,磨损现象只发生在零件表面,其磨损速度的快慢既与零件的材料、加工方法有关,又受汽车运用过程中装载、润滑、车速等条件的影响。引起汽车技术状况变化的主要磨损形式有:磨料磨损、分子-机械磨损和腐蚀磨损。磨料磨损是零件相互摩擦表面间由坚硬、锐利的微粒作用下产生的磨损。微粒的来源有的来自外界,如尘埃、沙土等,而有的微粒是从零件工作表面上脱落下来的,如金属磨屑。在零件相互摩擦过程中,磨料的作用将加速零件的磨损过程;分子-机械磨损也称粘着磨损,当零件接触面承受大载荷、滑动速度高、同时润滑又不良时,零件表面在摩擦过程中会产生大量的热,使材料强度降低并形成局部热点,而易使零件局部表面金属粘结在一起。而粘结点在零件表面的相对运动中又被撕开,使一部分金属从一个零件表面转移到另一个零件表面而造成零件表面的损伤。产生粘着磨损的典型实例是气缸筒"拉缸"和曲轴"烧瓦";腐蚀磨损是摩擦表面在酸、碱等腐蚀物质作用下而产生的磨损。腐蚀物质对零件表面的腐蚀可使表面形成薄而脆的氧化层,在摩擦力作用下,氧化层脱落,腐蚀作用进一步向零件深部发展,再形成氧化层。如此,氧化层不断生成,不断脱落,从而造成了零件表面的损伤。

疲劳损坏是由于零件承受超过材料的疲劳极限的循环应力时而产生的损坏。通常,易于产生疲劳损坏的零件是承受交变载荷较大的零件,如汽车的钢板弹簧等。在交变载荷于零件内部所产生的循环应力作用下,零件表面产生疲劳裂纹,裂纹不断积累、加深、扩展而产生零件的疲劳损坏。

腐蚀损坏产生于与腐蚀性物质接触的零件表面。易于产生腐蚀损坏的主要部件有燃油供给系统和冷却系统管道、车身、车架等。汽车行驶过程中,车身外表要受到风沙的磨蚀。汽车使用环境中的空气湿度、尘埃等,对车身及裸露的金属零件也都有一定的腐蚀作用。

零件所受载荷在内部产生的内应力超过零件材料的弹性极限,就会发生变形。零件在制造和加工过程中产生的残余内应力和零件受热不匀而产生的热应力足够大时,也会导致零件变形或加剧变形过程。

老化是由于零件材料在物理、化学和温度变化的影响下,而逐渐变质或损坏的故障形式。汽车上的橡胶零部件(如轮胎、油封、膜片等)和电气元件(如晶体管、电容器等)长期受环境和温度变化的影响,会逐渐老化而失去原有性能。

因汽车零件和运行材料性能的变化而使汽车技术状况逐渐变坏的现象,不仅发生于汽车使用过程中,也发生于储存过程中。例如:橡胶、塑料等非金属零件因老化而失去弹性,强度下降;燃油、润滑油、制动液等氧化变质及产生沉淀;金属零件产生锈蚀;车身表面漆层剥落等。

三、影响汽车技术状况变化的使用因素

汽车技术状况的变化不仅与结构设计和制造水平有关,还受各种使用因素的影响。这些因素通过对引起技术状况变化的各个基本原因的影响,作用于汽车各个总成和部件,影响着汽车技术状况的变化过程。

影响汽车运用效果的运用条件多而复杂。在这些运用条件中,影响汽车技术状况变化的使用因素主要有:运行条件、燃油和润滑油的品质、汽车运用的合理性等。

1. 汽车运行条件

汽车运行条件主要包括:道路条件、交通状况和气候条件。

道路条件对汽车技术状况有重要影响。汽车运行速度、发动机转速、汽车负荷、操纵次数和强度等都与道路有关,因此汽车总成、零件的磨损强度也与道路条件有关。路面不同对汽车工作过程的影响见表10-4。

路面不同对汽车工作过程的影响　　　　表10-4

指　　标	混凝土与沥青	沥青矿碴混合	碎石路面	卵石路面	天然路面
滚动阻力系数	0.014	0.020	0.032	0.040	0.080
曲轴平均转速(r/min)	2228	2561	2628	3185	4122
平均技术速度(km/h)	66	56	36	27	20
转向轮转角均方差	8	9.5	12	15	18
离合器使用频度(次/km)	0.35	0.37	0.49	0.64	1.52
制动器使用频度(次/km)	0.24	0.25	0.34	0.42	0.90
变速器使用频度(次/km)	0.52	0.62	1.24	2.10	3.20
垂直振幅大于30mm的振动频度(次/100km)	68	128	214	352	625

汽车在良好道路上行驶时,行驶阻力小,冲击和动载荷小,汽车的速度性能得以发挥,燃油经济性好,零件磨损速率小,汽车使用寿命长。而在坏路面上行驶时,行驶阻力大,低挡使用时间比例大,因而车速低,但发动机的转速和负荷却很大,汽缸内平均压力很高,所以汽缸-活塞组件磨损严重;同时,由于操作次数增加和使用时间增长,离合器、变速器、制动蹄和制动鼓等部件的磨损增大。在崎岖不平的道路上行驶时,汽底盘各总成如车轮、悬架、车桥等受到的冲击载荷加大,甚至直接破坏和损伤。

交通状况好坏对汽车的运行工况也有很大影响。汽车在交通状况不良(如车多路窄、交通流量大、交通堵塞、交叉路口多)的道路上行驶时,汽车采用低挡运行的时间比例大大增大,离合器、变速器和制动器的操纵次数增多,汽车不能稳定运行使其所受冲击载荷大大增强,平均技术速度偏离汽车的经济车速。因此,汽车运输效率低,而燃油消耗多,且所承受的冲击载荷大大增强。据统计,在相同路面条件下,货车在市内的行驶速度较郊区降低50%左

右,换挡次数增加2~2.5倍,制动消耗的能量增加7~7.5倍。显然,仅有良好的道路质量和路面条件,而没有良好的交通环境,汽车则不能保持良好的运行工况,汽车技术状况的恶化进程加剧。

气候条件包括环境温度、湿度、风力和阳光辐射强度等。气候条件通过影响汽车总成的工作温度,改变其技术性能和工作可靠性。

在适宜的工作温度下,汽车及各总成的故障率最低,可靠性最高,如图10-2所示。如冷却系统冷却液温度为70~90℃时,发动机磨损最小,如图10-3所示。气温过低发动机工作温度低时,使润滑油黏度大、流动性差,起动时到达润滑表面的时间长;同时燃油雾化不良,燃油以液态进入汽缸后,冲刷汽缸壁上的润滑油膜,使磨损加剧。试验表明,在-15℃的条件下起动发动机时,润滑油经2min才能到达主轴承;在-18℃时起动并走热发动机一次,汽缸磨损程度相当于行驶200~250km的汽缸磨损量。当气温过高时,发动机易过热,则爆燃倾向增强,同时润滑油黏度降低,在摩擦表面不易形成油膜,磨损加剧。

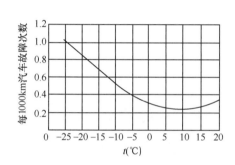

图10-2 环境温度对汽车故障率的影响

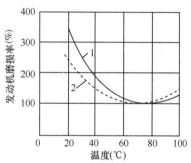

图10-3 温度对发动机磨损的影响
1-汽油机;2-柴油机

在低温下,非金属零部件易出现硬化、开裂、弹性下降或强度降低等现象;而气温过高,易使供油系统和液压制动管路产生气阻并易发生爆胎,导致汽车的工作可靠性下降。

季节交替使环境温度、湿度和道路情况发生相应变化,如:夏季炎热、干燥,灰尘多;秋、冬季雨雪多,气候湿冷,道路泥泞。不同气候条件引起汽车工作过程变化而影响着汽车技术状况。

2. 燃油和润滑油的品质

燃油、润滑油的规格和品质对保证汽车正常工作和良好技术状况具有重要影响。

汽油的蒸发性、馏分温度、辛烷值和含硫量是与汽车技术状况的变化有直接联系的指标。馏分温度越高,说明汽油中不易挥发、雾化和燃烧的重馏分越多。重质馏分易以液滴状态进入汽缸,冲刷汽缸壁润滑油膜,窜入曲轴箱稀释润滑油,从而使润滑条件差、磨损加剧。燃用辛烷值低的汽油易于发生爆燃,发动机的机械负荷和热负荷增大,同时破坏汽缸壁上的润滑油膜,磨损加剧,还会引起气门烧蚀、连杆变形、火花塞绝缘部分损坏等故障。燃油中的含硫量决定了发动机腐蚀磨损的强弱。

柴油的蒸发性、十六烷值、黏度、含硫量对发动机的工作过程有很大影响。重馏分过多,会使燃烧不完全而形成炭粒,排放烟度增大,汽缸磨损增加,还易堵塞喷油器喷孔。十六烷值高低对发动机工作的平稳性影响很大。十六烷值过低,则柴油机工作粗暴;而过高时,因其低温流动性不良,雾化和蒸发性变差,从而加剧零件磨损。柴油黏度大,则柴油的低温流动性和雾化性差,燃烧不完全,积炭和黑烟排放多;而黏度小,则柴油对于喷油泵柱塞偶件的润滑作用下降,磨损加剧。柴油中含硫量从0.1%增加到0.5%时,汽缸和活塞环的磨损量将增加20%~25%。

润滑油的黏度和抗氧化安定性对汽车的技术状况影响较大。润滑油黏度应与发动机转速、磨损状况和气候条件相适应。黏度大,则润滑油流动性差,低温时润滑条件差,磨损加剧;黏度小,则润滑油流动性好,但油性差,润滑油吸附金属表面的能力差,易使工作表面出现边界摩擦或半干摩擦状态,也会使发动机的磨损增大。如果氧化安定性不良,润滑油易于形成胶质沉淀物,使润滑性能下降;同时,因胶质物在润滑系统中的沉积而影响正常工作,加剧零件的磨损。

3. 汽车的合理运用

驾驶技术、装载情况和行驶速度等因素对汽车技术状况的变化有很大影响。

驾驶技术对汽车使用寿命有直接影响。技术好的驾驶员在驾驶操作过程中,注意采用预热升温、平稳行驶、换挡及时、合理滑行、温度控制等一系列正确合理的操作方法,注意根据道路情况合理选择行驶路线和车速,使车辆经常处于最佳工作状态,减缓汽车技术状况的变化,延长使用寿命。同时,驾驶员还应有一定的技术素质,能根据使用说明书中规定的使用要求合理使用车辆。

汽车装载量应按额定装载量进行控制。在超载状态下,汽车各总成承受的负荷增大,发动机工作不稳定,低挡使用时间比例增大,冷却系统和润滑系统的工作温度升高,从而导致发动机和其他总成的磨损增大,汽车的使用寿命缩短。某中型汽车总质量与发动机和变速器磨损的关系如图10-4所示。

车速高低对汽车技术状况变化的影响十分明显。行驶车速过高,发动机经常高速运转,活塞在汽缸内移动速度升高,汽缸磨损增大。底盘特别是行驶机构受到的冲击增大,易使前后桥发生永久变形。同时,高速行驶时,制动使用更为频繁,制动器磨损加剧。车速过低时,低挡使用的时间比例增多,汽车行驶相同里程发动机平均运转次数增多,同时由于润滑条件变差,其磨损强度较大。载质量一定时,行驶车速对发动机磨损的影响如图10-5所示。

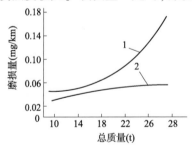

图10-4 某中型汽车总质量与总成磨损的关系
1-发动机;2-变速器

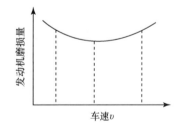

图10-5 行驶速度对发动机磨损的影响

四、汽车技术状况变化规律

汽车技术状况变化规律指汽车的技术状况与行驶里程或行驶时间的关系。

汽车在使用过程中受到外部环境和内部条件多种因素的作用,其结构强度和使用条件的变化都有平稳变化的一面,同时又有不确定的一面,反映在汽车技术状况变化规律上,表现为渐发性和突发性两种变化规律。渐发性变化规律指汽车技术状况的变化随行驶时间或行驶里程单调变化,从而可用函数式表示的变化规律;突发性变化规律表示汽车或总成出现故障或达到极限状态的时间是随机的、偶发的,没有必然的变化规律,对其变化过程独立地进行观察所得结果呈现不确定性,但在大量重复观察中又具有一定统计规律。渐发性变化规律又称为汽车技术状况随行程的变化规律;突发性变化规律又称为汽车技术状况的随机变化规律。

如果汽车运用合理,则汽车主要技术状况的变化随使用时间或行驶里程而逐渐变化,而汽车在使用过程中出现的某些具体故障则是随机发生的。

1. 汽车技术状况逐渐变化的规律

在按使用说明书的要求合理运用汽车的前提下,汽车大部分总成、机构的技术状况随汽车行驶里程平稳而单调地逐渐变化,如图10-6所示。其特点是汽车技术状况随行驶里程的变化过程可以用二者之间的函数关系式描述,可表示为 n 次多项式或幂函数两种形式:

1) n 次多项式

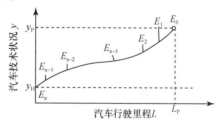

图10-6 汽车技术状况随行驶里程逐渐变化曲线
$E_n, E_{n-1}, \cdots, E_0$-汽车技术状况从初始值 E_n 到极限值 E_0

$$y = a_0 + a_1 L + a_2 L^2 + \cdots + a_n L^n \tag{10-1}$$

式中: y ——汽车技术状况参数值;

L ——汽车行程或汽车工作时间;

a_0 ——汽车技术状况的初始值;

$a_1, a_2, \cdots, a_n$ ——待定系数,表征 y 与 L 的关系。

2) 幂函数

$$y = a_0 + a_1 L^b \tag{10-2}$$

式中: a_1, b ——确定汽车技术状况变化程度的系数。

对于主要因零件磨损所引起的汽车技术状况参数变化的规律,可用幂函数描述,如曲轴箱窜气量随行驶里程的变化过程等。

对于汽车技术状况随行驶里程或使用时间平稳变化的情况,原则上可以通过及时的维护和修理措施防止故障的发生;同时,由于汽车技术状况变化的单调性,可据此预测故障的发生。属于该种变化规律的技术状况参数的类型有:汽车零件磨损而导致的配合间隙的变化;冷却系统和润滑系统中沉淀物的积累;润滑油消耗率及润滑油中机械杂质含量等。

2. 汽车技术状况的随机变化

汽车技术状况的随机变化过程受汽车使用中的偶然因素、驾驶操作技术水平、零部件材料的不均匀性和隐蔽缺陷等因素的影响,汽车或某总成技术状况变坏而进入故障状态所对应的行程是随机变量。

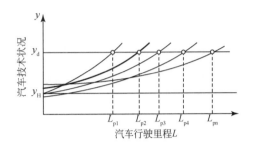

图 10-7 汽车技术状况的随机变化
y_p-技术状况参数的极限值；y_a-技术状况参数的许用值；y_H-技术状况参数的名义值

技术状况参数随机性变化的特点是影响汽车技术状况变化的各个因素具有随机性的反映。当给定汽车技术状况参数的极限值时，该随机性变化表现为汽车的技术状况参数达到极限值所对应的行程是多种多样的，如图 10-7 所示。而在同一行驶里程下，汽车技术状况也存在明显差异。

由于汽车技术状况的随机变化过程，不可避免地会引起汽车定期检测、维护作业超前或滞后进行。只有掌握汽车技术状况随机变化的规律，才能合理制订汽车定期检测、维护的作业周期，确定作业工作量，提高汽车检测、维护作业的质量，延长汽车的使用寿命。

五、道路运输车辆等级划分和评定

1. 道路运输车辆技术状况等级划分和评定

由于汽车的行驶里程或使用时间和运行条件、使用强度及维修质量的不同，汽车技术状况变化速度和程度各有差异。为掌握汽车的技术状况，合理地组织和安排运输能力，科学地编制汽车维修计划，应定期对运输车辆进行技术状况等级鉴定，核定其技术状况，并根据相关标准将车辆技术状况划分等级，以便于车辆的合理使用和科学管理。

根据 JT/T 198—2016《道路运输车辆技术等级划分和评定要求》的规定，道路运输车辆技术等级划分为一级和二级。

统计期内，企业全部运输车辆技术状况的平均等级 T 为：

$$T = \frac{1 \times N_1 + 2 \times N_2}{S}$$

式中：N_1——一级车数，台；
N_2——二级车数，台；
S——车辆总数。

道路运输车辆技术状况等级的主要评定内容是：汽车整车各总成和附属装备、动力性、燃油经济性、制动性、排放性、转向操纵性、悬架特性等。

道路运输车辆技术状况等级的评定原则如下：

①道路运输车辆的综合性能要求和检测方法应满足 GB 18565—2016《道路运输车辆综合性能要求和检验方法》的规定。

②以道路运输车辆综合性能的检测结果为依据，其技术等级评定项目和技术要求按 JT/T 198—2016《道路运输车辆技术等级划分和评定要求》的规定执行。

2. 营运客车类型划分和等级评定

根据 JT/T 325—2013《营运客车类型划分及等级评定》的规定，营运客车分为客车和乘用车，客车按车长分为特大型、大型、中型、小型四个类型，每个类型又分为普通级、中级、高一级、高二级、高三级（仅特大型、大型），见表 10-5。

营运客车类型及等级划分[车长 L(m)] 表10-5

类型	客车																乘用车		
	特大型 (13.7≥L>12)					大型 (12≥L>9)					中型 (9≥L>6)				小型 (6≥L>3.5)					
等级	高三级	高二级	高一级	中级	普通级	高三级	高二级	高一级	中级	普通级	高二级	高一级	中级	普通级	高二级	高一级	中级	普通级	高一级	中级	普通级

客车主要评定内容为客车结构与底盘配置、安全性、动力性、舒适性及服务设施等;乘用车主要评定内容为发动机排量、空气调节与控制、卫星定位系统及行李舱容积等。

在用营运客车等级核定:

①经检测符合 GB 18565—2016《道路运输车辆综合性能要求和检验方法》有关规定的客车具备核定相应等级资格。

②经检测符合 JT/T 198—2016《道路运输车辆技术等级划分和评定要求》一级车相关规定的客车才具备核定相应高级客车资格。

③按 JT/T 325—2013《营运客车类型划分及等级评定》的有关规定,对车辆现有技术等级和设施的实车检测结果进行检验,根据等级评定要求核定相应等级。

第二节 道路运输车辆的技术管理

道路运输车辆技术管理是指对道路运输车辆在保证符合规定的技术条件和按要求进行维护、修理、综合性能检测方面所做的技术性管理。加强道路运输车辆技术管理的目的是保持车辆技术状况良好,保障运输安全,发挥车辆效能,促进节能减排。

一、道路运输车辆技术管理的原则和一般要求

1. 车辆技术管理的原则

交通运输部令 2016 年第 1 号《道路运输车辆技术管理规定》规定:道路运输车辆技术管理应当坚持分类管理、预防为主、安全高效、节能环保的原则;道路运输经营者是道路运输车辆技术管理的责任主体,负责对道路运输车辆实行择优选配、正确使用、周期维护、视情修理、定期检测和适时更新,保证投入道路运输经营的车辆符合技术要求。鼓励道路运输经营者使用安全、节能、环保型车辆,促进标准化车型推广运用,加强科技应用,不断提高车辆的管理水平和技术水平。

2. 车辆技术管理的一般要求

(1)道路运输经营者应当遵守有关法律法规、标准和规范,认真履行车辆技术管理的主体责任,建立健全管理制度,加强车辆技术管理。

(2)鼓励道路运输经营者设置相应的部门负责车辆技术管理工作,并根据车辆数量和经营类别配备车辆技术管理人员,对车辆实施有效的技术管理。

(3)道路运输经营者应当加强车辆维护、使用、安全和节能等方面的业务培训,提升从业人员的业务素质和技能,确保车辆处于良好的技术状况。

(4)道路运输经营者应当根据有关道路运输企业车辆技术管理标准,结合车辆技术状况和运行条件,正确使用车辆。

鼓励道路运输经营者依据相关标准要求,制定车辆使用技术管理规范,科学设置车辆经济、技术定额指标并定期考核,提升车辆技术管理水平。

(5)道路运输经营者应当建立车辆技术档案制度,实行一车一档。档案内容应当主要包括:车辆基本信息,车辆技术等级评定、客车类型等级评定或者年度类型等级评定复核、车辆维护和修理(含《机动车维修竣工出厂合格证》)、车辆主要零部件更换、车辆变更、行驶里程、对车辆造成损伤的交通事故等记录。档案内容应当准确、详实。

车辆所有权转移、转籍时,车辆技术档案应当随车移交。

道路运输经营者应当运用信息化技术做好道路运输车辆技术档案管理工作。

二、道路运输车辆的基本技术条件

从事道路运输经营的车辆应当符合下列技术要求。

(1)车辆的外廓尺寸、轴荷和最大允许总质量应当符合 GB 1589—2016《汽车、挂车及汽车列车外廓尺寸、轴荷及质量限值》的要求。

(2)车辆的技术性能应当符合 GB 18565—2016《道路运输车辆综合性能要求和检验方法》的要求。

(3)车型的燃料消耗量限值应当符合 JT 711—2008《营运客车燃料消耗量限值及测量方法》、JT719—2008《营运货车燃料消耗量限值及测量方法》的要求。

(4)车辆技术等级应当达到二级以上。危险货物运输车、国际道路运输车辆、从事高速公路客运以及营运线路长度在 800km 以上的客车,技术等级应当达到一级。技术等级评定方法应当符合国家有关道路运输车辆技术等级划分和评定的要求。

(5)从事高速公路客运、包车客运、国际道路旅客运输,以及营运线路长度在 800km 以上客车的类型等级应当达到中级以上。其类型划分和等级评定应当符合国家有关营运客车类型划分及等级评定的要求。

(6)危险货物运输车应当符合 JT 617—2004《汽车运输危险货物规则》的要求。

道路运输管理机构应当加强从事道路运输经营车辆的管理,对不符合规定的车辆不得配发道路运输证。在对挂车配发道路运输证和年度审验时,应当查验挂车是否具有有效行驶证件。禁止使用报废、擅自改装、拼装、检测不合格以及其他不符合国家规定的车辆从事道路运输经营活动。

三、道路运输车辆的全过程技术管理

道路运输经营者是车辆技术管理的责任主体,应根据车辆数量和经营类别合理设置部门,配备人员,有效的实施车辆择优选配、正确使用、周期维护、视情修理、定期检测和适时更新的全过程技术管理。

1. 车辆的择优选配

择优选配包含两方面含义,即车辆的合理配置和择优选购。合理配置和择优选购车辆是决定运输生产设备优劣,保障运输生产基本条件的关键措施。

1)车辆的合理配置

合理配置指在车辆购置前首先考虑运输市场的具体情况,进行选型论证,择优配置,使运输车辆适应运输市场的需要,获得各类车型的最佳配比关系。运输单位配置车辆时,应根据所承担运输任务的性质、运量、运距和道路、气候及燃油供应等情况,优化其车辆构成,如大、中、小型车辆比例,汽油车与柴油车比例,通用车型与专用车辆的比例等,从而提高车辆的利用率,满足运输市场的需要。车辆配置应满足下列要求:

①车型先进、安全可靠,装卸货物或旅客上下方便。

②车辆规格与客、货源的具体情况相适应,配比合理,吨位利用率或客位利用率高。

③车辆的运输生产率高,而燃油消耗、维修费用、运输成本低。

④应变能力强,即对于汽车的各种运用条件的适应性强,具有一车多用的可能性。

2)车辆的择优选购

择优选购指在购置车辆时,要选择性能好、质量高、价格低的车辆。要满足的要求是:适应性好、运输效率高、可靠性好、使用安全性好、燃油经济性好、车辆维修和配件供应方便、投入产出比高等。

企业宜优先选购燃气、纯电动、混合动力等清洁能源或新能源汽车,以及具有自适应巡航控制系统、防撞预警系统、车道偏离预警系统等安全技术的汽车。

车辆技术条件应符合国家车辆登记注册要求并满足有关国家标准的规定。

2. 车辆的正确使用

正确使用车辆,是发挥车辆效率、减少行车事故、降低维修费用、节约能耗和延长车辆使用寿命的重要环节。

在走合期内,驾驶员应严格按照整车制造厂的要求进行新车走合维护,减载限速,规范操作。

在质保期内,企业应严格按照制造厂的技术要求进行车辆使用和维护,因车辆质量问题发生故障及损坏,应及时组织技术鉴定,并按照规定程序向整车制造厂或销售商索赔。

按核定的载质(客)量装载是车辆正确使用的重要内容,是减少车辆故障和零件损坏、延长车辆使用寿命的重要技术措施。车辆装载质(客)量应符合核定装载要求,不得超员,超载和超限。

合理组织拖载运输,充分利用汽车的运力,发挥车辆的潜力,增加汽车的载质量,这是提高运输生产率、降低运输成本的有效措施,也是提高汽车运用效率的有效途径。如果汽车拖载不合理,就不能发挥拖载运输的经济效益,还会使汽车的使用寿命大大降低。因此,汽车拖载总质量应根据不同使用条件合理确定。拖挂运输的基本原则和要求详见第九章第五节。

车辆在装载运输具有爆炸、易燃、有毒、腐蚀、放射性等性质的危险货物时,容易造成人身伤亡和财产损毁,要特别注意安全。JT 617—2004《汽车运输危险货物规则》对车辆装载运输危险货物时的车辆设备、运输装卸、保管消防、劳动防护、医疗急救和监督管理等都作了具体规定。

燃油、润滑油质量是否符合车辆的使用要求,对车辆的正确使用有重要影响,所以在选用、运输、存放和使用燃油、润滑油时应特别注意。有关汽车燃油、润滑油使用的具体问题可参阅本书第八章。企业应根据车辆类型、使用条件、载质(客)量和能源类别等依据相关标准制定能源消耗定额指标。

企业应根据车辆类型、使用条件和轮胎性能等,制定轮胎行驶里程定额指标,定期统计考核。汽车轮胎的合理使用措施见本书第八章第四节。

汽车在低温、高温、山区或高原等特殊条件下使用时,汽车的使用性能将发生相应变化,应采取相应措施,合理使用,见本书第九章。

按照规定需要安装卫星定位装置的车辆,企业应建立卫星定位车辆终端安装、使用及维护制度,并按规定进行安装和使用。驾驶员在出车前、行车中和收车后检查卫星定位装置的工作状态,发现故障应及时报修。

3. 车辆的周期维护

汽车维护是保持车容整洁,及时发现和消除故障及其隐患,防止车辆早期损坏的技术作业。车辆维护应贯彻预防为主、周期维护的原则,即车辆维护应遵照确定的行驶里程或间隔时间周期按期执行,并在维护作业中遵循车辆维护分级和作业范围的有关规定,保证维护质量。

1) 车辆维护的分类和作业内容

道路运输经营者应当建立车辆维护制度。

车辆维护分为日常维护、一级维护和二级维护。日常维护由驾驶员实施,一级维护和二级维护由道路运输经营者组织实施,并做好记录。

车辆维护作业项目应当按照国家关于汽车维护的技术规范要求确定。

日常维护以清洁、补给和安全检视为中心内容,是由驾驶员负责执行的日常性作业。

一级维护除执行日常维护作业外,以清洁、润滑、紧固为中心内容,并检查有关制动、操纵等安全部件。一级维护由专业维修工负责执行。

二级维护除执行一级维护作业外,以检查、调整为中心,并拆检轮胎,进行轮胎换位。

实施二级维护前,应对汽车进行检测诊断和技术鉴定,并据此确定附加作业或小修项目,结合二级维护一并进行,以消除发现的故障和隐患。二级维护也由专业维修工负责执行。

新车或大修后的汽车要进行走合期维护;在春秋季末,为适应季节的变换,应进行季节性维护。季节性维护可结合周期维护进行。

道路运输经营者可以对自有车辆进行二级维护作业,保证投入运营的车辆符合技术管理要求。设有机动车维修机构并自行实施车辆维护的企业,应依据国家有关标准制定车辆维护作业规范或细则,明确维护作业项、内容及技术要求,维护过程中应做好维护记录。

道路运输经营者不具备二级维护作业能力的,可以委托二类以上机动车维修经营者进行二级维护作业。委托外单位机动车维修企业实施二级维护的车辆,作业项目、内容和技术要求应符合国家有关标准要求。机动车维修经营者完成二级维护作业后,应当向委托方出具二级维护出厂合格证。

2) 车辆的维护周期

车辆各级维护周期指车辆进行同级维护之间的间隔期,用维护间隔时间或间隔里程表示。

日常维护的周期为出车前、行驶中和收车后。

道路运输经营者应当依据国家有关标准和车辆维修手册、使用说明书等,结合车辆类别、车辆运行状况、行驶里程、道路条件、使用年限等因素,自行确定车辆维护周期。企业应根据车辆维护周期要求制订车辆维护计划,按期组织实施,确保车辆正常维护。

二级维护的间隔里程一般是一级维护间隔里程的 4~5 倍。

季节性维护分为夏季维护和冬季维护,夏季维护在春季末,而冬季维护在秋季末。季节性维护一般结合定期维护进行。

4. 车辆的视情修理

车辆修理是消除故障及其隐患,恢复车辆的工作能力和良好技术状况的技术作业。

道路运输经营者应当遵循视情修理的原则,根据实际情况对车辆进行及时修理。即根据车辆检测诊断和技术鉴定的结果,视情按不同作业范围和深度进行。

道路运输经营者用于运输剧毒化学品、爆炸品的专用车辆及罐式专用车辆(含罐式挂车),应当到具备道路危险货物运输车辆维修资质的企业进行维修。

车辆修理分为车辆大修、总成大修、车辆小修、零件修理四类。

车辆大修:新车或经过大修后的车辆,在行驶一定里程(或时间)后,经过检测诊断和技术鉴定,用修理或更换车辆任何零部件的方法,恢复车辆的完好技术状况,完全或接近完全恢复车辆寿命的恢复性修理。

总成大修:车辆的总成经过一定使用里程(或时间)后,用修理或更换总成任何零部件(包括基础件)的方法,恢复其完好技术状况和寿命的恢复性修理。通过总成大修,使汽车各总成的工作寿命趋于平衡,延长汽车大修间隔里程。

车辆小修:用修理或更换个别零件的方法,保证或恢复车辆工作能力的运行性修理。主要目的是消除车辆在运行过程或维护作业过程中发生或发现的故障或隐患。

零件修理:对因磨损、变形、蚀损、断裂等失效而不能继续使用的零件所进行的加工性修理。其目的是在符合经济性原则的前提下,利用矫正、喷镀、电镀、堆焊、机械加工等修复方法对零件进行修复,以恢复其使用性能。

5. 车辆的定期检测

车辆的检测诊断指在不解体情况下,判明汽车或总成的技术状况、查明故障部位及原因的技术。车辆检测诊断应贯彻预防为主和技术与经济相结合的原则,实行定期检测。

汽车综合性能指"在用汽车动力性、安全性、燃料经济性、使用可靠性、排气污染物和噪声以及整车装备完整性与状态、防雨密封性等多种技术性能的组合"。综合性能检测指对汽车上述性能的全面检测。

道路运输经营者应当定期到通过质量技术监督部门的计量认证、取得计量认证证书并符合 GB/T 17993—2005《汽车综合性能检测站能力的通用要求》等国家相关标准的机动车综合性能检测机构,对道路运输车辆进行综合性能检测。客车、危险货物运输车的综合性能检测应当委托车籍所在地汽车综合性能检测机构进行。货车的综合性能检测可以委托运输驻在地汽车综合性能检测机构进行。

道路运输经营者应当自道路运输车辆首次取得《道路运输证》当月起,按照下列周期和频次,委托汽车综合性能检测机构进行综合性能检测和技术等级评定:

①客车、危险货物运输车自首次经国家机动车辆注册登记主管部门登记注册不满 60 个月的,每 12 个月进行 1 次检测和评定;超过 60 个月的,每 6 个月进行 1 次检测和评定。

②其他运输车辆自首次经国家机动车辆注册登记主管部门登记注册的,每 12 个月进行 1 次检测和评定。

汽车综合性能检测机构对新进入道路运输市场车辆应当按照《道路运输车辆燃料消耗量达标车型表》进行比对。对达标的新车和在用车辆,应当按照 GB 18565—2016《道路运输车辆综合性能要求和检验方法》、JT/T 198—2016《道路运输车辆技术等级划分和评定要求》实施检测和评定,出具道路运输车辆综合性能检测报告,评定车辆技术等级。道路运输管理机构应当将车辆技术等级在《道路运输证》上标明。

汽车综合性能检测机构应当确保检测和评定结果客观、公正、准确,对检测和评定结果承担法律责任。

道路运输管理机构和受其委托承担客车类型等级评定工作的汽车综合性能检测机构,应当按照 JT/T 325—2013《营运客车类型划分及等级评定》进行营运客车类型等级评定或者年度类型等级评定复核,出具客车类型等级评定报告。

汽车综合性能检测机构应当建立车辆检测档案,档案内容主要包括:车辆综合性能检测报告(含车辆基本信息、车辆技术等级)、客车类型等级评定记录。

6. 车辆的适时更新

1) 车辆更新

以新车辆或高效率、低消耗、性能先进的车辆更换在用车辆,称为车辆更新。既包括用同类型新车辆或性能优越的车辆(高效率、低消耗、性能先进的汽车或吨位构成更为合理的车辆)更换尚未达到报废条件的性能较差的车辆,也包含已达到报废条件的车辆的更新。

车辆更新应以提高运输经济效益和社会效益为原则,应进行可行性论证,并以更新理论为指导。车辆更新应以经济寿命为依据,但还要考虑更新车的来源、更新资金、车辆保有量以及折旧率和成本等因素。

凡符合下列条件之一者,应该考虑进行更新:

①燃油消耗高于原生产厂规定值的 20%。

②行驶里程达 50 万 km,经过三次大修。

③大修费达到汽车原值的二分之一。

④老旧,无配件来源。

车辆更新不仅仅是以新换旧和原有车型的重复,而是对运输单位车辆配置的调整,即通过更新保持和提高运输单位的生产力,优化车辆配置,降低运行消耗。更新车辆选为原车型或新车型,要根据运输市场情况和客源、货源的变化情况来决定,同时还要考虑人员培训、维修设备的更换等因素。车辆更新还应与车辆改装、改造结合起来考虑。

更新下来的运输车辆,运输单位可根据国家有关规定进行处理,其变价收入应用于车辆更新、改造。对于属于报废车辆的更新,应按报废车辆处理。

2) 车辆报废

汽车经长期使用,车型老旧,性能低劣,物料超耗严重,维修费用过高,继续使用不经济、不安全的应予以报废。车辆报废应根据车辆报废的技术条件,提前报废会造成运力浪费,过迟报废则又增大运输成本,影响运力更新。

根据商务部令 2012 年第 12 号《机动车强制报废标准规定》,已注册机动车有下列情形之一的应当强制报废。

①达到规定使用年限。

②经修理和调整仍不符合机动车安全技术国家标准对在用车有关要求。

③经修理和调整或者采用控制技术后,向大气排放污染物或者噪声仍不符合国家标准对在用车有关要求。

④在检验有效期届满后连续 3 个机动车检验周期内未取得机动车检验合格标志。

机动车达到强制报废条件时,其所有人应当将机动车交售给报废机动车回收拆解企业,由报废机动车回收拆解企业按规定进行登记、拆解、销毁等处理,并将报废机动车登记证书、号牌、行驶证交公安机关交通管理部门注销。

第三节　汽车更新理论

汽车更新理论主要研究汽车使用过程中的损耗、性能低劣化过程及规律、汽车使用寿命,并据此确定汽车更新最佳时机,可作为汽车更新的理论基础。

一、汽车性能劣化的原因

汽车性能劣化的原因有多种,但可归纳为有形损耗、无形损耗和综合损耗。

1. 有形损耗

汽车运用过程中,由于载荷或周围介质的作用,使汽车实体发生损耗。这种发生于汽车实体的损耗称为有形损耗。有形损耗可分为以下两种:

第一种有形损耗指汽车在载荷作用下,因零部件摩擦磨损、变形和疲劳等损伤使汽车性能下降而引起的损耗。汽车发生有形损耗后,零部件原有尺寸或几何形状改变,配合精度下降,甚至发生零件损坏,从而使汽车性能变坏,生产率降低,生产成本增加,故障增多,甚至失去工作能力。

第二种有形损耗指汽车闲置过程中,由于零部件与外部介质发生化学、电化学作用,使金属零部件腐蚀,非金属制品老化变质,甚至丧失工作能力。管理不善或缺乏必要的维护,会使第二种有形损耗的速率加快。

2. 无形损耗

无形损耗是由于技术进步引起的原有车辆技术上的陈旧和贬值。无形损耗不表现为汽车实体的变化,而表现为汽车原始价值的降低。无形损耗也分为两种:

第一种无形损耗指由于科学技术的进步,使生产同样结构汽车的再生产价值降低,致使保有的原型汽车价值降低。

第二种无形损耗指由于科学技术的进步,生产出了性能更为完善的新型汽车,从而使保有的原型汽车价值降低。

例如:某单位 5 年前购进一批桑塔纳 2000 型轿车,由于生产厂技术进步和生产规模扩大,使该车再生产成本下降,价格下调,因此产生了第一种无形损耗;又由于桑塔纳 3000 型轿车的问世,还使这批老桑塔纳轿车发生了第二种无形损耗。

3. 综合损耗

综合损耗指车辆在有效使用期内发生的有形损耗和无形损耗的综合。汽车在使用过程中,有形损耗和无形损耗会同时发生,二者均会引起设备原始价值的降低。有形损耗严重时,会导致车辆在修复之前不能正常运行,而任何无形损耗却不影响车辆的正常运行。

二、汽车使用寿命

汽车从开始使用到不能使用的整个时期称为汽车的使用寿命。汽车使用寿命的长短直接影响汽车运用的经济效益。研究汽车使用寿命的意义在于,保持在用车辆具有良好使用性能,减小公害,节约能源,提高运力,充分提高车辆的社会效益和经济效益。

汽车使用寿命可分为:物理寿命、技术使用寿命、经济使用寿命、折旧寿命和合理使用寿命。

物理寿命又称为自然寿命,指汽车从全新状态投入使用开始,直到不能保持正常生产状态,在技术上不能按原有用途继续使用为止所经历的时间。物理寿命是由有形损耗确定的,其长短与汽车的制造质量、运行材料的品质、运用条件、驾驶操作技术、维修质量有关,又可通过恢复性修理延长其物理寿命。

技术使用寿命指汽车从全新状态投入使用,到由于新技术的出现,因技术落后丧失其使用价值而被淘汰所经历的时间。技术使用寿命是由无形磨损决定的,其长短与技术进步的速度有关,技术进步越快,技术寿命越短,技术寿命一般短于物理寿命,当更先进的汽车出现或生产过程提出更高要求时,汽车在其物理寿命尚未终结前即被淘汰。但通过现代化技术改装,可以适当延长汽车的技术寿命。

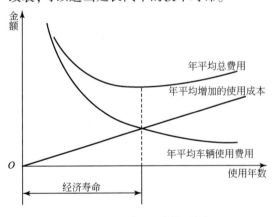

图10-8 汽车的经济使用寿命

经济使用寿命指综合考虑汽车使用中的各种消耗,以取得汽车使用最佳经济效果为出发点进行分析,保证汽车年平均总使用费用最低时的使用期限。年平均费用是车辆在使用年限内每年平均折旧费用与经营总费用之和。随着使用过程延续,汽车有形损耗增大,技术状况逐渐下降,使运行材料费用、维修费用等经营费用不断增加;但使用时间越长,每年分摊的折旧费越少。年均总费用是使用时间或运行里程的函数,如图10-8所示。汽车使用至一定年限就会达到年均费用的最低值,此后若继续使用将使经济性变坏。根据汽车使用的经济效益所确定的汽车寿命,称为汽车的经济使用寿命。经济使用寿命是确定汽车最佳更新时机的依据。超过该使用寿命年限,汽车在技术上仍可继续使用,但年平均总费用上升,在经济上不宜继续使用。

经济使用寿命时期内,汽车使用的经济效益最佳,因此得到广泛关注。研究表明:在汽车的整个使用期内,其制造费用平均占总费用的15%,而使用和维修费则占85%。主要发达国家载货汽车的平均经济使用寿命见表10-6。

发达国家载货汽车的平均经济使用寿命   表10-6

国别	美国	德国	英国	法国	日本	意大利
平均经济寿命/年	10.3	11.5	10.6	12.1	7.5	11.2

折旧寿命指按国家规定或企业自行规定的折旧率,把汽车总值扣除残值后的余额,折旧到接近于零所经历的时间或里程。

合理使用寿命指以经济使用寿命为基础,考虑国民经济发展和能源节约的实际情况后,所制定出的符合实际情况的使用期限。也就是说,汽车已经达到经济使用寿命,但是否更新应视国情而定,如更新汽车的来源及更新资金等。

三、汽车使用寿命指标

汽车使用寿命的主要指标有:年限、行驶里程、使用年限和大修次数。

年限指汽车开始投入运行到报废所经过的年度。年限不仅包括了车辆运行时间,还包括了车辆停驶期,但不能反映汽车的使用强度和使用条件,同年限车辆的技术状况差别很大。

行驶里程指从汽车开始投入运行到报废这一期间内的累计行驶里程数。行驶里程可以反映汽车的使用强度,但不能反映运行条件的差别和停驶期间的自然损耗。在汽车运输企业,大多以行驶里程作为考核车辆各项指标的基数。

使用年限是一个折算年限,数值上等于汽车行驶总里程与年平均行驶里程之比。年平均行驶里程是用统计方法得到的,与车辆的技术状况、完好率、平均技术速度和道路条件等因素有关。

$$Y_z = \frac{\sum L}{\bar{L}}$$

式中:Y_z——折算年限,年;

$\sum L$——累计行驶总里程,km;

$\bar{L}$——年平均行驶里程,km。

大修次数指车辆报废之前所经历的大修次数。确定汽车经几次大修后报废最为经济时,需综合考虑购买新车的费用、旧车未折完的费用、大修费用和经营费用等。

四、汽车更新时刻的确定

确定更新时刻的主要根据是汽车的经济使用寿命。此时更新,可取得最佳经济效果;而提前或延迟更新,都会在一定程度上造成经济损失。确定经济使用寿命的方法有:低劣化数值法、应用现值及资本回收系数估算法、面值法、判定大修与更新界限计算法等。以下主要介绍低劣化数值法。

随着汽车使用年限的增长和行驶里程的增加,汽车的有形损耗和无形损耗均加剧,其主要技术性能下降,汽车经营费用主要因燃油费和维修费的增加而增大,这种现象称为汽车的低劣化。汽车燃油消耗量、维修费与使用年限的关系分别如图10-9和图10-10所示。

在研究汽车更新问题时,所考虑的汽车使用总费用由三部分组成:劣化费、折旧费和投资利息。

研究汽车更新问题时,所考虑的汽车使用总费用由三部分组成:劣化费、折旧费和投资利息。

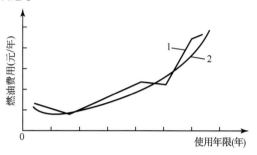

图 10-9　燃油消耗与使用年限的关系曲线
1-实际使用油耗曲线;2-理论曲线

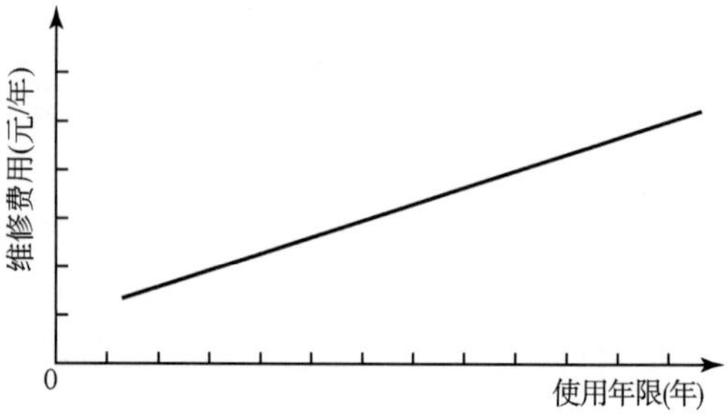

图 10-10　维修费用与使用年限的关系

劣化费是因汽车使用性能下降而引起的费用,其中维修费和燃油费增加是最明显的。

设 b 为年平均劣化费增加值,则第二年劣化费为 b,第三年为 $2b$,……,第 n 年为 $(n-1) \cdot b$。显然,各年的劣化费构成一个等差数列,年平均劣化费 b_m 为:

$$b_m = \frac{(n-1) \cdot b}{2}$$

用平均折旧法,年均折旧费 g 为:

$$g = \frac{I_0 - C}{n}$$

式中:I_0——汽车的原值,元;
　　　C——汽车的残值,元;
　　　n——汽车使用年限,年。

投资利息的数值为每年的汽车净值与利率的乘积。各年汽车投资利息也构成一个等差数列,其首项为 $I_0 \cdot i$,末项为 $C \cdot i$,年均投资利息 I 为:

$$I = \frac{(I_0 + C) \cdot i}{2}$$

式中:i——年利率,%。

这样,年平均总费用 U 为:

$$U = \frac{(n-1) \cdot b}{2} + \frac{I_0 - C}{n} + \frac{(I_0 + C) \cdot i}{2}$$

汽车使用至经济使用寿命时,其年平均总费用最小。将上式对使用年限 n 求导数并令其为零,得:

$$\frac{dU}{dn} = \frac{b}{2} - \frac{I_0 - C}{n^2} = 0$$

从中可解出汽车的经济使用年限,若记作 n_p,则:

$$n_p = \sqrt{\frac{2(I_0 - C)}{b}} \quad (10-3)$$

以汽车的原值 I_0、残值 C 和年平均劣花费增加值 b,即可求出汽车的最佳更新年限。

确定 b 时,需根据汽车经营费用的历史统计数据进行回归分析,研究汽车经营费与使用年限间的关系。回归方程为:
$$y = a + bx$$
式中:y——因变量,此问题中为年经营费用,元;

x——自变量,此问题中为使用年度,元;

a——待定常数;

b——待定常数,此问题中为年平均劣化费增加值。

待定常数 a、b 表示为:
$$a = \frac{1}{n}\sum_{i=1}^{n}y_i - b \cdot \frac{1}{n}\sum_{i=1}^{n}x_i$$

$$b = \frac{n \cdot \sum_{i=1}^{n}x_i \cdot y_i - \left(\sum_{i=1}^{n}x_i\right) \cdot \left(\sum_{i=1}^{n}y_i\right)}{n \cdot \sum_{i=1}^{n}x_i^2 - \left(\sum_{i=1}^{n}x_i\right)^2}$$

式中:n——数据统计年限,年。

若 n 为奇数,把坐标纵轴平移至中间,使 $\sum_{i=1}^{n}x_i = 0$,则有:
$$a = \frac{1}{n}\sum_{i=1}^{n}y_i$$

$$b = \frac{\sum_{i=1}^{n}x_i \cdot y_i}{\sum_{i=1}^{n}x_i^2}$$

因此,只要求得 $\sum_{i=1}^{n}y_i$、$\sum_{i=1}^{n}x_i \cdot y_i$、$\sum_{i=1}^{n}x_i^2$,即可求出 a、b 的数值。

解出 b 的大小,将其代入汽车经济使用寿命 n_p 的计算公式,即可求出 n_p 并据此确定汽车的最佳更新年限。

例:某汽车原值80000元,残值8000元,使用前7年经营费用历史数据见表10-7,该车的最佳更新年限为多少?

年经营费用历史数据   表10-7

使用年限 x(年)	1	2	3	4	5	6	7
经营费用 y(元)	6000	6000	7000	8000	9000	12000	15000

解:以自变量 x 为使用年限,因变量 y 为经营费,经计算列出表10-8。

$\sum_{i=1}^{n}x_i$、$\sum_{i=1}^{n}y_i$、$\sum_{i=1}^{n}x_i \cdot y_i$、$\sum_{i=1}^{n}x_i^2$ 计算表   表10-8

n	y_i	x_i	$x_i \cdot y_i$	x_i^2
第1年	6000	-3	-18000	9
第2年	6000	-2	-12000	4
第3年	7000	-1	-7000	1
第4年	8000	0	0	0
第5年	9000	1	9000	1

续上表

n	y_i	x_i	$x_i \cdot y_i$	x_i^2
第6年	12000	2	24000	4
第7年	15000	3	45000	9
$n=7$	$\sum_{i=1}^{n} y_i = 63000$	$\sum_{i=1}^{n} x_i = 0$	$\sum_{i=1}^{n} x_i \cdot y_i = 41000$	$\sum_{i=1}^{n} x_i^2 = 28$

$$a = \frac{1}{n}\sum_{i=1}^{n} y_i = \frac{63000}{7} = 9000$$

$$b = \frac{\sum_{i=1}^{n} x_i \cdot y_i}{\sum_{i=1}^{n} x_i^2} = \frac{41000}{28} = 1464.3$$

利用年平均劣化费增加值,即可求得汽车最佳更新年限(经济使用年限)n_p。

$$n_p = \sqrt{\frac{2 \cdot (I_0 - C)}{b}} = \sqrt{\frac{2 \cdot (80000 - 8000)}{1464.3}} = 9.92 \text{ 年}$$

复 习 题

一、问答题

1. 什么是汽车的技术状况?
2. 汽车技术状况变化的基本原因是什么?
3. 影响汽车技术状况变化的使用因素有哪些?
4. 营运汽车的技术状况分哪几级?
5. 车辆技术管理的原则是什么?
6. 择优选配的含义是什么?
7. 合理配置的含义是什么?
8. 择优选购的含义是什么?
9. 根据检测目的,车辆检测诊断分哪几类?
10. 什么是汽车维护?汽车维护的原则是什么?
11. 什么是车辆修理?汽车修理的原则是什么?
12. 汽车维护如何分类?
13. 汽车修理如何分类?
14. 什么是车辆改装?什么是车辆改造?
15. 什么是车辆更新?什么是车辆报废?
16. 汽车性能劣化的原因有哪几种?
17. 汽车使用寿命分为哪几种?
18. 什么是汽车经济使用寿命?

二、综述(分析)题

1. 磨损、腐蚀、疲劳、变形、老化等对汽车技术状况变化有怎样的影响?

2. 道路条件和交通状况对汽车使用有什么影响？
3. 说明营运车辆技术状况等级评定的内容和原则。
4. 说明车辆技术档案包括哪些内容。
5. 车辆的装备应满足哪些要求？
6. 车辆合理配置应满足哪些要求？
7. 车辆择优选购应满足哪些要求？
8. 安全技术检测的内容有哪些？
9. 综合性能检测的内容有哪些？
10. 汽车维修检测的内容有哪些？
11. 说明什么是强制维护？说明什么是视情修理？
12. 说明各类维护的作业内容。
13. 说明车辆及其总成的大修标志。
14. 说明车辆改装和改造的联系和区别。
15. 说明车辆更新的依据和条件。
16. 车辆使用的年平均费用包括哪些内容？变化趋势如何？
17. 怎样分析和计算汽车的最佳更新时刻？

参 考 文 献

[1] 余志生.汽车理论[M].5版.北京:机械工业出版社,2010.
[2] 张文春.汽车理论[M].2版.北京:机械工业出版社,2014.
[3] 许洪国.汽车运用工程[M].5版.北京:人民交通出版社股份有限公司,2014.
[4] 鲁植雄.汽车运用工程[M].北京:机械工业出版社,2015.
[5] 陈家瑞.汽车构造[M].5版.北京:人民交通出版社,2008.
[6] 戴汝泉.汽车运行性能[M].北京:机械工业出版社,2010.
[7] 陈焕江.汽车运用基础[M].3版.北京:机械工业出版社,2013.
[8] 陈焕江.汽车运用工程学[M].北京:机械工业出版社,2010.
[9] 杨柏青.汽车使用与技术管理[M].2版.北京:北京大学出版社,2012.
[10] 叶新娜.汽车运用基础[M].北京:化学工业出版社,2011.
[11] 陈焕江.汽车检测与诊断技术[M].2版.北京:人民交通出版社股份有限公司,2015.
[12] 藏杰.新能源汽车[M].北京:机械工业出版社,2013.
[13] 赵英勋.汽车检测与诊断技术[M].北京:机械工业出版社,2011.
[14] 张雪莉.机动车排气污染物检测技术[M].北京:清华大学出版社,2010.
[15] 关强,杜丹丰.汽车试验学[M].北京:人民交通出版社,2009.
[16] 张学利,刘富佳.汽车燃油经济性检测[M].北京:人民交通出版社,2010.
[17] 邵毅明.汽车新能源与节能技术.北京:人民交通出版社,2008.
[18] 王文辉.公路概论[M].北京:人民交通出版社,2006.
[19] 骆勇.道路运输组织学[M].北京:人民交通出版社,2006.
[20] 鲍香台.运输组织学[M].南京:东南大学出版社,2009.
[21] 张举兵等.城市道路交通规划[M].北京:化学工业出版社,2006.
[22] 孙凤英.汽车运行材料[M].北京:人民交通出版社,2012.
[23] 王毓民.实用汽车润滑技术手册[M].北京:化学工业出版社,2005.
[24] 赵英勋.汽车检测与诊断技术[M].北京:机械工业出版社,2011.
[25] 张雪莉.机动车排气污染物检测技术[M].北京:清华大学出版社,2010.
[26] 方锡邦.汽车检测技术与设备[M].北京:人民交通出版社,2009.
[27] 沈斐敏.道路交通安全[M].北京:机械工业出版社,2007.
[28] 左付山.汽车维修工程[M].南京:东南大学出版社,2009.
[29] 王耀斌,刘宏飞.汽车维修管理工程[M].北京:机械工业出版社,2007.